房地产企业
财务管理一本通

图解版

吕爱武◎主编

国家一级出版社 中国纺织出版社 全国百佳图书出版单位

内 容 提 要

房地产企业财务管理是依据国家法律、法规和相关政策以及房地产企业的经营要求，遵循资本营运的规律，对房地产企业财务活动进行组织、预测、决策、计划、控制、分析和监督等一系列管理工作的总称。在市场经济条件下，企业财务管理水平高低直接影响到企业的生产经营规模和市场竞争能力，故财务管理应当作为企业管理的核心。

为了帮助房地产企业财会人员和企业管理人员做好财务管理工作，我们编写了这本《房地产企业财务管理一本通（图解版）》。本书依据2016年5月全面实施营改增后的法规政策编写，结合房地产企业的特点，为房地产企业工作人员提供整体的知识框架和具体的操作方法。本书注重基本理论、基本知识、基本方法、基本技能相结合，并运用图解的方式向读者讲授房地产企业财务管理知识，使得原本较枯燥的财务管理知识一目了然地展现在读者面前，帮助读者较快地掌握房地产企业财务管理知识的精髓。

图书在版编目（CIP）数据

房地产企业财务管理一本通：图解版 / 吕爱武主编. --北京：中国纺织出版社，2017. 9（2024.2重印）

ISBN 978 - 7 - 5180 - 3713 - 1

Ⅰ. ①房…　Ⅱ. ①吕…　Ⅲ. ①房地产企业—财务管理—图解　Ⅳ. ①F293. 342-64

中国版本图书馆CIP数据核字（2017）第148784号

主　　编： 吕爱武

编　　委： 于　涛　于晓辉　王　佳　王洪德　王晓光　白雅君　孙　健　张　彤　张　柏　张　舫　张　琦　张国富　张黎黎　李　东　范国辉　赵　丽　赵雪如　夏　欣　徐云杰　郭　凯　郭欣菲　高建华　曹静韬　谢新彬　潘　鑫

策划编辑：于磊岚　特约编辑：魏丹丹　责任印制：储志伟

中国纺织出版社出版发行

地址：北京市朝阳区百子湾东里 A407 号楼　邮政编码：100124

销售电话：010—67004422　传真：010—87155801

http：//www.c-textilep.com

E-mail：faxing@c-textilep.com

中国纺织出版社天猫旗舰店

官方微博 http://weibo.com/2119887771

北京兰星球彩色印刷有限公司印刷　各地新华书店经销

2017 年 9 月第 1 版　2024年2月第2次印刷

开本：710 × 1000　1/16　印张：21.5

字数：225 千字　定价：99.80 元

前言 preface

房地产企业财务管理是按照国家法律、法规和政策以及房地产企业经营要求，遵循资本运营规律，对房地产企业财务活动进行的组织、预测、决策、计划、控制、分析和监督等一系列管理工作的总称。在市场经济条件下，企业财务管理水平决定着企业生产经营规模和市场竞争能力，财务管理应当成为企业管理的核心。因此，加强企业财务管理，对改善企业的生存条件，提高企业的经济实力，推动企业的发展，起着重要作用。

近年来，我国企业财务通则、企业会计准则、审计准则、内控规范、税收法规等发生了几乎"脱胎换骨"式的大变化。为了加强企业财务管理，规范企业财务行为，保护企业及相关方的合法权益，推进现代企业制度，我国财政部在2006年12月公布了修订后的《企业财务通则》，国务院国有资产监督管理委员会于2007年6月施行了《中央企业财务预算管理暂行办法》。上述通则、办法的执行，对我国实行了十多年的企业财务制度进行了全面的改革和创新，对于防范财务风险，促进市场经济协调发展有着积极的意义，但同时也极大地影响了现行各行各业的会计核算和财务管理，对企业财务管理人员的职业能力提出了更高的要求。

在过去的10年中，房地产对于中国的经济增长贡献卓著。自1998年中国住房制度改革以来，正式确立了房地产的全面市场化方向，计划和分配时代长期积聚的需求得到了极大释放，加上中国经济的高速增长和城市化步伐的迈进，推动了中国房地产业的大发展，房地产规模和建筑面积逐年递增。同时，在现代企业制度下，企业财务分析指标不应再局限于静态的单一指标分析，作为新兴行业的房地产开发企业，更应从整体上动态地分析企业的盈利能力、资产运营能力，提高开拓市场、创造市场和把握市场的能力。

为了满足房地产企业财务人员的需要，我们编写了《房地产企业财务管理一本通

(图解版)》。本书依据2016年5月全面实施营改增后的法规政策编写，结合房地产企业经营活动的特点，系统阐述了其财务管理的基本原理和方法，全面介绍了房地产财务管理实务的处理过程。本书的主要特点是尽量以通俗的语言介绍企业财务管理的基本原理和基本方法，便于读者理解和掌握；努力做到在介绍一般财务管理基本原理和基本方法的基础上，突出房地产企业财务管理的内容；充分运用图解的形式向读者讲授房地产企业的财务知识，使得原本枯燥的内容一目了然地展现在读者面前。

全书共分为十一章，其主要内容包括财务管理总论，资金成本与资金结构，筹资管理，项目投资管理，流动资产管理，固定资产管理，无形资产管理，成本费用管理，利润分配管理，财务预算，财务分析。

由于编者学识和经验有限，虽已尽心尽力，书中难免有不足之处，恳请广大读者热心指点。

编 者

2017年4月

目录 contents

第一章　房地产企业财务管理总论

本章导读

财务管理是一门在近一个世纪逐渐发展起来的学科。在商品经济初期，理财活动往往由企业业主亲自进行，财务管理并没有形成一项独立的管理工作。到了19世纪末，企业规模不断扩大，企业资金急剧增加，财务关系逐渐复杂，业主难以亲自从事财务管理，才逐步形成财务管理部门。到20世纪初，财务管理仍以筹集资金为主。随着科学技术的迅速发展和市场竞争的加剧，财务管理的重点才由筹集资金转向财务监督，又转向以事前控制为主形成企业财务管理的控制系统。财务管理理论也由传统的筹资财务管理理论发展成为现代的投资财务管理理论。

财务管理就是对企业的财务活动进行综合、全面的管理。财务管理是保障现代化企业制度顺利实现的核心机制，不仅有助于管理层改善经营方式，实现经营目标；更有利于保护企业资产安全和完整，杜绝资产流失和损害；同时能够保证经营信息和财务资料的真实、完整，保证企业财务活动的合法性。因此，财务管理既是企业发展的必然，也是企业发展的一种责任和义务。

房地产企业财务是指房地产企业在开发经营房地产过程中客观存在的资金运动及其所体现的经济利益关系。前者称为财务活动，后者称为财务关系。房地产企业财务管理是基于房地产企业经营过程中客观存在的财务活动和财务关系而产生的，它是利用价值形式对企业开发经营房地产过程进行的管理，是房地产企业组织财务活动、处理财务关系的一项综合性的管理工作。

第一节　房地产企业财务管理的概念

一、房地产企业财务活动

房地产企业财务活动是指资金的筹集、投放、使用、收回及分配等一系列行为，具体包括筹资活动、投资活动、资金营运活动和分配活动。这四个方面不是相互割裂、互不相关的，而是相互联系、相互依存的，共同构成了完整的企业财务活动，也是企业财务管理的基本内容。

（一）筹资活动

房地产企业筹资活动的具体内容见图 1–1。

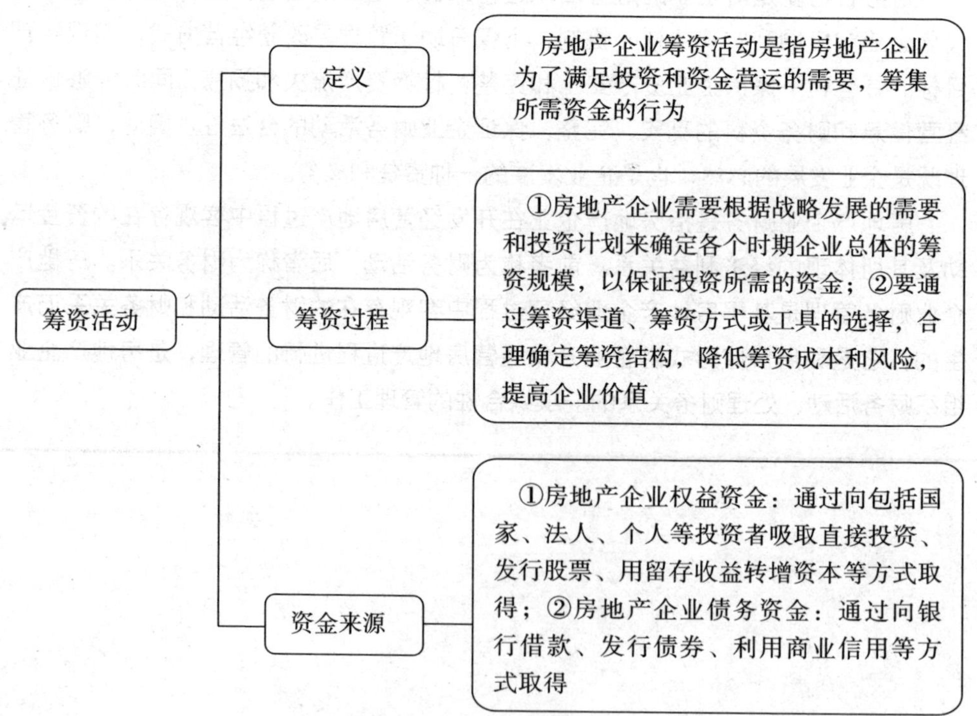

图1–1　房地产企业筹资活动

（二）投资活动

房地产企业取得资金后，必须将资金投入使用，以谋求最大的经济效益，否则就失去了筹资的目的和效用。房地产企业投资活动可分为广义的投资和狭义的投资两种，具体内容见图 1-2。

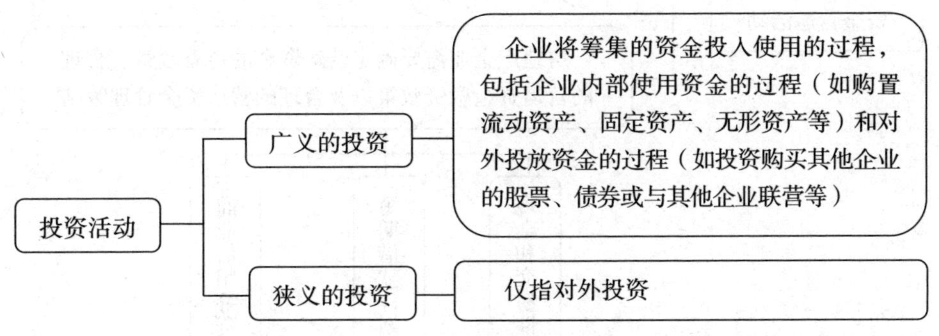

图1-2　投资活动分类

企业在投资过程中，必须考虑投资规模（即为确保获取最佳投资效益，企业应投入资金数额的多少）；同时，企业还必须通过投资方向和投资方式的选择，来确定合理的投资结构，以提高投资效益，降低投资风险。所有这些投资活动都是财务管理的内容。

（三）资金营运活动

房地产企业在日常开发经营活动中，会发生一系列的资金收付行为，具体内容见图 1-3。

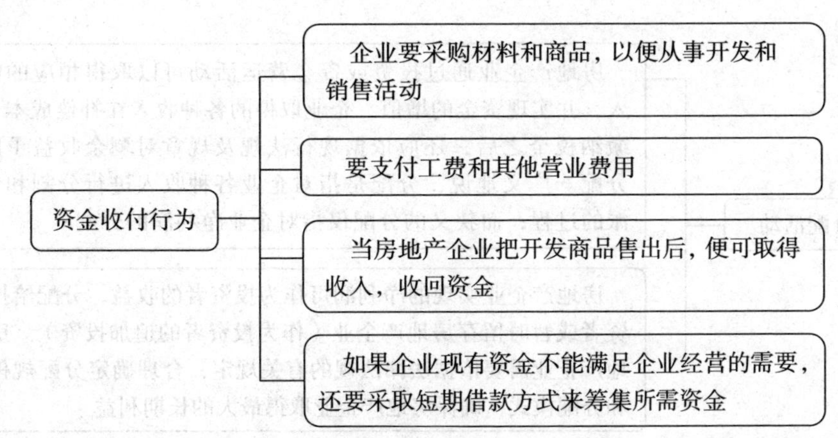

图1-3　房地产企业资金收付行为

为满足房地产企业日常营业活动的需要而垫支的资金，称为营运资金。因企业日常开发经营而引起的财务活动，也称为房地产企业资金营运活动，具体见图1-4。

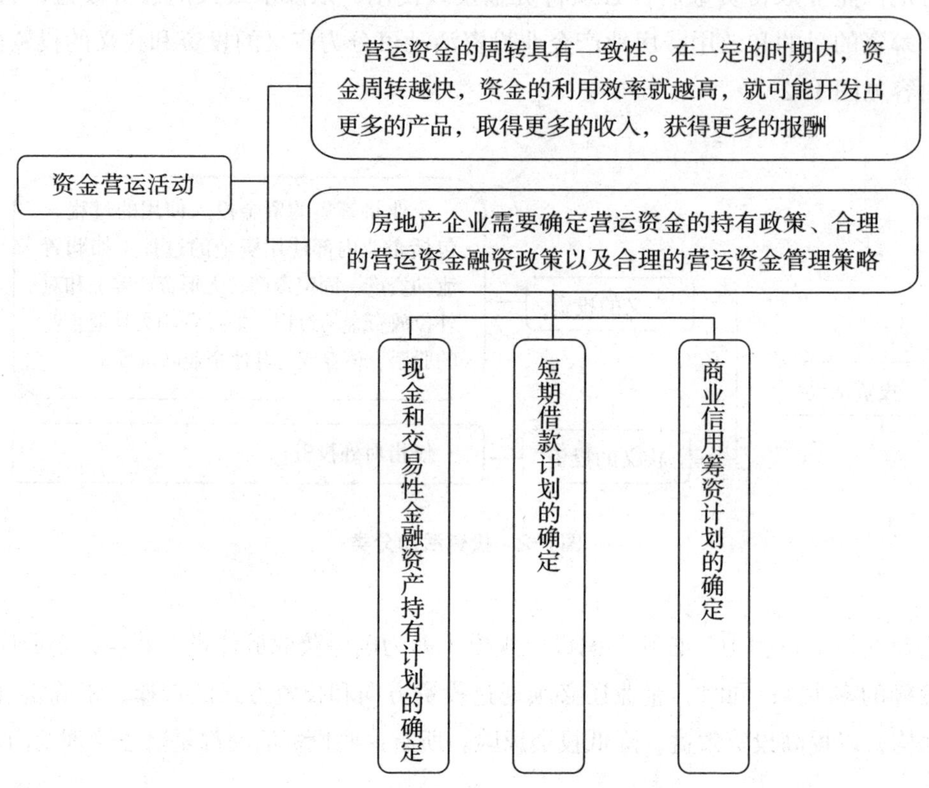

图1-4 房地产企业资金营运活动

（四）分配活动

房地产企业的分配活动见图1-5。

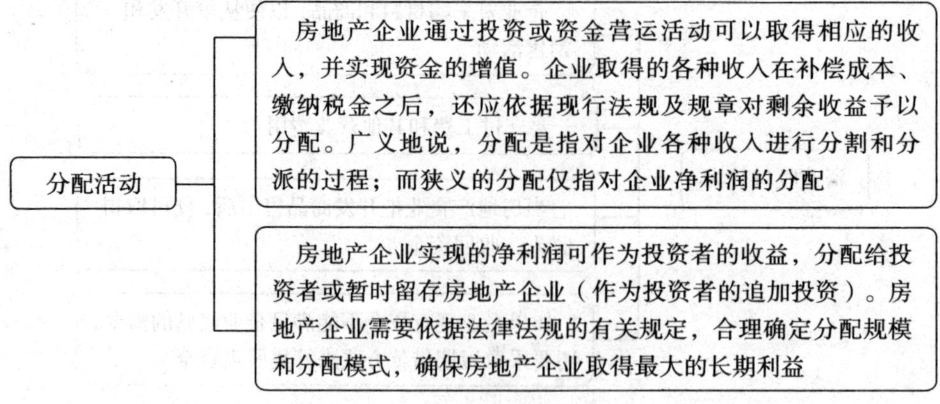

图1-5 房地产企业分配活动

二、房地产企业财务关系

企业财务关系是指企业在组织财务活动过程中与有关各方所发生的经济利益关系。企业资金的筹集、投放、使用、回收和分配，与企业上下游各方面有着广泛的联系。房地产企业的财务关系见图 1-6。

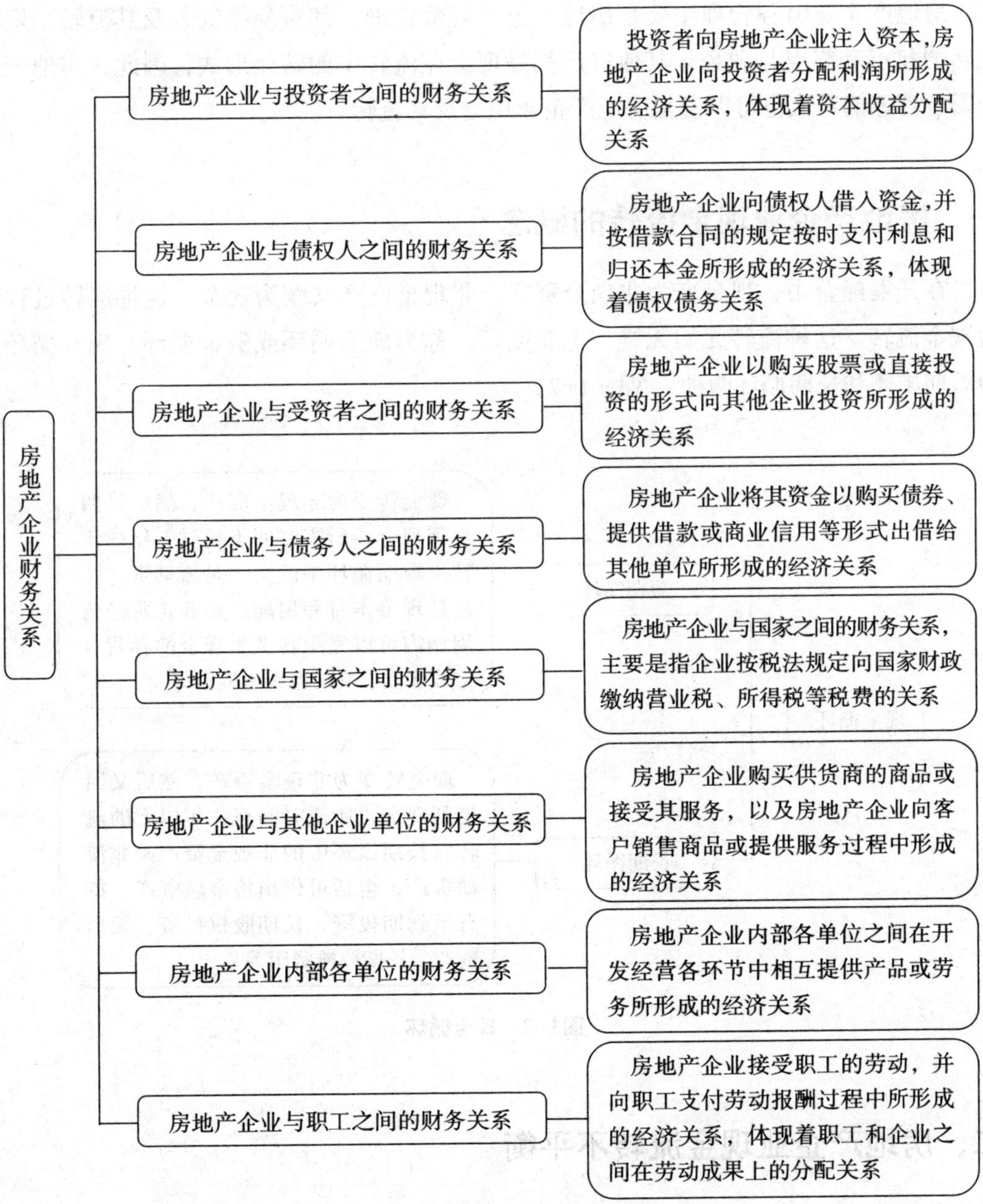

房地产企业财务关系	说明
房地产企业与投资者之间的财务关系	投资者向房地产企业注入资本，房地产企业向投资者分配利润所形成的经济关系，体现着资本收益分配关系
房地产企业与债权人之间的财务关系	房地产企业向债权人借入资金，并按借款合同的规定按时支付利息和归还本金所形成的经济关系，体现着债权债务关系
房地产企业与受资者之间的财务关系	房地产企业以购买股票或直接投资的形式向其他企业投资所形成的经济关系
房地产企业与债务人之间的财务关系	房地产企业将其资金以购买债券、提供借款或商业信用等形式出借给其他单位所形成的经济关系
房地产企业与国家之间的财务关系	房地产企业与国家之间的财务关系，主要是指企业按税法规定向国家财政缴纳营业税、所得税等税费的关系
房地产企业与其他企业单位的财务关系	房地产企业购买供货商的商品或接受其服务，以及房地产企业向客户销售商品或提供服务过程中形成的经济关系
房地产企业内部各单位的财务关系	房地产企业内部各单位之间在开发经营各环节中相互提供产品或劳务所形成的经济关系
房地产企业与职工之间的财务关系	房地产企业接受职工的劳动，并向职工支付劳动报酬过程中所形成的经济关系，体现着职工和企业之间在劳动成果上的分配关系

图1-6　房地产企业财务关系

第二节　房地产企业财务管理的对象

房地产企业财务管理主要是房地产企业资金管理，其对象是资金及其流转。资金流转的起点和终点是现金，其他资产都是现金在流转中的转化形式，因此，房地产企业财务管理的对象也可以说是房地产企业现金及其流转。

一、房地产企业现金流转的概念

在开发经营中，现金变为非现金资产，非现金资产又变为现金，这种流转过程称为现金流转。这种流转无始无终，不断循环，称为现金循环或资金循环。现金循环分为短期循环和长期循环两种，见图 1–7。

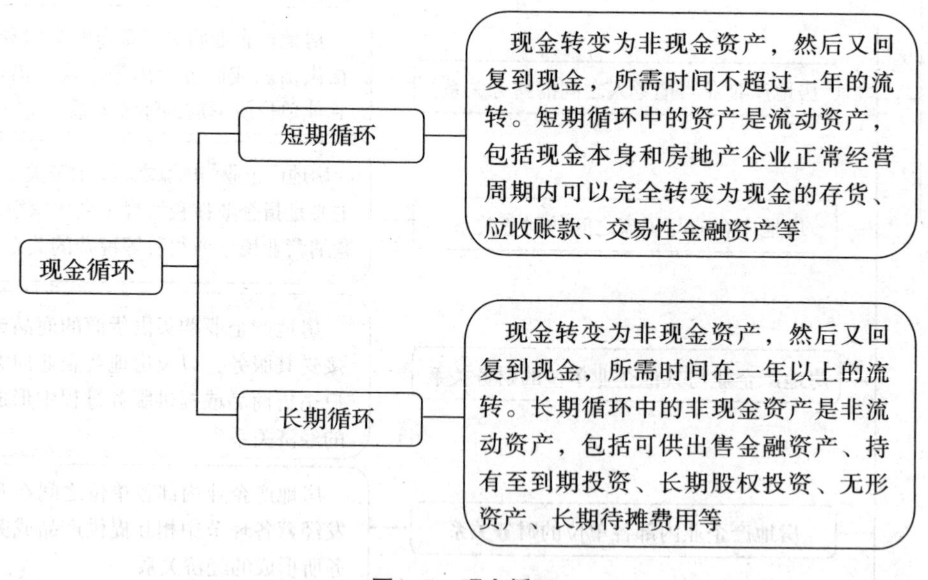

图1–7　现金循环

二、房地产企业现金流转不平衡

房地产企业在一年中会多次遇到现金流出与现金流入不平衡的情况。现金流转不

平衡既有房地产企业内部的原因，如盈利、亏损或扩充等；也有房地产企业外部的原因，如市场变化、经济兴衰、企业间竞争等。

（一）影响房地产企业现金流转的内部原因

1. 盈利房地产企业的现金流转

盈利房地产企业的现金流转情况见图 1-8。

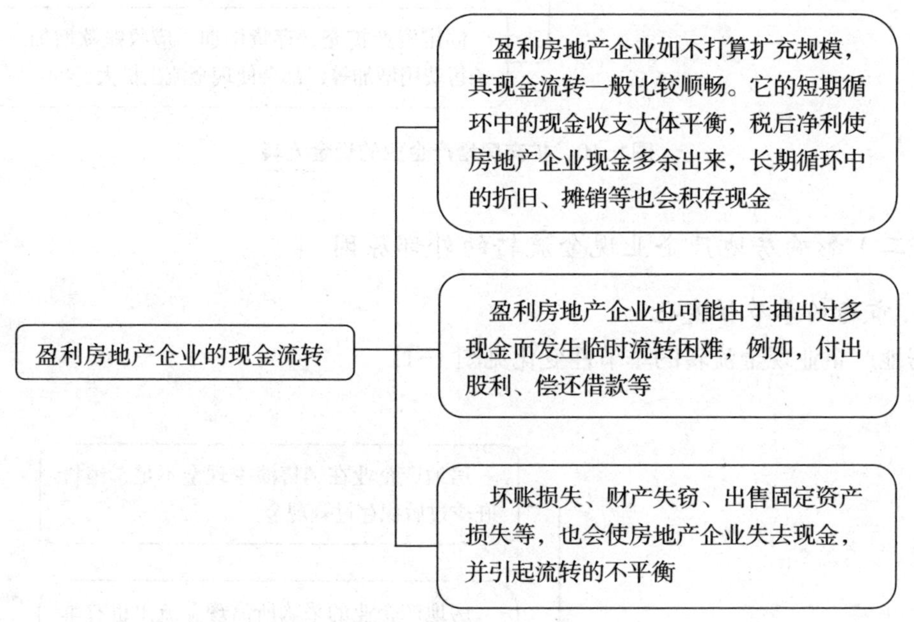

图1-8　盈利房地产企业的现金流转

2. 亏损房地产企业的现金流转

亏损房地产企业的现金流转情况见图 1-9。

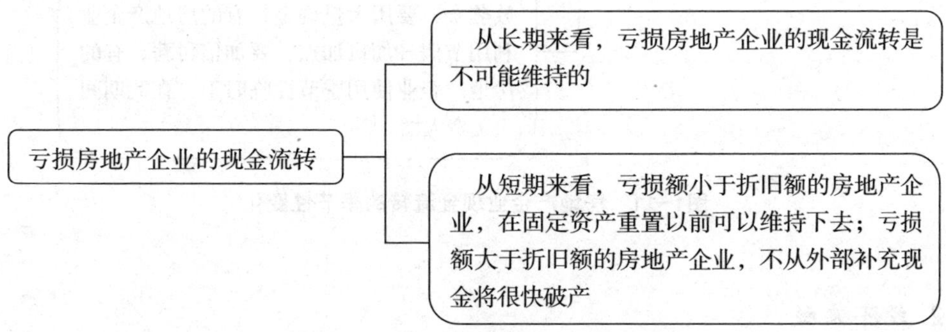

图1-9　亏损房地产企业的现金流转

3. 扩充房地产企业的现金流转

扩充房地产企业的现金流转情况见图 1-10。

扩充房地产企业的现金流转

任何要迅速扩大经营规模的房地产企业，都会遇到相当严重的现金短缺情况

固定资产扩充、存货增加、应收账款增加、销售费用增加等，都会使现金流出扩大

图1-10 扩充房地产企业的现金流转

（二）影响房地产企业现金流转的外部原因

1. 市场的季节性变化

房地产企业现金流转的季节性变化见图 1-11。

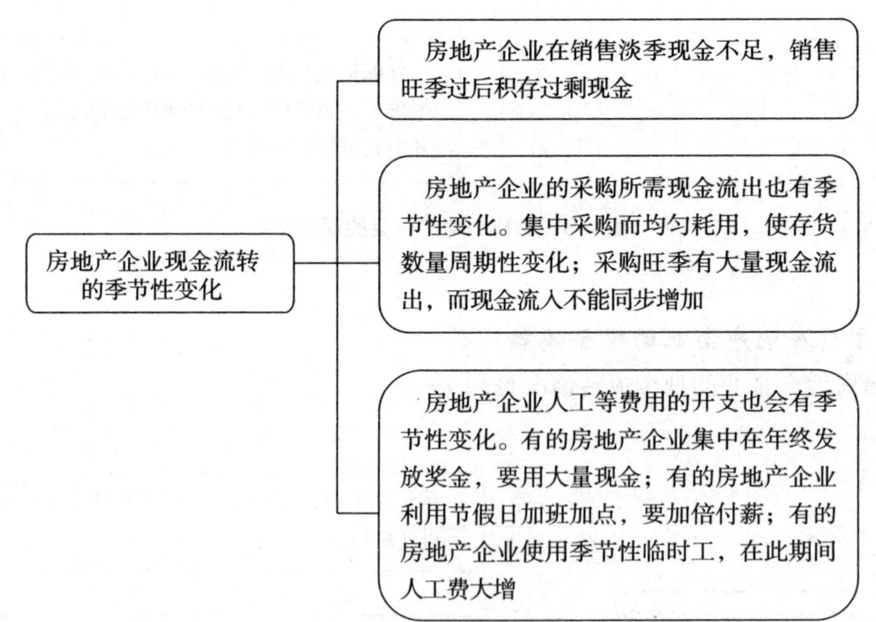

图1-11 房地产企业现金流转的季节性变化

2. 经济波动

经济波动对房地产企业现金流转的影响见图 1-12。

图1-12　经济波动对房地产企业现金流转的影响

3. 通货膨胀

通货膨胀对房地产企业现金流转的影响见图 1-13。

图1-13　通货膨胀对房地产企业现金流转的影响

4. 市场竞争

市场竞争对房地产企业现金流转的影响见图 1-14。

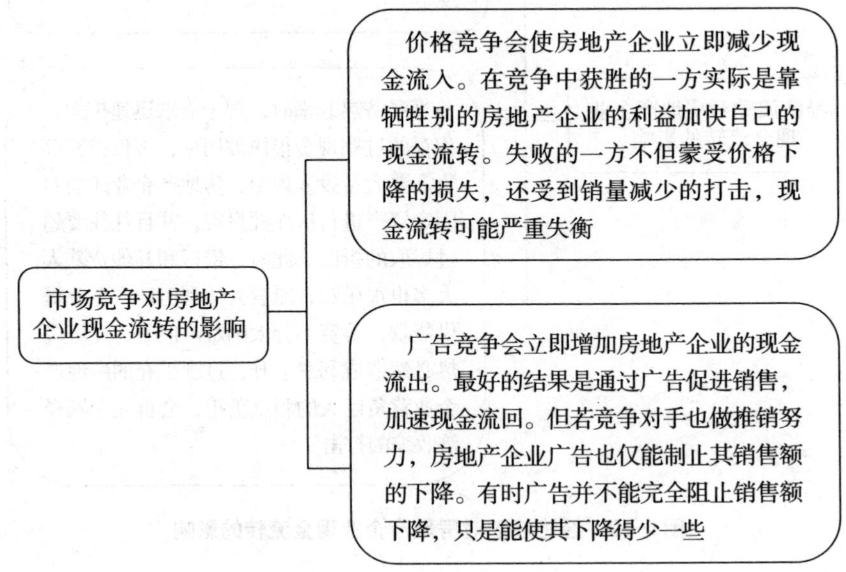

图1-14　市场竞争对房地产企业现金流转的影响

第三节　房地产企业财务管理目标

房地产企业财务管理的目标是房地产企业财务管理活动所希望实现的结果。它是评价房地产企业理财活动是否合理有效的基本标准，是房地产企业财务管理工作的行为导向，是财务人员工作实践的出发点和归宿。财务管理目标制约着财务工作运行的基本特征和发展方向。不同的财务管理目标，会产生不同的财务管理运行机制。因此，科学地设置财务管理目标，对优化理财行为、实现财务管理的良性循环具有重要意义。

一、房地产企业财务管理总体目标

（一）净利润最大化

1. 净利润的概念

净利润的概念见图 1-15。

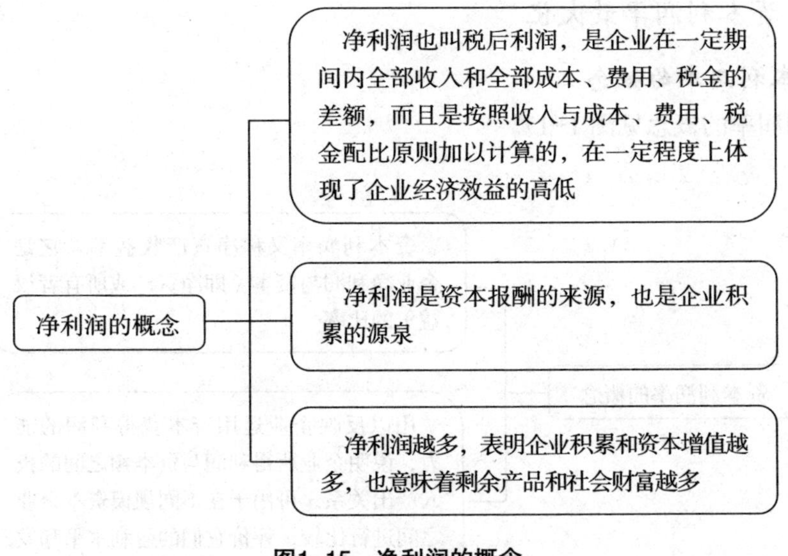

图1-15　净利润的概念

2. 用净利润最大化表达企业财务管理总体目标的优缺点

用净利润最大化表达企业财务管理总体目标的优缺点见图 1-16。

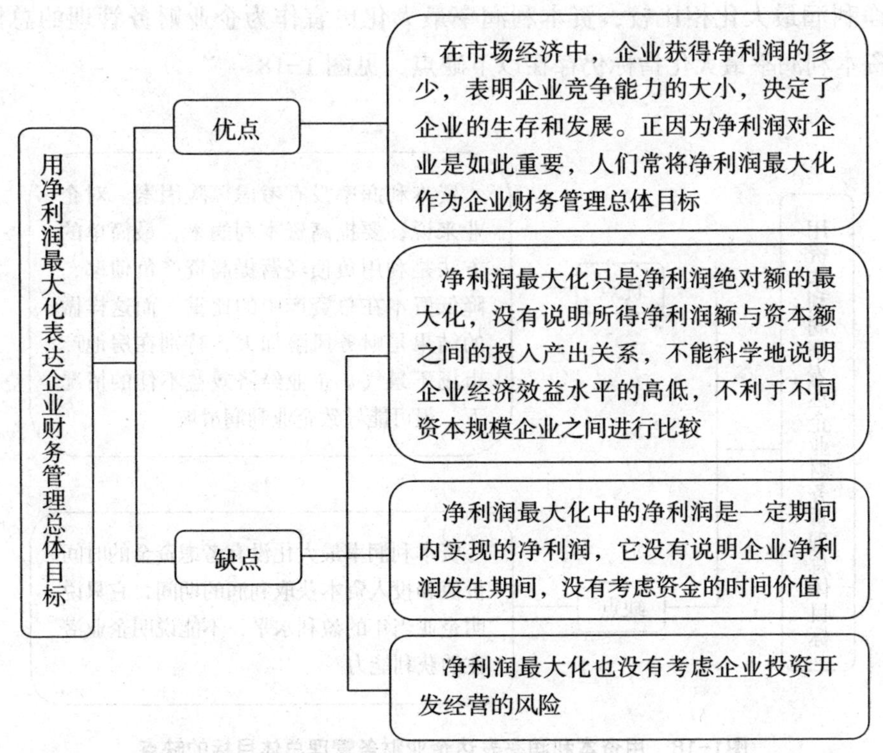

图1-16　用净利润最大化表达企业财务管理总体目标的优缺点

（二）资本利润率最大化

1. 资本利润率的概念

资本利润率的概念见图 1-17。

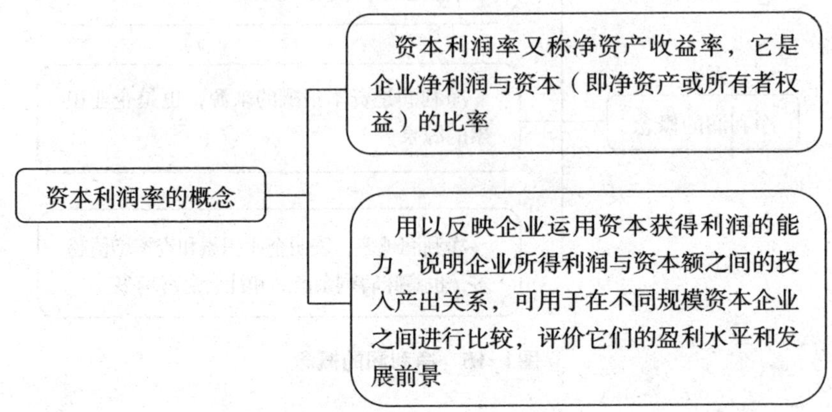

图1-17　资本利润率的概念

2. 用资本利润率表达企业财务管理总体目标的缺点

与净利润最大化相比较，资本利润率最大化更宜作为企业财务管理的总体目标。但是，资本利润率最大化指标仍存在以下缺点，见图 1-18。

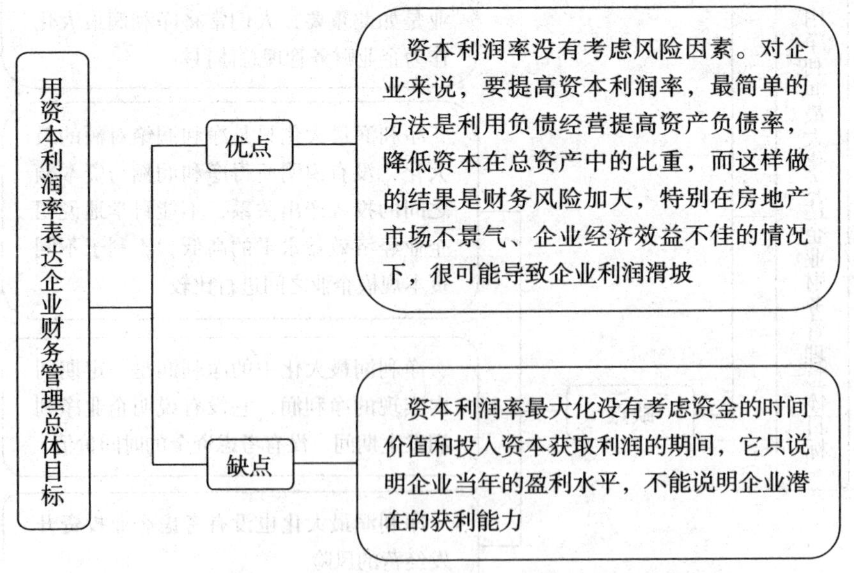

图1-18　用资本利润率表达企业财务管理总体目标的缺点

（三）企业价值最大化

1. 企业价值与企业价值最大化的概念

企业价值与企业价值最大化的概念见图 1-19。

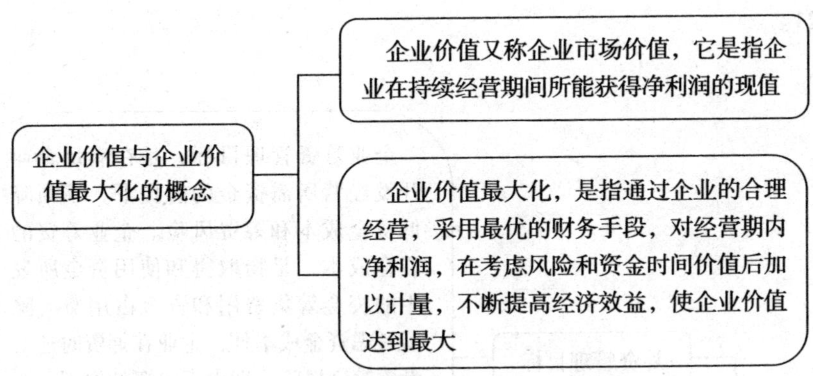

图1-19　企业价值与企业价值最大化的概念

2. 用企业价值最大化表达企业财务管理总体目标的优点

用企业价值最大化表达企业财务管理总体目标的优点见图 1-20。

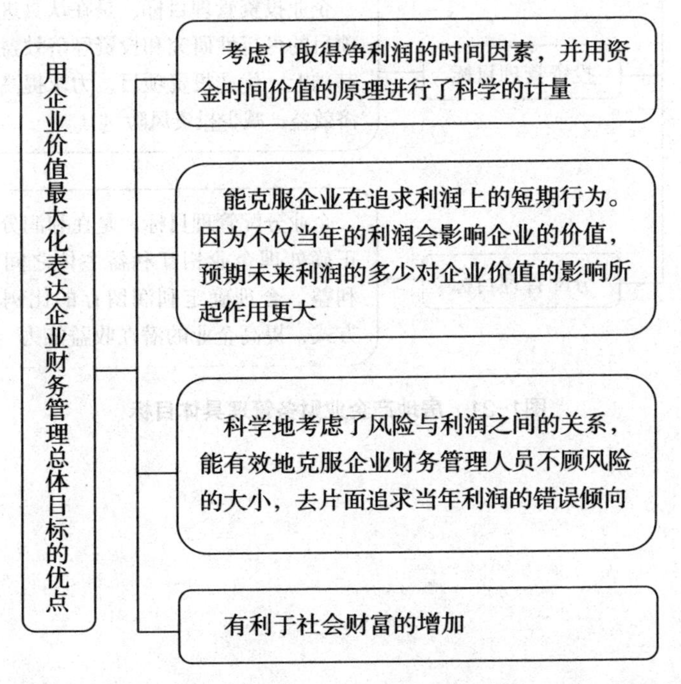

图1-20　用企业价值最大化表达企业财务管理总体目标的优点

二、房地产企业财务管理具体目标

财务管理具体目标，是指企业各项财务活动在贯彻财务管理总体目标要求下的目标。它取决于企业财务活动的内容，以下从筹资、投资和分配三个方面加以说明，具体见图 1–21。

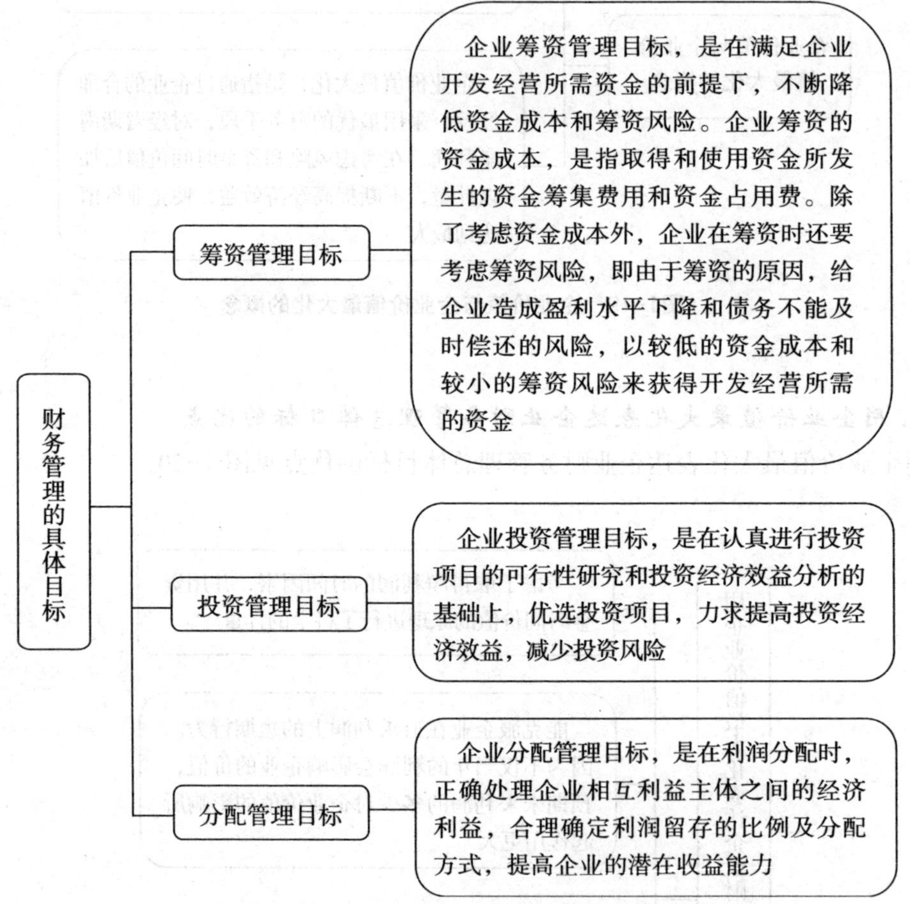

图1–21　房地产企业财务管理具体目标

第四节　房地产企业财务管理环境

房地产企业财务管理环境（又称理财环境），是指对房地产企业财务活动和财务管理产生影响作用的房地产企业内外各种条件的统称。

房地产企业财务活动在相当大程度上受理财环境制约，如开发、供销、市场、物价、金融、税收等因素，对房地产企业财务活动都有重大的影响。只有在理财环境的各种因素作用下实现财务活动的协调平衡，房地产企业才能生存和发展。研究理财环境有助于正确地制定理财策略。

一、经济体制环境

经济体制是一个国家的基本经济制度，它说明一个国家的经济以什么为基础和主体来进行运作。经济体制又分为宏观经济体制和微观经济体制。宏观经济体制是指整个国家的基本经济制度。从世界各国和我国的历史来看，当今宏观经济体制基本可分为计划经济体制和市场经济体制两种。

财务管理的经济体制环境除了宏观经济体制环境外，还有微观经济体制环境。微观经济体制环境也叫企业体制环境。企业体制涉及企业与国家、企业与所有者的关系。在市场经济体制下，政资分开、政企分开、两权分离，是企业体制的基本特征。企业是一个自主经营、自负盈亏、权责利相结合的经济实体，在财务管理上，企业在筹资、投资、分配上有自主权利，相应地，企业也必须对企业的盈亏承担经济责任，所有者对破产承担风险。

二、市场环境

（一）土地市场环境

土地市场环境的内容见图 1-22。

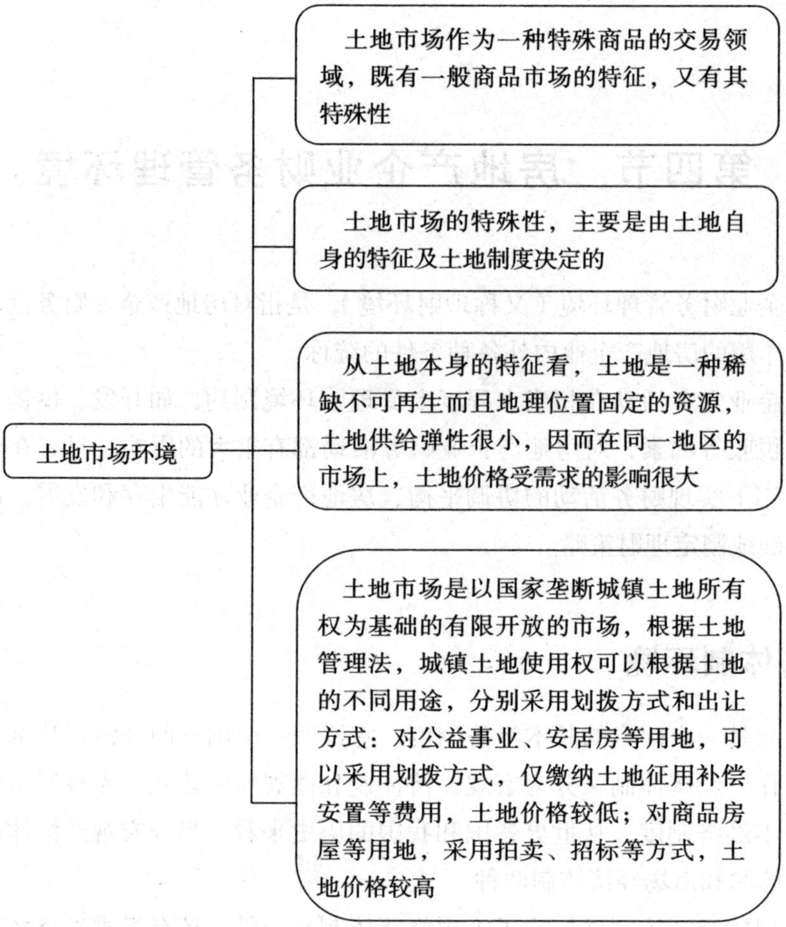

图1-22　土地市场环境

（二）房产市场环境

房产市场环境的内容见图 1-23。

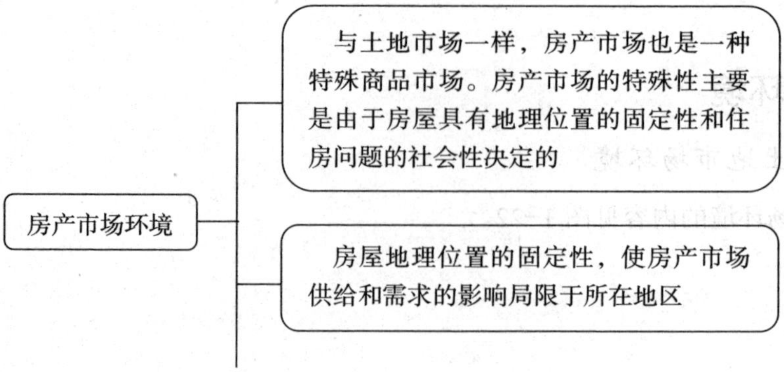

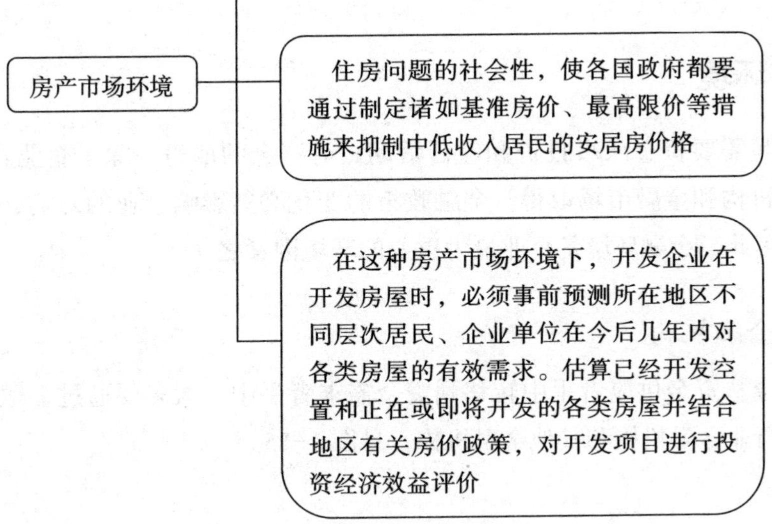

图1-23 房产市场环境

（三）生产资料市场环境

从对房地产企业财务活动的影响来说，生产资料市场环境主要是指材料、设备采购环境。具体内容见图 1-24。

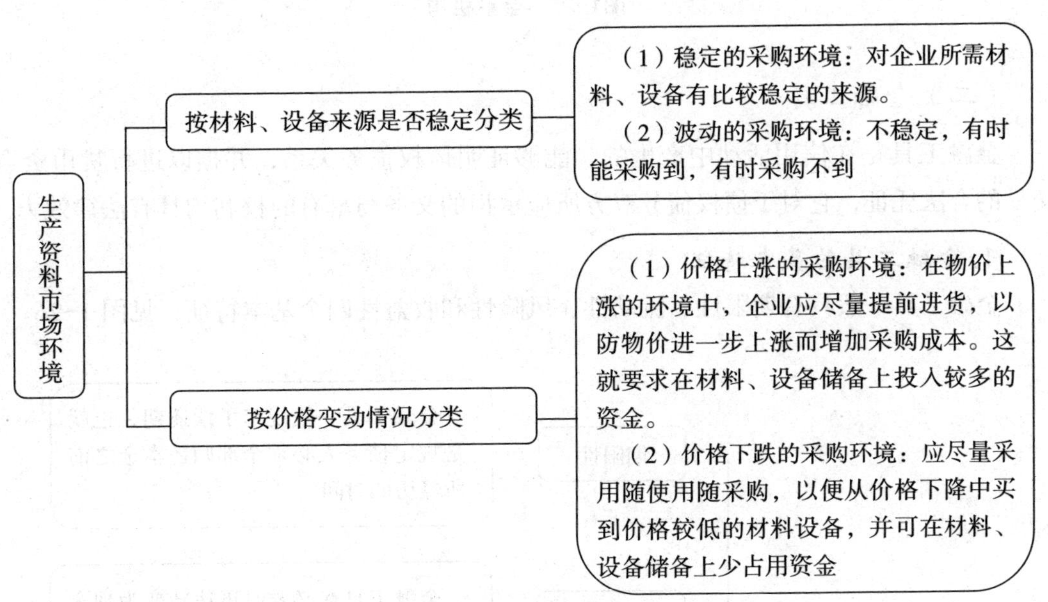

图1-24 生产资料市场环境

三、金融环境

企业总是需要资金从事投资和经营活动。而资金的取得，除了企业自有资金外，主要从金融机构和金融市场取得。金融政策的变化必然影响企业的筹资、投资和资金运营活动。因此，金融环境是企业最为重要的环境因素之一。

（一）金融机构

社会资金从资金供应者手中转移到资金需求者手中，大多要通过金融机构。金融机构包括银行业金融机构和其他金融机构，见图 1–25。

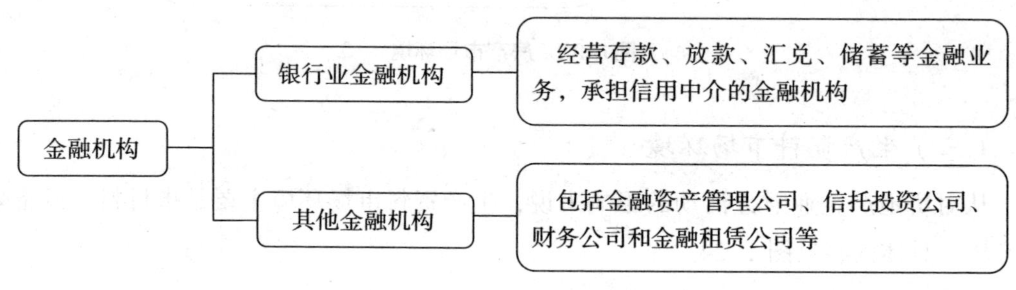

图1–25　金融机构

（二）金融工具

金融工具是在信用活动中产生的、能够证明债权债务关系，并据以进行货币资金交易的合法凭证，它对于债权债务双方所应承担的义务与享有的权利均具有法律效力。

1. 金融工具的基本特征

金融工具一般具有期限性、流动性、风险性和收益性四个基本特征，见图 1–26。

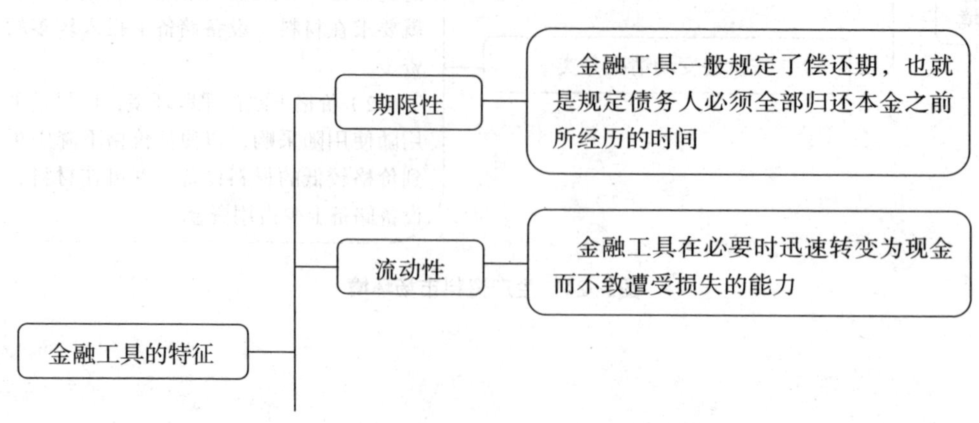

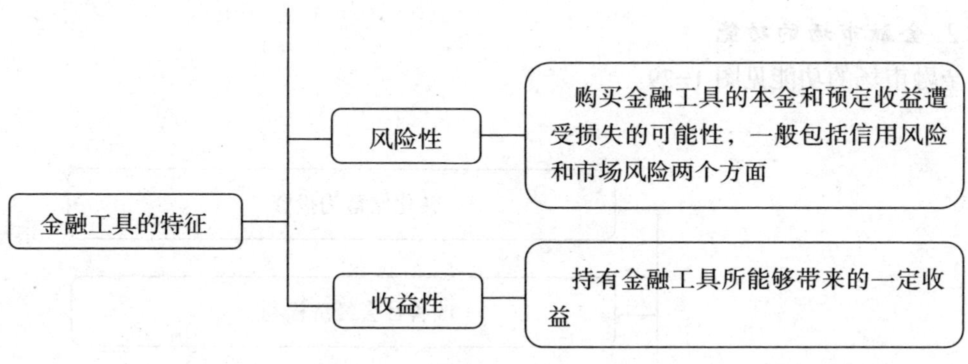

图1-26　金融工具的基本特征

2. 金融工具分类

金融工具按期限不同可分为货币市场工具和资本市场工具，见图 1-27。

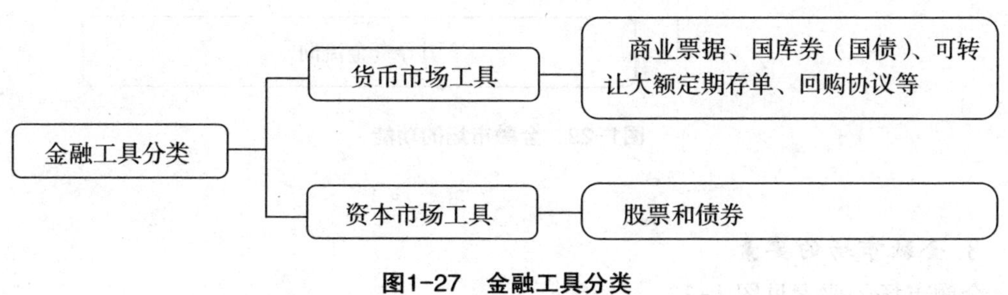

图1-27　金融工具分类

（三）金融市场

1. 金融市场的意义

金融市场的意义见图 1-28。

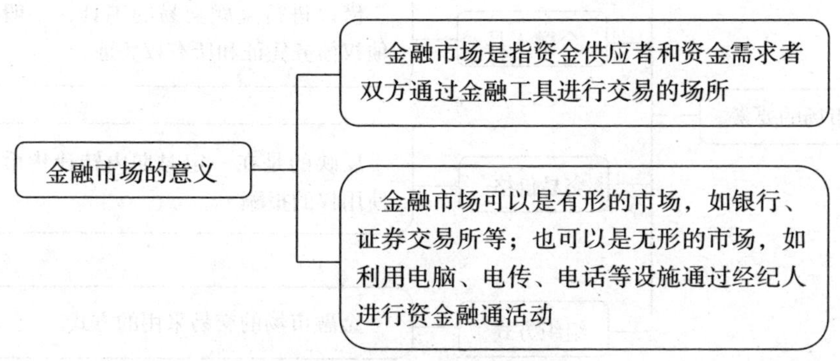

图1-28　金融市场的意义

2. 金融市场的功能

金融市场的功能见图 1-29。

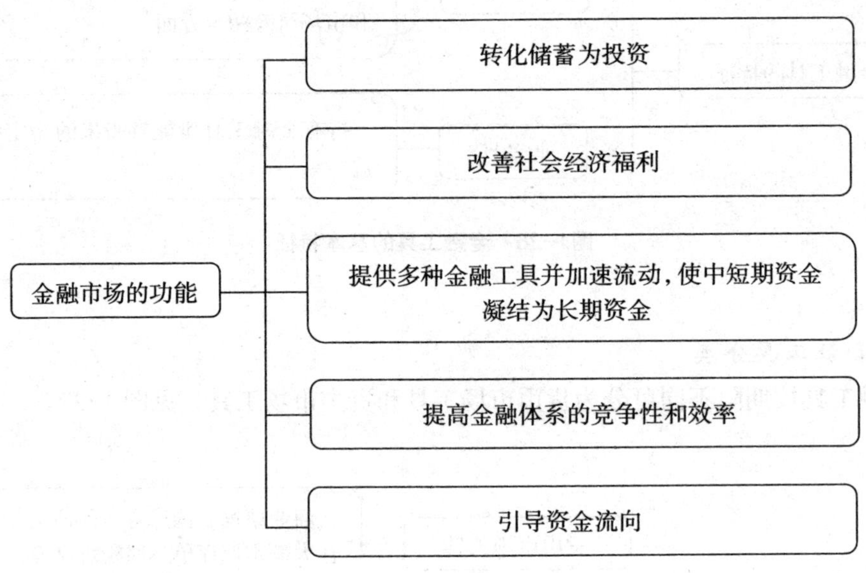

图1-29　金融市场的功能

3. 金融市场的要素

金融市场的要素见图 1-30。

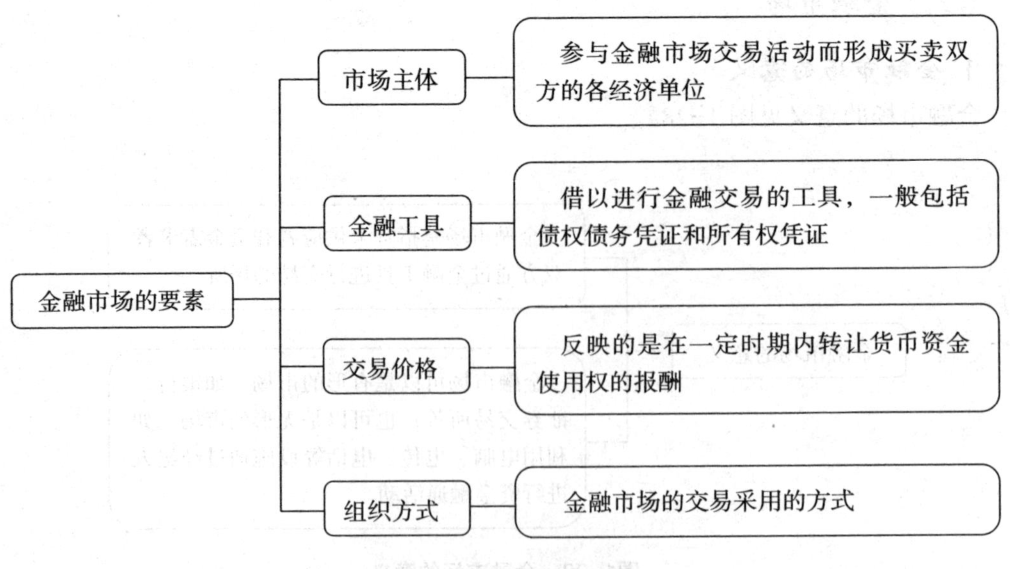

图1-30　金融市场的要素

4. 金融市场的种类

（1）按期限划分为短期金融市场和长期金融市场。金融市场按期限划分为短期金融市场和长期金融市场，见图 1-31。

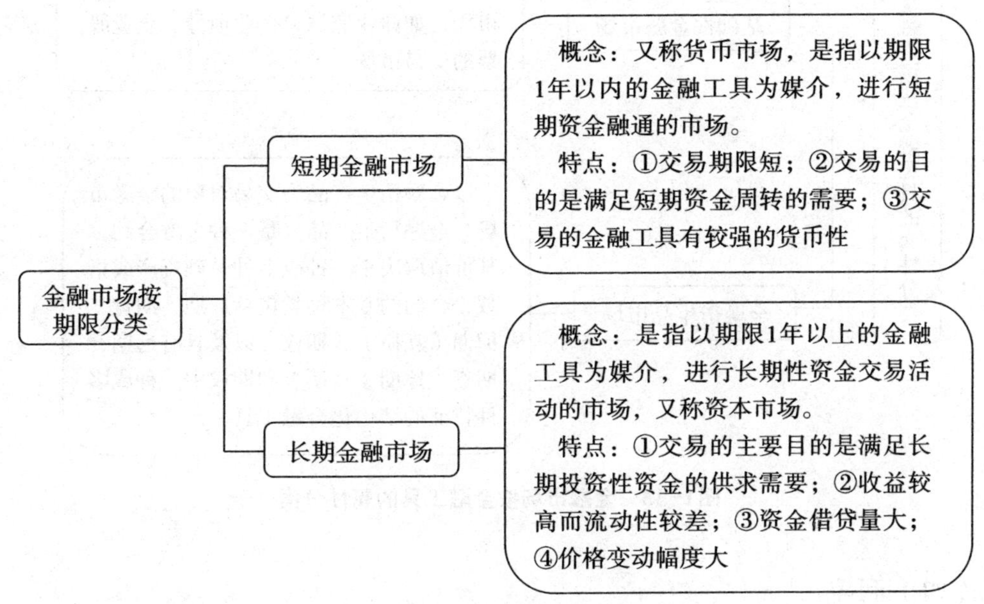

图1-31　金融市场按期限分类

（2）按证券交易的方式和次数分为初级市场和次级市场。金融市场按证券交易的方式和次数分为初级市场和次级市场，见图 1-32。

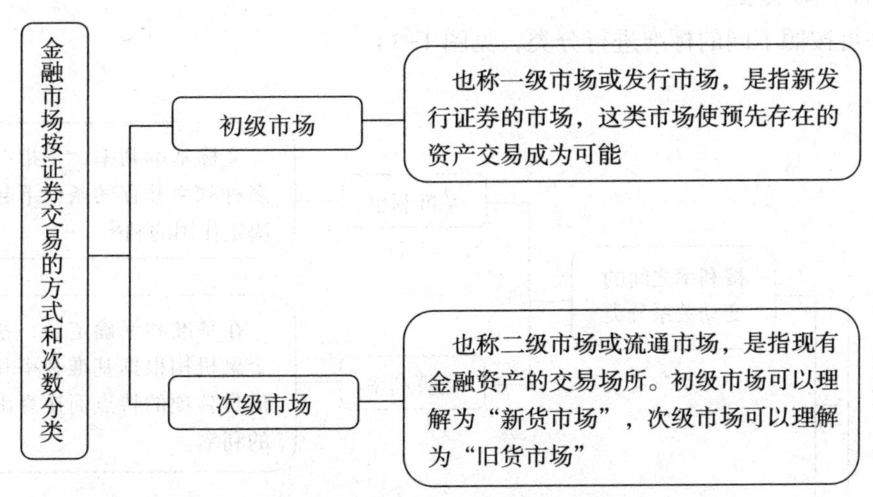

图1-32　金融市场按证券交易的方式和次数分类

（3）按金融工具的属性分为基础性金融市场和金融衍生品市场。金融市场按金融工具的属性分为基础性金融市场和金融衍生品市场，见图 1-33。

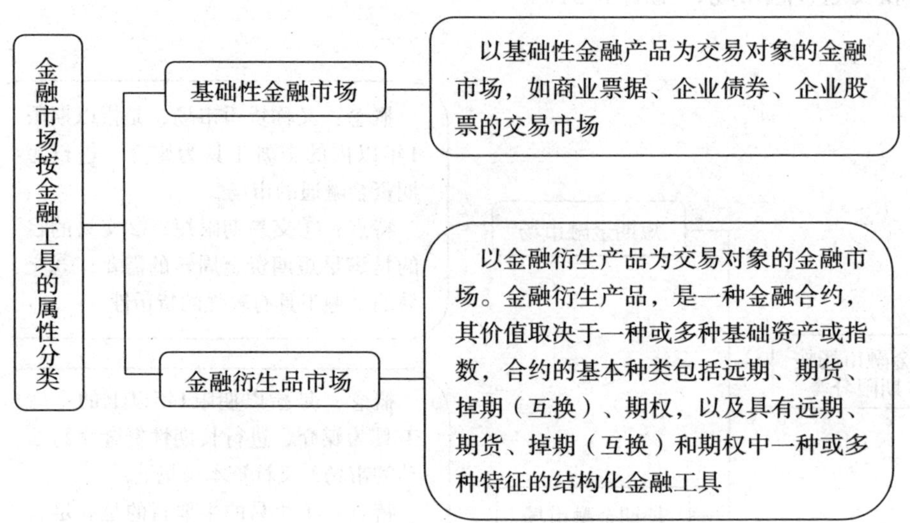

图1-33　金融市场按金融工具的属性分类

（四）利率

利率又称利息率，是利息占本金的百分比指标。从资金的借贷关系看，利率是一定时期运用资金资源的交易价格。资金作为一种特殊商品，以利率为价格标准的融通，实质上是资源通过利率实行的再分配，因此利率在资金分配及企业财务决策中起着重要作用。

1. 利率的类型

利率可按照不同的标准进行分类，见图 1-34。

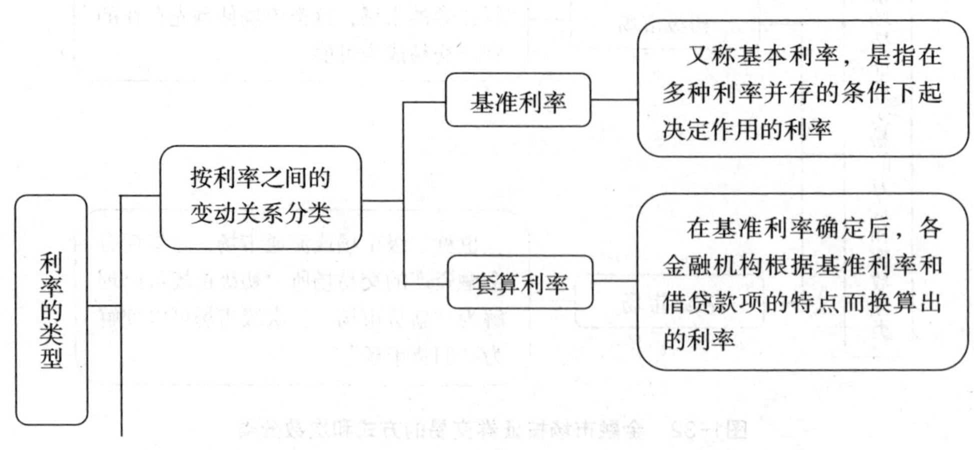

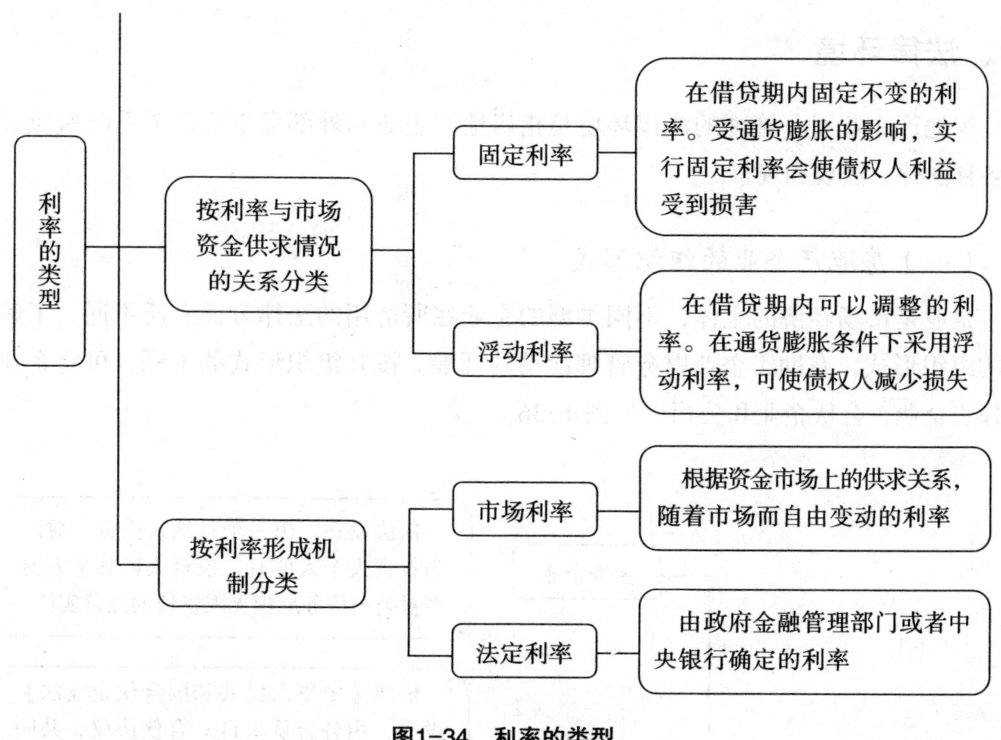

图1-34　利率的类型

2. 利率的一般计算公式

资金的利率通常由三部分组成：纯利率、通货膨胀补偿率和风险收益率。利率的一般计算公式见图 1-35。

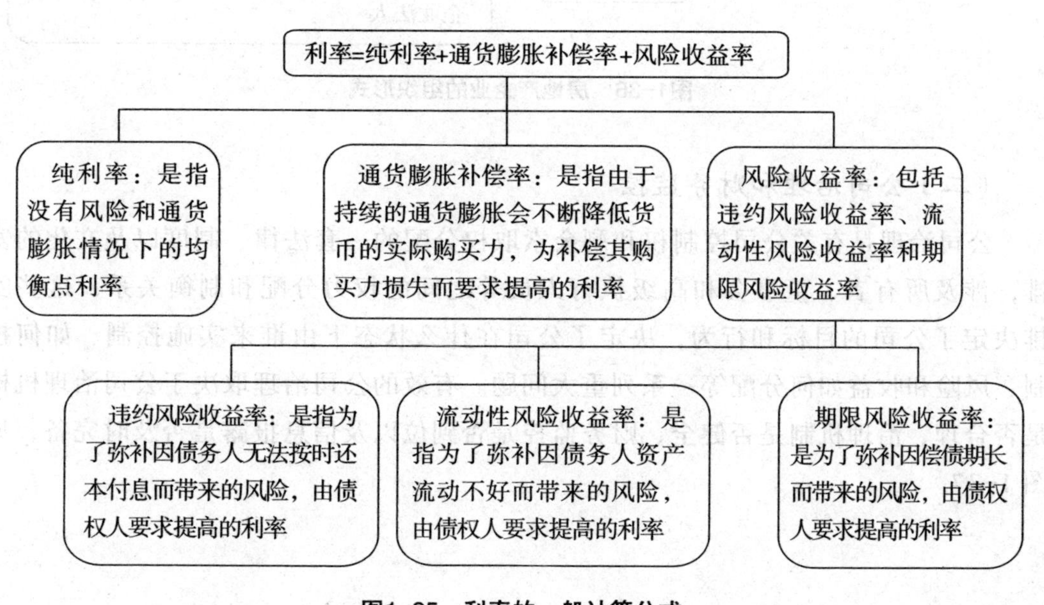

图1-35　利率的一般计算公式

四、法律环境

房地产企业财务管理的法律环境是指房地产企业和外部发生经济关系时所应遵守的各种法律、法规和规章。

（一）房地产企业的组织形式

企业是市场经济的主体，不同类型的企业在所适用的法律方面有所不同。了解企业的组织形式，有助于企业财务管理活动的开展。按其组织形式的不同，可将企业分为独资企业、合伙企业和公司，见图 1-36。

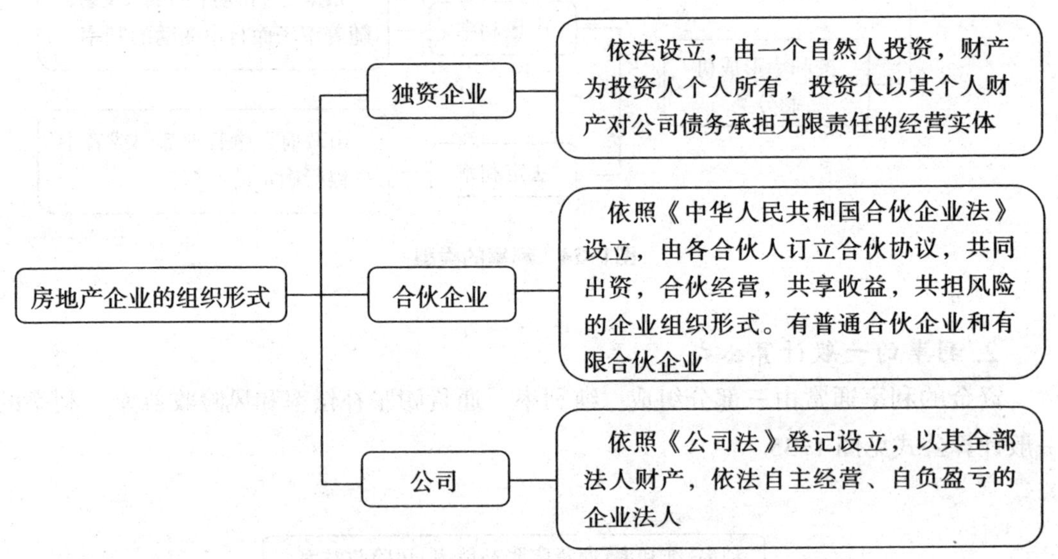

图1-36　房地产企业的组织形式

（二）公司治理和财务监控

公司治理是有关公司控制权和剩余索取权分配的一套法律、制度以及文化的安排，涉及所有者、董事会和高级执行人员等之间的权力分配和制衡关系，这些安排决定了公司的目标和行为，决定了公司在什么状态下由谁来实施控制、如何控制、风险和收益如何分配等一系列重大问题。有效的公司治理取决于公司治理机构是否合理、治理机制是否健全、财务监控是否到位以及信息报露是否及时完备，见图 1-37。

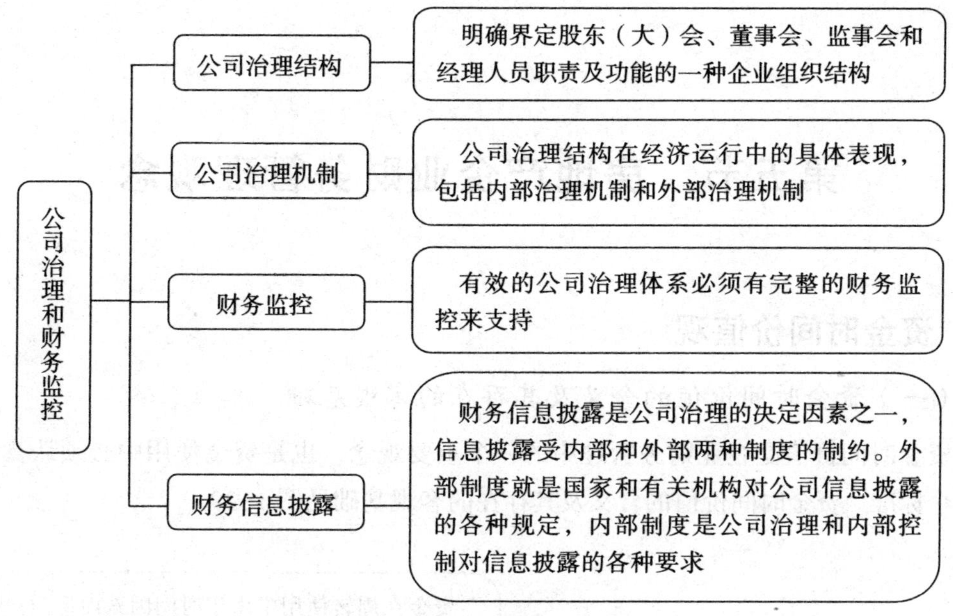

图1-37　公司治理和财务监控

（三）法律法规

企业的理财活动，无论是筹资、投资还是利润分配，都要和企业外部发生经济关系。在处理这些经济关系时，应当遵守有关的法律规范，见图 1-38。财务人员要熟悉这些法律规范，在守法的前提下完成财务管理的职能，实现企业的财务目标。

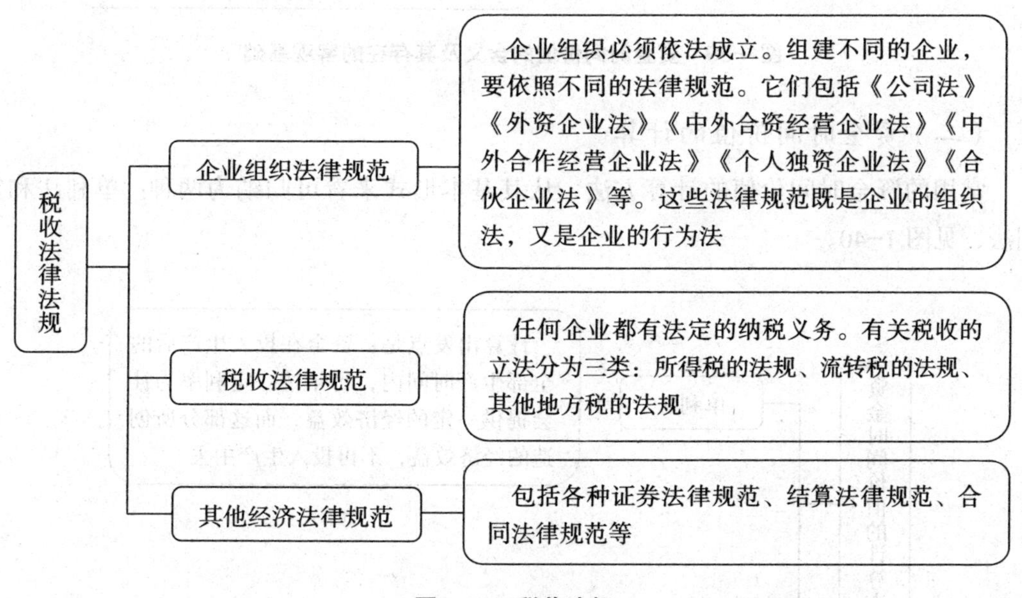

图1-38　税收法规

第五节　房地产企业财务管理观念

一、资金时间价值观

（一）资金时间价值的含义及其存在的客观基础

资金时间价值是企业财务管理中的一个重要观念，也是资金使用中必须认真考虑的一个标准。资金时间价值的含义及其存在的客观基础见图 1–39。

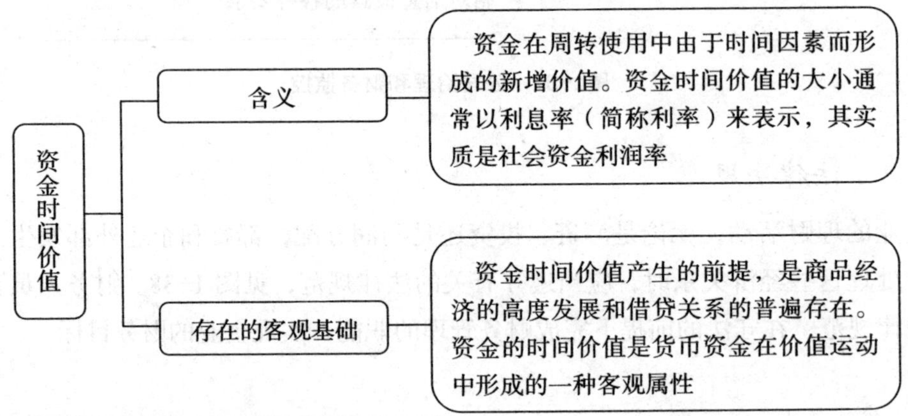

图1–39　资金时间价值的含义及其存在的客观基础

（二）资金时间价值的计算

常用的资金时间价值的计算方法，从其基本形式来看可归纳为两种：单利法和复利法，见图 1–40。

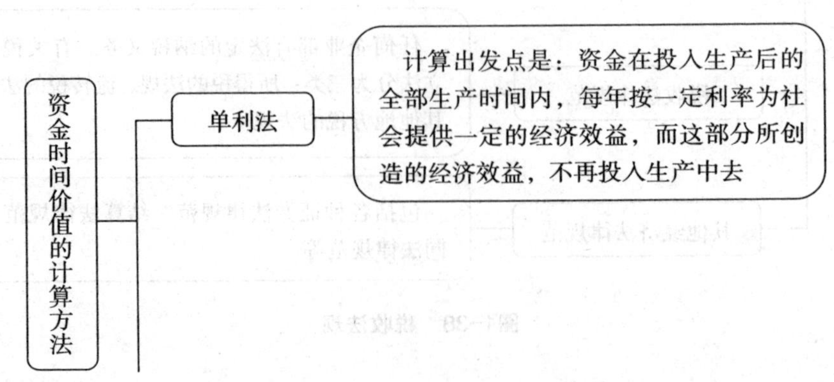

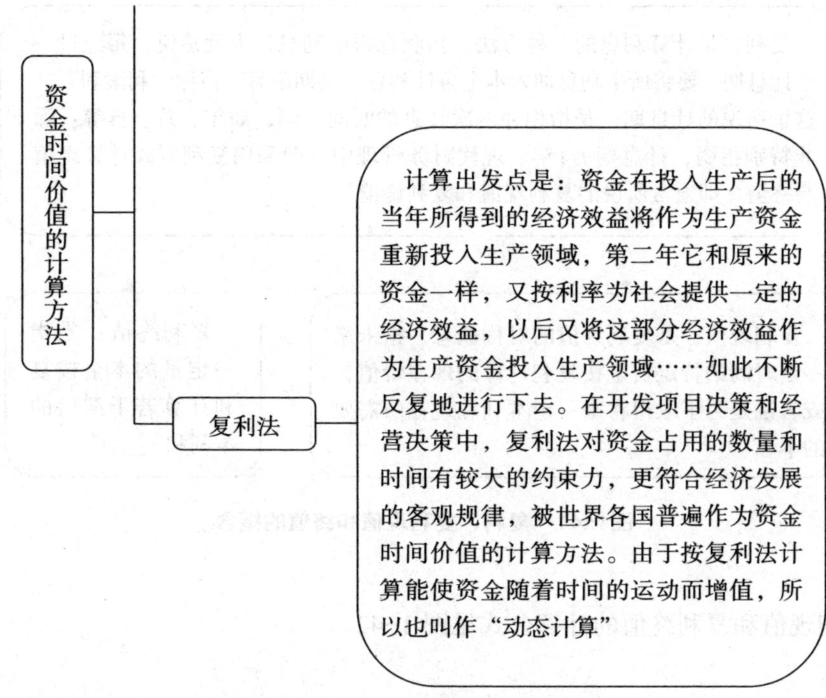

图1-40 资金时间价值的计算方法

1. 名义利率和实际利率

在实际工作中，资金的计息期不一定为 1 年，也可能是以半年、3 个月或 1 个月为计息期。由于计息期长短的不同，同一笔资金在占用的总时间相等的情况下，所付的利息会有明显的差别。在开发项目投资决策和经营决策中，如按复利法计算利息，而各个方案在 1 年中计算利息的次数不同，就难以比较各个方案经济效益的优劣，这就需要将各个方案计算的“名义利率”全部换算成“实际利率”，然后进行比较。所谓“名义利率”，就是通常所说的年利率。“实际利率”，就是资本在计息期计息用的利率。名义利率与实际利率的关系式为：

$$i=(1+\frac{r}{m})^{m}-1$$

式中，i——实际利率；

r——名义利率；

m——每年复利次数。

2. 动态计算资金时间价值的基本公式

（1）复利的现值和终值。

①复利、复利现值和终值的概念见图 1-41。

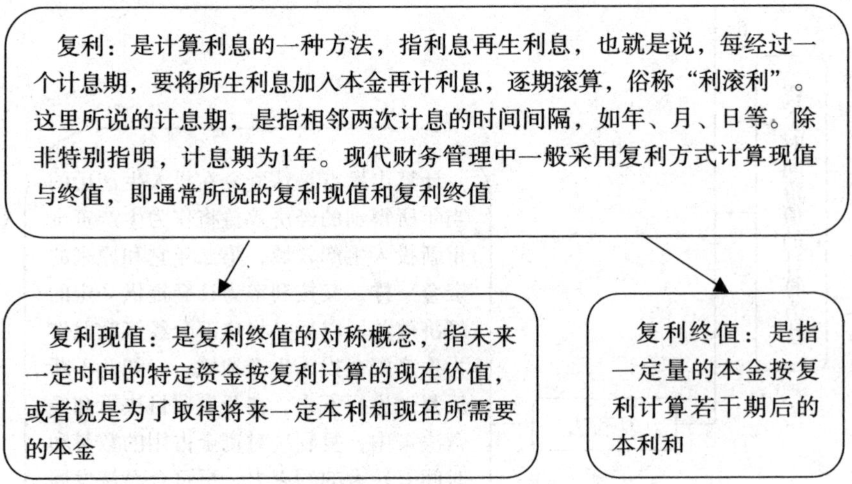

复利：是计算利息的一种方法，指利息再生利息，也就是说，每经过一个计息期，要将所生利息加入本金再计利息，逐期滚算，俗称“利滚利”。这里所说的计息期，是指相邻两次计息的时间间隔，如年、月、日等。除非特别指明，计息期为1年。现代财务管理中一般采用复利方式计算现值与终值，即通常所说的复利现值和复利终值

复利现值：是复利终值的对称概念，指未来一定时间的特定资金按复利计算的现在价值，或者说是为了取得将来一定本利和现在所需要的本金

复利终值：是指一定量的本金按复利计算若干期后的本利和

图1-41 复利、复利现值和终值的概念

②复利现值和复利终值的计算公式见图 1-42。

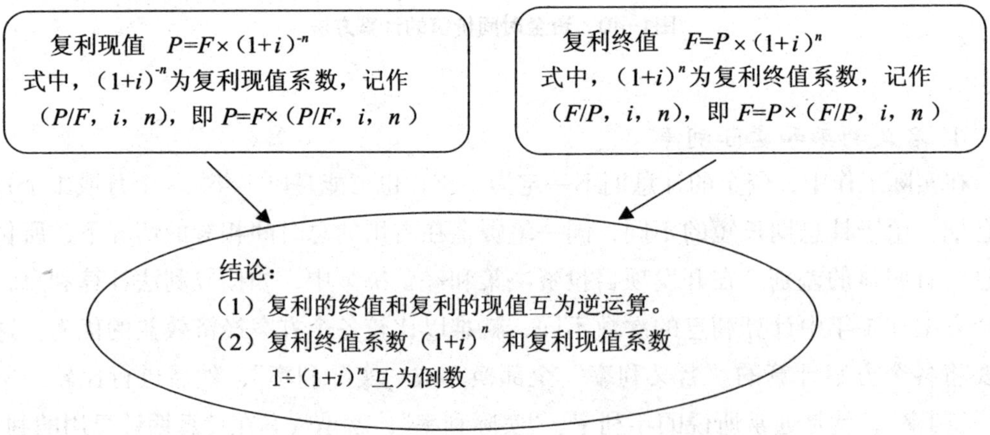

复利现值 $P=F\times(1+i)^{-n}$
式中，$(1+i)^{-n}$为复利现值系数，记作（P/F，i，n），即 $P=F\times$（P/F，i，n）

复利终值 $F=P\times(1+i)^{n}$
式中，$(1+i)^{n}$为复利终值系数，记作（F/P，i，n），即 $F=P\times$（F/P，i，n）

结论：
（1）复利的终值和复利的现值互为逆运算。
（2）复利终值系数$(1+i)^{n}$和复利现值系数$1\div(1+i)^{n}$互为倒数

图1-42 复利现值和复利终值的计算公式

【例1-1】某房地产企业投资项目预计6年后可收益8000万元，按年利率（折现率）12%计算，该企业的这笔收益现值是多少？

解：$P=F\times(1+i)^{-n}=F\times(P/F, i, n)=8000\times(1+12\%)^{-6}=8000\times(P/F, 12\%, 6)$
$=4050.28$（万元）

【例1-2】某房地产企业在银行存入5年期定期存款50000元，年利率为6%，5年后的本利和是多少？

解：$F=P\times(1+i)^{n}=P\times(F/P,i,n)=50000\times(F/P,6\%,5)=50000\times1.3382=66910$（元）

（2）年金的现值和终值。

①年金、年金的现值和终值的概念见图 1-43。

年金：是指一定时期内，间隔相等时期支付或收入固定的金额（也叫分次款），通常记作A。年金的形式多种多样，如保险费、养老金、折旧、租金、等额分期收款、等额分期付款以及零存整取、整存零取等

年金现值：是指今后一定时期内，每年都有一定等额收入或支出的现值的总和。它根据年金和年金现值系数计算

年金终值：是指各期分次款及由这些分次款复利累积的总和，它根据年金和年金终值系数计算

图1-43　年金、年金的现值和终值的概念

②年金现值和年金终值的计算公式见图 1-44。

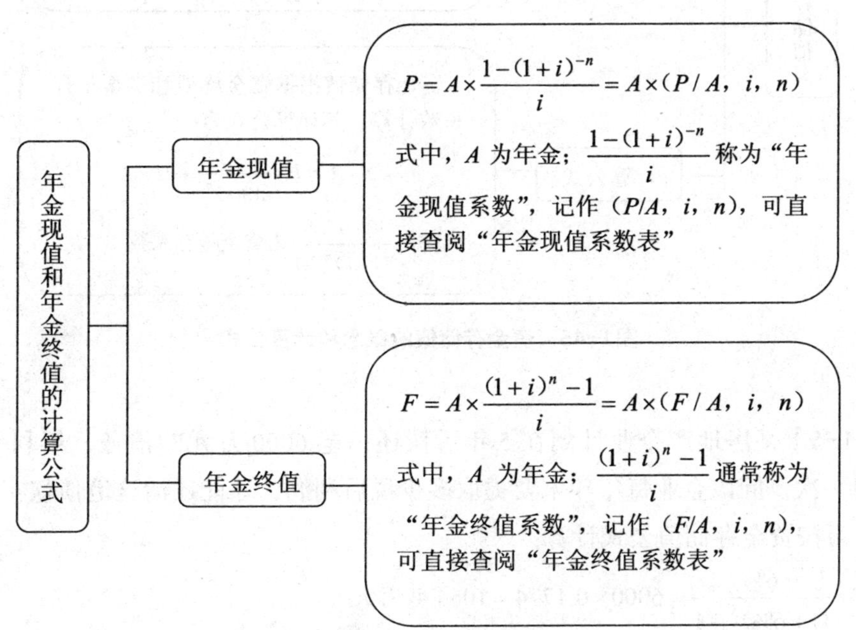

图1-44　年金现值和年金终值的计算公式

【例 1-3】某房地产企业拟建办公大楼一幢，估计总投资为 18000 万元，每年年初

借款6000万元，年利率为6%，每年计息一次。问第3年年末累计本息数额是多少？

解：第3年年末累计本息数额可按年金终值公式计算：

$$F = A\times\frac{(1+i)^n-1}{i} = 6000\times\frac{(1+6\%)^3-1}{6\%} = 6000\times3.1836 = 19101.6(\text{万元})$$

【例1-4】某房地产企业拟向银行借款新建一个门窗加工厂，年利率为8%，每年计息一次。建成交付使用后，每年能获得税后利润80万元，预计经济寿命期为10年。问该厂建造时的总投资应控制在多少？

解：该厂建造时的总投资可按照年金现值公式计算：

$$P = A\times\frac{1-(1+i)^{-n}}{i} = 80\times\frac{1-(1+8\%)^{-10}}{8\%} = 80\times6.7101 = 536.808(\text{万元})$$

（3）资金存储值。资金存储值的概念和计算公式见图1-45。

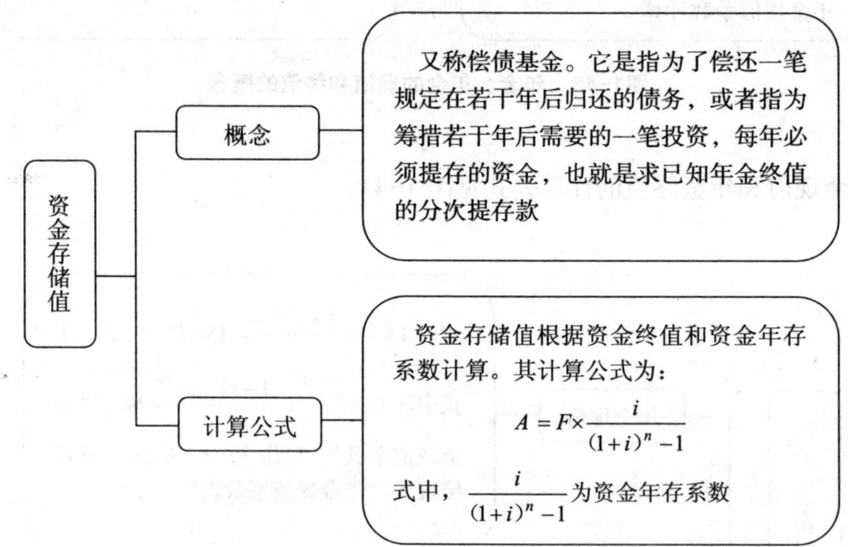

图1-45 资金存储值的概念和计算公式

【例1-5】某房地产企业计划在5年后偿还一笔6000万元的债务，年利率为6%，每年计息一次。问该企业每年年末要提取多少税后利润，才能还清这笔债款？

解：可按资金存储值公式计算：

$$6000\times\frac{6\%}{(1+6\%)^5-1} = 6000\times0.1774 = 1064.4(\text{万元})$$

（4）资金回收值。资金回收值的概念和计算公式见图1-46。

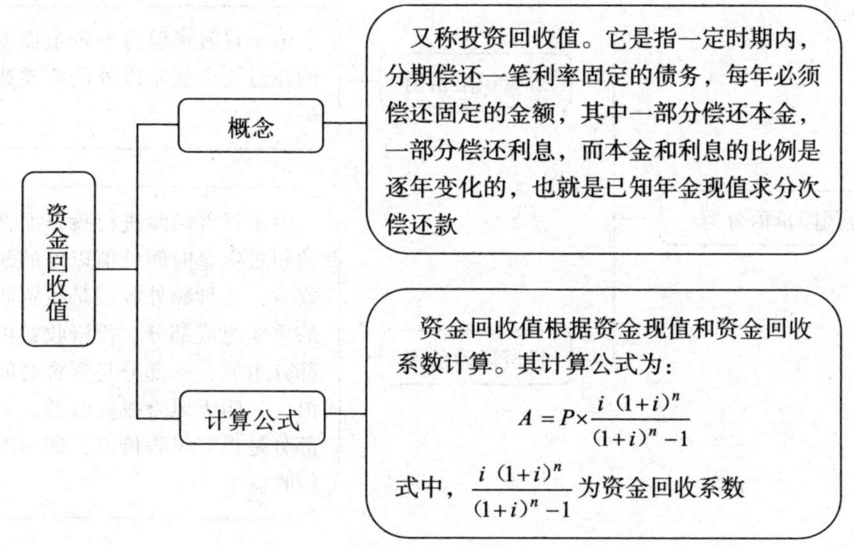

图1-46　资金回收值的概念和计算公式

【例 1-6】某房地产企业借款 6000 万元建造四幢商品住宅，年利率 6%，每年计息一次，规定分 4 年还清。问每年偿还本息多少？

解：可按照资金回收值公式计算：

$$6000\times\frac{6\%\times(1+6\%)^4}{(1+6\%)^4-1}=6000\times0.2886=1731.6(\text{万元})$$

二、资金风险价值观

（一）资金风险价值的含义

企业财务管理中的风险主要指资金风险，即资金筹集和使用过程中的风险。企业如果冒着风险筹集和使用资金，就必须要求获得超过资金成本和资金时间价值以外的收益。这种由于冒着风险筹集资金和使用资金而取得的额外收益，就是资金的风险价值，或叫风险收益、风险报酬。

（二）资金风险价值的分类

房地产企业财务管理中的资金风险价值一般分为以下两种类型，见图 1-47。

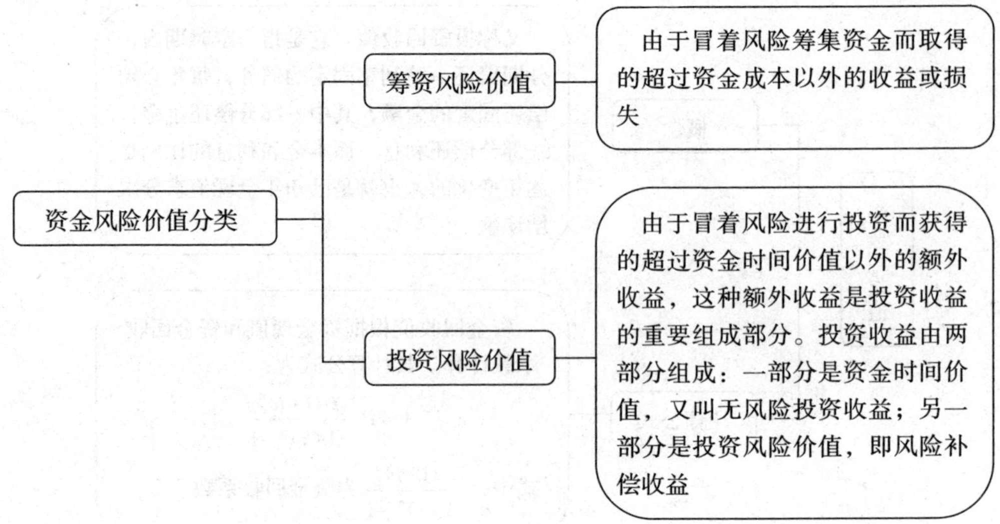

图1-47 资金风险价值分类

（三）资金风险价值的计算

由于风险和概率有着直接的联系，所以资金风险程度可以用概率的方法来计算。运用概率方法计算资金风险价值，一般是依次通过计算资金收益率或收益额、期望资金收益率或收益额、标准离差、标准离差率、资金风险收益率来求得，见图1-48。

根据预测的相关数据先分析各种可能情况的概率和可能获得的资金收益率或收益额，计算出资金收益率或收益额的期望值。其计算公式为：

$$期望资金收益率或期望收益值=\sum_{t=1}^{n}(可能获得的资金收益率或收益额\times概率)$$

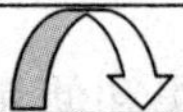

计算标准离差。标准离差指可能获得的资金收益率或收益额对期望资金收益率或期望收益值之间的偏离程度。其计算公式为：

$$标准离差=\sqrt{\sum_{i=1}^{n}(可能获得的资金收益率或收益额-期望资金收益率或期望收益值)^2\times概率}$$

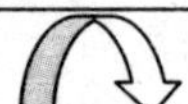

计算标准离差率。标准离差率是指标准离差与期望资金收益率或期望收益值的相对数。其计算公式为：

$$标准离差率=\frac{标准离差}{期望资金收益率或期望收益值}\times100\%$$

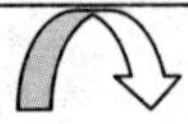

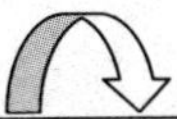

计算资金风险收益率。标准离差率虽能正确评价资金风险程度的大小，但它不是资金风险收益率，要计算资金风险收益率，还必须借助资金风险收益系数。资金风险收益和标准离差率、资金风险收益系数之间的关系如下：

$$资金风险收益率=标准离差率\times资金风险收益系数$$

$$资金风险收益系数=\frac{资金收益率-无风险收益率}{标准离差率}$$

求得资金风险价值。在算出资金风险收益率后，就可将它乘以投资额，求得资金风险收益即资金风险价值：

$$资金风险价值=投资额\times资金风险收益率$$

图1-48　资金风险价值计算

（四）资金风险价值的运用

资金风险价值观念贯穿在企业财务活动中，要求在财务活动中必须考虑资金收益与资金风险价值对称，也就是要依财务活动所面临的不同资金风险，选择相应的资金收益。具体地讲，企业在筹资时，如果自身面临高风险，则必须低成本支付；自身低风险，可以高成本支付。在投资时，假如自身面临高风险，则必须有高收益；自身面临低风险，则可以是低收益。

第二章　房地产企业资本成本与资本结构

本章导读

房地产企业资本成本是房地产企业财务管理的一个非常重要的概念：首先，房地产企业要达到股东财富最大化，必须使所有投入最小化，其中包括资本成本的最小化。因此，正确计算和合理降低资本成本，是制定筹资决策的基础。其次，房地产企业的投资决策必须建立在资本成本的基础上，任何投资项目的投资收益率必须高于资本成本。

房地产企业资本结构是由房地产投资者筹集各种资本来源而构成的财务结构，它是筹资决策的主要目标，也是影响筹资成本的重要因素。房地产企业资本结构，在综合资金成本率过高，筹资风险较大，筹资期限弹性不足、展期性较差时，应及时进行调整。资本结构的调整，一般可在增加投资、减少投资、企业盈利较多或债务重组时进行。

第一节　房地产企业资本成本

一、资本成本的概念

房地产企业资本成本是一种机会成本，指房地产企业可以从现有资产获得的符合投资人期望的最小收益率，又称为最低可接受的收益率、投资项目的取舍收益率，在数量上它等于各项资本来源的成本加权计算的平均数。

二、决定资本成本高低的因素

在市场经济环境中，多方面因素的综合作用决定着房地产企业资本成本的高低，见图 2-1。

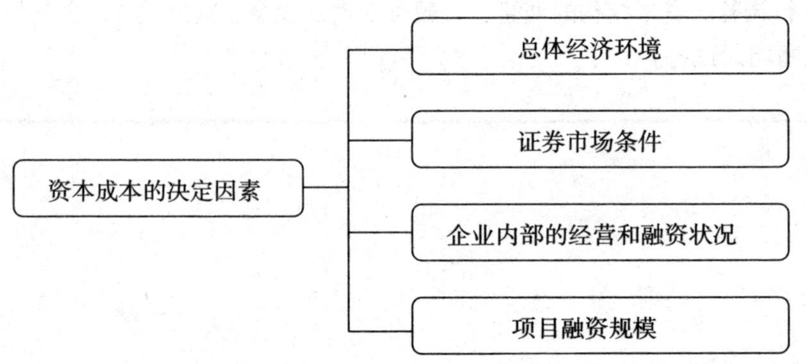

图2-1　决定资本成本高低的因素

三、个别资本成本

个别资本成本是指各种资本来源的成本，包括债务成本、留存收益成本和普通股成本等。

（一）债务成本

1. 简单债务的税前成本

最简单债务是没有所得税和发行费，按平价发行的具有固定偿还期和偿还金额的

债务。简单债务债权人的收益就是债务人的成本，因此可以根据债券收益率估价模型确定债务的成本。简单债务的税前成本计算公式见图 2-2。

简单债务的税前成本计算公式

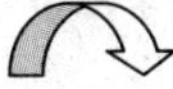

债务的成本是使下式成立的 K_d（内含报酬率）：

$$P_0=\sum_{i=1}^{N}\frac{P_i+I_i}{(1+K_d)}$$

式中，P_0——债券发行价格或借款的金额，即债务的现值；

P_i——本金的偿还金额和时间；

I_i——债务的约定利息；

N——债务的期限，通常以年表示。

求解 K_d 需要使用“逐步测试法”

图2-2　简单债务的税前成本计算公式

【例 2-1】某房地产企业平价发行某长期债券，总面值为 100 万元，票面年利率 11%，期限为 3 年，每年付息，到期一次还本。则该债务的税前成本为多少？

解：$100=\frac{100\times11\%}{(1+K_d)}+\frac{100\times11\%}{(1+K_d)^2}+\frac{100\times11\%}{(1+K_d)^3}+\frac{100}{(1+K_d)^3}$

$K_d=11\%$

2. 含有手续费的税前债务成本

如果取得债务时存在不可忽视的手续费，如佣金和其他费用等，债权人的收益率则不等于债务人的成本，债务人得到的金额要扣除手续费。含有手续费的税前债务成本计算公式见图 2-3。

含有手续费的税前债务成本计算公式

假设发行费用占债务发行价格的百分比为 F，则债务成本是使下式成立的 K_d：

$$P_0(1-F)=\sum_{i=1}^{N}\frac{P_i+I_i}{(1+K_d)^i}$$

图2-3　含有手续费的税前债务成本计算公式

【例 2-2】某房地产企业平价发行某长期债券，总面值为 100 万元，手续费为借款金额 100 万元的 2%，票面年利率 11%，期限为 3 年，每年付息，到期一次还本。则该债务的税前成本为多少？

解：$$100\times(1-2\%)=\frac{100\times11\%}{(1+K_d)}+\frac{100\times11\%}{(1+K_d)^2}+\frac{100\times11\%}{(1+K_d)^3}+\frac{100}{(1+K_d)^3}$$

$K_d=11.8301\%$

3. 含有手续费的税后债务成本

由于在投资和房地产企业估价中需要使用税后现金流量进行折现，所有各项资金成本也应使用税后成本。在考虑所得税的情况下，债务人的利息支出可以减少其所得税。含有手续费的税后债务成本计算公式见图 2-4。

含有手续费的税后债务成本计算公式

（1）简便算法：

税后债务成本=税前债务成本率×（1－税率）

这种算法是不准确的，因为可以抵税的是利息额，而不是折现率。债务价格（溢价或折价）和手续费率都会影响折现率的计算，但与利息抵税无关。只有在平价发行、无手续费的情况下，简便算法才是成立的。

（2）正式算法：

$$P_0(1-F)=\sum_{i=1}^{N}\frac{P_i+I_i(1-t)}{(1+K_{dt})^i}$$

图2-4 含有手续费的税后债务成本计算公式

4. 折价与溢价发行的债务成本

房地产企业可以折价或溢价发行债务，并对债务成本产生影响。

从理论上看债务成本的估算并不困难，但是实际上往往很麻烦。债务的形式具有多样性，例如浮动利率债务、利息和本金偿还时间不固定的债务、可转换债券和附带认股权的债务等，这使债务成本的估计复杂化。

在估计债务成本时，要注意区分债务的历史成本和未来成本。作为投资决策和企业价值评估依据的资本成本只能是未来借入新债务的成本。现有债务的历史成本主要用于过去业绩的分析，对于未来的决策是不相关的沉没成本。

（二）留存收益成本

房地产企业留存收益是房地产企业缴纳所得税后形成的，其所有权属于股东。股东将这一部分未分派的税后利润留存于房地产企业，实质上是对房地产企业追加投资。如果房地产企业将留存收益用于再投资所获得的收益率低于股东自己进行另一项风险相似的投资的收益率，房地产企业就不应该保留留存收益而应将其分派给股东。

留存收益成本的估算难于债务成本，这是因为很难对诸如房地产企业未来发展前景及股东对未来风险所要求的风险溢价做出准确的测定。计算留存收益成本的方法很多，主要有以下三种。

1. 股利增长模型法

股利增长模型法见图 2-5。

股利增长模型法是依照股票投资的收益率不断提高的思路计算留存收益成本。一般假定收益以固定的年增长率递增，则留存收益成本的计算公式为：

$$K_S = \frac{D_1}{P_0} + G$$

式中，K_S——留存收益成本；

D_1——预期年股利额；

P_0——普通股市价；

G——普通股利年增长率

图2-5　股利增长模型法

【例 2-3】某房地产企业普通股目前市价为 48 元，估计股利年增长率为 13%，本年发放股利 2 元，则留存收益成本为多少？

解：　D_1=2×（1+13%）=2.26（元）

$$K_S = \frac{2.26}{48} + 13\% = 17.7\%$$

2. 资本资产定价模型法

资本资产定价模型法见图 2-6。

资本资产定价模型法

计算公式为：

$$K_S=R_F+\beta\ (R_m-R_F)$$

式中，R_F——无风险报酬率；

R_m——平均风险股票必要报酬率；

β——个股风险系数

图2-6　资本资产定价模型法

【例 2-4】某期间市场无风险报酬率为 10%，平均风险股票必要报酬率为 14%，某房地产企业普通股 β 系数为 1.2。计算其普通股筹资成本是多少？

解：K_S=10%+1.2×（14%−10%）=14.8%

3. 风险溢价法

风险溢价法见图 2-7。

风险溢价法

根据投资“风险越大，要求的报酬率越高”的原理，普通股股东对房地产企业的投资风险大于债券投资者，因而会在债券投资者要求的收益率上再要求一定的风险溢价。根据这一理论，留存收益的成本公式为：

$$K_S=K_{dt}+RP_c$$

式中，K_{dt}——税后债务成本；

RP_c——股东比债权人承担更大风险所要求的风险溢价。

风险溢价是凭借经验估计的。一般认为，某房地产企业普通股风险溢价对其自己发行的债券来讲，在3%～5%之间，当市场利率达到历史性高点时，风险溢价通常较低，在3%左右；当市场利率处于历史性低点时，风险溢价通常较高，在5%左右；而通常情况下，常常采用4%的平均风险溢价

图2-7　风险溢价法

（三）普通股成本

普通股是指房地产企业新发行的普通股。普通股和留存收益都是房地产企业的所有者权益，因此它们的资本成本同称为“权益成本”；留存收益成本又称为内部权益成本，新发普通股成本可称为外部权益成本。普通股成本计算公式见图 2-8。

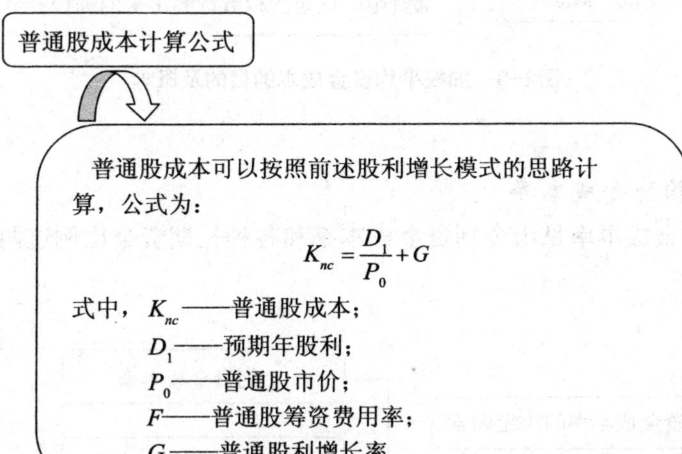

图2-8 普通股成本计算公式

【例 2-5】某房地产企业发行普通股，每股发行价为 100 元，筹资费率为 5%，预计第一年发放的每股股利为 10 元，以后每年股利增长率为 2%。该企业的普通股成本是多少？

解：$K=\frac{10}{100\times(1-5\%)}+2\%=12.53\%$

四、综合资金成本

房地产企业综合资金成本是房地产企业所筹集资金的平均成本，反映房地产企业资金成本总体水平的高低。综合资金成本又可分为已筹集资金的加权平均资金成本和新增资金的边际资金成本。

（一）加权平均资金成本

1. 加权平均资金成本的目的及概念

加权平均资金成本的目的及概念见图 2-9。

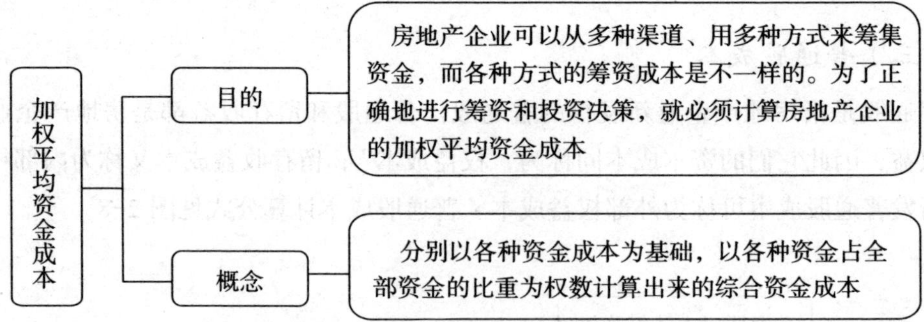

图2-9　加权平均资金成本的目的及概念

2. 加权平均资金成本率

加权平均资金成本率是由个别资金成本率和各种长期资金比例这两个因素决定的，见图 2-10。

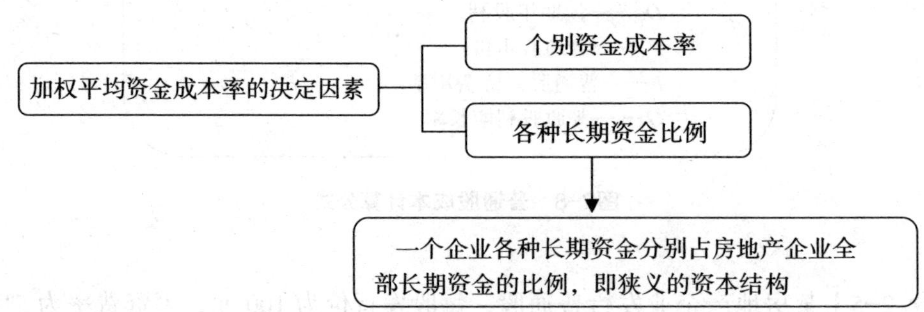

图2-10　加权平均资金成本率的决定因素

3. 加权平均资金成本计算公式

加权平均资金成本计算公式见图 2-11。

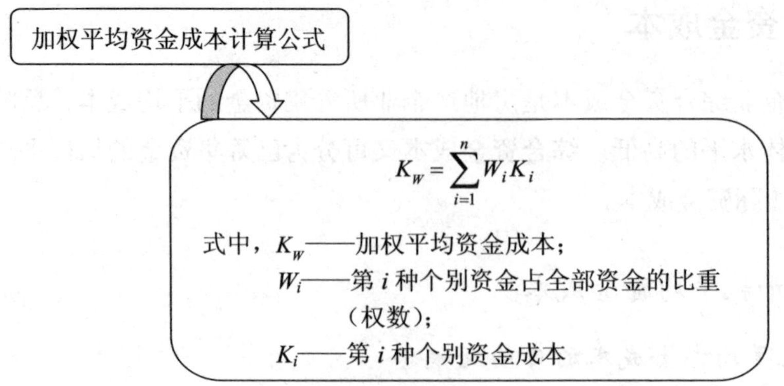

图2-11　加权平均资金成本计算公式

【例 2-6】某房地产企业现有资金总额 10000 万元，其中，长期借款 3000 万元，长期债券 3500 万元，普通股 3000 万元，留存收益 500 万元，其资金成本率分别为 4%、6%、14% 和 13%。该企业的加权平均资金成本率是多少？

解：

（1）计算各种资金占全部资本的比重：

长期借款：W_L=3000 万元 /10000 万元 =0.3

长期债券：W_B=3500 万元 /10000 万元 =0.35

普通股：W_S=3000 万元 /10000 万元 =0.30

留存收益：W_r=500 万元 /10000 万元 =0.05

（2）计算加权平均资金成本：

K_W=4%×0.3+6%×0.35+14%×0.3+13%×0.05 =8.15%

（二）边际资金成本

1. 边际资金成本的概念

边际资金成本是指资金每增加一个单位而增加的成本。在现实中，边际资金成本通常在某一筹资区间内保持稳定，当房地产企业以某种筹资方式筹资超过一定限度时，边际资金成本会提高，此时，即使房地产企业保持原有的资本结构，也仍有可能导致加权平均资金成本上升。因此，边际资金成本也可以称为随筹资额增加而提高的加权平均资金成本。在房地产企业追加筹资时，不能仅仅考虑目前所使用的资金的成本，还要考虑为投资项目新筹集的资金的成本，这就需要计算资金的边际成本。

房地产企业追加筹资有时可能只采取某一种筹资方式。但在筹资数额较大、目标资本结构既定的情况下，往往需要通过多种筹资方式的组合来实现。这时资金成本应该按加权平均法计算，而且其资本比例必须以市场价值确定。

当房地产企业拟筹资进行某项投资时，应以边际资金成本作为评价该投资可行性的经济标准，根据边际资金成本进行投资方案取舍。

2. 边际资金成本的计算

边际资金成本的计算步骤见图 2-12。

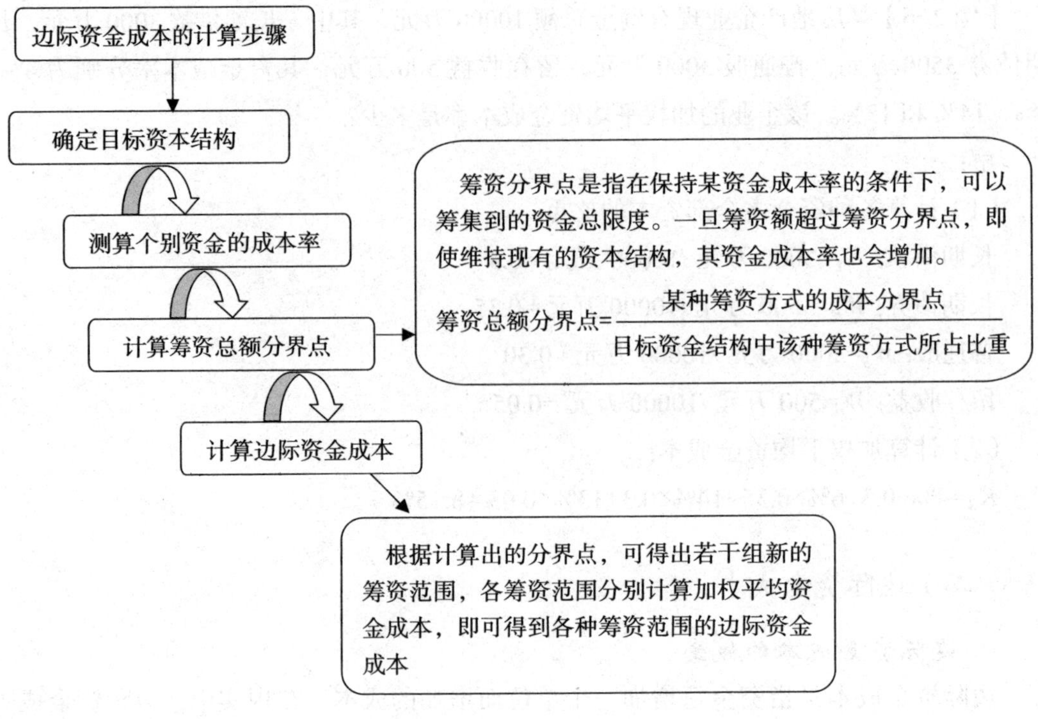

图2-12　边际资金成本的计算步骤

第二节　房地产企业资本结构

一、资本结构的含义

房地产企业资本结构是指房地产企业各种资金的构成及其比例关系。资本结构是房地产企业筹资决策的核心问题。房地产企业应综合考虑有关影响因素，运用适当的方法确定最佳资本结构，并在以后追加筹资中继续保持。房地产企业现有资本结构不合理，应通过筹资活动进行调整，使其趋于合理化。房地产企业筹资管理活动中，资本结构的概念有广义和狭义之分。具体见图 2-13。

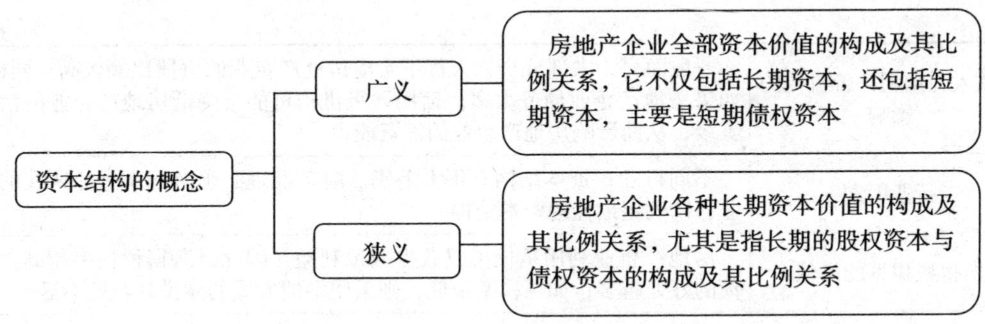

图2-13　资本结构的概念

房地产企业资本结构是由房地产企业采用的各种筹资方式筹集资金而形成的，各种筹资方式不同的组合类型决定着房地产企业的资本结构及其变化。房地产企业的筹资方式有很多，但总的来看分为负债资本和权益资本两类，因此，资本结构问题总的来说是负债资本的比例问题，即负债在房地产企业全部资本中所占的比重。

二、影响资本结构的因素

影响房地产企业资本结构的因素见表 2-1。

表 2-1　房地产企业资本结构影响因素

财务状况	房地产企业获利能力越强、财务状况越好、变现能力越强，就越有能力负担财务上的风险，其举债筹资就越有吸引力。衡量房地产企业财务状况的指标主要有流动比率、利息周转倍数、固定费用周转倍数、投资收益率等
资产结构	资产结构会以不同的方式影响企业的筹资方式和资本结构： （1）拥有大量固定资产的房地产企业，主要通过长期负债和发行股票筹集资金。 （2）拥有较多流动资产的房地产企业，更多依赖流动负债筹集资金。 （3）资产适用于抵押贷款的房地产企业举债额较多
产品销售情况	如果房地产企业的销售比较稳定，其获利能力也相对稳定，则房地产企业负担固定财务费用的能力相对较强；如果销售具有较强的周期性，则房地产企业将冒较大的财务风险
投资者和企业管理人员的态度	如果一个房地产企业股权较分散，房地产企业所有者会更多地采用发行股票来筹集资金。反之，有的房地产企业被少数股东所控制，为了保证少数股东的绝对控制权，多采用优先股或负债方式筹集资金。喜欢冒险的财务管理人员，可能会安排比较高的负债比例；一些持稳健态度的财务人员则使用较少的债务

续表

贷款人与信用评价机构的影响	一般而言，大部分贷款人都不希望房地产企业的负债比例太高。同样，如果房地产企业债务太多，信用评级机构可能会降低房地产企业的信用等级，从而影响房地产企业的筹资能力
行业因素	不同行业，资本结构有很大差别。财务经理必须考虑本企业所在的行业，以确定最佳的资本结构
所得税税率的高低	房地产企业利用负债可以获得减税利益，因此，所得税税率越高，负债的好处越多；如果税率很低，则采用举债方式的减税利益就不显著
利率水平的变动趋势	如果财务管理人员认为利息率暂时较低，但不久的将来有可能上升，房地产企业应大量发行长期债券，从而在若干年内把利率固定在较低的水平上

三、资本结构的优化决策

利用负债资金具有双重作用，适当利用负债，可以降低房地产企业资金成本，但当房地产企业负债比率过高时，会带来较大的财务风险。为此，房地产企业必须权衡财务风险和资金成本的关系，确定最佳资本结构。最佳资本结构的确定方法有每股收益无差别点法、比较资金成本法和企业价值分析法。

（一）每股收益无差别点法

每股收益无差别点法又称每股利润无差别点或息税前利润—每股收益分析法，EBIT-EPS 分析法。资本结构是否合理可以通过分析每股收益的变化来衡量，能提高每股收益的资本结构是合理的资本结构。按每股收益大小判断资本结构的优劣可以运用每股收益无差别点法。每股收益无差别点处息税前利润计算公式见图 2-14。

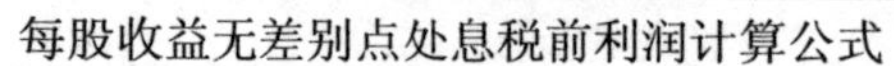

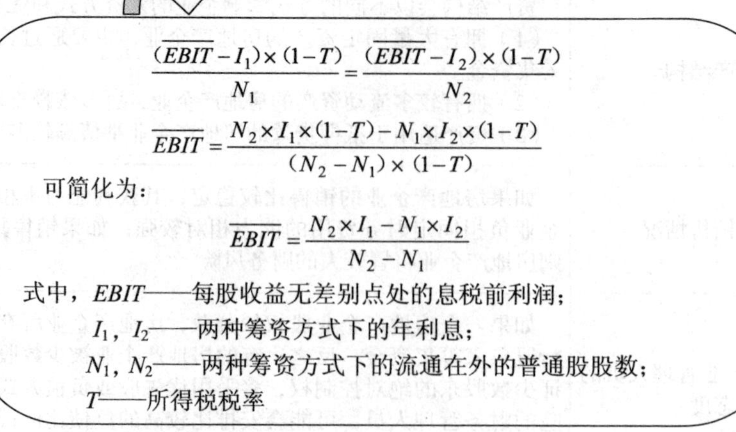

图2-14　每股收益无差别点处息税前利润计算公式

根据每股收益无差别点，可以分析判断在什么样的销售水平下适于采用何种资本结构。每股收益无差别点可以用销售量、销售额、息税前利润来表示，还可以用边际贡献来表示。如果已知每股收益相等时的销售水平，也可以计算出有关的成本水平。

进行每股收益分析时，当销售额（或息税前利润）大于每股无差别点的销售额（或息税前利润）时，运用负债筹资可获得较高的每股收益；反之，运用权益筹资可获得较高的每股收益。每股收益越大，风险也越大，如果每股收益的增长不足以补偿风险增加所需要的报酬，尽管每股收益增加，股价仍会下降。

【例 2-7】某房地产企业资金有 80000 万元，因为开发项目的需要，准备再筹资 20000 万元，这些资金可以利用发行股票来筹集，也可以利用发行债券来筹集，详细资料见表 2-2。请根据表中资料，用每股收益无差别点法分析确定增资方案。

表 2-2　某房地产企业资本结构变化情况表　　单位：万元

筹资方式	原资本结构	增加筹资后资本结构	
		增发普通股	增发公司债券
公司债券（利率 8%）	15000	15000	35000
普通股（每股面值 10 元）	20000	30000	20000
资本公积	25000	35000	25000
留存收益	20000	20000	20000
资本总额合计	80000	100000	100000
普通股股数（股）	2000	3000	2000

注：发行股票时，每股发行价格 20 元，筹资 20000 万元，需发行 1000 万股，普通股股本增加 10000 万元，资本公积金增加 10000 万元。

解：　将表中的有关数据代入公式得：

$$\frac{(\overline{EBIT}-1200)\times(1-25\%)}{3000}=\frac{(\overline{EBIT}-2800)\times(1-25\%)}{2000}$$

$$\overline{EBIT}=6000$$

这就说明，当预计的息税前利润大于 6000 万元时，增发债券的每股收益大于增发股票的每股收益，利用负债较为有利；当预计的息税前利润小于 6000 万元时，增发债券的每股收益小于增发股票的收益，所以增发股票有利。

（二）比较资金成本法

1. 比较资金成本法的概念、优点及缺点

比较资金成本法的概念、优点及缺点见图 2-15。

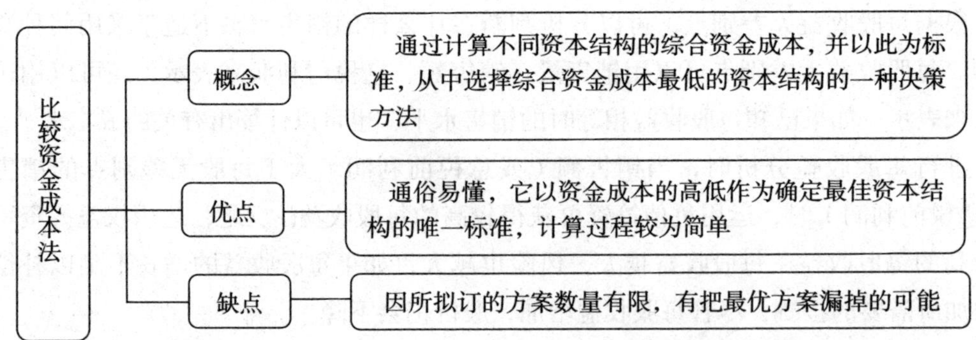

图2-15　比较资金成本法的概念、优点及缺点

2. 比较资金成本法的决策过程

比较资金成本法的决策过程见图 2-16。

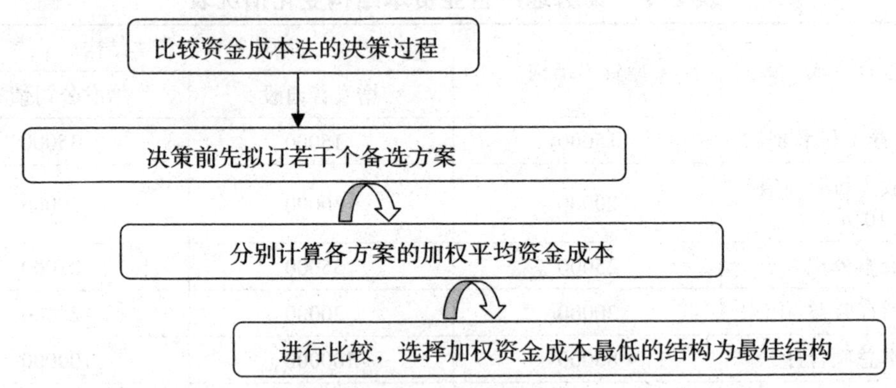

图2-16　比较资金成本法的决策过程

【例 2-8】某房地产企业原来的资本结构见表 2-3。普通股每股面值 1 元，发行价格 10 元，目前价格也为 10 元，今年期望股利为 1 元 / 股，预计以后每年增加股利 5%。该企业使用的所得税税率假设为 25%，假设发行的各种证券均无筹资费。

表 2-3　某房地产企业资本结构　　单位：万元

筹资方式	金额
债券（年利率 10%）	800
普通股（每股面值 1 元，发行价 10 元，共 80 万股）	800
合计	1600

该企业现拟增资 400 万元，以扩大生产经营规模，现有如下两种方案可供选择。

甲方案：增加发行 400 万元的债券，由于负债增加，投资人风险加大，债券利率增

至 12% 才能发行。预计普通股股利不变，但由于风险加大，普通股市价降至 8 元 / 股。

乙方案:发行债券 200 万元，年利率为 10%；发行股票 20 万股，每股发行价 10 元，预计普通股股利不变。

要求：依据以上资料，分别计算其加权平均资金成本，为企业确定最佳筹资方案。

解:

（1）计划年初各种资金的比重和资金成本分别为:

$$W_B=\frac{800}{1600}\times 100\%=50\%$$

$$W_S=\frac{800}{1600}\times 100\%=50\%$$

$$K_B=10\%\times(1-25\%)=7.5\%$$

$$K_S=\frac{1}{10}+5\%=15\%$$

计划年初加权平均资金成本为:

K_{W_0}=50% × 7.5%+50% × 15%=11.25%

（2）计算甲方案的各种资金的比重和资金成本分别为:

$$W_{B_1}=\frac{800}{2000}\times 100\%=40\%$$

$$W_{B_2}=\frac{400}{2000}\times 100\%=20\%$$

$$W_S=\frac{800}{2000}\times 100\%=40\%$$

K_{B_1}=10% ×（1−25%）=7.5%

K_{B_2}=12% ×（1−25%） =9%

$$K_S=\frac{1}{8}+5\%=17.5\%$$

甲方案的加权平均资金成本为:

K_{W_1}=40% × 7.5%+20% × 9%+40% × 17.5%=11.8%

（3）计算乙方案的各种资金的比重和资金成本分别为:

$$W_B=\frac{200+800}{2000}\times 100\%=50\%$$

$$W_S=\frac{200+800}{2000}\times 100\%=50\%$$

$$K_B=10\%\times(1-25\%)=7.5\%$$

$$K_S=\frac{1}{10}+5\%=15\%$$

乙方案加权平均资金成本为:

K_{W_2}=50% × 7.5%+50% × 15%=11.25%

从以上计算可以看出，乙方案的加权平均资金成本较低，所以应选用乙方案，即该企业应保持原来的资本结构，50% 为负债资金，50% 为自有资金。

（三）企业价值分析法

1. 企业价值分析法的概念及特点

企业价值分析法的概念及特点见图 2-17。

企业价值分析法

- 概念：在充分反映房地产企业财务风险的前提下，以企业价值的大小为标准，经过测算确定房地产企业最佳资本结构的方法
- 特点：充分考虑了房地产企业的财务风险和资金成本等因素的影响，进行资本结构的决策以企业价值最大为标准，更符合企业价值最大化的财务目标；但其测算原理及测算过程较为复杂，通常用于资本规模较大的公司

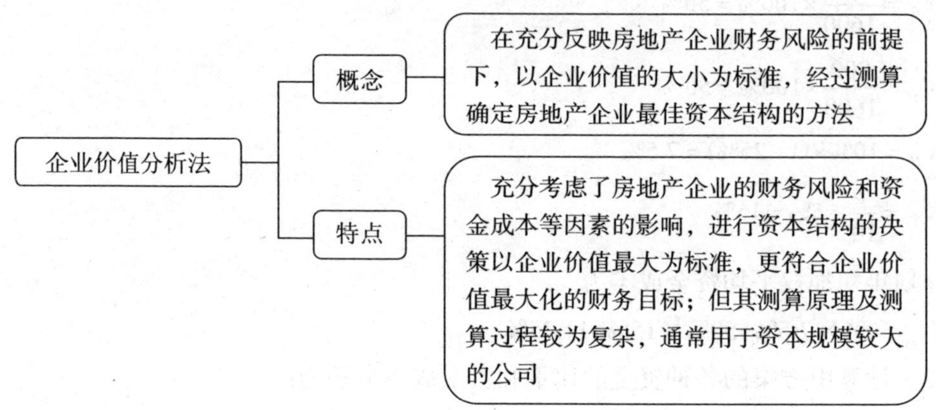

图2-17　企业价值分析法的概念及特点

2. 企业价值的测算

企业价值的测算方法见图 2-18。

企业价值的测算方法

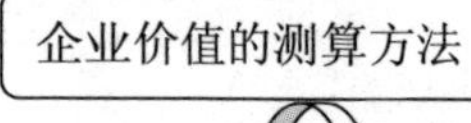

企业价值等于其长期债务和股票的折现价值之和。这种测算方法相对比较合理，也比较现实。用公式表示如下：企业价值=房地产企业长期债务的现值+房地产企业股票的现值

为了简化起见，假定长期债务的现值等于其面值（或本金），股票的现值按房地产企业未来净收益的折现现值计算，计算公式如下：

$$房地产企业股票现值=\frac{（息税前利润-利息）\times（1-所得税税率）}{普通股资金成本率}$$

其中，普通股资金成本率可用资本资产定价模型计算，即：

$$普通股资金成本率=无风险报酬率+公司的贝他系数\times（平均风险股票的必要收益率-无风险报酬率）$$

由于债务资本的市价最终要向其面值回归，为简化起见，债务资本的市价通常按其面值确定

图2-18　企业价值的测算方法

3. 房地产企业最佳资本结构的确定

运用上述原理计算房地产企业的总价值和综合资金成本率，并以企业价值最大化为标准比较确定房地产企业的最佳资本结构。

【例 2-9】某房地产企业息税前利润为 600 万元，公司适用的所得税税率为 25%，公司目前总资金为 2000 万元，其中 80% 由普通股资金构成，股票账面价值为 1600 万元，20% 由债券资金构成，债券账面价值为 400 万元，假设债券市场价值与其账面价值基本一致。该公司认为目前的资本结构不够合理，准备用发行债券购回股票的办法予以调整。经咨询调查，目前债券利息和权益资金的成本情况见表 2-4。

表 2-4　某房地产企业的债券利息和权益资金成本调查情况

债券的市场价值（万元）	债券利息率	股票的 β 系数	无风险收益率	平均风险股票必要收益率	权益资金成本
400（甲）	8%	1.3	6%	16%	19%
600（乙）	10%	1.42	6%	16%	20.2%
800（丙）	12%	1.5	6%	16%	21%

要求：计算公司市场价值与企业综合资金成本，并确定该公司最优资本结构。

解：

（1）计算甲、乙、丙三种情况下公司的市场价值：

甲情况下普通股票现值 $=\dfrac{(600-32)\times(1-25\%)}{19\%}=2242.11$（万元）

甲情况下公司的市场价值 =400+2242.11=2642.11（万元）

乙情况下普通股票现值 $=\dfrac{(600-60)\times(1-25\%)}{20.2\%}=2004.95$（万元）

乙情况下公司的市场价值 =600+2004.95=2604.95（万元）

丙情况下普通股票现值 $=\dfrac{(600-96)\times(1-25\%)}{21\%}=1800$（万元）

丙情况下公司的市场价值 =800+1800=2600（万元）

（2）计算甲、乙、丙三种情况下公司的加权资金成本：

甲情况下债券的资金成本 =8%×（1−25%）=6%

甲情况下债券的比重 $=\dfrac{400}{2642.11}=15.14\%$

甲情况下股票的比重 $=\dfrac{2242.11}{2642.11}=84.86\%$

甲情况下公司的加权平均资金成本 =15.14% × 6%+84.86% × 19%=17.03%

乙情况下债券的比重 = $\frac{600}{2604.95}$ × 100%=23.03%

乙情况下股票的比重 = $\frac{2004.95}{2604.95}$ × 100%=76.97%

乙情况下债券的资金成本 =10% ×（1−25%）=7.5%

乙情况下该公司的加权平均资金成本 =7.5% × 23.03%+20.2% × 76.97%=17.28%

丙情况下债券的比重 = $\frac{800}{2600}$ × 100%=30.77%

丙情况下股票的比重 = $\frac{1800}{2600}$ × 100%=69.23%

丙情况下债券的资金成本 =12% ×（1−25%）=9%

丙情况下公司加权平均资金成本 =9% × 30.77%+69.23% × 21%=17.31%

由以上计算可知，甲情况下公司价值最大，加权资金成本最低，所以甲情况下的资本结构最优。

第三章　房地产企业筹资管理

本章导读

资金是房地产企业筹办和从事开发经营活动的物质基础，是房地产企业财务活动的起点。房地产企业筹资，是指房地产企业根据其开发经营、对外投资以及调整资本结构等需要，通过一定的渠道，采取适当的方式，获取所需资金的一种行为。加强资金筹集管理，合理选择筹集资金方式，对房地产企业规范管理、防范风险、优化资本结构、降低资金成本具有重大意义。加强资金筹集管理的核心内容是成本与风险，房地产企业财务人员要树立起房地产企业资金成本与财务风险理念，建立健全以控制财务风险、控制资金成本、选择合理的资本结构等为主要内容的内部资金控制制度和决策制度，通过控制负债规模、合理调整资产与负债比例、实施债务重组等手段，防范和化解财务风险；通过科学、合理的筹资决策，争取做到资金成本最低、资本结构最优、企业价值最大。

第一节 房地产企业筹资管理概述

一、房地产企业筹集资金的目的

房地产企业筹集资金的目的总的来说是获取资金，但具体分析又不完全一样，见图 3-1。

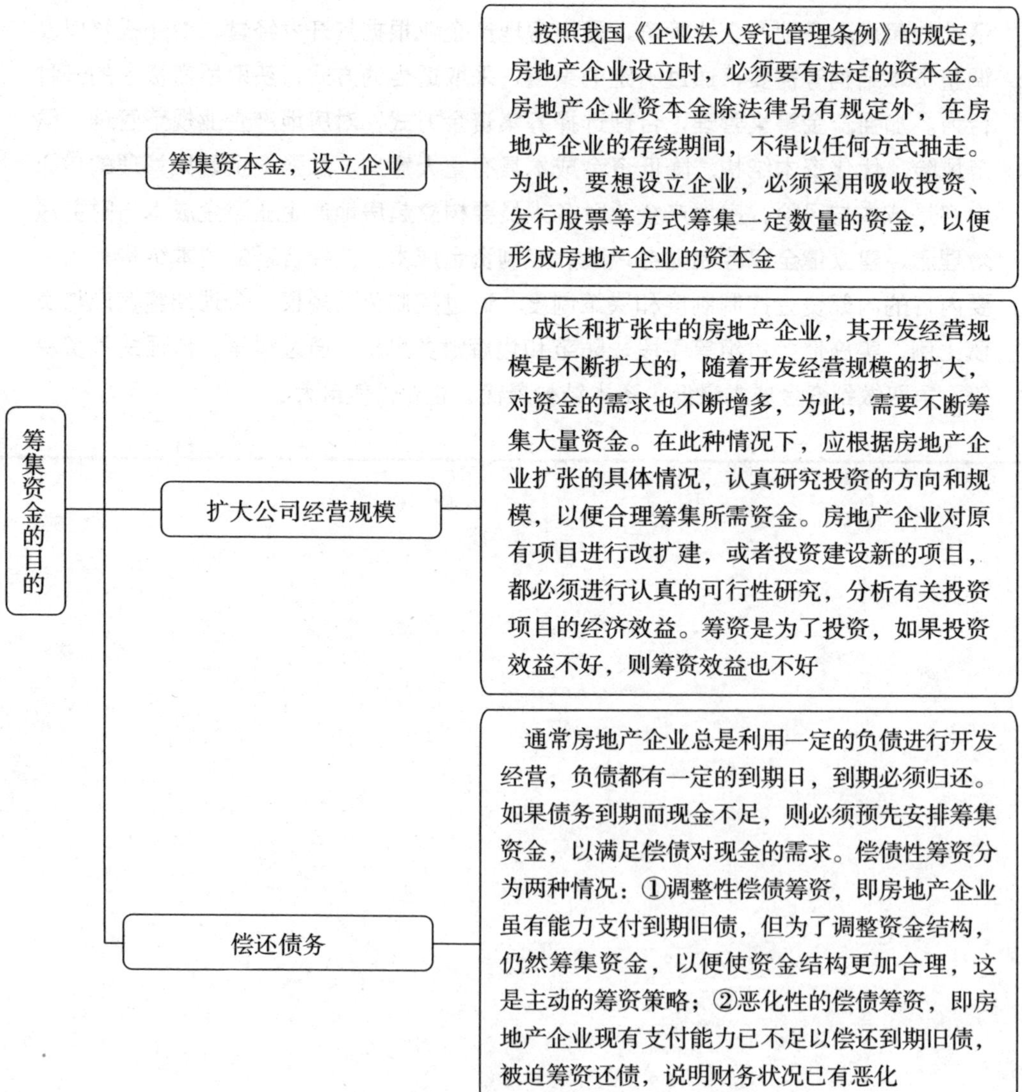

图3-1 房地产企业筹集资金的目的

二、房地产企业筹集资金的原则

房地产企业筹资是一项重要而复杂的工作，为了有效地筹集所需资金，必须遵循图 3-2 所示的一些基本原则。

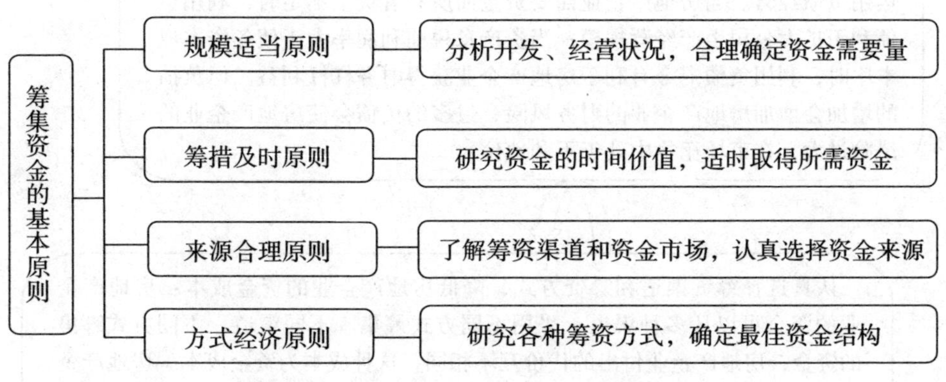

图3-2 房地产企业筹集资金的基本原则

三、房地产企业筹集资金的基本要求

房地产企业筹集资金是为了满足企业经营对资金的需要，从而实现企业目标，因此，筹集资金必须按图 3-3 的要求进行。

认真选择投资方向：房地产企业筹集资金的目的是满足日常开发经营的需要及对外投资的需要，为了提高筹集资金的经济效果，房地产企业必须认真研究和选择投资方向，即对投资项目在技术上的先进性和适用性、经济上的效益性和合理性、建设条件上的可靠性和可行性，进行反复调查、研究和论证，在此基础上确定最佳投资方案

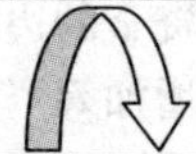

合理确定资金数额和投放时间：房地产企业资金不足，必然影响开发经营活动；资金过多，又会降低其利用效果。因此，房地产企业要根据实际需要，结合经济核算的要求合理确定资金需要数额。在房地产企业的实际经济活动中，无论是对内还是对外投资，资金的投放都不是一次进行的，而应结合实际情况科学合理安排资金的投放时间，以提高资金利用效果

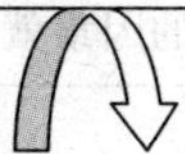

图3-3

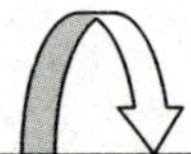

正确运用负债经营，降低房地产企业风险：房地产企业的资本金是一定量的、并保持相对的稳定，而房地产企业对资金的需要则会随着经营活动规模的扩大而不断增加。因此，要适度利用债务资金，正确运用负债经营。当房地产企业需要资金而所有者资金不足时，利用负债利于扩大公司生产经营规模；当资产息税前利润率大于债务资本成本率时，利用负债资金有利于房地产企业获得财务杠杆利益。但负债的增加会增加房地产企业的财务风险，过多的负债会使房地产企业的风险过大，在市场竞争中处于不利地位

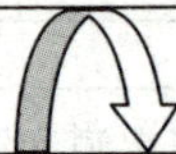

认真选择筹资渠道和筹资方式，降低房地产企业的资金成本：房地产企业的资金可以从多种渠道，采用不同方式筹集。不同渠道、不同方式筹集的资金，房地产企业付出的代价互不相同，这种成本为资金成本。房地产企业在筹集资金时，应该考虑各种来源的资金成本不同。一般来说，负债的资金成本低于所有者权益资金，因此，房地产企业喜欢选择负债资金；但是，负债的增加又会增加房地产企业的财务风险。因此，房地产企业要权衡收益与风险之间的关系，选择适当的资金来源和筹资方式

图3-3　房地产企业筹集资金的基本要求

四、房地产企业资金成本对筹资决策的影响

房地产企业资金成本是房地产企业选择资金来源、拟订筹资方案的依据。资金成本对房地产企业筹资决策影响的主要表现见图 3-4。

资金成本是影响房地产企业筹资总额的重要因素：随着筹资数额的增加，资金成本不断变化。当房地产企业筹资数额很大，资金的边际成本超过房地产企业的承受能力时，房地产企业便不宜再增加筹资数额。因此，资金成本是限制房地产企业筹资数额的一个重要因素

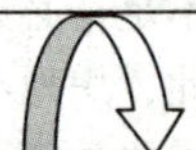

资金成本是房地产企业选择资金来源的基本依据：房地产企业的资金可以从许多方面来筹集，就长期借款来说，可以向商业银行借款，也可以向保险公司或其他金融机构借款，还可向政府申请借款。房地产企业究竟选用哪种来源，首先要考虑的因素就是资金成本的高低

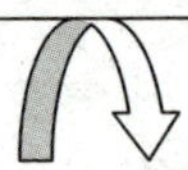

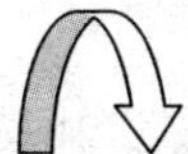

资金成本是房地产企业选用筹资方式的参考标准：房地产企业可以利用的筹资方式是多种多样的，在选用筹资方式时，需要考虑的因素很多，但必须考虑资金成本这一经济标准

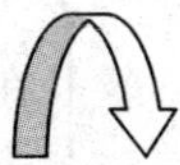

资金成本是确定最优资本结构的主要参数：不同的资本结构，会给房地产企业带来不同的风险和成本，从而引起股票价格的变动。在确定最优资本结构时，考虑的因素主要有资金成本和财务风险。

资金成本并不是房地产企业筹资决策中所要考虑的唯一因素，房地产企业还要考虑到财务风险、资金期限、偿还方式、限制条件等。但资金成本作为一项重要的因素，直接关系到房地产企业的经济效益，是筹资决策时需要考虑的一个首要问题

图3-4 房地产企业资金成本对筹资决策的影响

五、房地产企业筹集资金的分类

房地产企业筹资可按不同的标准进行分类。

（一）按资金来源的不同分类

房地产企业筹资按照资金的来源不同可分为权益性筹资和负债性筹资，见图 3-5。

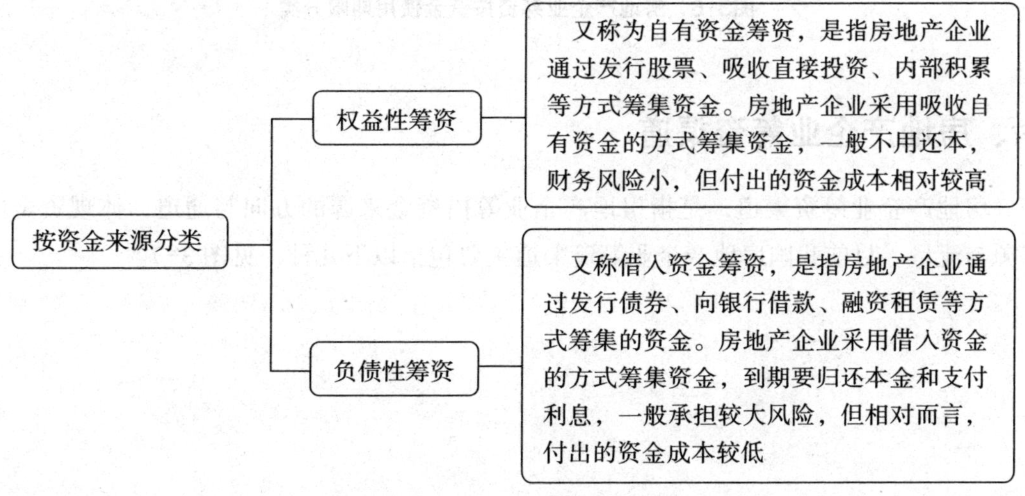

图3-5 房地产企业筹资按资金来源分类

（二）按资金使用期限的长短分类

房地产企业按筹集资金使用期限的长短可分为短期资金筹集和长期资金筹集，见图 3–6。

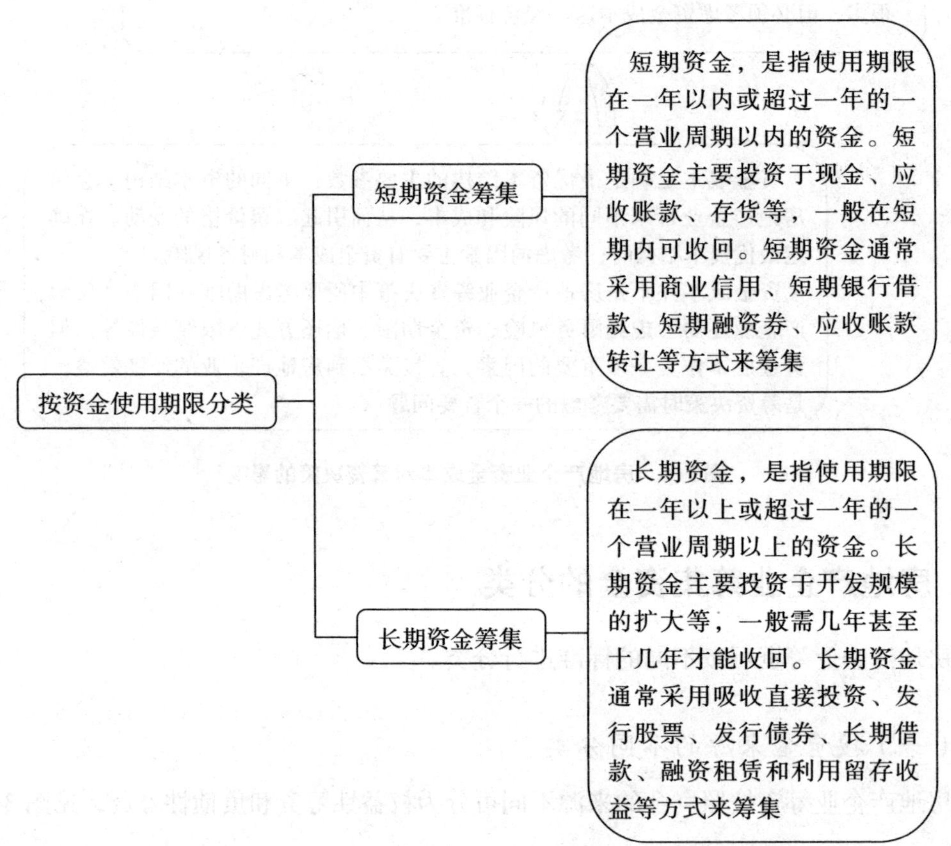

图3–6　房地产企业筹资按资金使用期限分类

六、房地产企业筹资渠道

房地产企业筹资渠道，是指房地产企业筹措资金来源的方向与通道，体现资金的来源与流量。目前我国房地产企业筹资渠道主要包括以下几种，见图 3–7。

筹资渠道	说明
银行信贷资金	我国目前各类房地产企业最为重要的资金来源
其他金融机构资金	其他金融机构主要是指信托投资公司、保险公司、金融租赁公司、证券公司、财务公司等。它们所提供的各种金融服务，既包括信贷资金投放，也包括物资的融通，还包括为房地产企业承销证券等金融服务
资本市场	股票市场和债券市场
其他企业资金	企业间的相互投资和商业信用的存在，使其他企业资金也成为房地产企业资金的重要来源
居民个人资金	房地产企业职工和居民个人的结余货币，作为“游离”于银行及非银行金融机构等之外的个人资金，可用于对房地产企业的投资，形成民间资金来源渠道，从而为房地产企业所用
国家资金	国家对房地产企业的直接投资是国有企业特别是国有独资公司获得资金的主要渠道之一
房地产企业自留资金	又称房地产企业内部留存，是指房地产企业内部形成的资金，主要包括提取公积金和未分配利润等
外商资金	房地产企业可以依法通过直接或者间接方式利用外商资金

图3-7　房地产企业筹资渠道

七、房地产企业筹资方式

房地产企业筹资方式，是指房地产企业筹集资金所采用的具体形式。筹集的渠道和方式既有联系，又相互区别。同一渠道的资金可以采取不同的筹资方式取得，而同一筹资方式又往往适用于不同的筹资渠道。房地产企业进行筹资，必须实现两者的合理选择和有机结合。目前我国房地产企业的筹资方式主要有以下几种，见图 3-8。

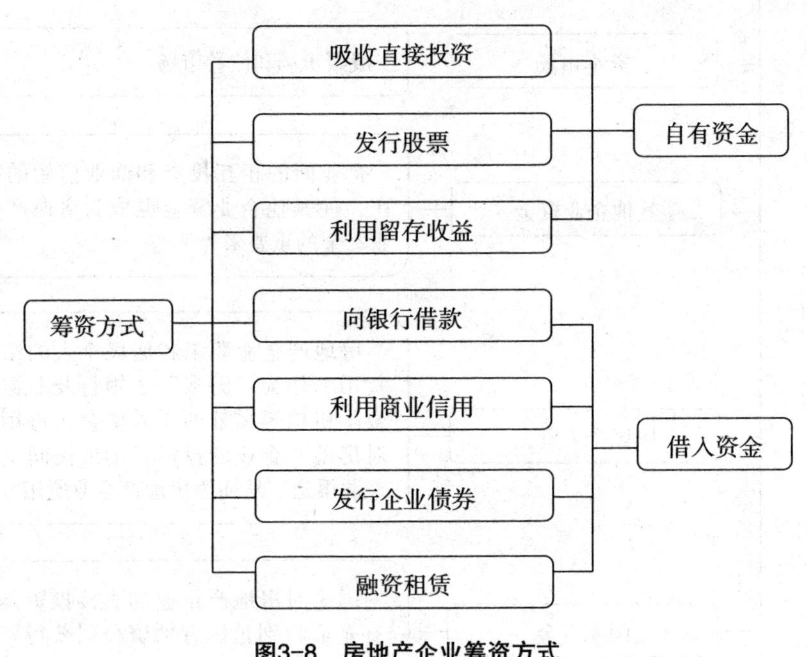

图3-8　房地产企业筹资方式

第二节　房地产企业增长率与资金需求

房地产企业增长的财务意义是资金增长。在销售增长时，房地产企业往往需要补充资金，这主要是因为销售增加通常会引起存货和应收账款等资产的增加。销售增长得越多，需要的资金也就越多。从资金来源上看，房地产企业增长的实现方式主要有以下三种，见图 3-9。

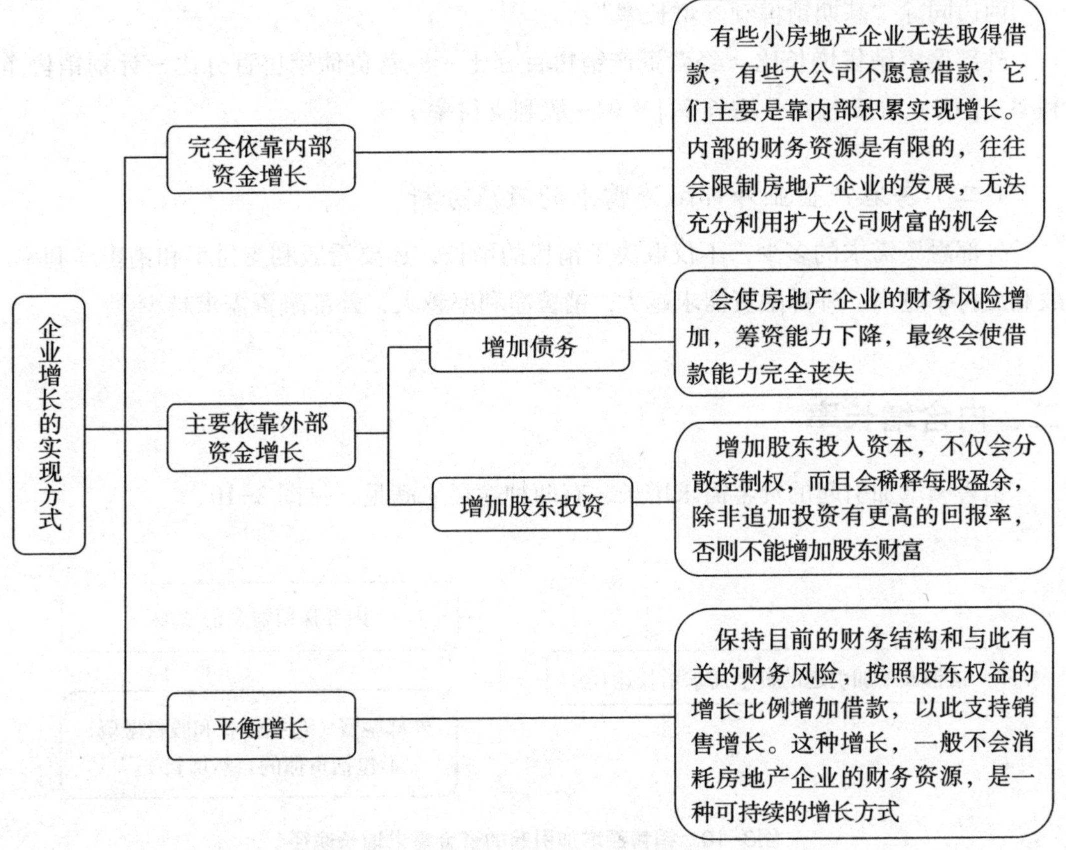

图3-9　房地产企业增长的实现方式

一、房地产企业销售增长与外部融资的关系

（一）房地产企业外部融资销售增长比

外部融资额占销售增长的百分比，简称外部融资销售增长比，是指销售额每增长1元需要追加的外部融资额。其计算方法如下：

假设可动用的金融资产为零：

外部融资额 =（经营资产销售百分比 × 新增销售额）−（经营负债销售百分比 × 新增销售额）−[计划销售净利率 × 计划销售额 ×（1− 股利支付率）]× 新增销售额 = 销售增长率 × 基期销售额

所以：

外部融资额 = 基期销售额 × 增长率 × 经营资产销售百分比 − 基期销售额 × 增长率 × 经营负债销售百分比 − 计划销售净利率 × 基期销售额 ×（1+ 增长率）×（1− 股利支付率）

两边同除“基期销售额×增长率”：

外部融资销售增长比=经营资产销售百分比-经营负债销售百分比-计划销售净利率×[（1+增长率）÷增长率]×（1-股利支付率）

（二）房地产企业外部融资需求的敏感分析

外部融资需求的多少，不仅取决于销售的增长，还要看股利支付率和销售净利率。股利支付率越高，外部融资需求越大；销售净利率越大，外部融资需求越少。

二、内含增长率

销售额增加引起的资金需求增长，有两种途径来满足，见图3-10。

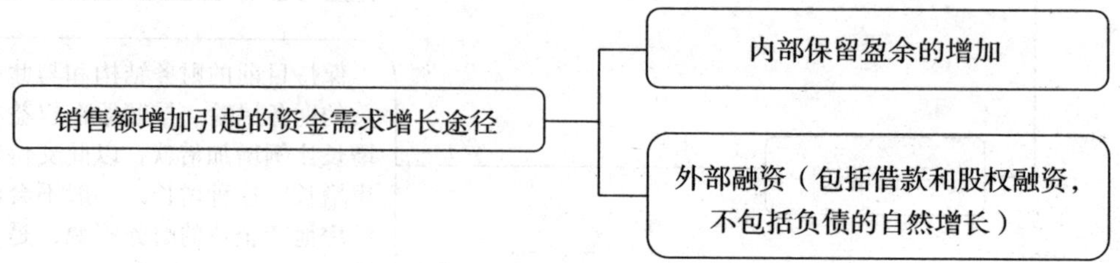

图3-10　销售额增加引起的资金需求增长途径

如果不能或不打算从外部融资，则只能靠内部积累，从而限制了销售的增长。此时的销售增长率称为“内含增长率”。

三、房地产企业可持续增长率

（一）房地产企业可持续增长率的概念

可持续增长率是指不增发新股并保持目前经营效率和财务政策条件下房地产企业销售所能增长的最大比率。可持续增长率是房地产企业当期经营效率和财务政策决定的内在增长能力，实际增长率是本年销售额比上年销售额的增长百分比。可持续增长率的假设条件见图3-11，在以下假设条件成立时，销售的实际增长率与可持续增长率相等。虽然房地产企业各年的财务比率总会有些变化，但上述假设基本上符合大多数企业的情况。

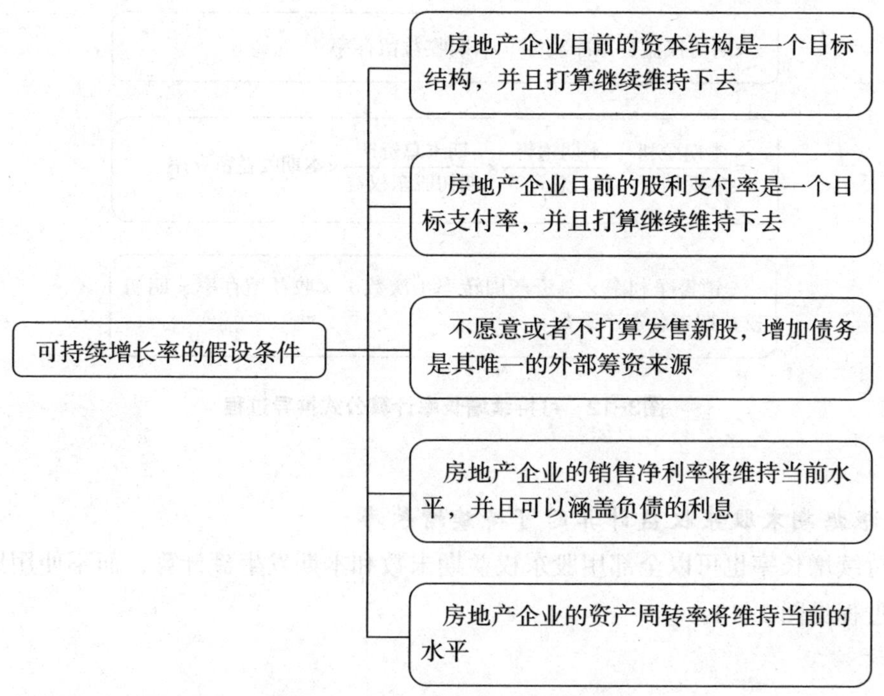

图3-11　可持续增长率的假设条件

（二）房地产企业可持续增长率的计算

1. 根据期初股东权益计算可持续增长率

限制销售增长的是资产，限制资产增长的是资金来源（包括负债和股东权益）。在不改变经营效率和财务政策的情况下（即房地产企业平衡增长），限制资产增长的是股东权益的增长率。可持续增长率的计算公式推导过程见图 3-12。

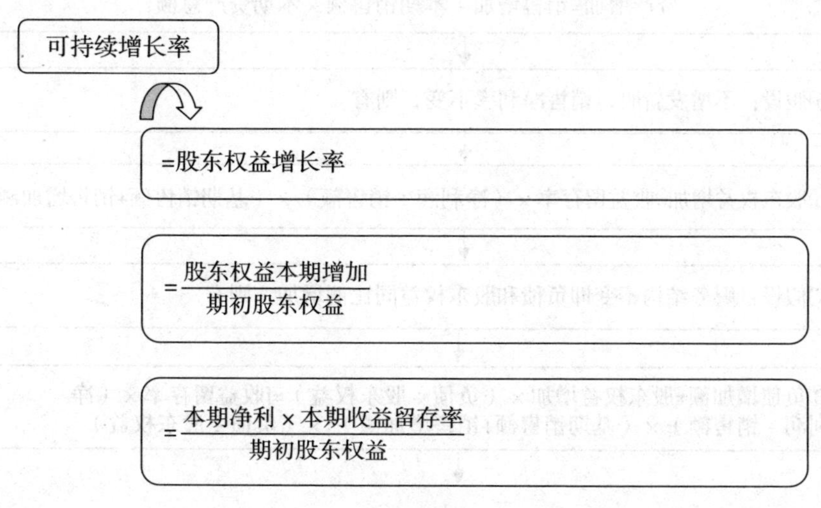

图3-12

=期初权益资本净利率×本期收益留存率

$$=\frac{本期净利}{本期销售}\times\frac{本期销售}{期末总资产}\times\frac{期末总资产}{期初股东权益}\times 本期收益留存率$$

=销售净利率×总资产周转率（次数）×收益留存率×期初权益期末总资产乘数

图3-12 可持续增长率计算公式推导过程

2. 根据期末股东权益计算的可持续增长率

可持续增长率也可以全部用股东权益期末数和本期发生额计算，而不使用期初数。其推导过程见图 3-13。

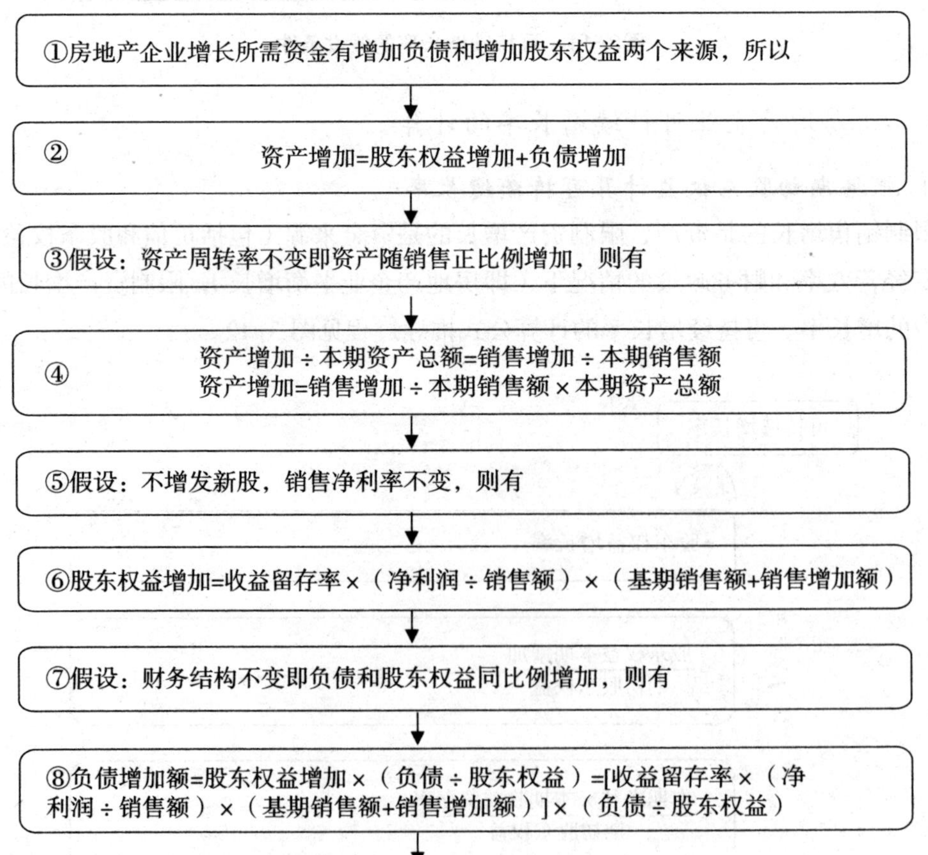

⑨将④⑥⑧代入②：
销售增加÷本期销售额×本期资产总额=收益留存率×（净利润÷销售额）×（基期销售额+销售增加额）+收益留存率×（净利润÷销售额）×（基期销售额+销售增加额）×（负债股东权益）

⑩整理以后得：
可持续增长率=销售增加÷基期销售

$$=\frac{收益留存率\times销售净利率\times(1+负债\div股东权益)}{资产\div销售额-[收益留存率\times销售净利率\times(1+负债\div股东权益)]}$$

⑪分子和分母同时乘以（销售÷资产）：

$$可转换增长率=\frac{收益留存率\times(净利\div销售)\times(资产\div权益)\times(销售\div资产)}{1-收益留存率\times(净利\div销售)\times(资产\div权益)\times(销售\div资产)}$$

图3-13　可持续增长率的推导过程

（三）房地产企业可持续增长率与实际增长率

实际增长率和可持续增长率经常不一致。通过分析两者的差异，可以了解以下内容：房地产企业的经营业绩和财务政策有何变化？高速增长的资金从哪里来？能否持续下去？

第三节　房地产企业权益资金筹集管理

一、权益资金筹集管理概述

（一）房地产企业资本金的概念

房地产企业资本金是指房地产企业在工商行政管理部门登记注册的资本，也就是开办房地产企业的注册资金。它是房地产企业从事生产经营活动、承担有限民事责任的本钱。

（二）建立资本金制度的意义

资本金制度是国家围绕企业资本金的筹集、管理以及所有者的责、权、利等方面所作的法律规范。建立资本金制度，对于保障所有者权益和实现企业自负盈亏都有着重要意义，具体见图 3-14。

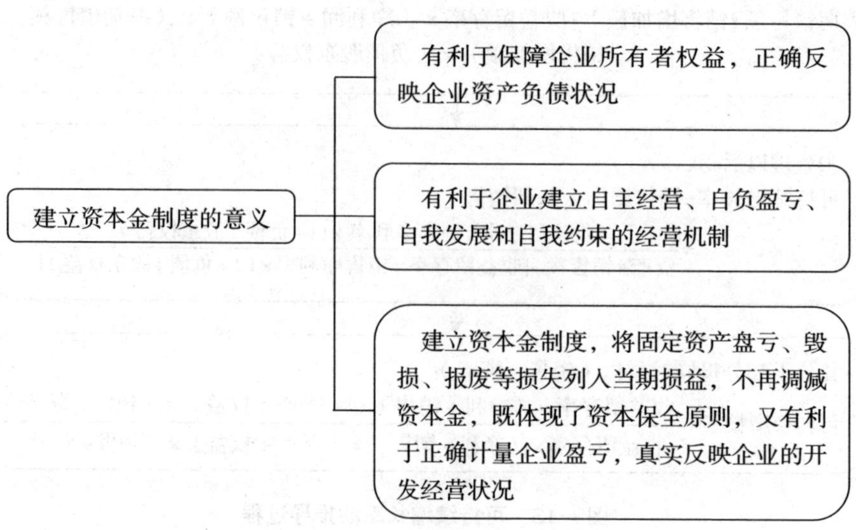

图3-14　建立资本金制度的意义

（三）房地产企业资本保全的“三原则”

房地产企业资本保全的“三原则”见图 3-15。

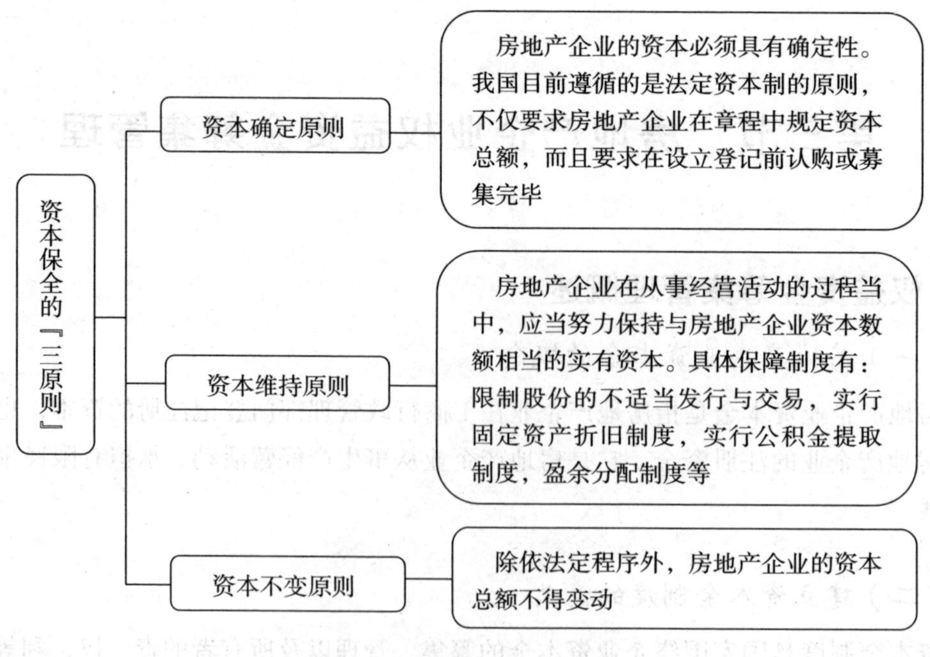

图3-15　资本保全的“三原则”

（四）房地产企业权益资金的特点

权益资金又称权益资本，指投资者所投入的资本金减去负债后的余额。其具有以下特点，见图 3-16。

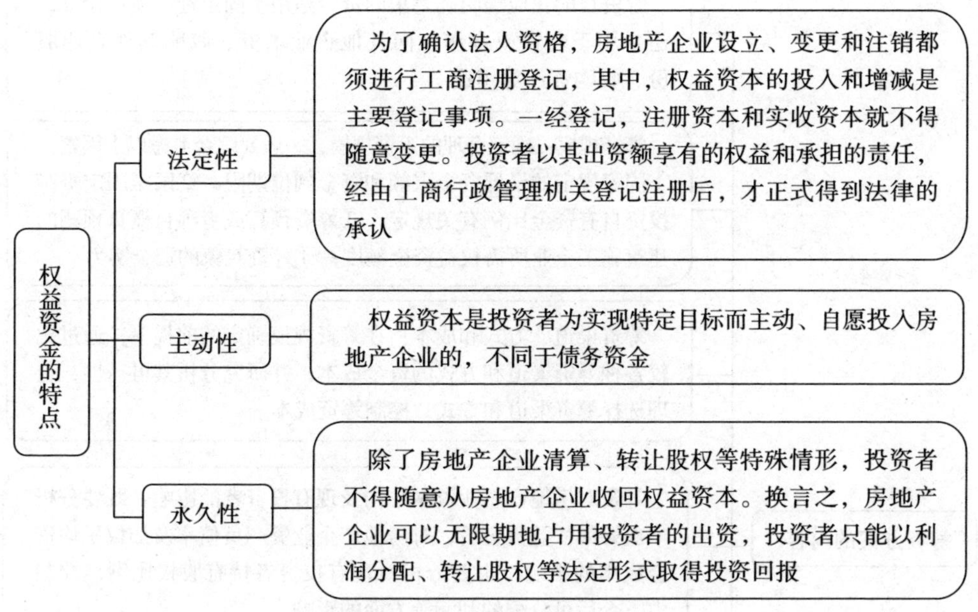

图3-16 权益资金的特点

（五）房地产企业权益资金的形成方式

房地产企业权益资金的形成方式见图 3-17。

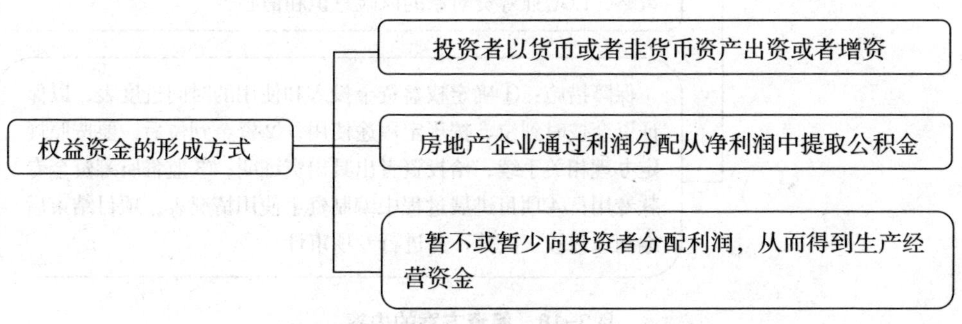

图3-17 权益资金的形成方式

（六）房地产企业筹资方案的拟订

房地产企业拟订筹资方案，必须综合考虑国家产业政策导向、房地产企业发展战略、市场前景等一系列宏观因素和资金成本、资本结构等微观因素，具体见图3-18。

- 筹资方案的内容
  - 筹资目的：应当明确筹集的资金是用于固定资产项目投资，还是用于合资或合作、向其他企业增资、收购其他企业股份、收购资产等用途
  - 筹资规模：确定合理的筹资规模，一般要综合考虑以下因素：①国家规定的最低资金限额和资金到位期限；②国家固定资产投资自有资金比例有关规定；③筹资预算或者项目概算预测的建筑施工企业所需权益资金额度；④筹资对象的资金实力
  - 筹资渠道、方式和成本：在筹资规模确定的前提下，通过比较各种筹资渠道和方式的资金成本，并研究分析其可行性，合理选择筹资渠道和方式，控制筹资成本
  - 筹资对房地产企业资本结构及现有投资者的影响：既要分析本次筹集权益资金后，对房地产企业资产负债率及加权平均资金成本的影响，也要分析对现有投资者持有股权比例、控制力、今后可分配的利润等方面的影响
  - 筹资风险分析和控制：筹资方案应对风险因素进行全面分析，并就如何控制筹资风险提出应对措施
  - 投资风险分析和控制：对投资风险应当有充分的分析和应对策略，以增强筹资对象的风险意识和信心
  - 保障措施：①确定权益资金投入和使用的时间进度表，以保证资金按时到位、按规定用途使用；②资金到位后，要按照规定办理相关手续，给投资者出具出资证明；③监督所筹资金专款专用；④项目进展过程中编制资金使用情况表，项目结束后编制项目竣工决算，并进行专项审计

图3-18　筹资方案的内容

（七）房地产企业筹资决策审批程序

房地产企业筹集权益资金，应当履行内部决策程序和必要的报批手续。

1. 内部决策

房地产企业筹资的内部决策程序见图 3-19。

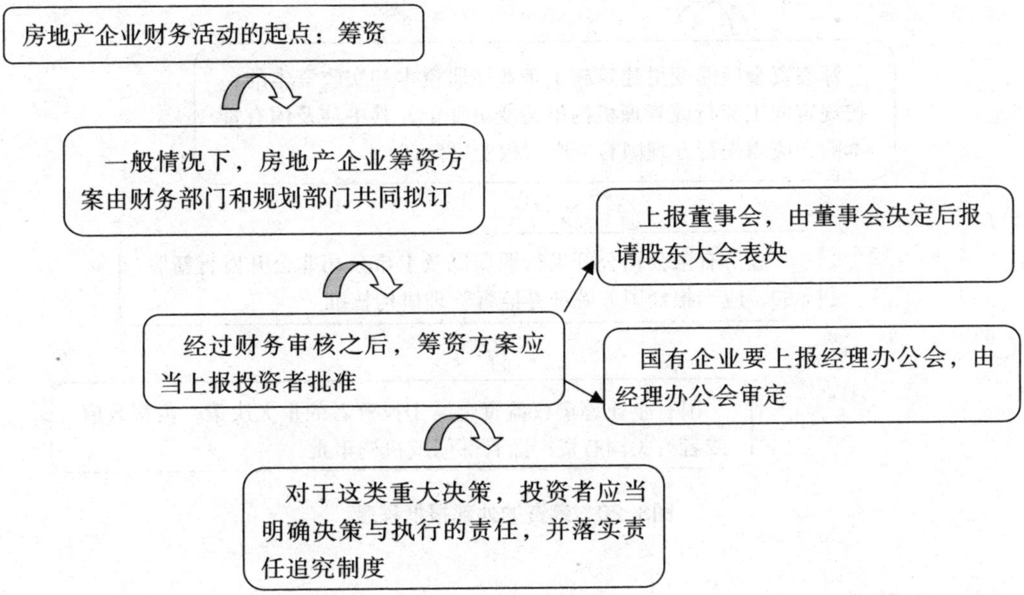

房地产企业财务活动的起点：筹资

一般情况下，房地产企业筹资方案由财务部门和规划部门共同拟订

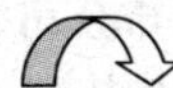

经过财务审核之后，筹资方案应当上报投资者批准

上报董事会，由董事会决定后报请股东大会表决

国有企业要上报经理办公会，由经理办公会审定

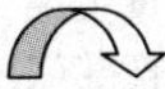

对于这类重大决策，投资者应当明确决策与执行的责任，并落实责任追究制度

图3-19　筹资的内部决策程序

2. 外部报批

房地产企业筹资的外部报批程序见图 3-20。

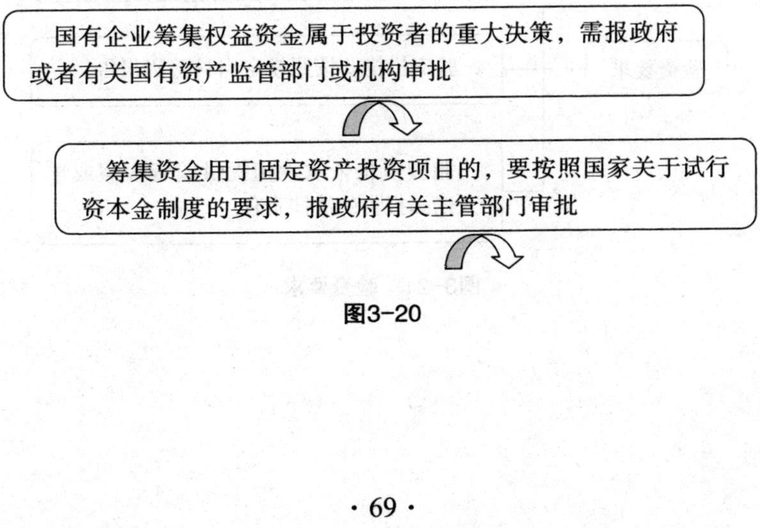

国有企业筹集权益资金属于投资者的重大决策，需报政府或者有关国有资产监管部门或机构审批

筹集资金用于固定资产投资项目的，要按照国家关于试行资本金制度的要求，报政府有关主管部门审批

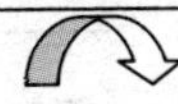

图3-20

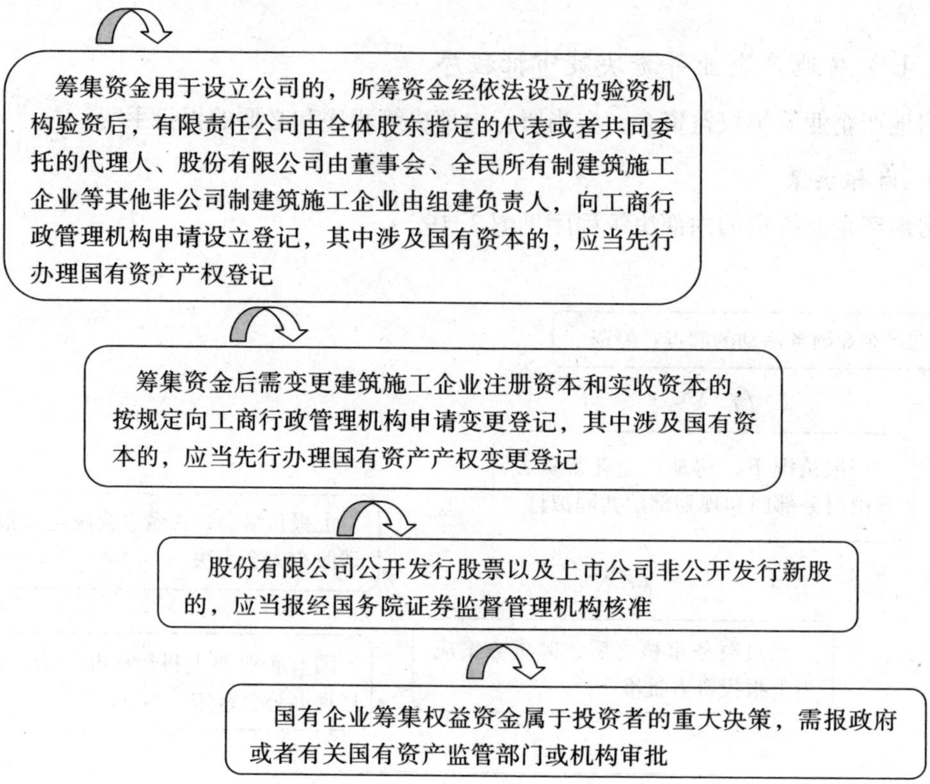

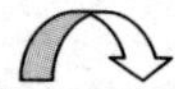

筹集资金用于设立公司的，所筹资金经依法设立的验资机构验资后，有限责任公司由全体股东指定的代表或者共同委托的代理人、股份有限公司由董事会、全民所有制建筑施工企业等其他非公司制建筑施工企业由组建负责人，向工商行政管理机构申请设立登记，其中涉及国有资本的，应当先行办理国有资产产权登记
筹集资金后需变更建筑施工企业注册资本和实收资本的，按规定向工商行政管理机构申请变更登记，其中涉及国有资本的，应当先行办理国有资产产权变更登记
股份有限公司公开发行股票以及上市公司非公开发行新股的，应当报经国务院证券监督管理机构核准
国有企业筹集权益资金属于投资者的重大决策，需报政府或者有关国有资产监管部门或机构审批

图3-20　筹资的外部报批程序

（八）验资

房地产企业筹集的实收资本必须验资，以保证出资的真实可信。验资的要求见图3-21。

验资要求
依法委托法定的验资机构
验资机构要按照规定出具验资报告
验资机构依法承担提供验资虚假或重大遗漏报告的法律责任

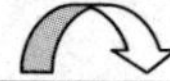

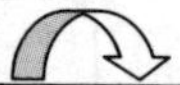

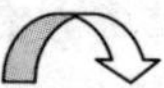

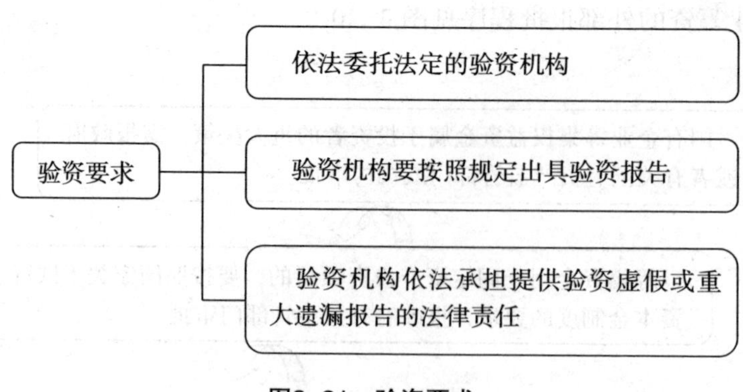

图3-21　验资要求

二、房地产企业吸收直接投资

吸收直接投资是指房地产企业按照"共同投资、共同经营、共担风险、共享利润"的原则直接吸收国家、法人、个人投入资本，形成房地产企业资本金的一种筹资方式。吸收直接投资不以股票为媒介，是非股份制企业筹集主权资本的一种基本方式。吸收直接投资中的出资者都是企业的所有者，他们对企业拥有经营管理权。

（一）吸收直接投资的种类

按所形成资本金的构成，房地产企业通过吸收直接投资方式筹集资金的方式可以归纳为以下三类，见图 3-22。

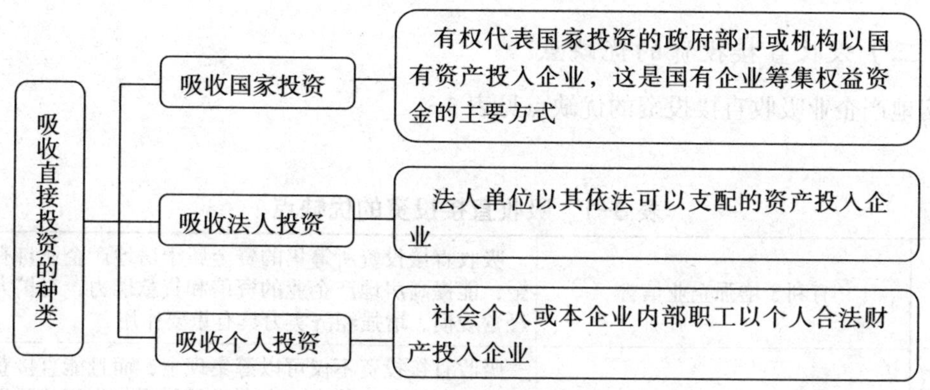

图3-22　吸收直接投资的种类

（二）直接投资的出资方式

房地产企业在采用吸收直接投资方式筹集资金时，投资者向企业出资的方式主要有货币资金投资、实物投资、工业产权和非专利技术投资以及土地使用权投资四种，见图 3-23。

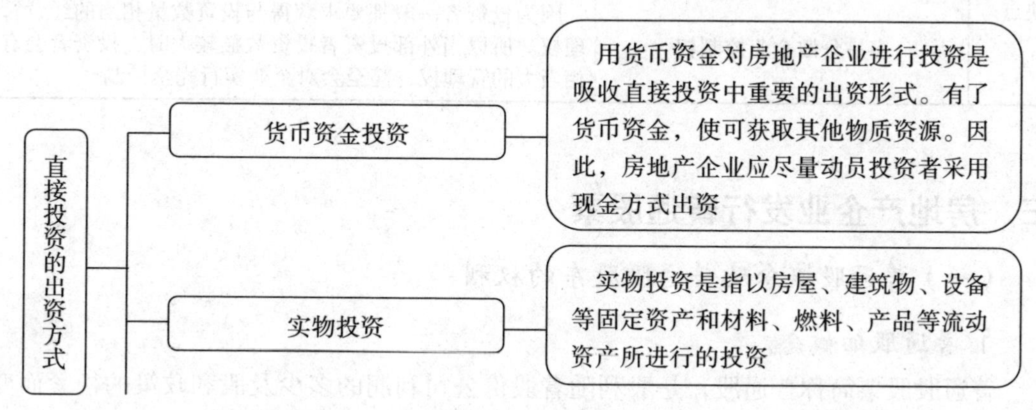

图3-23

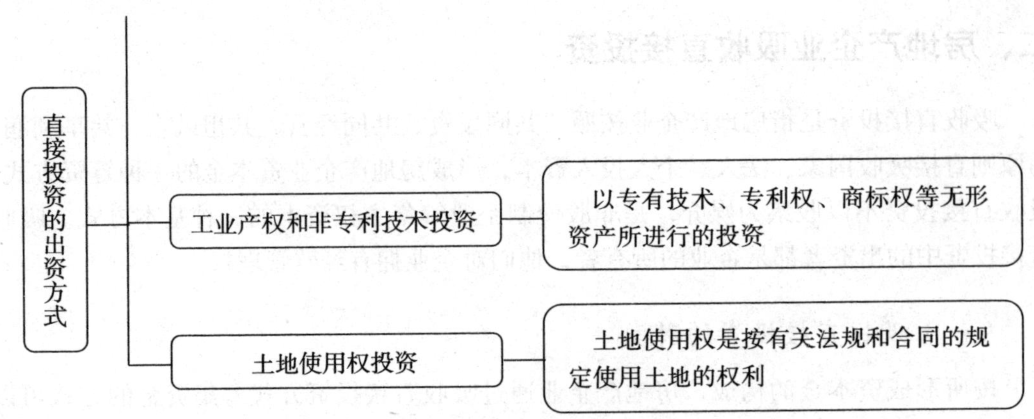

图3-23 直接投资的出资方式

（三）吸收直接投资的优缺点

房地产企业吸收直接投资的优缺点见表 3-1。

表 3-1 吸收直接投资的优缺点

优点	有利于增强企业信誉	吸收直接投资所筹集的资金属于房地产企业自有的资金，能提高房地产企业的资信和贷款能力，对扩大企业经营规模、增强经济实力具有重要作用
	有利于尽快形成生产经营能力	吸收直接投资不仅可以筹集现金，而且能直接获得所需的先进设备和技术，有利于尽快形成生产（开发）能力，尽快开拓市场
	有利于降低财务风险	企业可以根据其经营状况向投资者支付报酬，经营状况好，向投资者多支付一些报酬；反之，则少支付报酬，比较灵活，财务风险较小
缺点	资金成本较高	因为向投资者支付的报酬是根据其出资数量和房地产企业实现利润的比率来计算的
	容易分散企业控制权	因为投资者一般都要求获得与投资数量相当的经营管理权。所以当外部投资者投资数额较大时，投资者会有相当大的管理权，甚至会对企业实行完全控制

三、房地产企业发行普通股票

（一）普通股概念及普通股股东的权利

1. 普通股的概念

普通股股票简称普通股，是股利随着股份公司利润的多少及股利政策的松紧而变化的股票。普通股股东享有作为股东的平等权利并负有相应的义务。通常情况下，股份有限公司只发行普通股股票。

2. **普通股股东的权利**

持有普通股股份者为普通股股东。依照我国《公司法》的规定，房地产企业普通股股东主要有以下权利（图 3-24）。

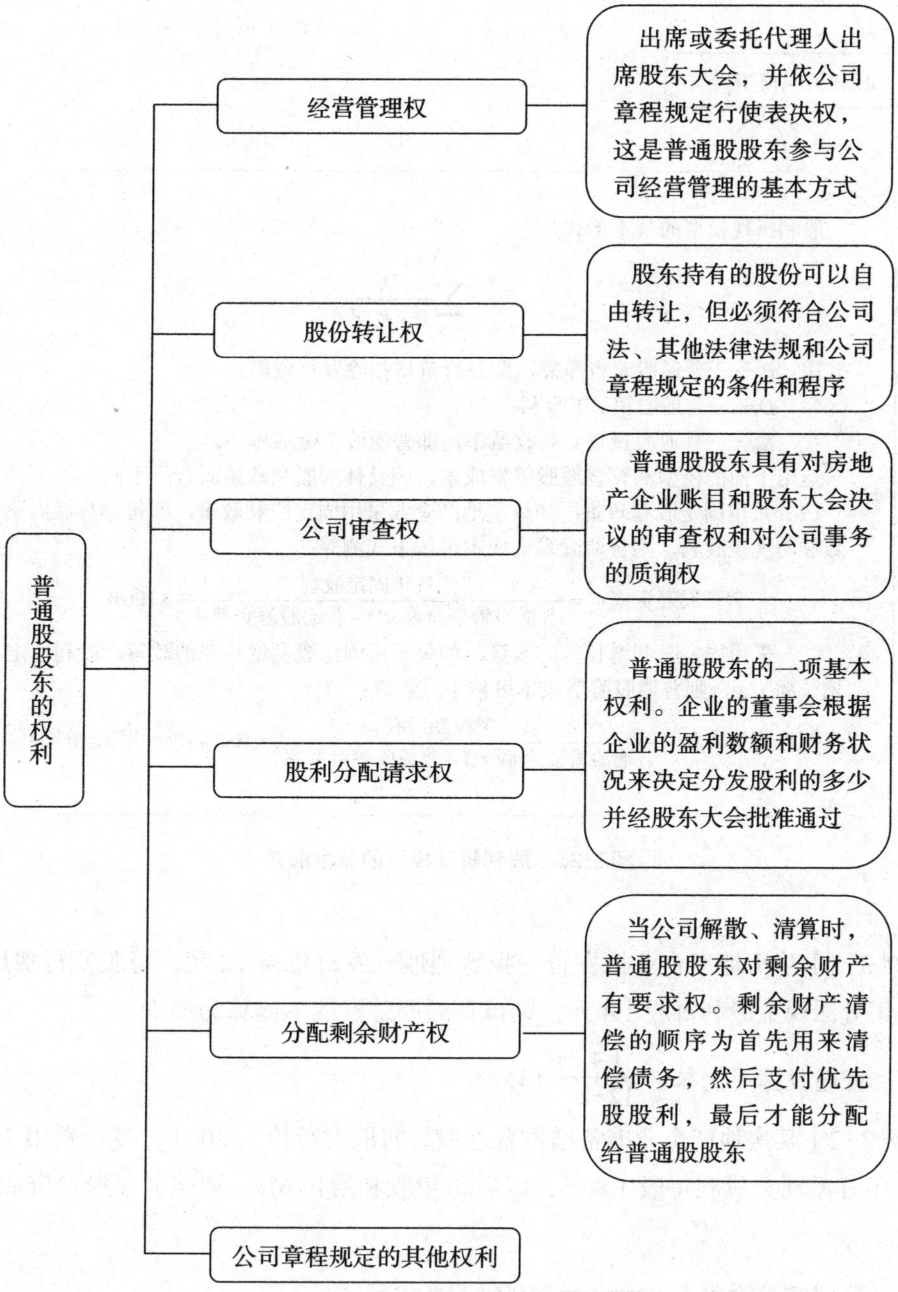

图3-24　普通股股东的权利

（二）普通股筹资的成本

普通股筹资的成本就是普通股投资的必要报酬率，其测算方法一般有三种：股利折现模型、资本资产定价模型和无风险利率加风险溢价法。

1. 股利折现模型

股利折现模型的基本形式见图 3-25。

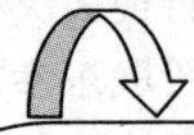

股利折现模型

股利折现模型的基本形式是：

$$P_0 = \sum_{t=1}^{n} \frac{D_t}{(1+K_c)^t}$$

式中，P_0——普通股筹资净额，即发行价格扣除发行费用；

D_t——普通股第 t 年股利；

K_c——普通股投资必要收益率，即普通股资金成本率。

运用上面的模型测算普通股筹资成本，因具体的股利政策而有所不同。

（1）采用固定股利政策：如果房地产企业采用固定股利政策，即每年分派固定数额的现金股利，则普通股筹资成本可按下式测算：

$$普通股筹资成本 = \frac{每年固定股利}{普通股筹资金额 \times (1-普通股筹资费率)} \times 100\%$$

（2）采用固定股利增长率的政策：如果采用固定股利增长率的政策，股利固定增长率为 g，则普通股筹资成本可按下式测算：

$$普通股筹资成本 = \frac{第一年预期股利}{普通股筹资金额 \times (1-普通股筹资费率)} \times 100\% + 股利固定增长率$$

图3-25　股利折现模型的基本形式

【例 3-1】某房地产企业拟发行一批普通股，发行价格 12 元，每股发行费用 2 元，预定每年分派现金股利每股 1.4 元。则该普通股筹资成本测算为多少？

解：$普通股筹资成本 = \frac{1.4}{12-2} = 14\%$

【例 3-2】某房地产企业准备增发普通股，每股发行价为 20 元，发行费用 2 元，预定第一年分派现金股利每股 1.8 元，以后每年股利增长 6%。则该普通股筹资成本测算为多少？

解：$普通股筹资成本 = \frac{1.8}{20-2} \times 100\% + 6\% = 16\%$

2. 资本资产定价模型

资本资产定价模型见图 3-26。

资本资产定价模型

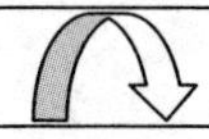

资本资产定价模型的含义可以简单地描述为：普通股投资的必要报酬率等于无风险报酬率加上风险报酬率。用公式表示如下：

$$K_c = R_f + \beta\,(R_m - R_f)$$

式中，R_f——无风险报酬率；

R_m——市场报酬率或市场投资组合的期望收益率；

β——某公司股票收益率相对于市场投资组合期望收益率的变动幅度

图3-26　资本资产定价模型

【例 3-3】某股份公司普通股股票的 β 值为 1.5，无风险利率为 5%，市场投资组合的期望收益率为 10%。则该企业的普通股筹资成本是多少？

解：普通股筹资成本 =5%+1.5×（10%−5%）=12.5%

3. 无风险利率加风险溢价法

无风险利率加风险溢价法见图 3-27。

无风险利率加风险溢价法

无风险利率加风险溢价法认为，由于普通股的求偿权不仅在债权之后，而且还次于优先股，因此，持有普通股股票的风险要大于持有债权的风险。这样，股票持有人就必然要求一定的风险补偿。一般情况来看，通过一段时间的统计数据，可以测算出某房地产公司普通股股票期望收益率超出无风险利率的大小，即风险溢价R_P，无风险利率R_f，一般用同期国债收益率表示，这是证券市场最基础的数据。因此，用无风险利率加风险溢价法计算普通股筹资成本的公式为：

$$K_c = R_f + R_P$$

图3-27　无风险利率加风险溢价法

【例 3-4】假定某房地产企业普通股的风险溢价估计为 9%，而无风险利率为 4%，则该企业普通股筹资的成本是多少？

解：普通股筹资成本 =9%+4%=13%

（三）普通股筹资的优缺点

1. 普通股筹资的优点

房地产企业普通股筹资的优点见图 3-28。

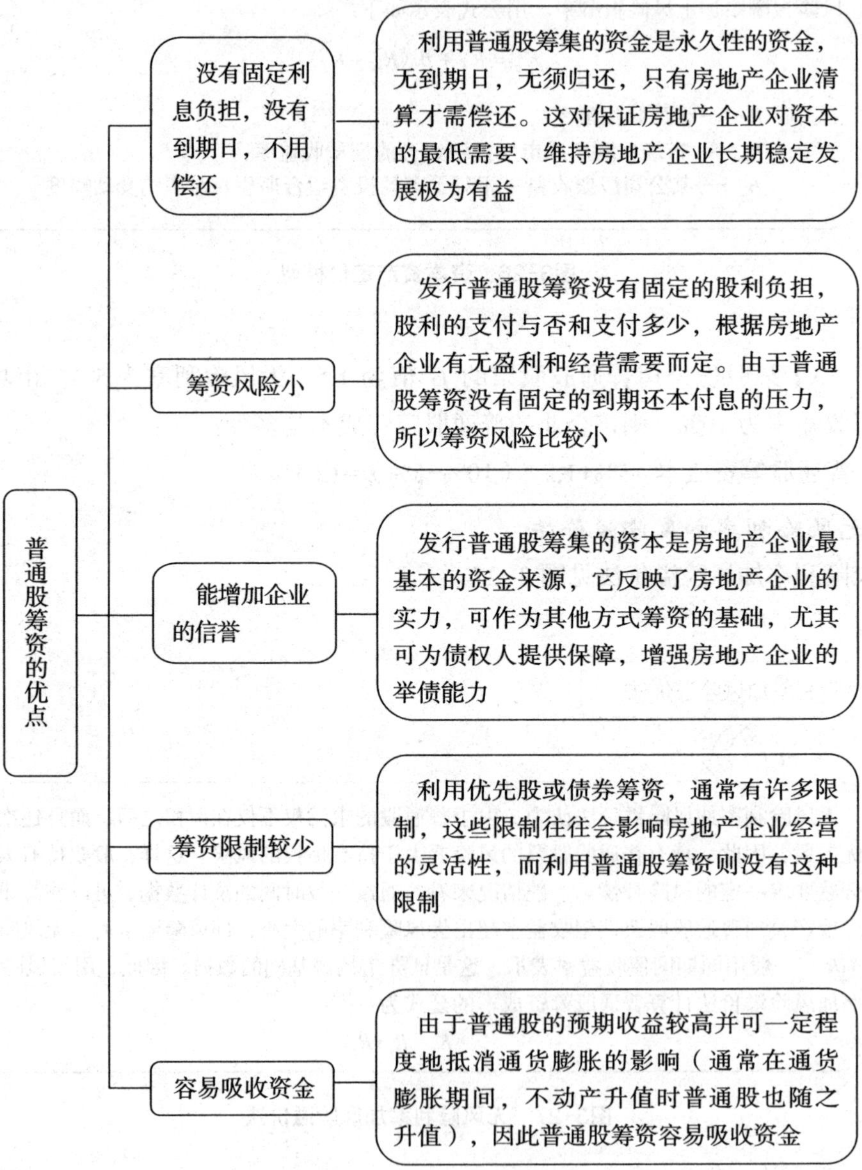

普通股筹资的优点

- 没有固定利息负担，没有到期日，不用偿还
  - 利用普通股筹集的资金是永久性的资金，无到期日，无须归还，只有房地产企业清算才需偿还。这对保证房地产企业对资本的最低需要、维持房地产企业长期稳定发展极为有益
- 筹资风险小
  - 发行普通股筹资没有固定的股利负担，股利的支付与否和支付多少，根据房地产企业有无盈利和经营需要而定。由于普通股筹资没有固定的到期还本付息的压力，所以筹资风险比较小
- 能增加企业的信誉
  - 发行普通股筹集的资本是房地产企业最基本的资金来源，它反映了房地产企业的实力，可作为其他方式筹资的基础，尤其可为债权人提供保障，增强房地产企业的举债能力
- 筹资限制较少
  - 利用优先股或债券筹资，通常有许多限制，这些限制往往会影响房地产企业经营的灵活性，而利用普通股筹资则没有这种限制
- 容易吸收资金
  - 由于普通股的预期收益较高并可一定程度地抵消通货膨胀的影响（通常在通货膨胀期间，不动产升值时普通股也随之升值），因此普通股筹资容易吸收资金

图3-28　普通股筹资的优点

2. 普通股筹资的缺点

房地产企业普通股筹资的缺点见图 3-29。

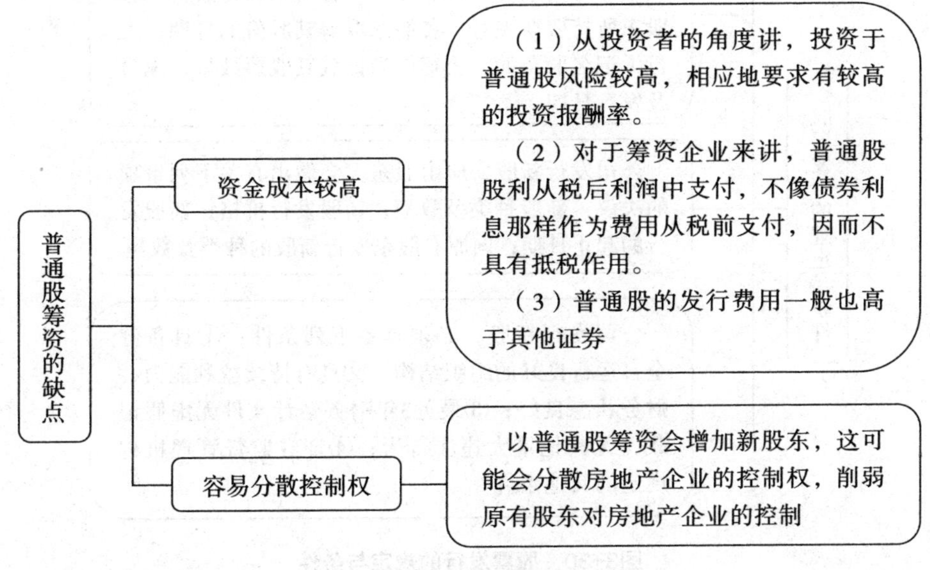

图3-29　普通股筹资的缺点

（四）股票发行

1. 股票发行的规定与条件

按照《公司法》和《证券法》的有关规定，房地产股份有限公司发行股票，应符合以下规定与条件（图 3-30）。

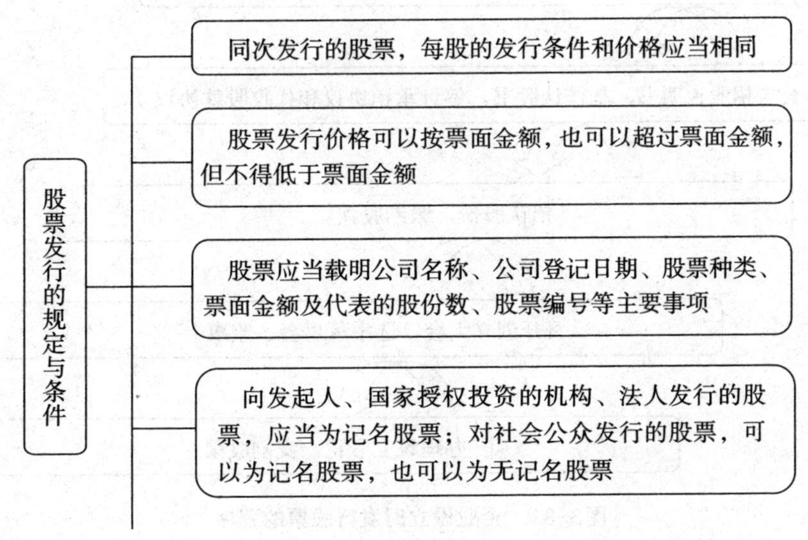

图3-30

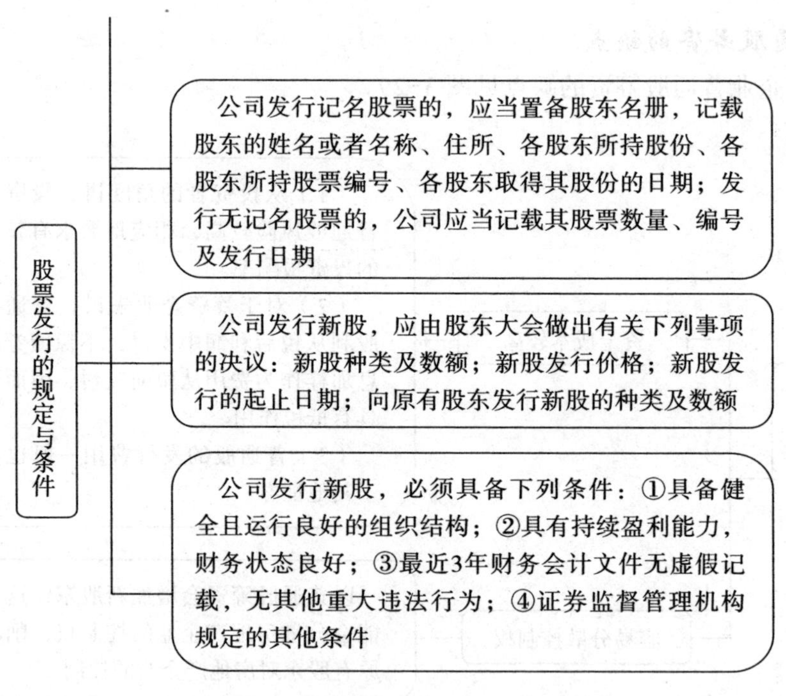

图3-30 股票发行的规定与条件

2. 股票发行程序

股份有限公司设立时发行股票与增资发行新股在程序上有所不同，企业设立时发行股票的程序见图 3-31，增资发行新股的程序见图 3-32。

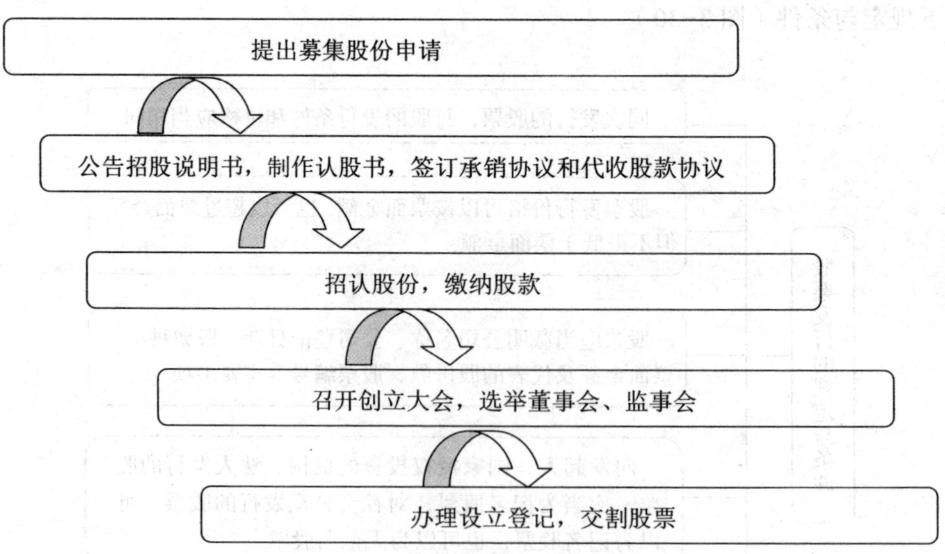

图3-31 企业设立时发行股票的程序

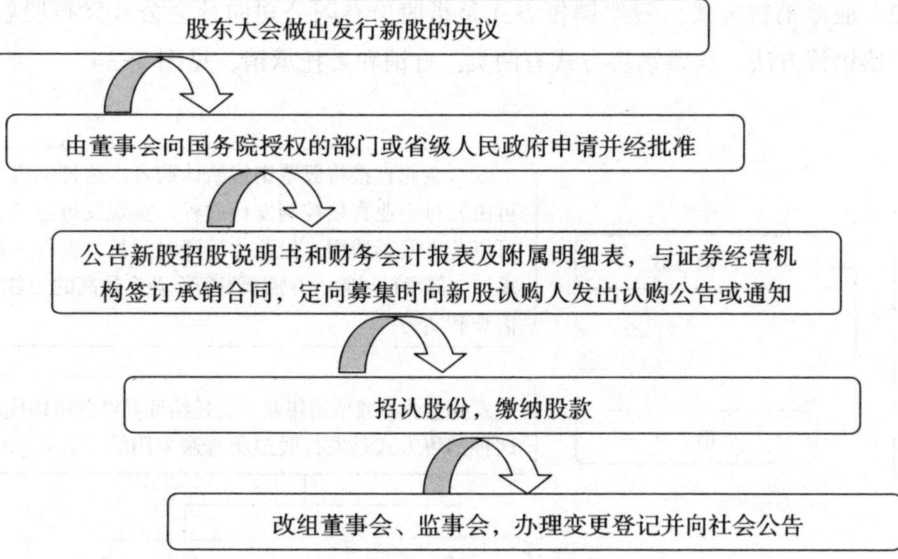

图3-32　增资发行新股的程序

3. 股票发行、销售方式和发行价格

房地产企业发行股票筹资，应当选择适宜的股票发行方式和销售方式，并恰当地制定发行价格，以便及时募足资本。

（1）股票发行方式。股票发行方式，是指企业通过何种途径发行股票。通常股票的发行方式如下（图 3-33）。

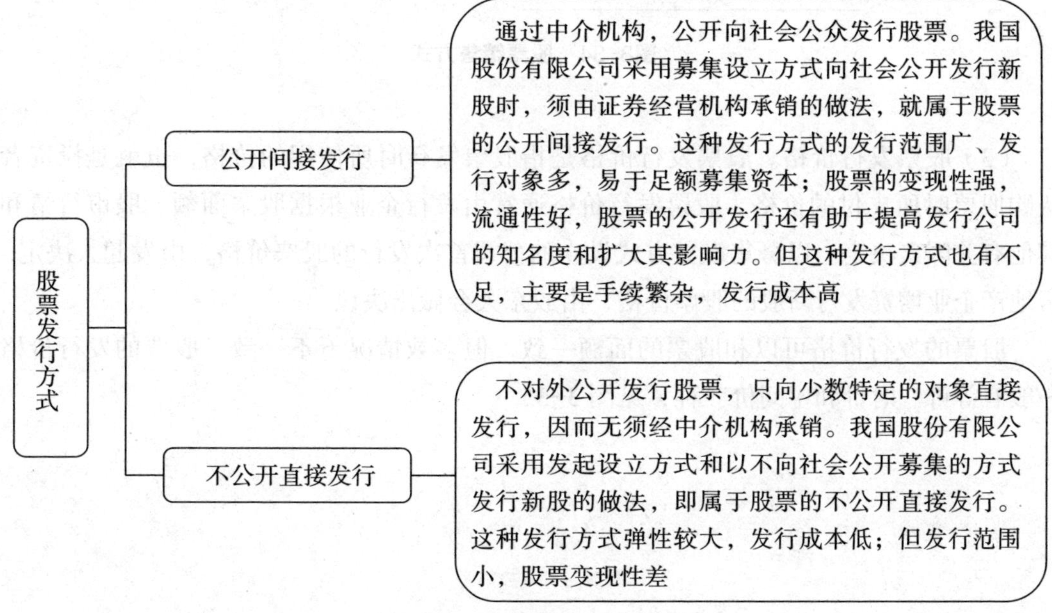

图3-33　股票发行方式

（2）股票销售方式。股票销售方式是指股份有限公司向社会公开发行股票时所采取的股票销售方法。股票销售方式有两类：自销和委托承销，见图 3-34。

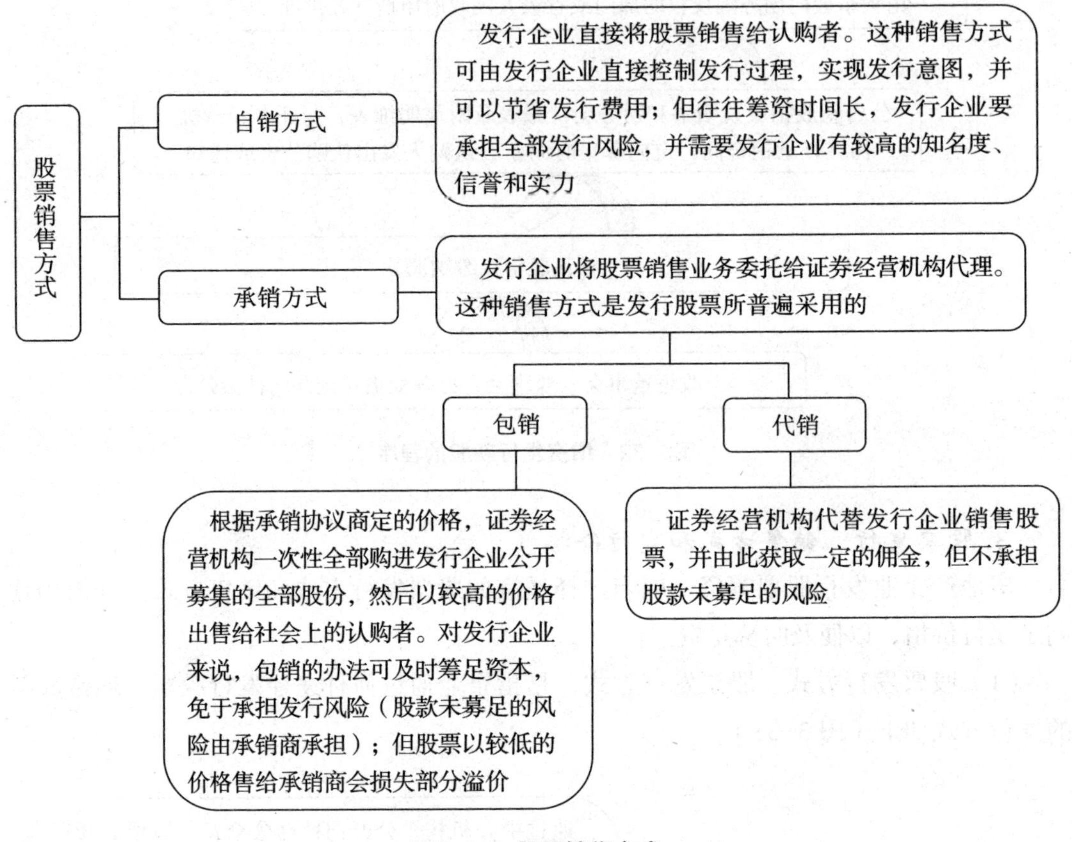

图3-34　股票销售方式

（3）股票发行价格。股票发行价格是指股票发行时所使用的价格，也就是投资者认购股票时所支付的价格。股票发行价格通常由发行企业根据股票面额、股市行情和其他有关因素决定。以募集设立方式设立的公司首次发行的股票价格，由发起人决定；房地产企业增资发行新股的股票价格，由股东大会做出决议。

股票的发行价格可以和股票的面额一致，但多数情况下不一致。股票的发行价格一般有等价、时价和中间价三种，见图 3-35。

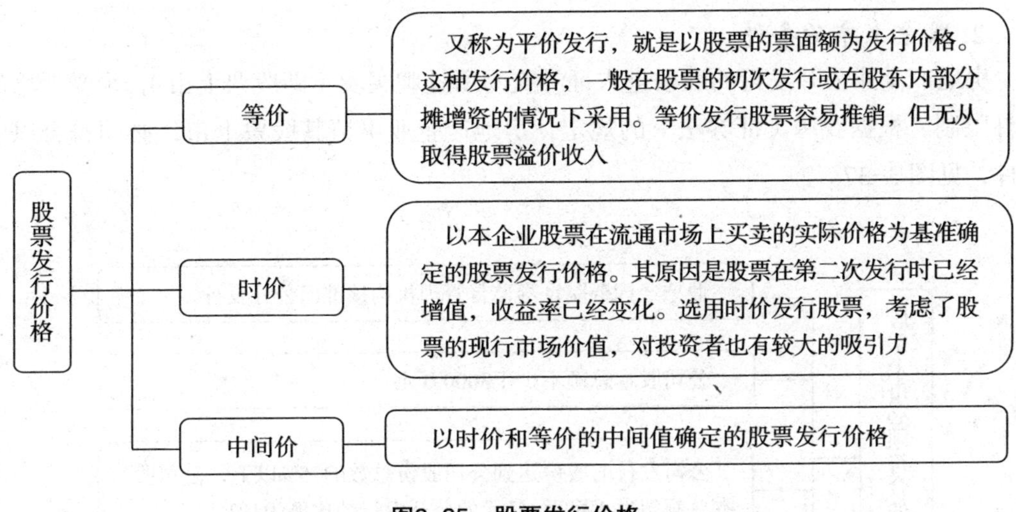

图3-35　股票发行价格

按时价或中间价发行股票，股票发行价格会高于或低于其面额。前者称溢价发行，后者称折价发行。如属溢价发行，发行企业所获得的溢价款列入资本公积。我国《公司法》规定，股票发行价格可以等于票面金额（等价），也可以超过票面金额（溢价），但不得低于票面金额（折价）。

（五）股票上市

1. 股票上市的目的

股票上市指的是股份有限公司公开发行的股票经批准在证券交易所进行挂牌交易。经批准在交易所上市交易的股票则称为上市股票。按照国际通行做法，非公开募集发行的股票或未向证券交易所申请上市的非上市证券，应在证券交易所外的店头市场上流通转让。只有公开募集发行并经批准上市的股票才能进入证券交易所流通转让。股份公司申请股票上市一般出于以下目的（图 3-36）。

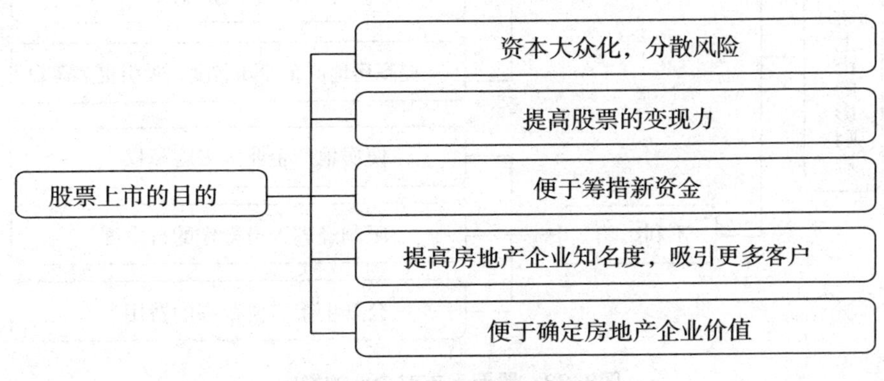

图3-36　股票上市的目的

2. 股票上市的条件

房地产企业公开发行的股票进入证券交易所挂牌买卖（即股票上市），须受严格的条件限制。根据我国《证券法》的规定，房地产企业申请其股票上市，必须符合以下条件，见图 3-37。

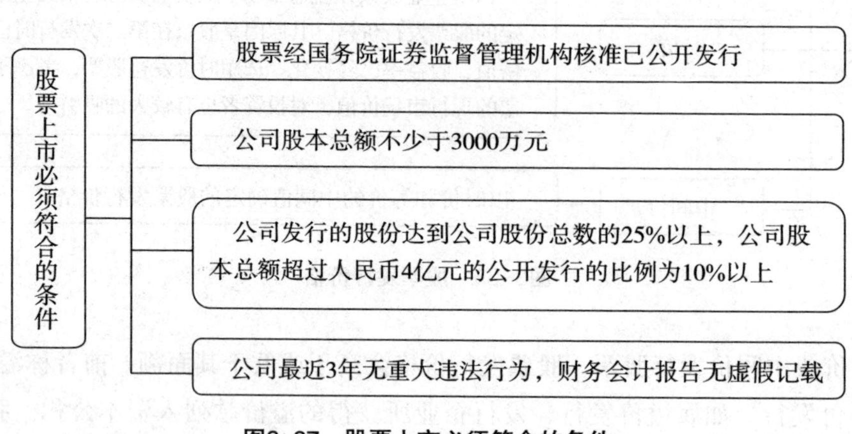

图3-37 股票上市必须符合的条件

3. 股票上市的影响

股票上市对房地产企业有有利影响和不利影响两方面，见图 3-38。

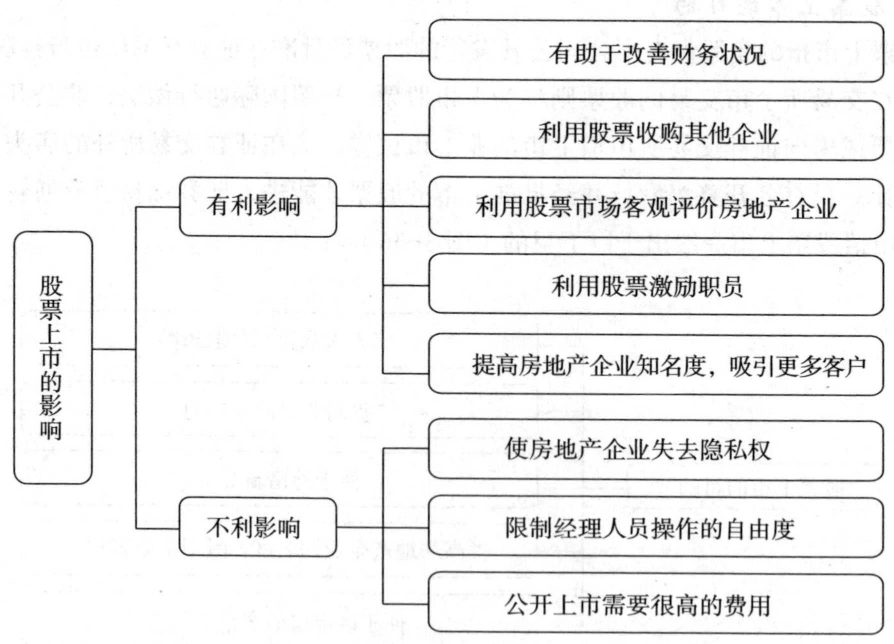

图3-38 股票上市对企业的影响

四、房地产企业留存收益筹资

（一）留存收益筹资的渠道

企业留存收益（内部积累）也是形成资本金来源的一条间接途径。房地产企业留存收益筹资的渠道主要有盈余公积和未分配利润，见图 3-39。

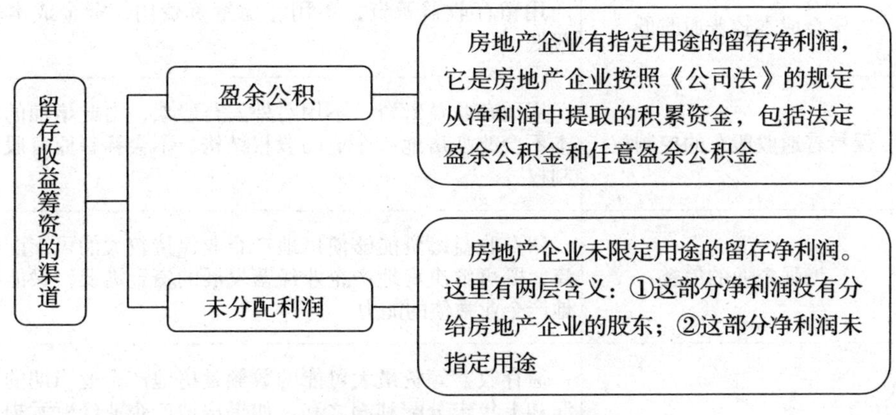

图3-39 留存收益筹资的渠道

（二）留存收益筹资的成本

房地产企业留存收益是由房地产企业税后利润形成的，属于权益资本。一般企业都不会把全部收益以股利形式分给股东，留存收益是房地产企业资金的一种重要来源。房地产企业留存收益等于股东对企业进行追加投资，股东对这部分投资与以前交给房地产企业的股本一样，要求获得同普通股等价的报酬，所以留存收益也要计算成本。留存收益筹资成本的计算与普通股基本相同，但不用考虑筹资费用。留存收益筹资成本的计算见图 3-40。

（1）在普通股股利固定的情况下，留存收益筹资成本的计算公式为：

$$留存收益筹资成本=\frac{每年固定股利}{普通股筹资金额}\times 100\%$$

（2）在普通股股利逐年固定增长的情况下，留存收益筹资成本的计算公式为：

$$留存收益筹资成本=\frac{第一年预期股利}{普通股筹资金额}\times 100\%+股利年增长率$$

图3-40 留存收益筹资成本的计算

（三）留存收益筹资的优缺点

房地产企业留存收益筹资的优缺点见表 3-2。

表 3-2　留存收益筹资的优缺点

优点	资金成本较普通股低	用留存收益筹资，不用考虑筹资费用，资金成本较普通股低
	保持普通股股东的控制权	用留存收益筹资，不用对外发行股票，由此增加的权益资本不会改变房地产企业的股权结构，不会稀释原有股东的控制权
	增强企业的信誉	留存收益筹资能够使房地产企业保持较大的可支配的现金流，既可解决房地产企业经营发展的资金需要，又能提高房地产企业举债的能力
缺点	筹资数额有限制	留存收益筹资最大可能的数额是房地产企业当期的税后利润和上年未分配利润之和。如果房地产企业经营亏损，则不存在这一渠道的资金来源。此外，留存收益的比例常常受到某些股东的限制。他们可能从消费需求、风险偏好等因素出发，要求股利支付比率要维持在一定水平上。留存收益过多，股利支付过少，可能会影响到今后的外部筹资
	资金使用受制约	留存收益中某些项目的使用，如法定盈余公积金等，要受国家有关规定的制约

第四节　房地产企业债务资金筹集管理

一、房地产企业债务资金筹集管理概述

（一）债务资金的种类

房地产企业债务资金的种类见图 3-41。

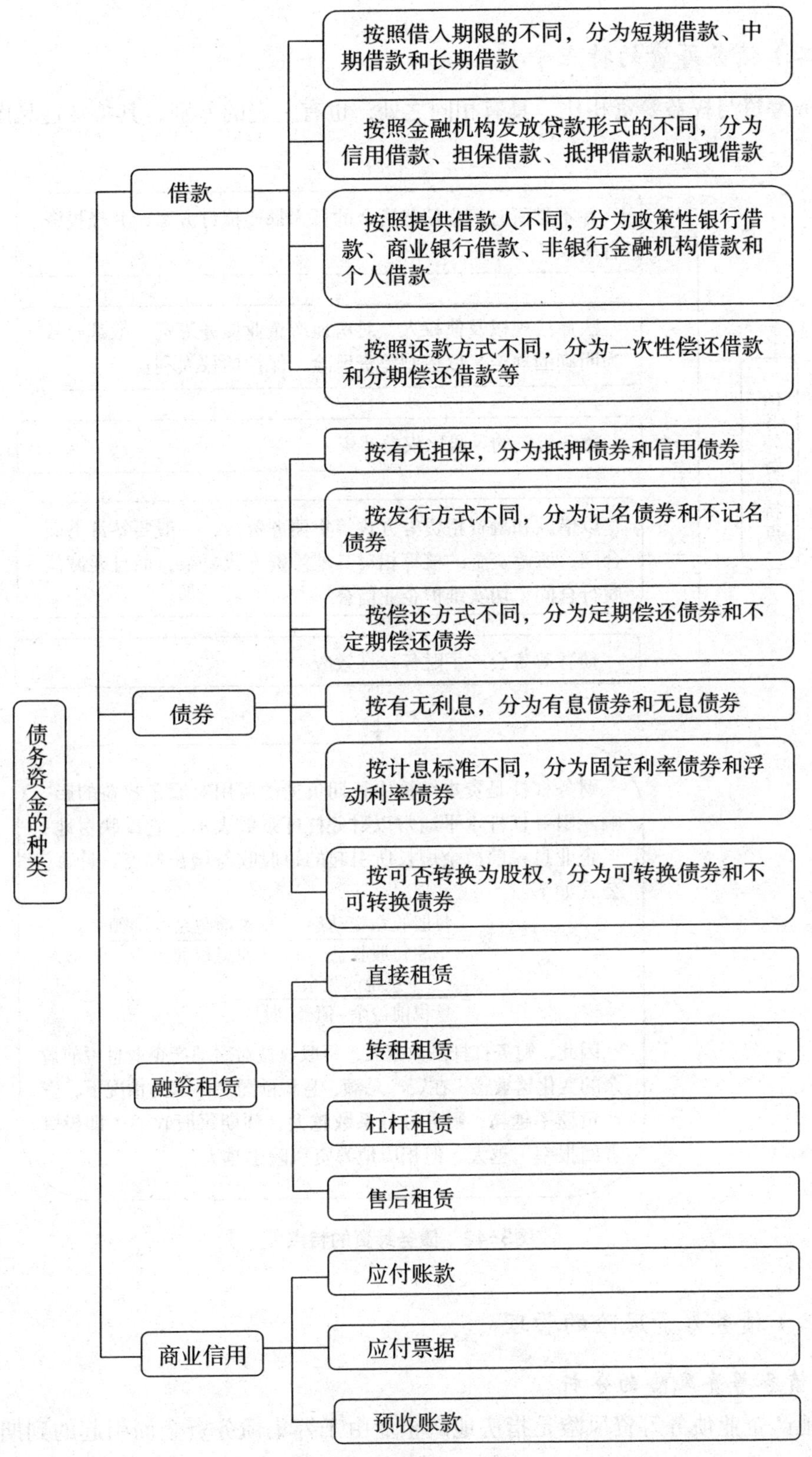

图3-41　债务资金的种类

（二）债务筹资的特点

债务筹资与权益筹资相比，具有相同之处，也有一定的差别，其特殊性见图3-42。

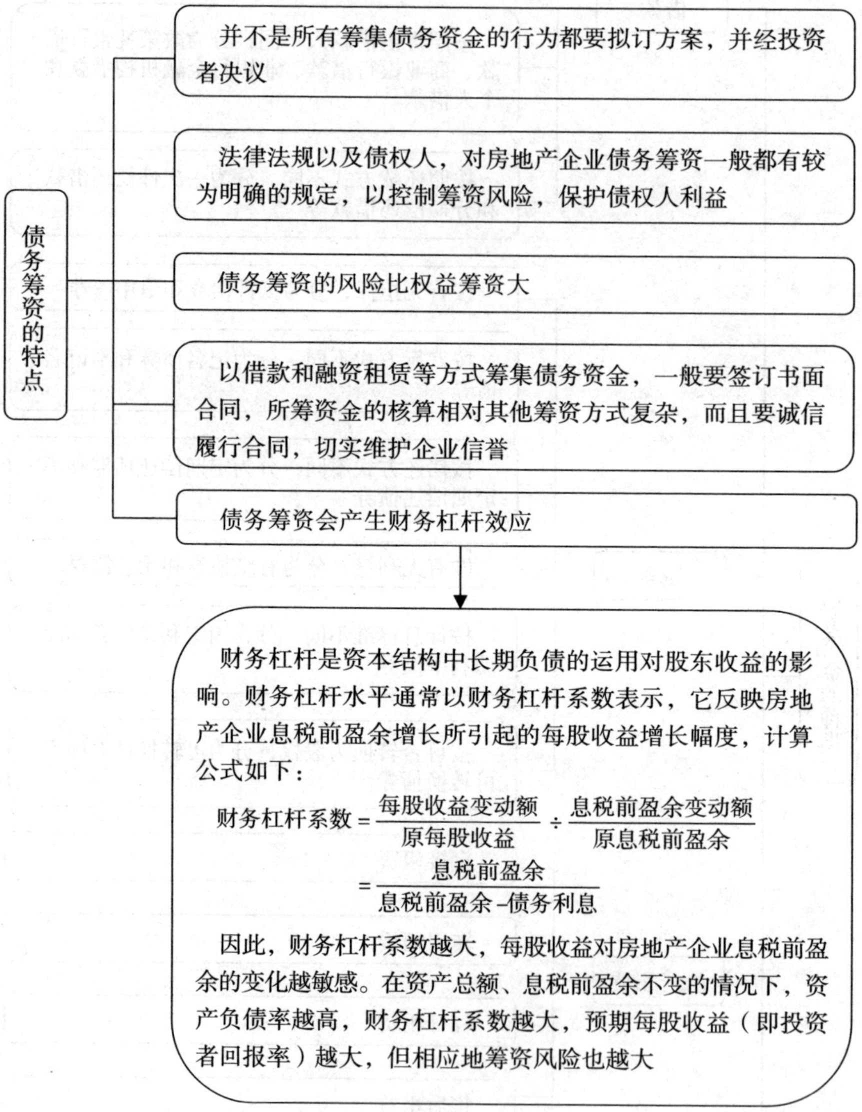

债务筹资的特点

- 并不是所有筹集债务资金的行为都要拟订方案，并经投资者决议
- 法律法规以及债权人，对房地产企业债务筹资一般都有较为明确的规定，以控制筹资风险，保护债权人利益
- 债务筹资的风险比权益筹资大
- 以借款和融资租赁等方式筹集债务资金，一般要签订书面合同，所筹资金的核算相对其他筹资方式复杂，而且要诚信履行合同，切实维护企业信誉
- 债务筹资会产生财务杠杆效应

财务杠杆是资本结构中长期负债的运用对股东收益的影响。财务杠杆水平通常以财务杠杆系数表示，它反映房地产企业息税前盈余增长所引起的每股收益增长幅度，计算公式如下：

$$财务杠杆系数=\frac{每股收益变动额}{原每股收益}\div\frac{息税前盈余变动额}{原息税前盈余}$$

$$=\frac{息税前盈余}{息税前盈余-债务利息}$$

因此，财务杠杆系数越大，每股收益对房地产企业息税前盈余的变化越敏感。在资产总额、息税前盈余不变的情况下，资产负债率越高，财务杠杆系数越大，预期每股收益（即投资者回报率）越大，但相应地筹资风险也越大

图3-42　债务筹资的特点

（三）债务筹资风险的管理

1.债务筹资风险的分析

房地产企业债务筹资风险是指房地产企业由于筹集债务资金而引起的到期不能偿

还债务的可能性。按风险产生的原因，可分为现金性筹资风险和收支性筹资风险，见图 3-43。

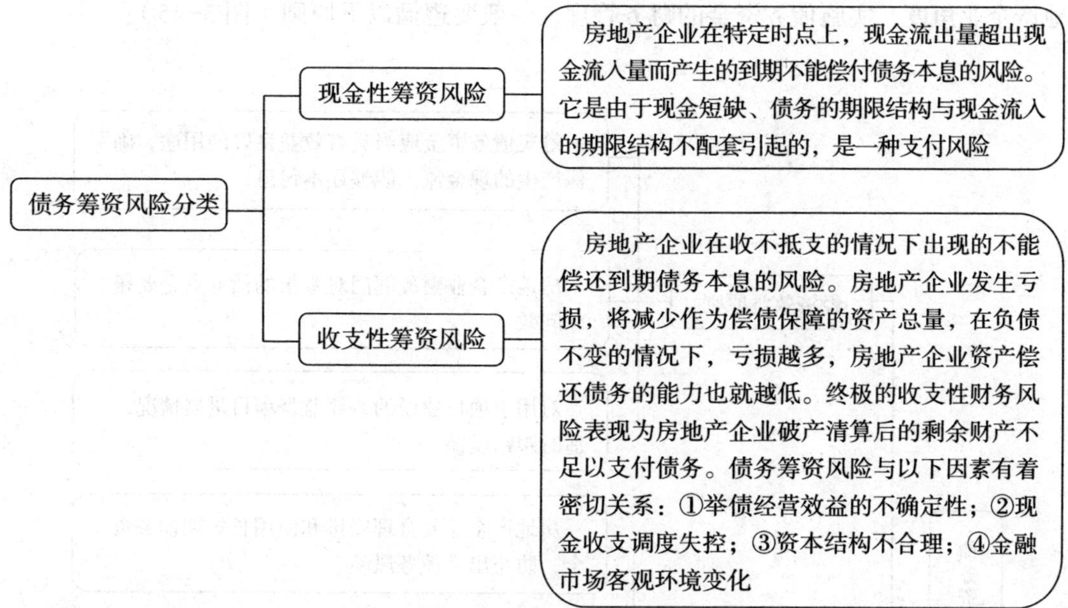

图3-43　债务筹资风险分类

2. 债务筹资风险的控制

房地产企业债务筹资风险的控制见图 3-44。

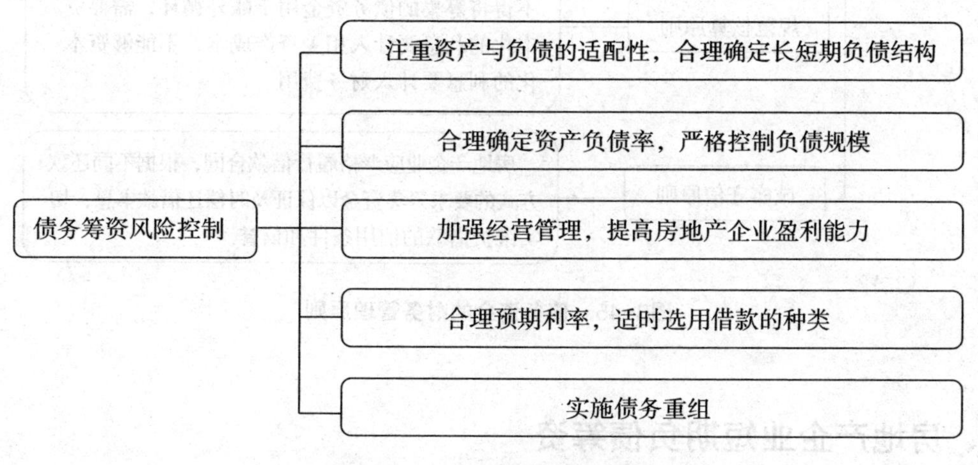

图3-44　债务筹资风险控制

（四）债务资金的财务管理原则

一般来说，债权人对房地产企业筹集的债务使用及其效益情况都十分关注。从房地产企业角度，实施债务资金的财务管理，一般要遵循以下原则（图 3-45）。

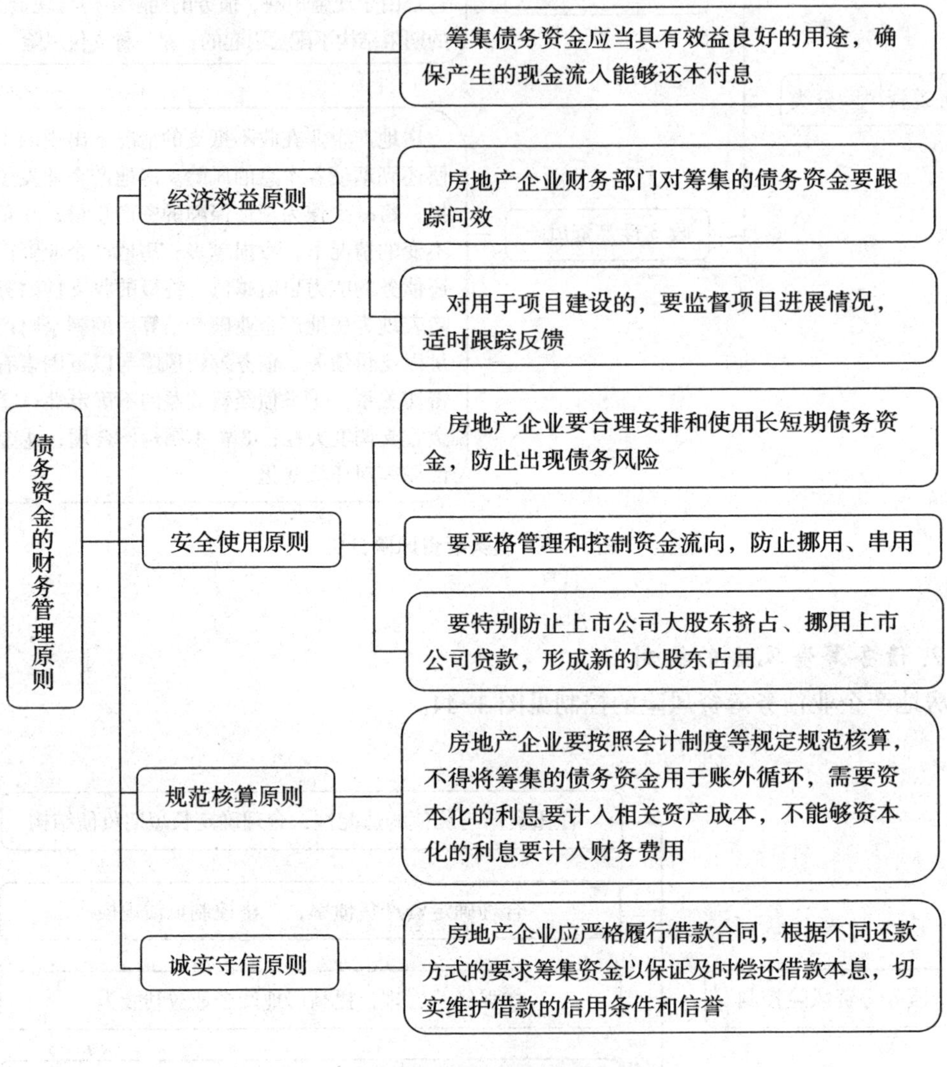

图3-45　债务资金的财务管理原则

二、房地产企业短期负债筹资

（一）短期负债筹资的概念

房地产企业短期负债筹资又称短期筹资，即房地产企业每次筹资的使用期限不得

超过一年，主要包括商业信用筹资和短期借款筹资两种形式。

（二）短期负债筹资的特点

房地产企业短期负债筹资的特点见表 3-3。

表 3-3　短期负债筹资的特点

筹资速度快，容易取得	长期负债的债权人为了保护自身利益，往往要对债务人进行全面的财务调查，因而筹资所需时间一般较长且不易取得。短期负债在较短时间内即可归还，故债权人顾虑较少，容易取得
筹资富有弹性	举借长期负债，债权人或有关方面经常会向债务人提出很多限定性条件或管理规定；而短期负债的限制则相对宽松些，使筹资企业的资金使用较为灵活、富有弹性
筹资成本较低	一般来说，短期负债的利率低于长期负债，短期负债筹资的成本也就较低
筹资风险高	短期负债需在短期内偿还，因而要求筹资企业在短期内拿出足够的资金偿还债务，若房地产企业届时资金安排不当，就会陷入财务危机。此外，短期负债利率的波动比较大，一时高于长期负债的水平也是可能的

（三）短期负债筹资的主要形式

1. 商业信用

（1）商业信用的概念及特点。商业信用的概念及优缺点见图 3-46。

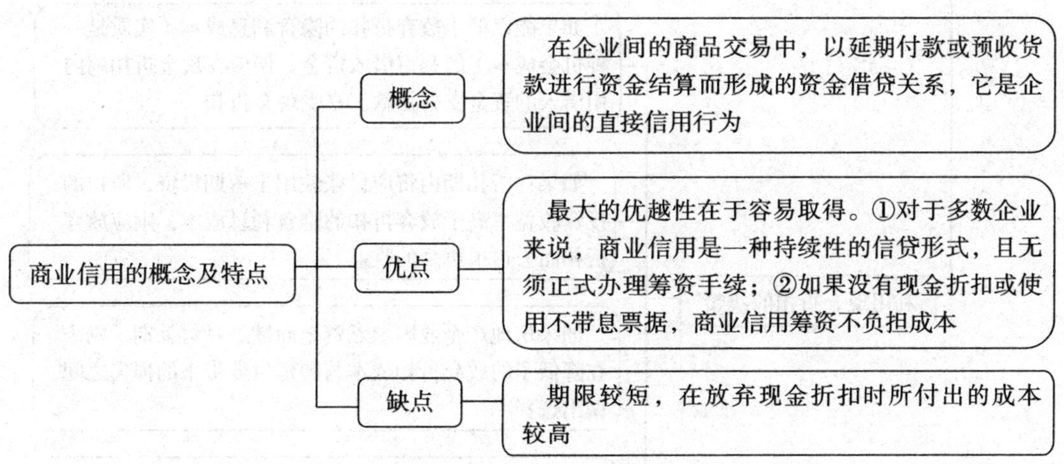

图3-46　商业信用的概念及特点

（2）商业信用筹资的具体形式。商业信用筹资的具体形式见图 3-47。

商业信用筹资的具体形式
应付账款筹资
应付票据筹资
预收账款筹资

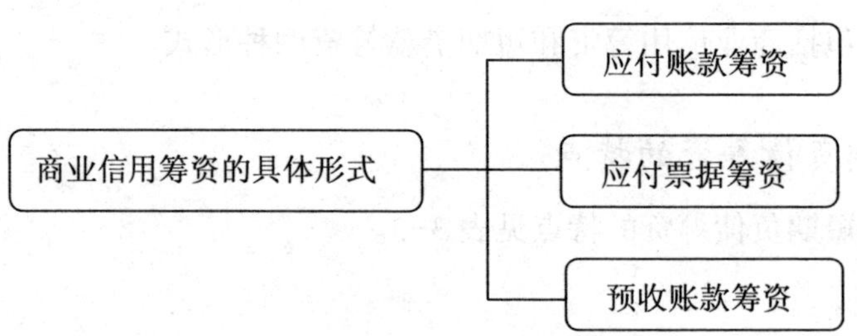

图3-47　商业信用筹资的具体形式

①应付账款筹资。应付账款筹资的具体内容见图3-48。

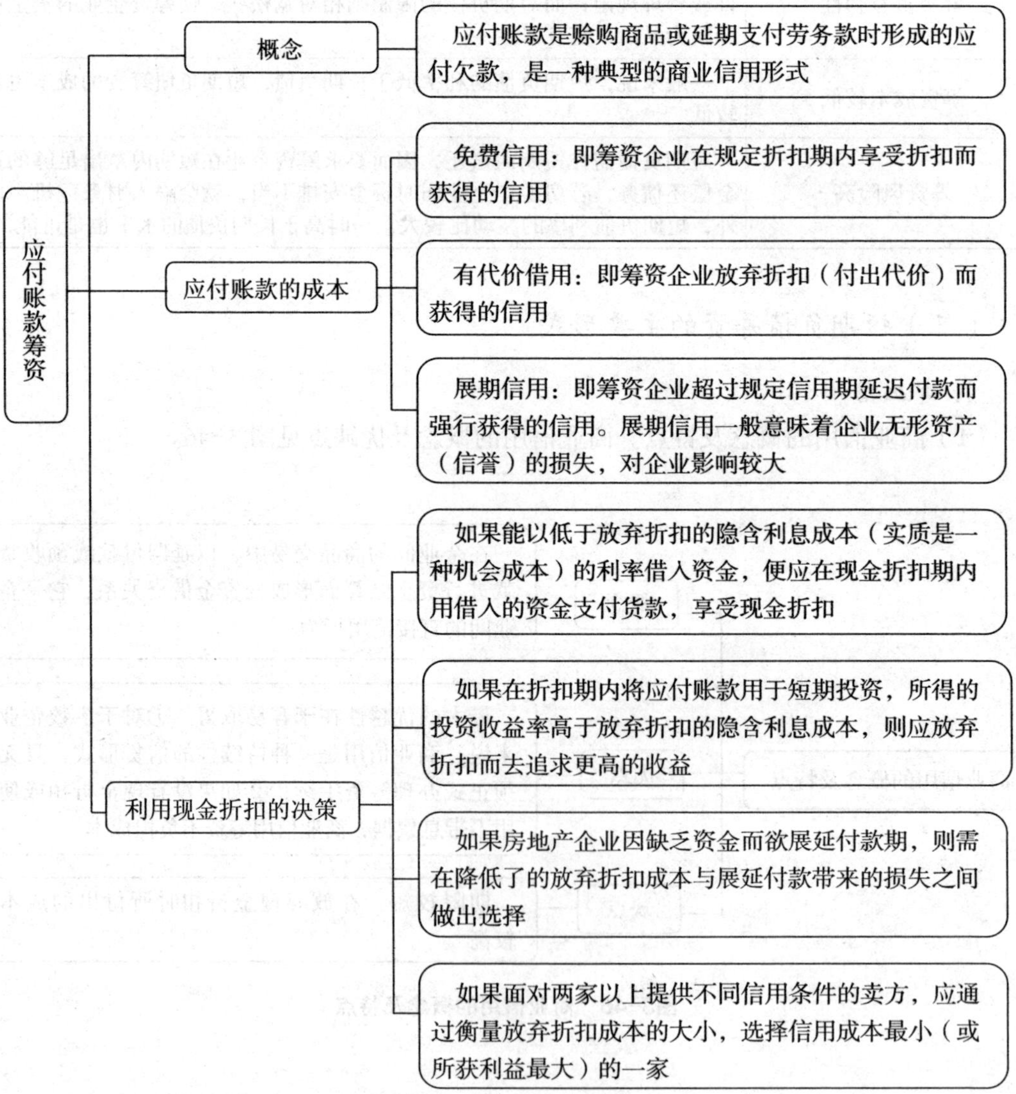

应付账款筹资
概念
应付账款是赊购商品或延期支付劳务款时形成的应付欠款，是一种典型的商业信用形式
应付账款的成本
免费信用：即筹资企业在规定折扣期内享受折扣而获得的信用
有代价借用：即筹资企业放弃折扣（付出代价）而获得的信用
展期信用：即筹资企业超过规定信用期延迟付款而强行获得的信用。展期信用一般意味着企业无形资产（信誉）的损失，对企业影响较大
利用现金折扣的决策
如果能以低于放弃折扣的隐含利息成本（实质是一种机会成本）的利率借入资金，便应在现金折扣期内用借入的资金支付货款，享受现金折扣
如果在折扣期内将应付账款用于短期投资，所得的投资收益率高于放弃折扣的隐含利息成本，则应放弃折扣而去追求更高的收益
如果房地产企业因缺乏资金而欲展延付款期，则需在降低了的放弃折扣成本与展延付款带来的损失之间做出选择
如果面对两家以上提供不同信用条件的卖方，应通过衡量放弃折扣成本的大小，选择信用成本最小（或所获利益最大）的一家

图3-48　应付账款筹资

【例 3-5】某房地产企业按 2/10、1/30 的条件购入货物 10 万元。如果该企业在 10 天内付款，便享受了 10 天的免费信用期，并获得折扣 0.2 万元（10×2%），免费信用额为 9.8 万元（10-0.2）。企业放弃折扣后，10 天和 50 天付款的成本分别是多少？

解：

a. 买方企业放弃折扣，在 10 天后（不超过 30 天）付款，该企业需要承受因放弃折扣而造成的隐含利息成本。一般而言，放弃现金折扣的成本可由下式求得：

$$放弃现金折扣成本=\frac{折扣百分比}{1-折扣百化比}\times\frac{360}{信用期-折扣期}$$

运用上式，该企业放弃折扣所负担的成本为：

$$\frac{2\%}{1-2\%}\times\frac{360}{30-10}=36.7\%$$

公式表明，放弃现金折扣的成本与折扣百分比的大小、折扣期的长短同方向变化，与信用期的长短反方向变化。可见，如果买方企业放弃折扣而获得信用，其代价是较高的，房地产企业在放弃折扣的情况下，推迟付款的时间越长，其成本便会越小。

b. 如果房地产企业延至 50 天付款，其成本则为：

$$\frac{2\%}{1-2\%}\times\frac{360}{50-10}=18.4\%$$

②应付票据筹资。应付票据筹资的具体内容见图 3-49。

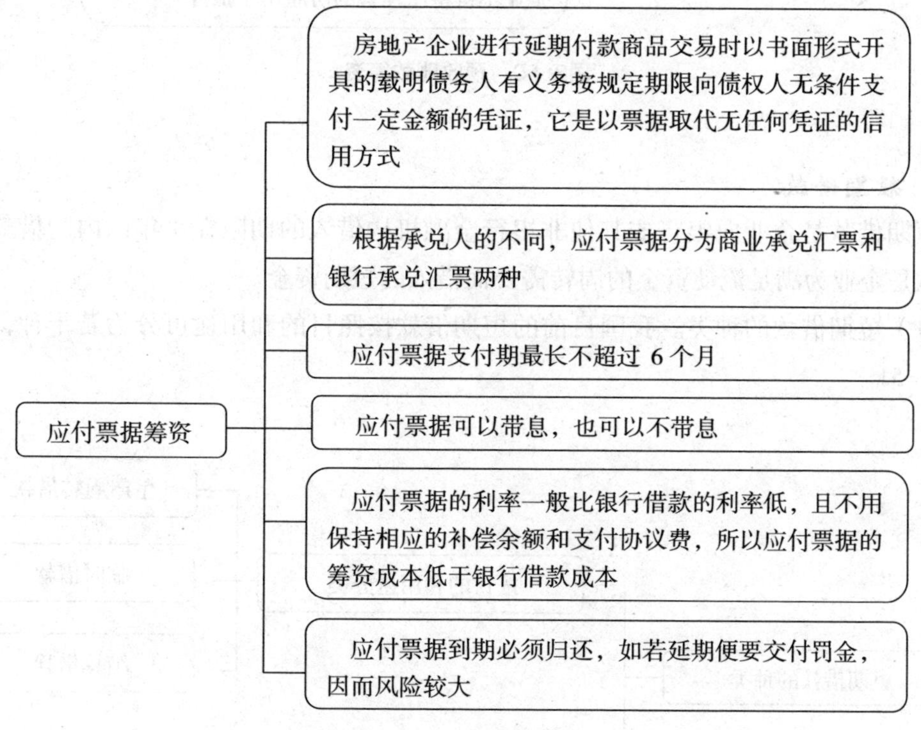

图3-49 应付票据筹资

③预收账款筹资。预收账款筹资的具体内容见图 3-50。

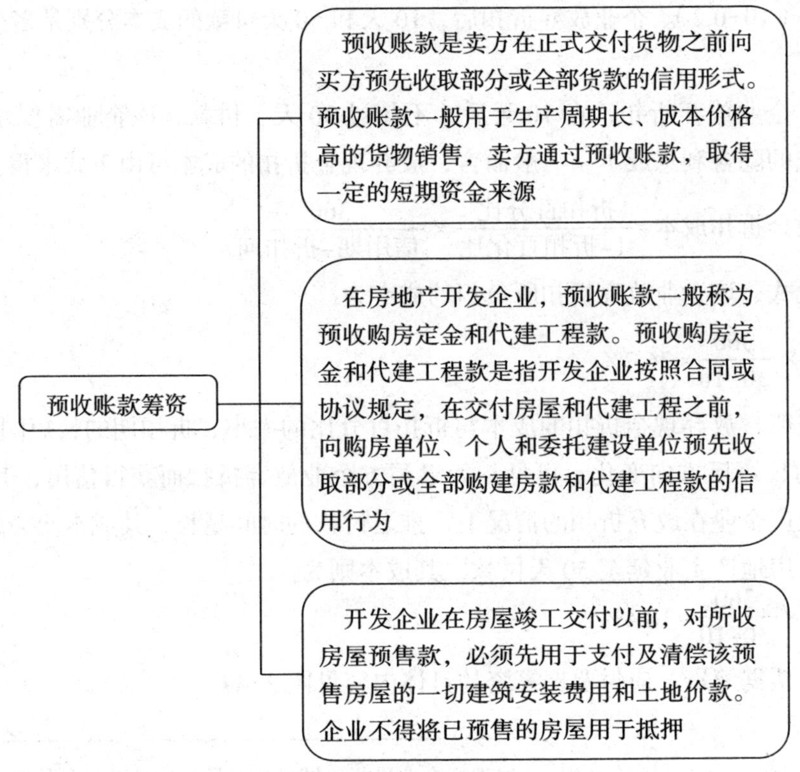

图3-50　预收账款筹资

2. 短期借款

短期借款是企业向银行或其他非银行金融机构借入的期限在 1 年以内的借款。短期借款是企业为满足流动资金的周转需要而借入的短期资金。

（1）短期借款的种类。我国目前的短期借款按照目的和用途可分为若干种，具体见图 3-51。

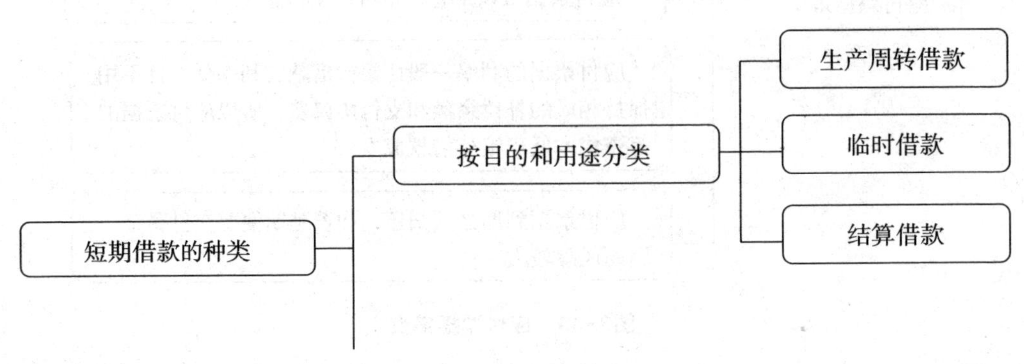

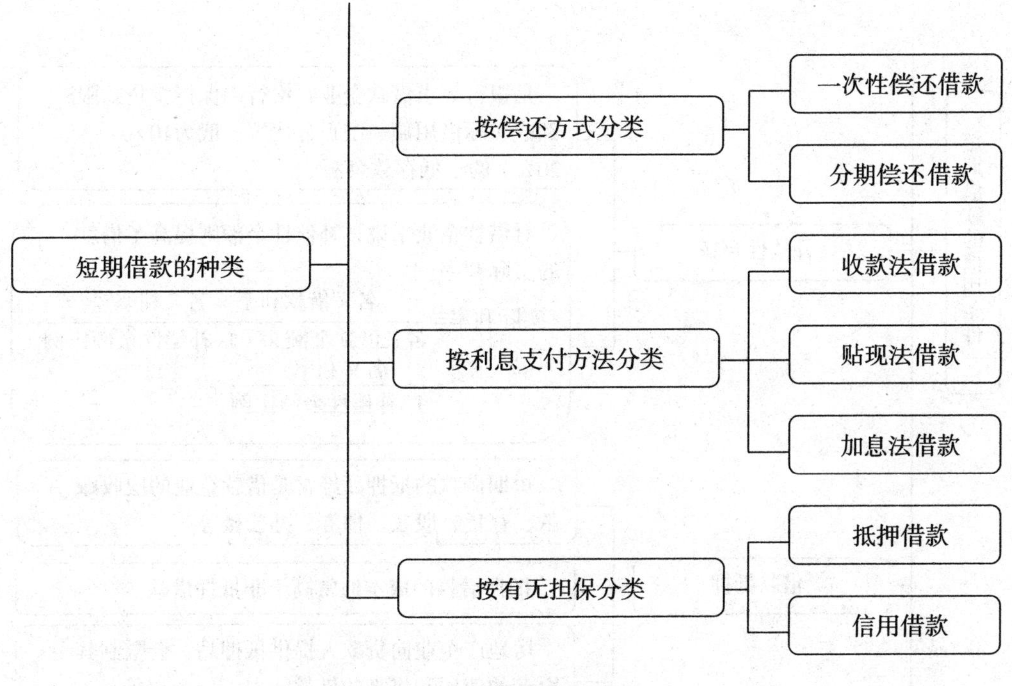

图3-51　短期借款的种类

（2）短期借款的信用条件。银行发放短期贷款时，往往涉及以下信用条件（图3-52）。

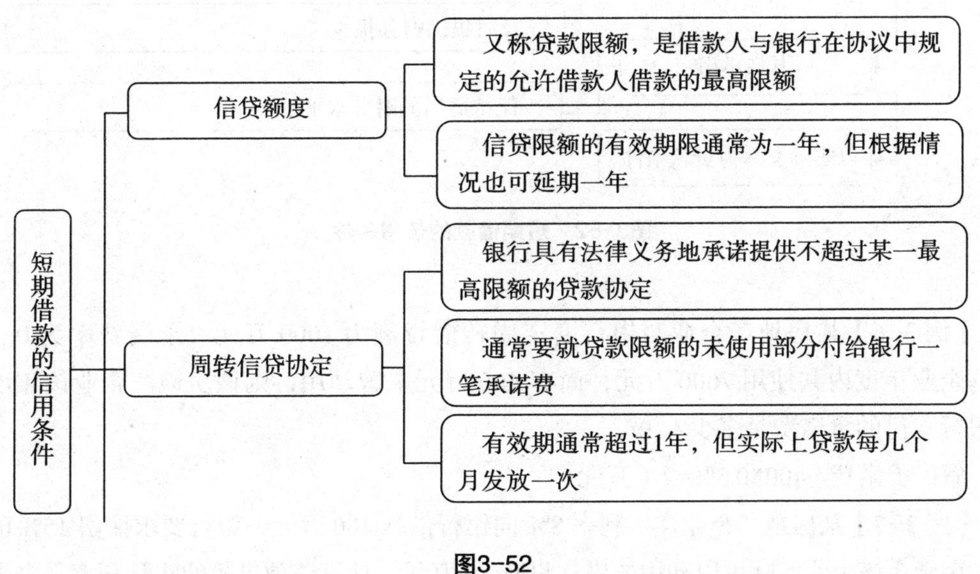

图3-52

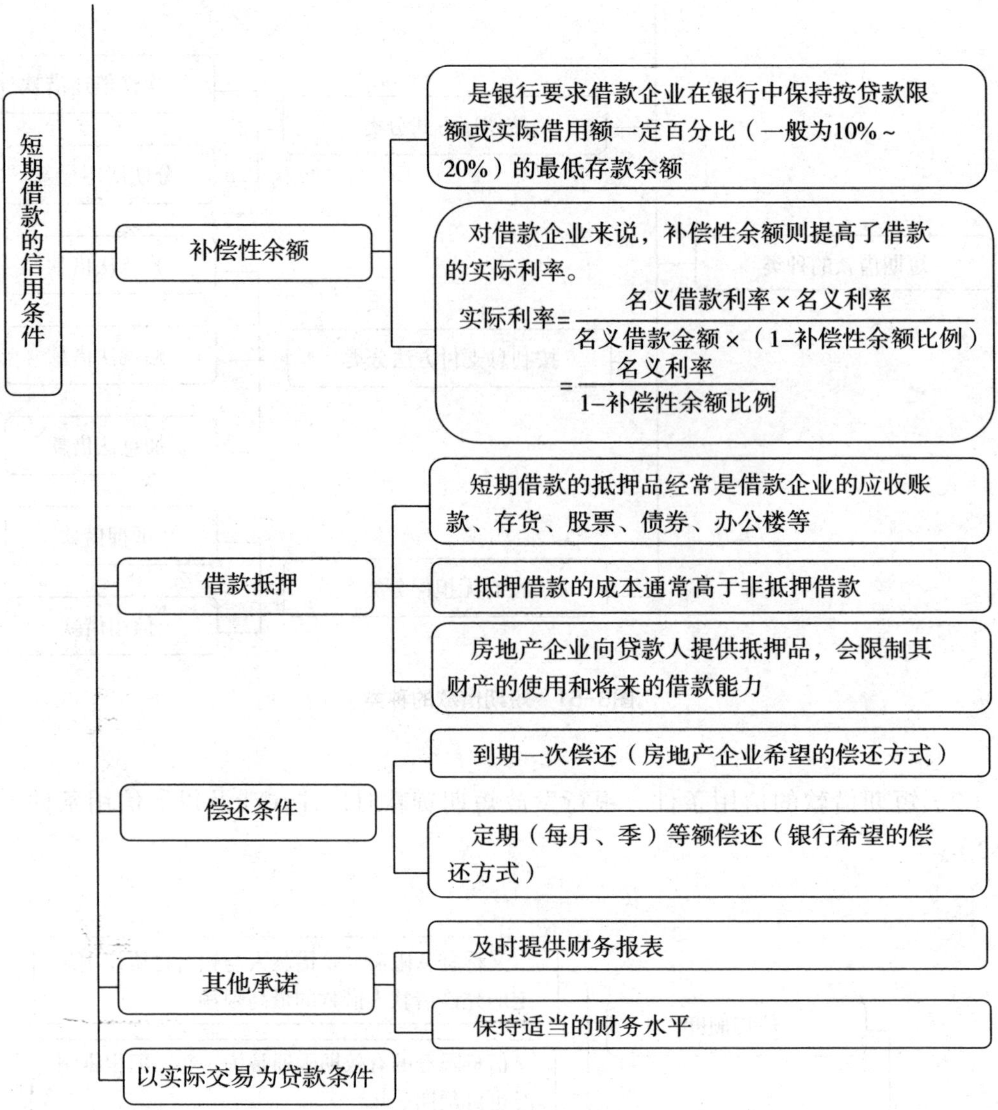

图3-52 短期借款的信用条件

【例 3-6】某房地产企业与银行商定周转借贷额为 1000 万元，承诺费率为 0.5%。借款企业年度内共使用 7600 万元，尚有 400 万元未曾动用，则该房地产企业该年度应向银行支付的承诺费是多少？

解：承诺费 =400×0.5%=2（万元）

【例 3-7】某房地产企业按年利率 8% 向银行借款 100 万元，银行要求保留 15% 的补偿性余额，该企业实际可以动用的借款只有 85 万元，计算该项借款的实际利率是多少？

解：补偿性余额贷款实际利率 $=\dfrac{8\%}{1-15\%}\times100\%=9.4\%$

（3）短期借款的利率及其支付方法。

①借款利率。短期借款的利率多种多样，具体见图 3-53。

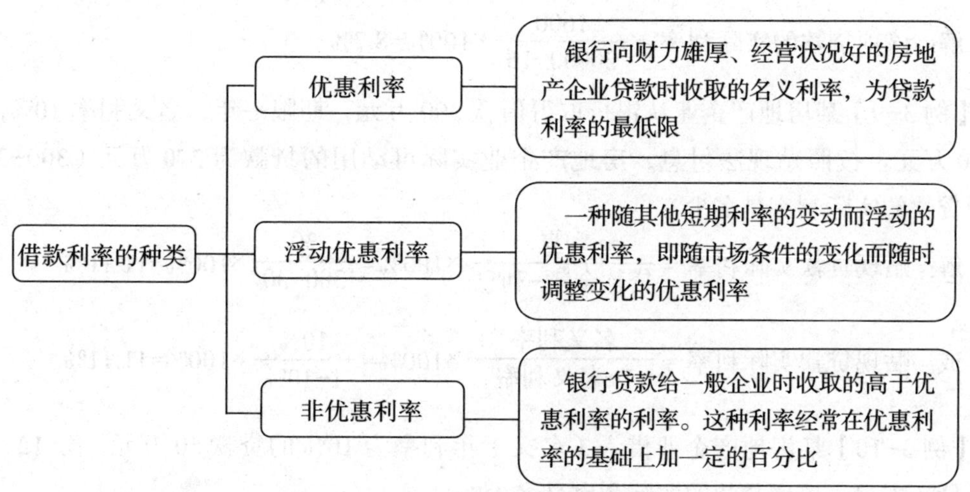

图3-53　借款利率的种类

②借款利息的支付方法。通常房地产企业可以用三种方法支付银行贷款利息，具体见图 3-54。

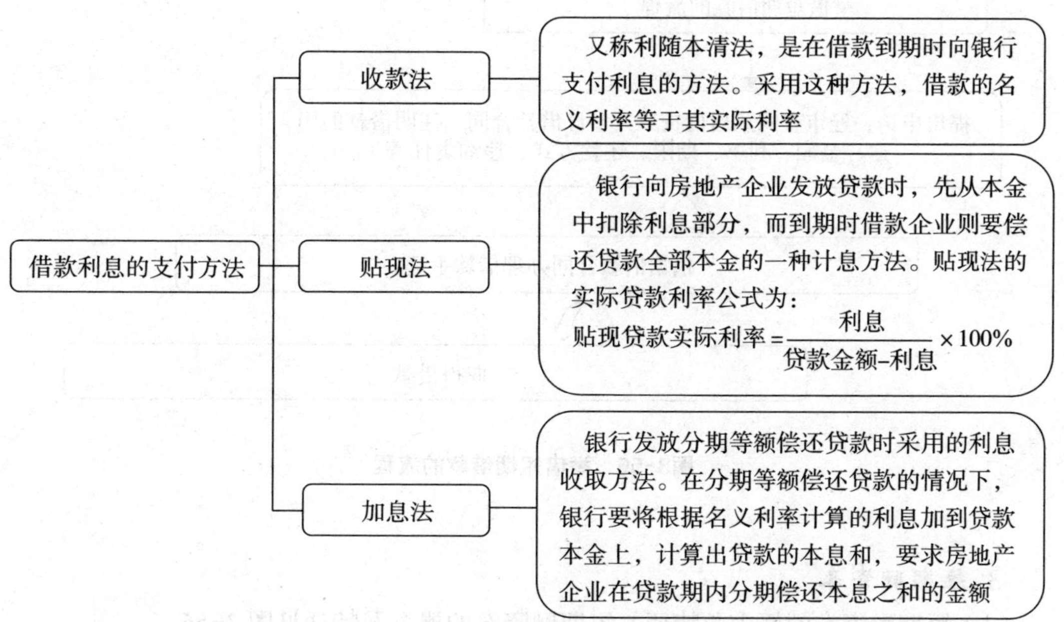

图3-54　借款利息的支付方法

【例 3-8】某房地产企业从银行取得借款 20000 元，期限一年，年利率（即名义利率）为 8%，利息额 1600 元（20000×8%）；按照贴现法付息，房地产企业实际可利用的贷款为 18400 元（20000−1600），该项贷款的实际利率是多少？

解：该项贷款的实际利率 $=\frac{1600}{20000-16}\times100\%=8.7\%$

【例 3-9】某房地产企业从银行取得借款 300 万元，期限一年，名义利率 10%，利息 30 万元。按照贴现法付息，房地产企业实际可动用的贷款为 270 万元（300−30）。该项贷款的实际利率是多少？

解：贴现贷款实际利率 $=\frac{\text{利息}}{\text{贷款金额}-\text{利息}}\times100\%=\frac{30}{300-30}\times100\%=11.11\%$

或：贴现贷款实际利率 $=\frac{\text{名义利率}}{1-\text{名义利率}}\times100\%=\frac{10\%}{1-10\%}\times100\%=11.11\%$

【例 3-10】某房地产企业借入（名义）年利率为 10% 的贷款 50 万元，分 12 个月等额偿还本息。该项贷款的实际利率是多少？

解：加息贷款实际利率 $=\frac{\text{贷款额}\times\text{利息率}}{\text{贷款额}\div2}\times100\%=\frac{50\times10\%}{50\div2}\times100\%=20\%$

（4）借款流程。房地产企业举借短期借款的流程见图 3-55。

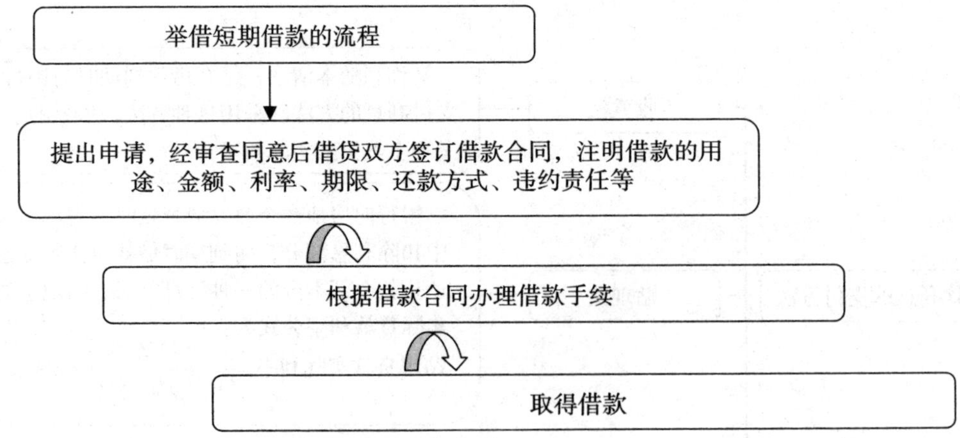

图3-55 举借短期借款的流程

3. **短期融资券**

（1）短期融资券的概念及特征。短期融资券的概念及特征见图 3-56。

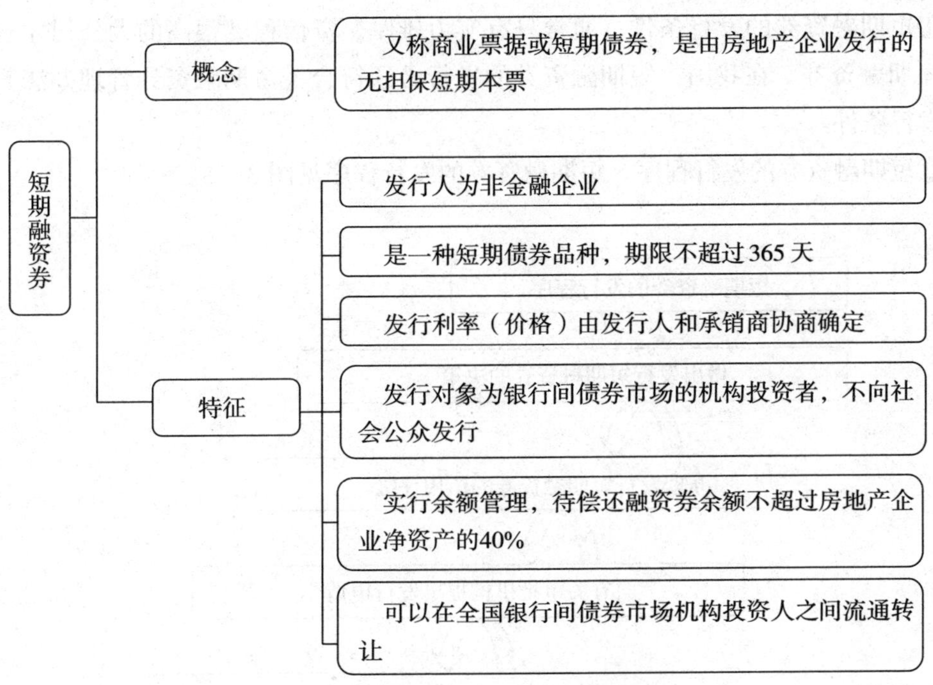

图3-56 短期融资券的概念及特征

（2）短期融资券的种类。短期融资券可以按发行方式、发行人、融资券发行和流通范围不同分类，见图 3-57。

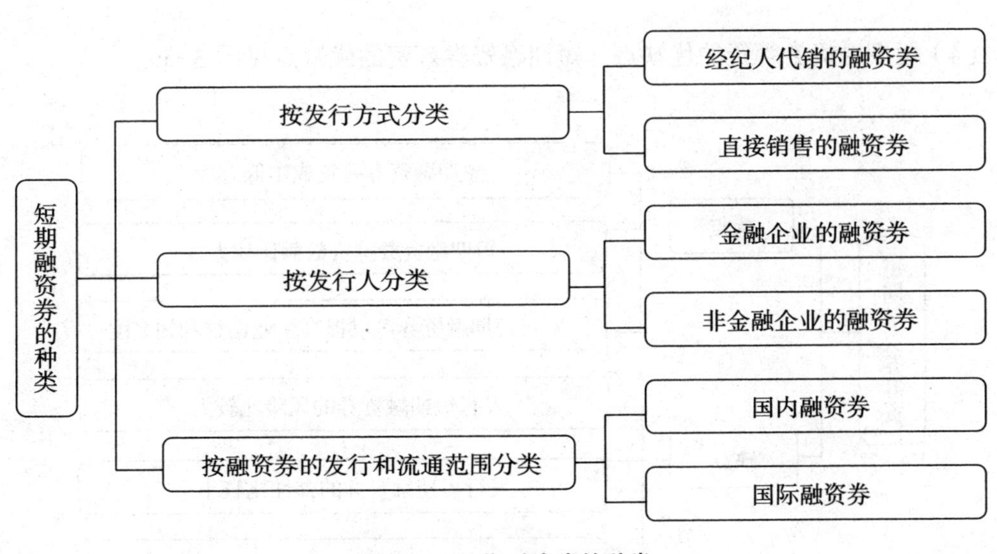

图3-57 短期融资券的种类

（3）短期融资券的发行。

①短期融资券的发行条件。通常只有实力雄厚、资信程度很高的大公司才有资格发行短期融资券。在我国，短期融资券的发行必须符合《短期融资券管理办法》中规定的发行条件。

②短期融资券的发行程序。短期融资券的发行程序见图 3-58。

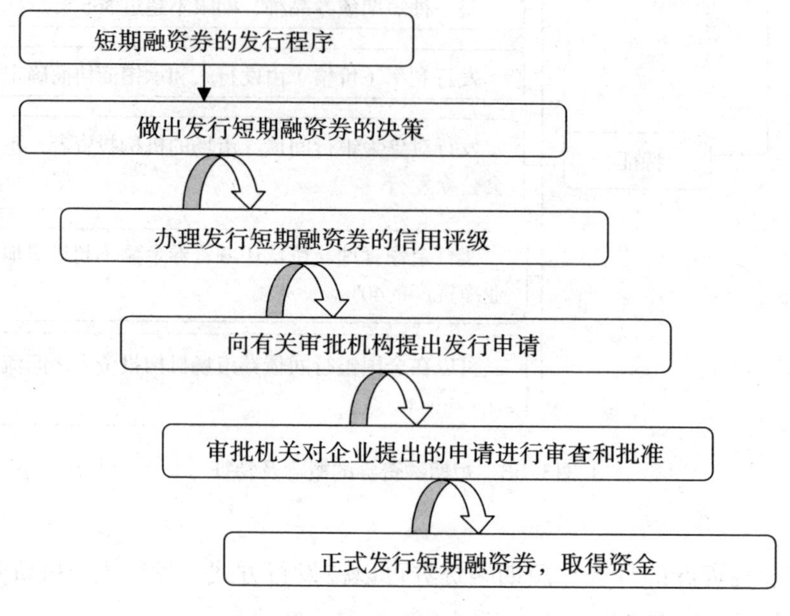

图3-58　短期融资券的发行程序

（4）短期融资券筹资的优缺点。短期融资券筹资的优缺点见图 3-59。

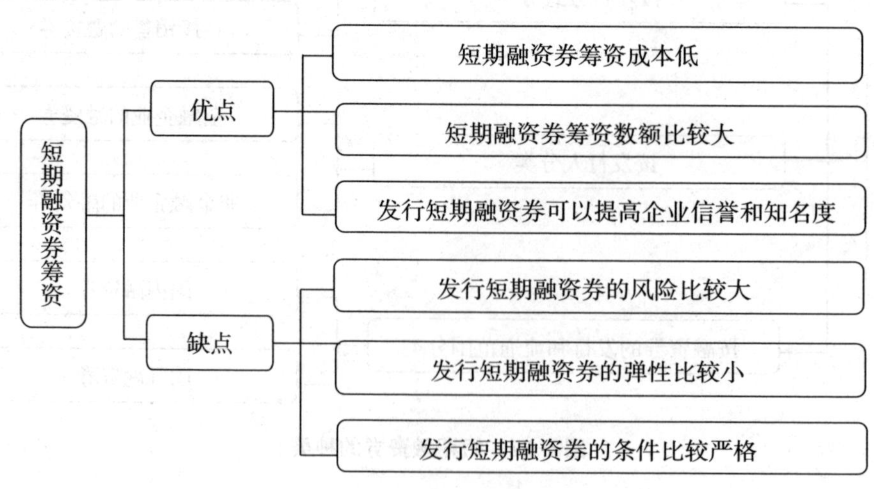

图3-59　短期融资券筹资的优缺点

4. 应收账款转让

（1）应收账款转让的含义。应收账款转让的含义见图 3-60。

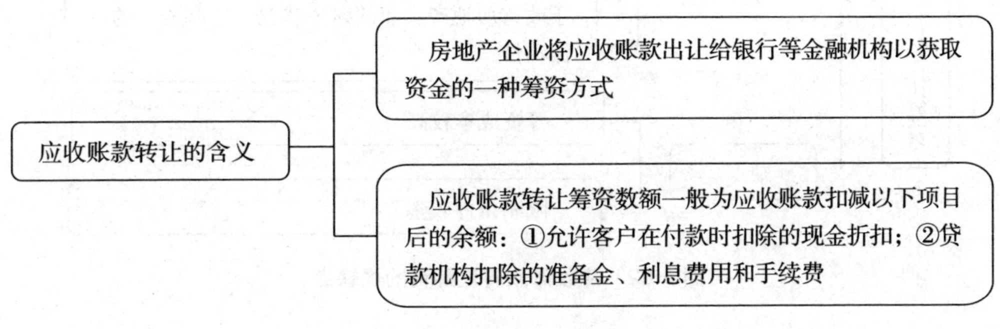

图3-60　应收账款转让的含义

（2）应收账款转让的种类。房地产企业应收账款转让按是否具有追索权可分为附加追索权的应收账款转让和不附加追索权的应收账款转让，见图 3-61。

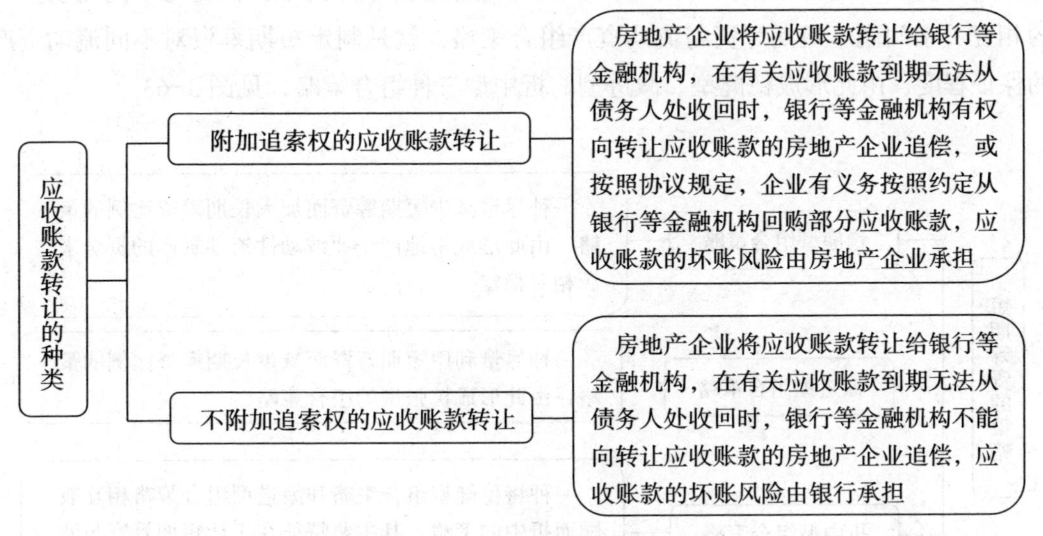

图3-61　应收账款转让的种类

（3）应收账款转让筹资的优缺点。应收账款转让筹资的优缺点见图 3-62。

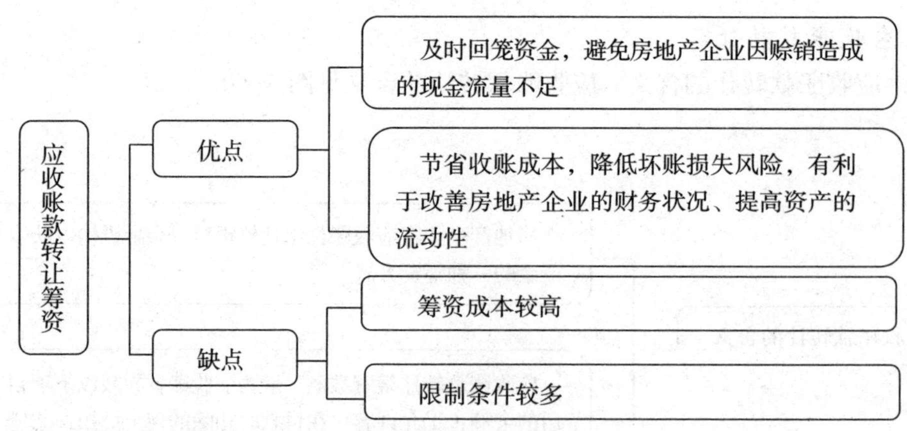

图3-62 应收账款转让筹资的优缺点

（四）短期负债筹资的策略

短期负债筹资直接关系到流动资产的稳定性，因为，流动资产一般包括波动性资产和永久性资产两部分，前者是指由于季节性或临时性的原因而持有的流动资产；后者是指房地产企业经营中长期稳定持有的流动资产。当流动资产所需要的资金来源包括短期筹资和长期筹资两部分的时候，如何利用短期筹资就需要权衡与不同流动资产的相互关系问题。短期筹资与流动资产组合策略，就是制定短期筹资对不同流动资产的保证程度，由此形成稳健型、激进型、折中型三种组合策略，见图 3-63。

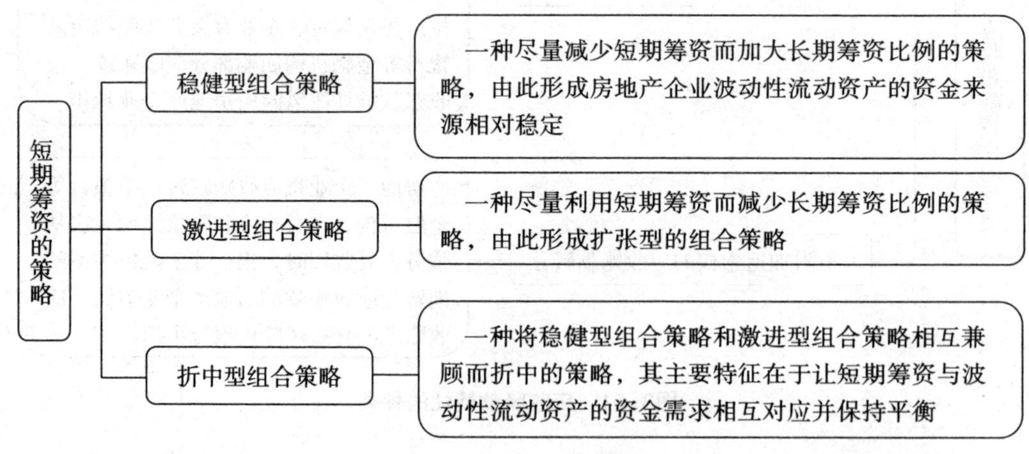

图3-63 短期筹资的策略

三、房地产企业长期负债筹资

长期负债是指期限超过 1 年的负债。筹措长期负债资金，可以解决企业长期资金

的不足，如满足长期性固定资产投资的需要；同时由于长期负债的归还期长，债务人可安排长期的还债计划，财务风险较小。但长期负债筹资成本一般较高，负债的限制条件较多，即债权人会通过一些限制性条款来保证债务人能够及时、足额地偿还债务本金和利息，从而形成对债务人的种种约束。长期负债筹资方式见图 3-64。

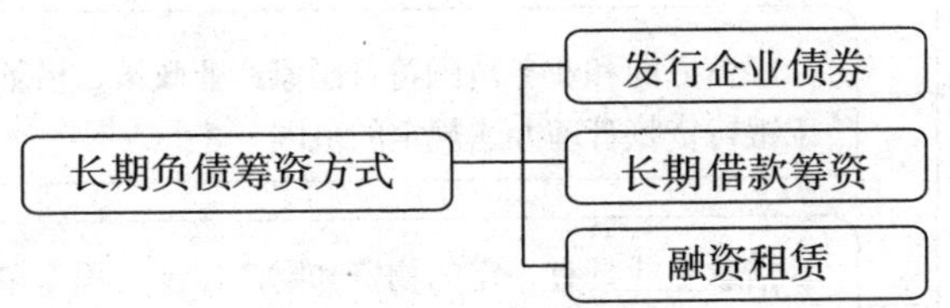

图3-64　长期负债筹资方式

（一）长期借款筹资

1. 长期借款筹资的种类

长期借款的种类有很多，房地产企业可以根据企业自身情况和各种借款条件选用。我国目前各金融机构的长期借款主要有以下几种（图 3-65）。

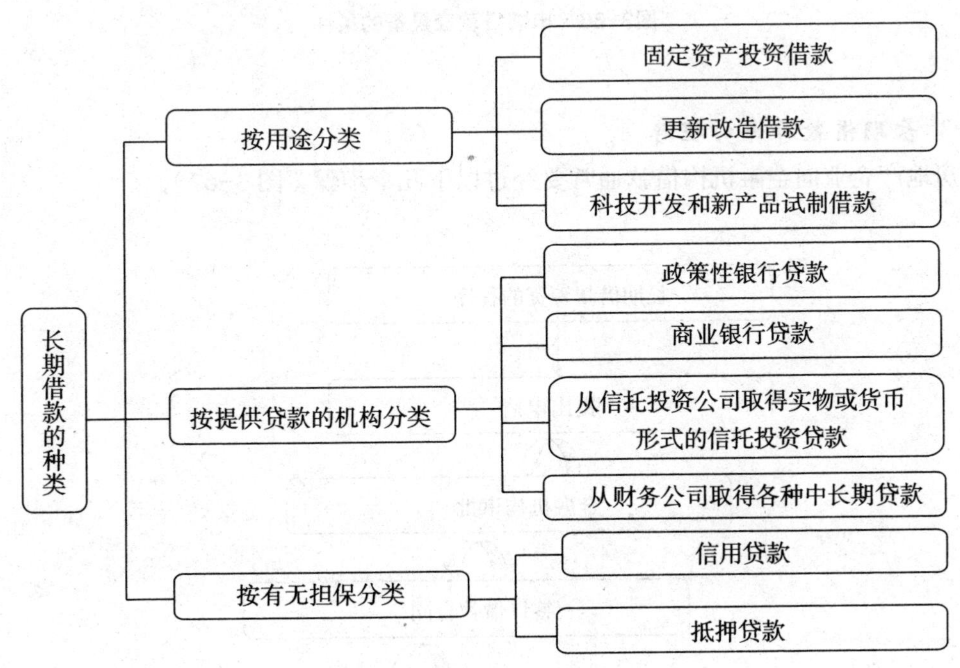

图3-65　长期借款的种类

2. 取得长期借款的条件

房地产企业申请贷款一般应具备以下条件（图 3-66）。

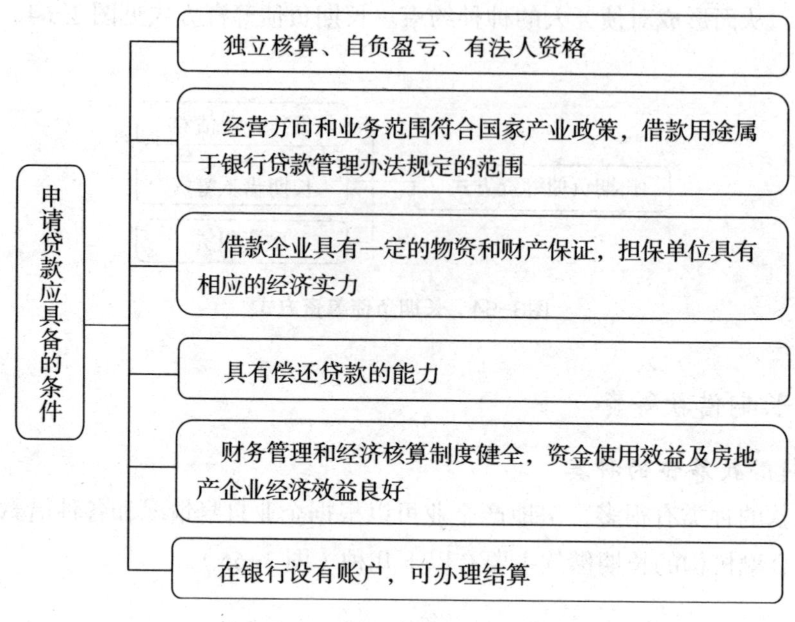

图3-66　申请贷款应具备的条件

3. 长期借款筹资的程序

房地产企业向金融机构借款通常要经过以下几个步骤（图 3-67）。

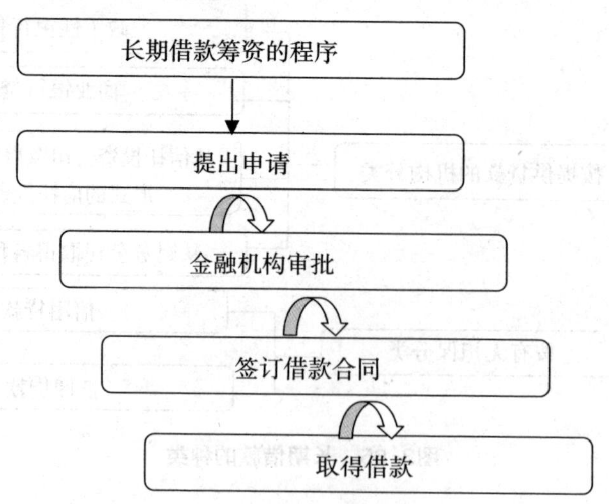

图3-67　长期借款筹资的程序

4. 长期借款的成本

长期借款的利息率通常高于短期借款，但信誉好或抵押品流动性强的借款企业，仍然可以争取到较低的长期借款利率。长期借款利率有固定利率和浮动利率两种。浮动利率通常有最高、最低限，并在借款合同中明确。对于借款企业来讲，若预测市场利率将上升，应与银行签订固定利率合同；反之，则应签订浮动利率合同。

除了利息之外，银行还会向借款企业收取其他费用，如实行周转信贷协定所收取的承诺费、要求借款企业在本银行中保持补偿余额所形成的间接费用，这些费用会加大长期借款的成本。长期借款筹资成本的计算公式见图 3-68。

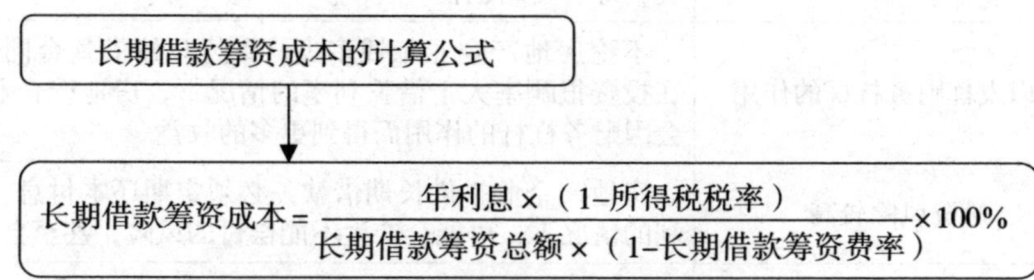

图3-68　长期借款筹资成本的计算公式

【例 3-11】某房地产企业欲从银行借款 1000 万元，手续费率 0.1%，年利率 8%，期限 3 年，每年结息一次，到期一次还本，企业所得税税率为 25%。则该笔长期借款的筹资成本是多少？

解：长期借款筹资成本 $=\dfrac{1000\times8\%\times(1-25\%)}{1000\times(1-0.1\%)}=6.01\%$

由于银行借款的手续费率很低，筹资费率常常可以忽略不计，则上式可简化为：

长期借款筹资成本＝借款利率 ×（1− 所得税税率）=8%×（1−25%）=6%

5. 长期借款的偿还方式

房地产企业长期借款的偿还方式不一，见图 3-69。

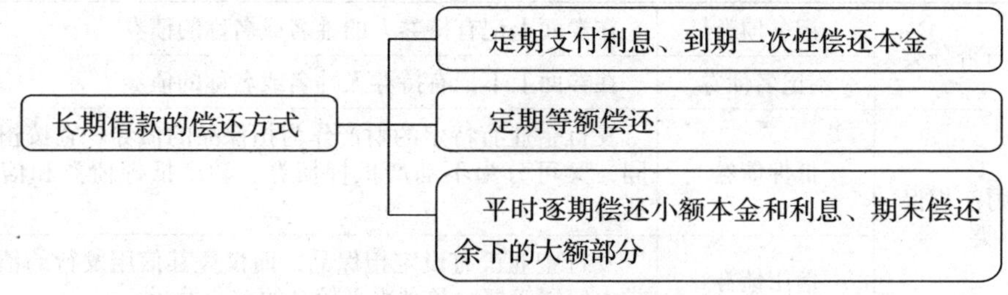

图3-69　长期借款的偿还方式

6. **长期借款筹资的优缺点**

房地产企业长期借款筹资的优缺点见表3-4。

表3-4 房地产企业长期借款筹资的优缺点

优点	筹资速度快	发行各种证券筹集长期资金需要较长时间，而长期借款与发行证券相比，所需时间较短，可以迅速获取资金
	借款弹性较大	房地产企业与银行可以直接接触，可通过直接商谈，来确定借款的时间、数量和利息。在借款期间，如果房地产企业情况发生了变化，也可与银行进行协商，修改借款的数量和条件。借款到期后，如有正当理由，还可延期归还
	借款成本较低	长期借款利率一般低于债券利率，且由于借款属于直接筹资，筹资费用也较少
	可以发挥财务杠杆的作用	不论房地产企业赚钱多少，银行只按借款合同收取利息，在投资报酬率大于借款利率的情况下，房地产企业所有者将会因财务杠杆的作用而得到更多的收益
缺点	筹资风险较高	房地产企业举借长期借款，必须定期还本付息，在经营不利的情况下，可能会产生不能偿付的风险，甚至会导致破产
	限制条款比较多	房地产企业与银行签订的借款合同中一般都有一些限制条款，如定期报送有关报表、不准改变借款用途等，这些条款可能会限制房地产企业的经营活动
	筹资数量有限	银行一般不愿借出巨额的长期借款，因此利用银行借款筹资都有一定的上限

（二）债券筹资

债券是经济主体为筹集资金而发行的用以记载和反映债权债务关系的有价证券。由房地产企业发行的债券称为企业债券或公司债券。

1. **债券筹资的种类**

企业债券有很多种形式，具体分类见表3-5。

表3-5 企业债券的种类

按记名与否分类	记名债券	在券面上记有持券人的姓名或名称的债券
	不记名债券	在券面上不记有持券人姓名或名称的债券
按有无财产担保分类	抵押债券	发行企业有特定的财产作为担保品的债券。它按担保品不同，又可分为不动产抵押债券、动产抵押债券和信托抵押债券
	信用债券	发行企业没有设定担保品，而仅凭其信用发行的债券，通常由信用较好、盈利水平较高的企业发行

续表

按偿还方式不同分类	定期偿还债券	定期偿还债券包括期满偿还和分期偿还两种。前者指到期全额偿还本息的债券，后者指按规定时间分批偿还部分本息的债券
	随时偿还债券	随时偿还债券包括抽签偿还和买入偿还两种。前者指按抽签确定的债券号码偿还本息的债券，后者指由发行企业根据资金余缺情况通知持券人还本付息的债券
按筹资期限长短分类	短期债券	筹资期在1年或1年以内的债券，它主要用于满足临时性的资金周转需要
	长期债券	筹资期在1年以上的债券，它主要用于满足企业长期、稳定的资产占用需要
按能否转换为公司股票分类	可转换债券	根据发行契约允许持券人按约定的条件、时间和转换率将持有的债券转换为公司普通股股票的债券
	不可转换债券	不能转换为公司股票的债券

2.债券的发行

（1）债券发行资格。《公司法》规定，股份有限公司、国有独资公司和两个以上的国有企业或其他两个以上的国有投资主体投资设立的有限责任公司，有资格发行公司债券。

（2）债券发行条件。根据《公司法》的规定，发行债券必须符合以下条件（图3-70）。

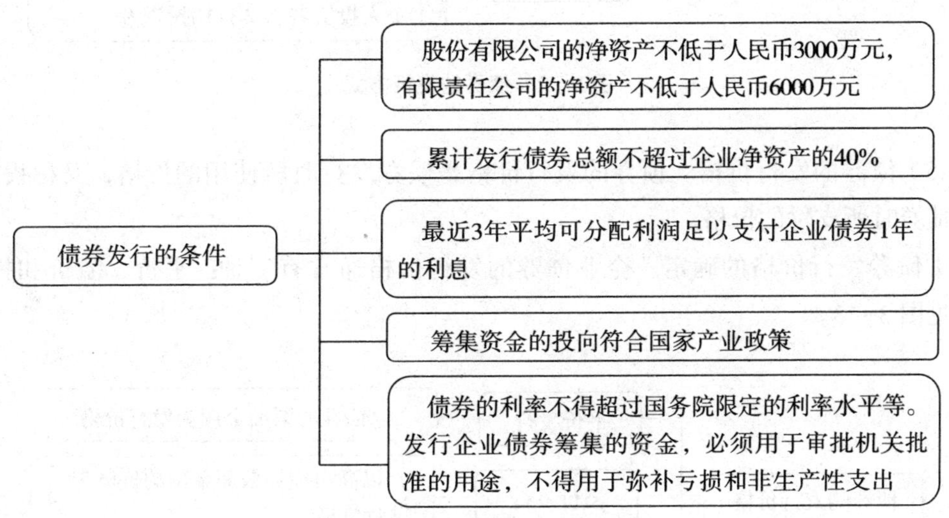

图3-70　债券发行的条件

（3）债券发行程序。房地产企业发行债券的程序见图 3-71。

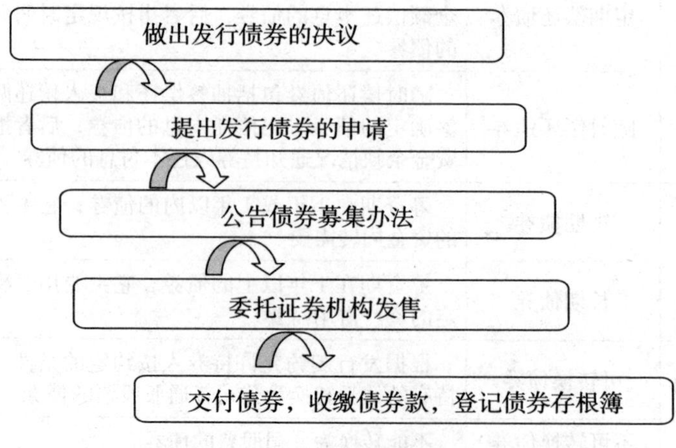

图3-71　债券发行的程序

（4）债券的发行方式。房地产企业债券的发行方式分为公募发行和私募发行两种，见图 3-72。

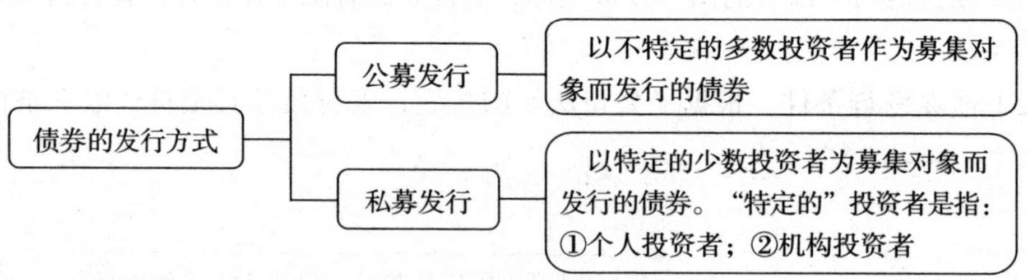

图3-72　债券的发行方式

（5）债券的发行价格。债券的发行价格是债券发行时所使用的价格，又称投资者购买债券时所支付的价格。

①债券发行价格的确定。企业债券的发行价格通常有三种：平价、溢价和折价，具体见图 3-73。

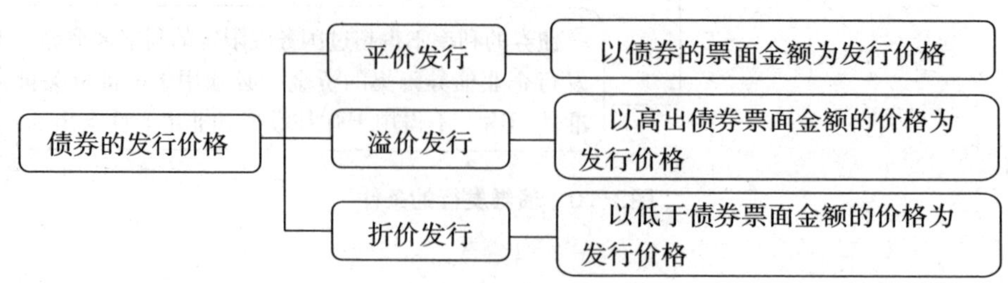

图3-73　债券的发行价格

②债券发行价格的形成。债券发行价格的形成受诸多因素的影响，具体见图 3-74。

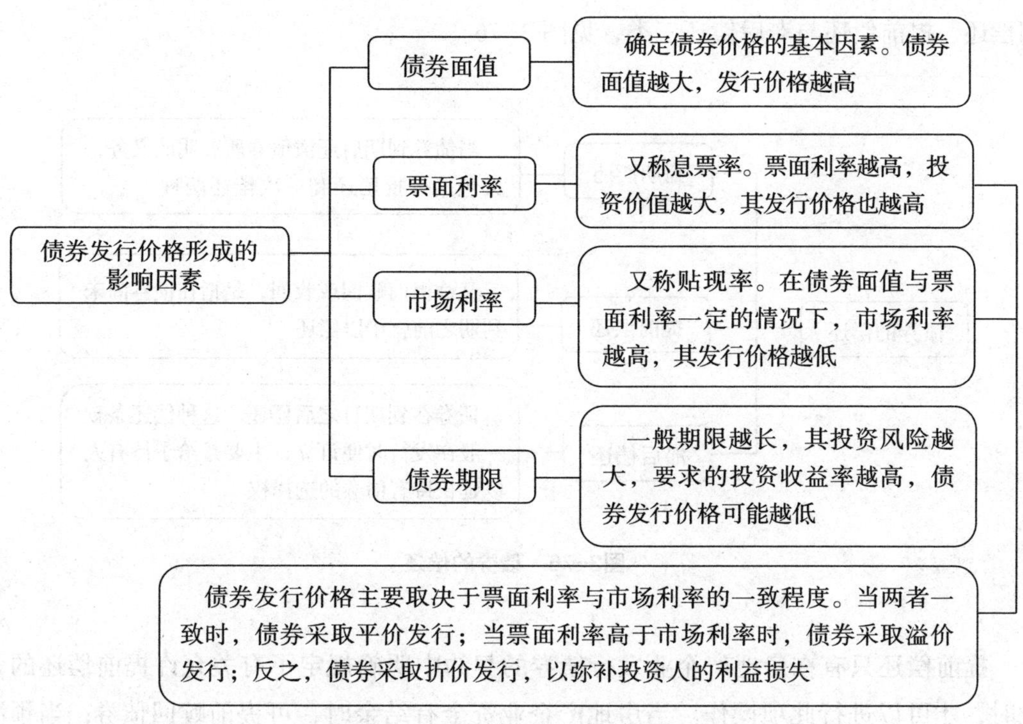

图3-74　债券发行价格形成的影响因素

③债券发行价格的计算。债券发行价格的计算公式见图 3-75。

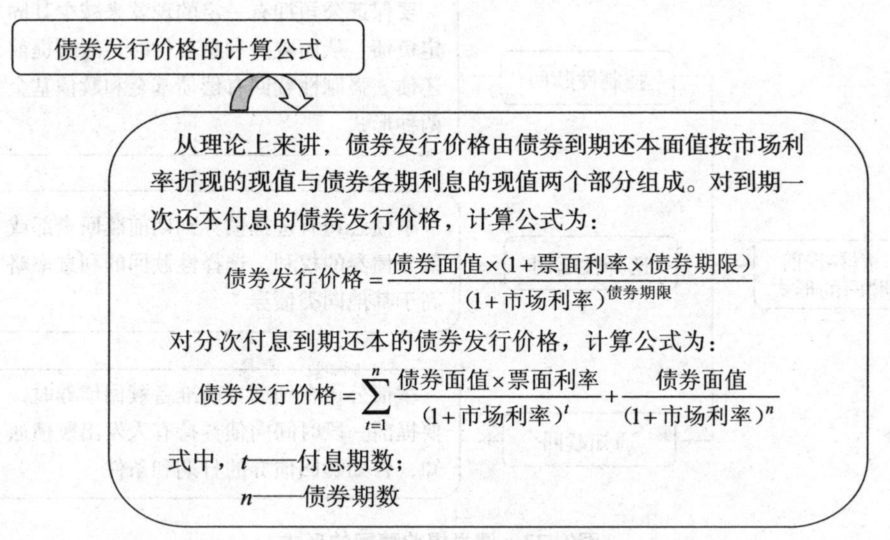

图3-75　债券发行价格的计算公式

3. 债券的还本付息

（1）债券的偿还。债券的偿还时间按其发生与规定的到期日之间的关系，分为到期偿还、提前偿还与滞后偿还三类，见图 3-76。

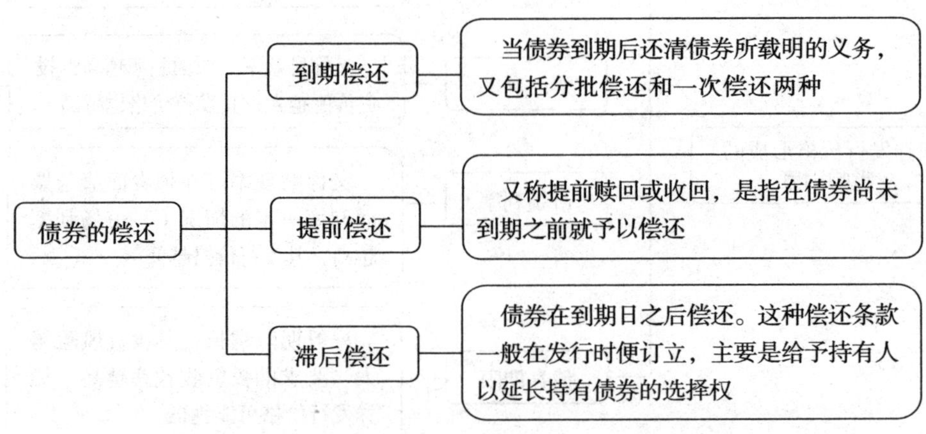

图3-76　债券的偿还

提前偿还只有在房地产企业发行债券的契约中明确规定了有关允许提前偿还的条款时，才可以进行此项操作。当房地产企业资金有结余时，可提前赎回债券；当预测利率下降时，也可提前赎回债券，之后以较低的利率来发行新债券。提前赎回有三种形式：强制性赎回、选择性赎回和通知赎回，见图 3-77。

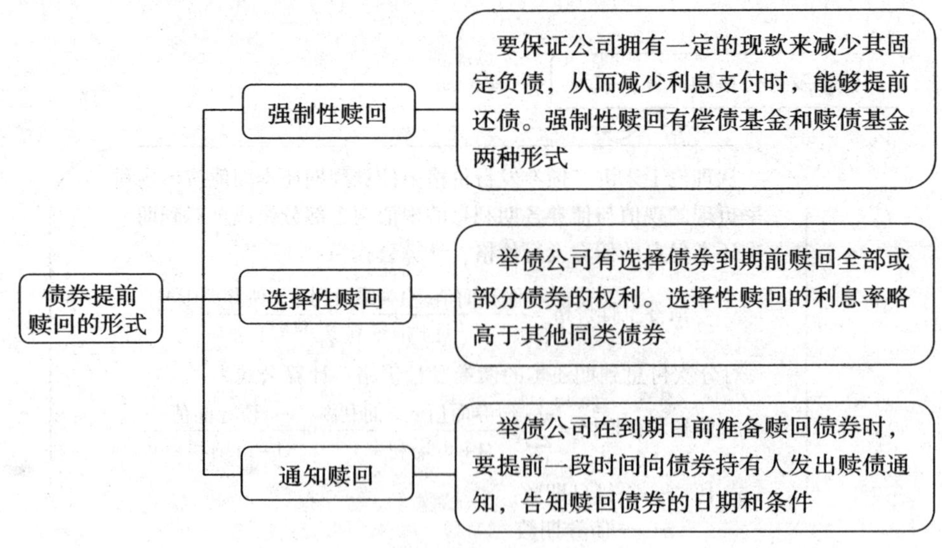

图3-77　债券提前赎回的形式

滞后偿还有转期和转换两种形式，见图 3-78。

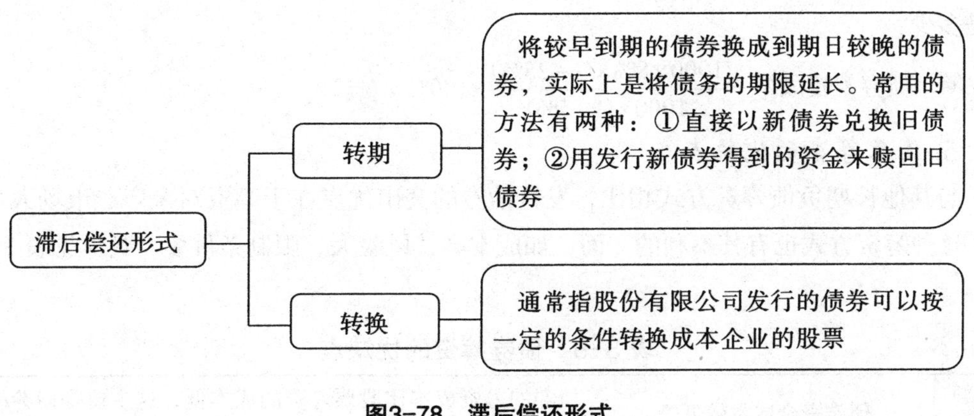

图3-78　滞后偿还形式

（2）债券付息。债券付息主要表现在利息率的确定、付息频率和付息方式三个方面，见图 3-79。

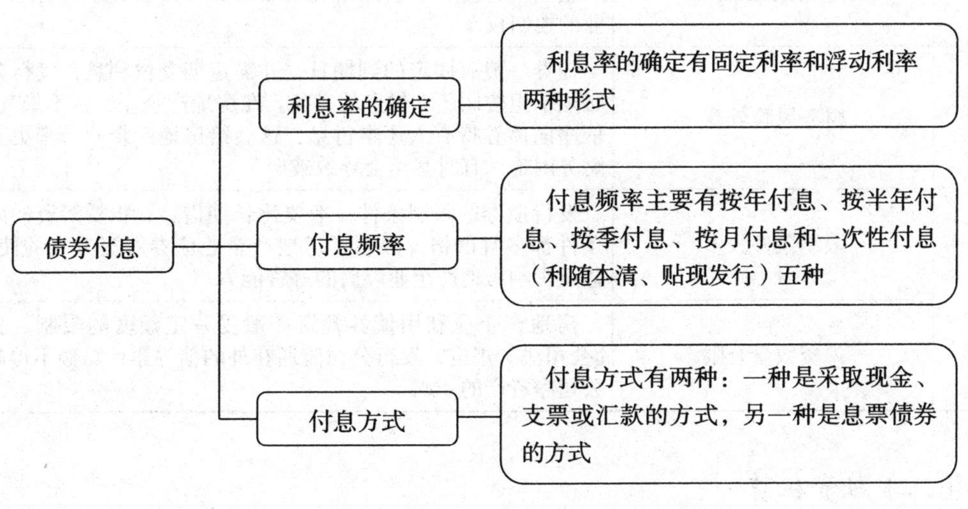

图3-79　债券付息

4. 债券筹资成本的计算

债券成本中的利息在税前支付，具有减税效应。债券的筹资费用一般较高，主要包括申请发行债券的手续费、债券注册费、印刷费、上市费以及推销费用等。债券筹资成本的计算公式为：

$$债券筹资成本=\frac{年利息\times（1-所得税税率）}{债券筹资金额\times（1-债券筹资费率）}\times 100\%$$

【例 3-12】某房地产企业平价发行面值 1000 元、期限 5 年、票面利率 8% 的债券 5000 张，每年结息一次。发行费率为 5%，所得税税率为 25%。则该批债券筹资的成本是多少？

解：债券筹资成本 $=\dfrac{1000\times8\%\times(1-25\%)}{1000\times(1-5\%)}\times100\%=6.32\%$

5. 债券筹资的优缺点

与其他长期负债筹资方式相比，发行债券的突出优点在于筹资对象广、市场大。但是，这种筹资方式也有其不利的一面，如成本高、风险大、限制条件多。具体见表 3-6。

表 3-6　债券筹资的优缺点

优点	债券资金成本较低	债券的筹资成本比股票筹资的成本低，这主要是债券的利息允许在所得税前支付，且发行费用较低
	可利用财务杠杆作用	债券利息负担固定，在房地产企业投资效益良好的情况下，更多的收益可用于分配给股东，增加其财富，或留归房地产企业以扩大经营
	保障股东控制权	债券持有人无权参与房地产企业的管理事务。因此，房地产企业发行债券不会像增发新股票那样分散股东对房地产企业的控制权
缺点	财务风险较高	债券一般有固定的到期日，并需定期支付利息，发行公司必须承担按期还本付息的义务。在房地产企业经营不景气时，依序向债券持有人还本付息，这会给房地产企业带来更大的财务困难，有时甚至会导致破产
	限制条件较多	发行债券的限制条件一般要比长期借款、租赁筹资的限制条件都多且严格，限制了房地产企业债券筹资方式的使用，甚至影响房地产企业以后的筹资能力
	筹资数量有限	房地产企业利用债券筹资一般受一定额度的限制。我国《公司法》规定，发行公司流通在外的债券累计总额不得超过公司净资产的 40%

（三）融资租赁

房地产企业如果自行组建施工单位进行房地产开发，对所需大型施工机械设备没有资金来源购买时，可通过融资租赁获得所需大型机械设备。所谓融资租赁，就是由租赁公司按承租单位要求融通资金购买机械设备，在较长的合同期内提供承租单位使用的租赁业务。它是以融通资金为主要目的的租赁，是融资与融物相结合的、带有销售商品性质的借贷活动，是现代企业筹资的一种新形式。

1. 融资租赁的形式

融资租赁包括售后租回、直接租赁和杠杆租赁三种形式，见图 3-80。

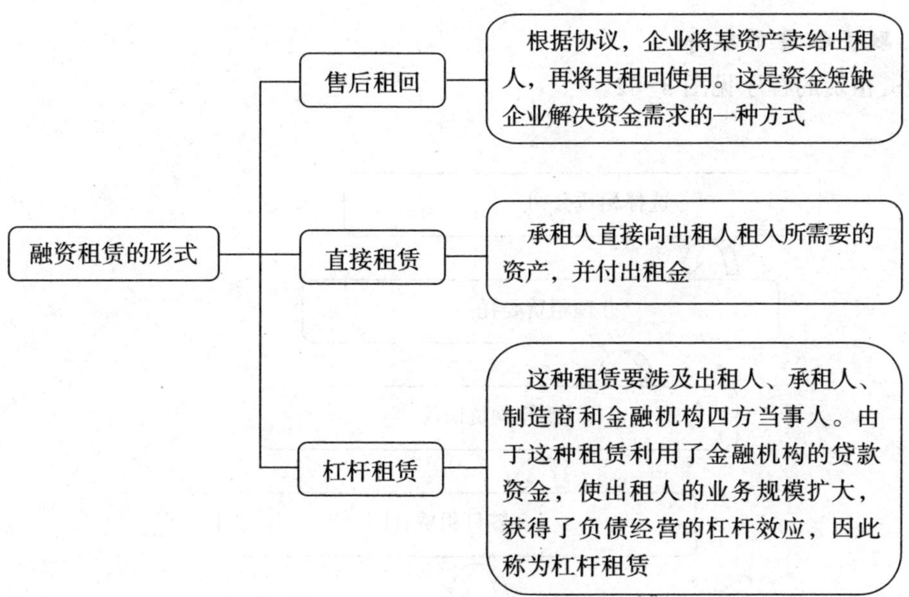

图3-80 融资租赁的形式

2. 融资租赁业务的特征

融资租赁业务的特征见图 3-81。

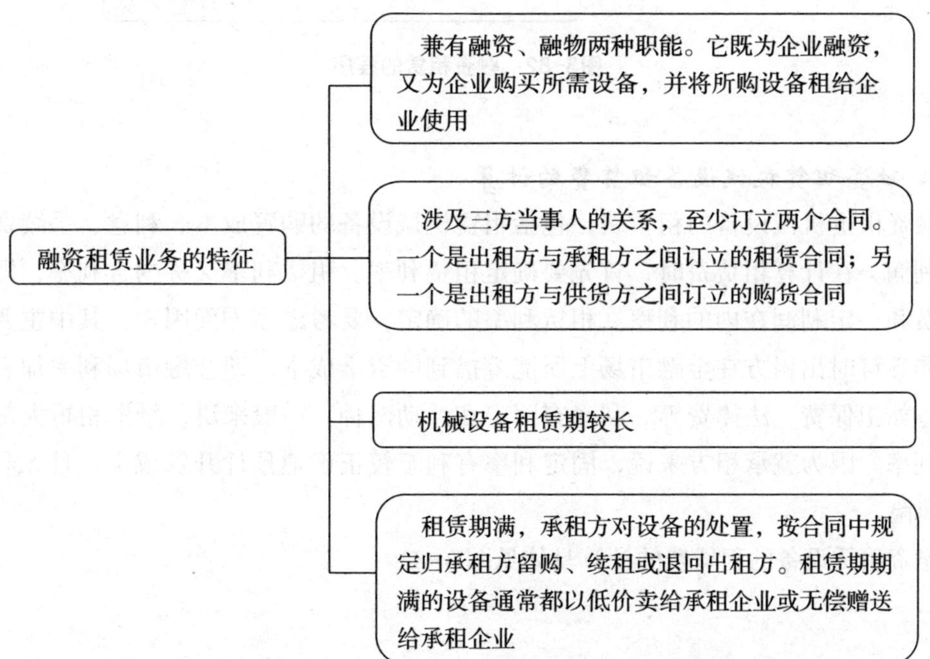

图3-81 融资租赁业务的特征

3. 融资租赁的程序

融资租赁的程序见图 3-82。

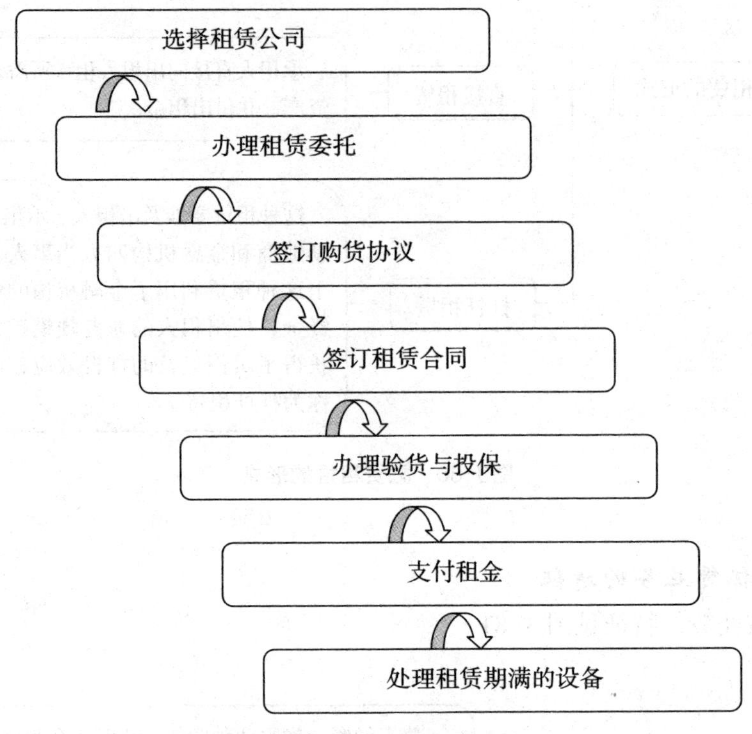

图3-82　融资租赁的程序

4. 融资租赁机械设备租赁费的计算

融资租赁机械设备的租赁费，包括租赁机械设备的购置成本、利息、手续费和一定的利润。在计算租赁费时，首先要确定租赁利率。租赁利率又称内含利率，即包括手续费和一定利润在内的利率。租赁利率的确定，要考虑多方面因素，其中主要是租赁合同签订时出租方在金融市场上所能筹措到的资金成本，即金融市场利率加有关筹资费，如担保费、法律费等。利率有固定和浮动两种。一般来讲，融资租赁大都采用固定利率。因为就承租方来说，固定利率有利于较正确地预计开发成本，且无利率变动的风险。

融资租赁设备的租赁费的计算具体见图 3-83。

融资租赁设备的租赁费的计算

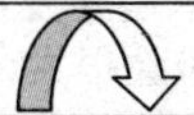

一般可根据设备成本（包括买价、运输费、途中保险费及安装调试费等）和租赁利率、租赁期限、租赁费支付次数，按照下列公式进行计算：

$$每次支付租赁费=租赁设备成本\times\frac{i\ (1+i)^n}{(1+i)^n-1}$$

式中，i——租赁利率；

n——租赁费支付次数，即租赁年限乘每年支付次数；

$\frac{i\ (1+i)^n}{(1+i)^n-1}$——资金回收系数，可通过资金回收系数表查得

图3-83 融资租赁设备的租赁费的计算

【例 3-13】某房地产企业向机械设备租赁公司融资租赁大型起重机一台，该台起重机购置成本为 400000 元，租赁利率为 10%，每年年底支付一次，租赁期为 5 年，则该企业每次支付租赁费为多少？

解：$每次支付租赁费=400000\times\frac{0.1\times(1+0.1)^5}{(1+0.1)^5-1}=400000\times0.2638=105520$（元）

假如融资租赁固定资产的安装调试费由承租方用自有资金支付，则在计算租赁费时的融资租赁固定资产成本时，不应包括安装调试费。

又如租赁费不是按年支付，而是按月支付，则要将年利率换算成月利率，并将租赁费支付次数按 60 次（12 次 ×5）考虑，然后按照上列公式计算每次支付的租赁费用。

5. ***融资租赁筹资的优缺点***

融资租赁筹资的优缺点见表 3-7。

表 3-7 融资租赁筹资的优缺点

优点	筹资速度快	租赁往往比借款购置设备更迅速、更灵活，因为租赁是筹资与设备购置同时进行，可以缩短设备的购进、安装时间，使房地产企业尽快形成生产（开发）能力，有利于房地产企业尽快占领市场，打开销路
	限制条款少	债券和长期借款都规定有相当多的限制条款，虽然类似的限制在租赁公司中也有，但一般比较少

续表

优点	设备淘汰风险小	如今，科学技术迅速发展，固定资产更新周期日趋缩短，企业设备过时的风险很大，利用融资租赁筹资可以减少这一风险。这是因为融资租赁的期限一般为生产使用年限的75%，不会像自己购买设备那样在整个期间都承担风险，且多数租赁协议都规定由出租人承担设备陈旧过时的风险
	财务风险小	租金在整个租期内分摊，不用到期归还大量本金，把到期不能偿还的风险在整个租期内分摊，可适当减少不能偿付的风险
	税收负担轻	租金可在税前扣除，具有抵免所得税的作用
缺点	成本较高	租金总额通常要高于设备价值30%，因此，租金比借款、债券的利息高很多
	负担较重	承租企业在财务困难时期，支付固定的租金也将构成一项沉重的负担

四、房地产企业混合筹资

混合性资金，是指既具有某些股权性资金的特征又具有某些债权性资金的特征的资金形式。房地产企业常见的混合性资金包括可转换债券和认股权证。

（一）可转换债券筹资

1. 可转换债券的概念及性质

可转换债券又称可转换企业债券，是指发行人依照法定程序发行，在一定期间内依据约定的条件可以转换成股份的企业债券。可转换债券的持有人在一定时期内，可以按规定的价格或一定比例，自由地选择转换为普通股的债券。发行可转换债券筹得的资金具有债权性资金和权益性资金的双重性质。

2. 可转换债券的要素

可转换债券的要素指构成可转换债券基本特征的必要因素，它们表明可转换债券与不可转换债券（或普通债券）的区别，见图3-84。

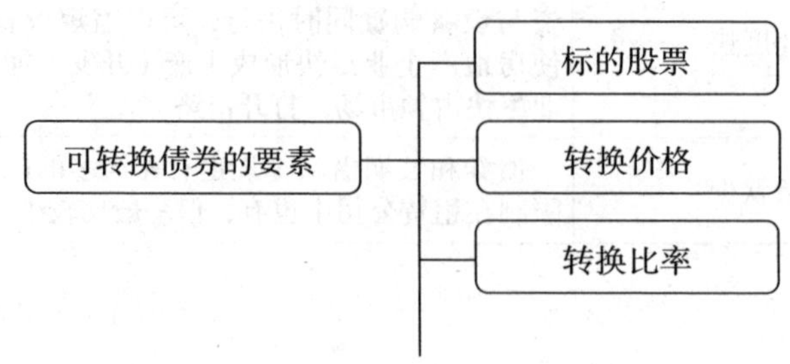

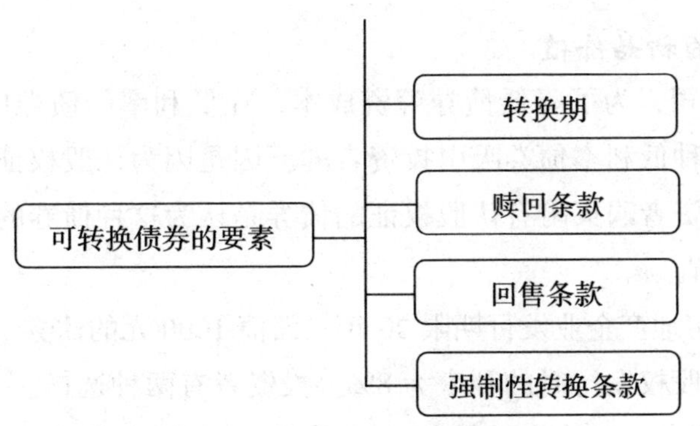

图3-84 可转换债券的要素

3. 可转换债券筹资的优缺点

房地产企业可转换债券筹资的优缺点见图 3-85。

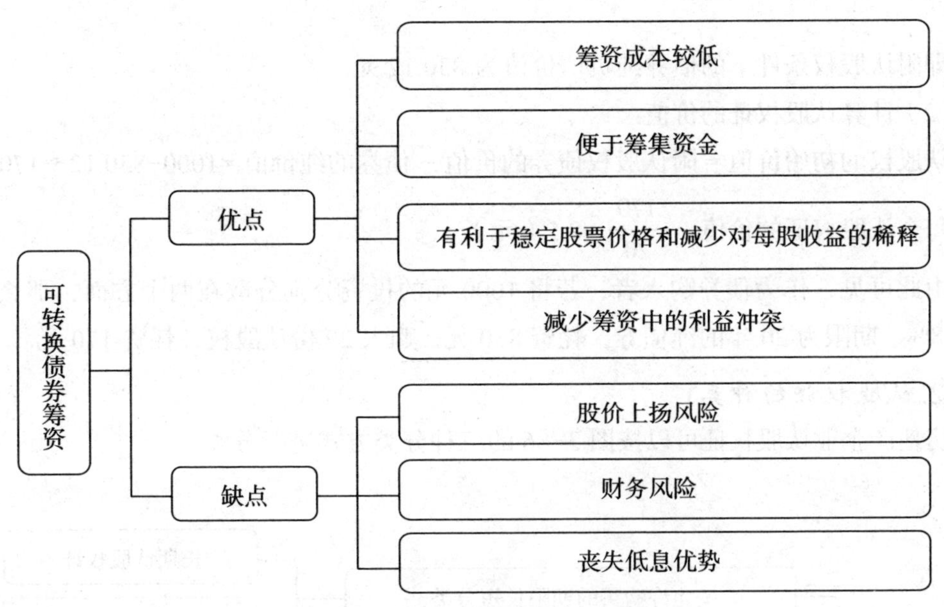

图3-85 可转换债券筹资的优缺点

(二)发行认证股权

认股权证是由股份公司发行的可认购其股票的买方选择权。它赋予认股权证持有者在特定期间内，以预定的价格购买一定数量的该公司股票。认股权证通常随公司债券一起发行，以吸引投资者用较低的利率购买公司的长期债券。认股权证是一种有价证券，其持有人可以行使认股权，也可不行使认股权，也可将认股证转让。

1. 认股权证的初始价值

发行债券的公司，为了降低债券筹资成本，在低利率的债券后常附以认股权证，以吸引投资者。这种低利率债券吸引投资者的原因是因为认股权证的价值足以抵消债券利率的降低。投资者购买附有认股权证的债券是认为这种债券的价格包含了债券的价值和认股证的价值。

【例 3-14】某房地产企业发行期限 20 年，面值 1000 元的债券，不附认股权发行的利率为 10%，附认股权发行时的利率为 8%。投资者有两种选择：一是购买利率 10%、为期 20 年的公司债券；二是购买利率 8%、为期 20 年的公司债券，便可获得 20 份认股权。试估计：每个权证的价值是多少？

解：

（1）计算债券的纯负债价值：

$$债券价值=\sum_{t=1}^{20}\frac{80}{(1+10\%)^t}+\frac{1000}{(1+10\%)^{20}}=830.12(元)$$

即附认股权条件下的债券纯负债价值为 830.12 元。

（2）计算认股权证的价值：

认股权的初始价值 = 附认股权债券的价值 − 债券的纯价值 =1000−830.12≈170（元）

$$每个认股权证的价值=\frac{170}{20}=8.5（元）$$

由此可见，作为债券购入者，若将 1000 元的投资分别分散在两个方面，那么：利率为 8%、期限为 20 年的纯债券，耗资 830 元；购入 20 份认股权，耗资 170 元。

2. 认股权证的种类

房地产企业认股权证可以按图 3-86 的三种分类方式进行分类。

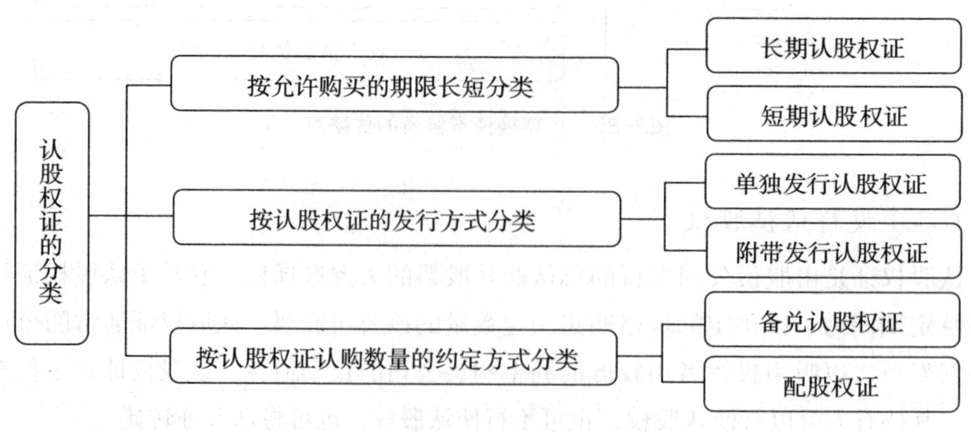

图3-86　认股权证的分类

3. 认股权证的作用

附有认股权证的公司债券，兼有负债和股本的性质，是一种混合证券，为企业提供了扩大证券组合和广泛地吸引投资者的机会。认股权证在筹资中的作用具体见图3-87。

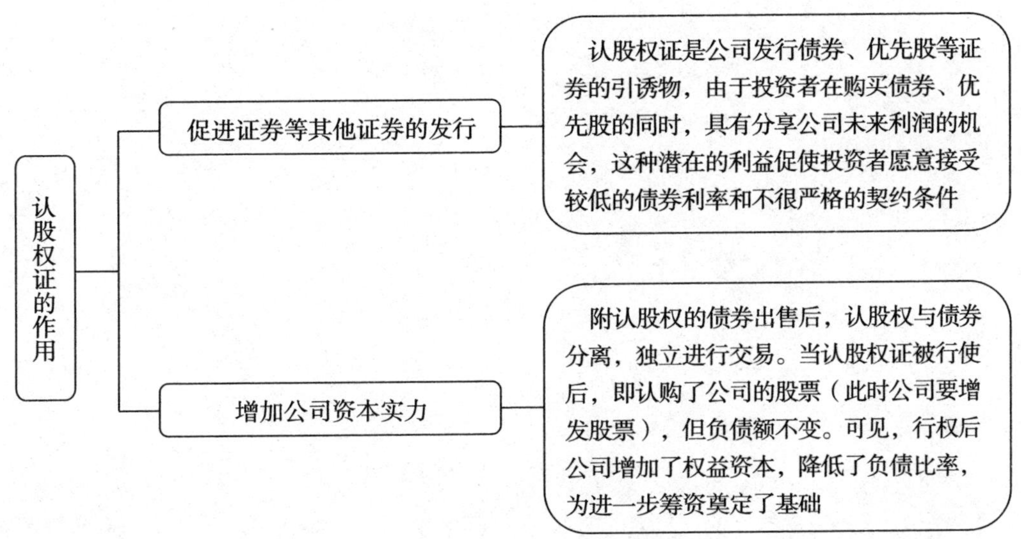

图3-87　认股权证的作用

4. 发行认股权证筹资的优缺点

发行认股权证筹资的优缺点见表3-8。

表3-8　发行认股权证筹资的优缺点

优点	可降低筹资成本	发行附有认股权证的债券时，由于认股权证的吸引作用，债券利率可以降低，因而降低了债券发行成本
	有利于吸引投资者向公司投资	只要认股权证的约定价格低于股票价格，认股权证就会被行使，从而增加公司的资本金
	有助于调整资本结构，扩大股权	认股权证被行使后，公司发行在外的股票数量会增加；同时，公司的资本金增加，所有者权益在资产中的比重会上升，从而调整了资本结构
缺点	分散房地产企业的控制权	当认股权证被行使后，公司的股东增加，会分散股东对公司的控制权
	稀释普通股收益	当认股权证被执行时，提供给投资者的股票是新发行的股票，而并非二级市场的股票。这样，当认股权证被行使时，普通股股份增多，每股收益下降

第四章　房地产企业项目投资管理

本章导读

房地产项目的特点和我国房地产开发实践表明，开发项目的关键是决策，开发商应该高度重视可行性研究工作的开展。改革开放初期，我国房地产业刚刚起步，开发商没有重视可行性研究的作用。因为在当时的环境下开发商没有意识到房地产的风险，靠投机就可以取得成功。随着房地产市场的逐步规范，房地产投机机会越来越少。投资房地产只有靠合法经营，不断提高决策水平，才能取得开发收益。

开发企业在开发房地产时，要想取得预期的投资经济效益，确保企业价值最大化，必须对拟开发项目进行可行性研究，对一些与项目开发有关的主要问题进行调查研究，开展技术经济论证工作，并在多种投资开发方案的比较中，优选最佳方案，做出决策。如果在项目开发以前，不进行可行性研究，不对开发地址选择上、房地产市场有效需求和销售价格上、投资经济效益上进行充分论证，即仓促拍板定案，就会给企业造成无法弥补的损失。项目设计、施工的阶段固然重要，但如果项目开发方案选择错误，对其造成的损失是无法估量的。因此，对每个拟开发项目，都必须事前进行可行性研究。

任何开发活动都有一定的目的性。它要求每个项目在开发中用最短的时间、花最少的投资、取得最大的经济效益，为投资者获得投资回报，为企业和国家提供收益和税金。这是社会主义基本经济规律的要求，也是开发企业的基本任务。只有牢固地树立起这个观点，在缩短开发周期上下工夫，在节约开发支出上下工夫，在符合市场需要上下工夫，在提高经济效益上走出一条路子来，才能保证为市场提供更多质量好、价格低的房地产，为企业自身发展创造美好的明天。这就要求在每个项目开发以前，必须进行房地产市场的调查，根据市场有效需求和城市规划要求，选择好房地产投资类型，全面深入地做好技术经济分析工作，并对每个开发项目的建设条件和社会条件进行比较，对每个开发项目可能有的各种开发方案进行充分的经济论证，从中选择经济效益最好的开发方案。

第一节　开发项目可行性研究

一、可行性研究概述

可行性研究是指在投资决策前，对与项目有关的市场、资源、工程技术、经济、社会等各方面问题进行全面的分析、论证和评价，从而判断项目在技术上是否可行，在经济上是否合理，并对多个方案进行优选的科学方法。可行性研究的目的是使决策科学化、程序化，保证决策的可靠性，为项目的实施和控制提供依据或参考。

（一）可行性研究的重要性和作用

1. 可行性研究的重要性

可行性研究是房地产开发项目投资决策的客观要求，可行性研究的重要性见图4-1。

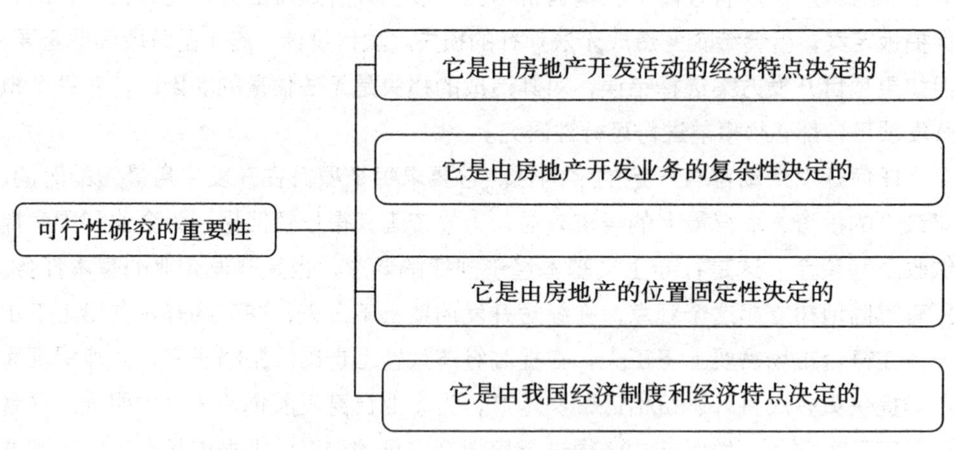

图4-1　可行性研究的重要性

2. 可行性研究的作用

房地产项目的特点和我国房地产开发实践表明，开发项目的关键是决策，开发商应该高度重视可行性研究工作的开展。可行性研究在项目投资实践中的作用主要体现在以下几个方面，见图 4-2。

可行性研究的作用
作为开发项目投资决策的依据
作为编制设计文件的依据
作为筹集开发资金和向银行申请贷款的依据
作为开发企业与有关部门之间商谈协议、合同的依据
作为开发项目后评价的依据

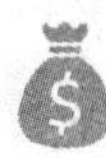

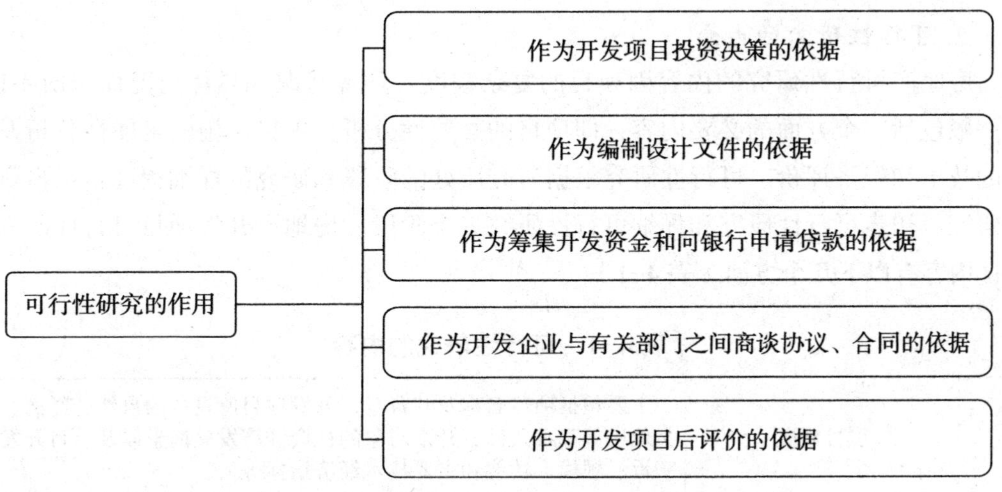

图4-2　可行性研究的作用

（二）可行性研究的步骤和内容

1. 可行性研究的步骤

可行性研究的步骤见图4-3。

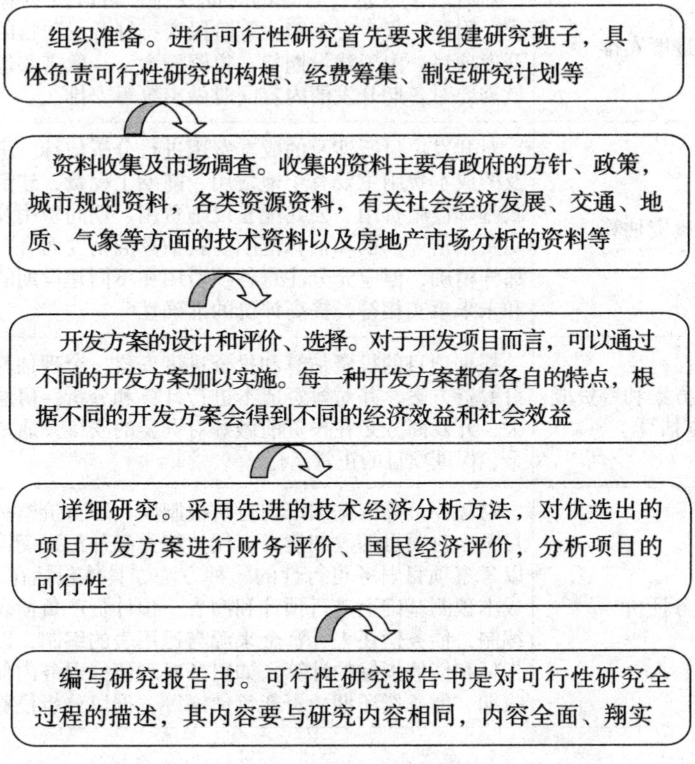

组织准备。进行可行性研究首先要求组建研究班子，具体负责可行性研究的构想、经费筹集、制定研究计划等
资料收集及市场调查。收集的资料主要有政府的方针、政策，城市规划资料，各类资源资料，有关社会经济发展、交通、地质、气象等方面的技术资料以及房地产市场分析的资料等
开发方案的设计和评价、选择。对于开发项目而言，可以通过不同的开发方案加以实施。每一种开发方案都有各自的特点，根据不同的开发方案会得到不同的经济效益和社会效益
详细研究。采用先进的技术经济分析方法，对优选出的项目开发方案进行财务评价、国民经济评价，分析项目的可行性
编写研究报告书。可行性研究报告书是对可行性研究全过程的描述，其内容要与研究内容相同，内容全面、翔实

图4-3　可行性研究的步骤

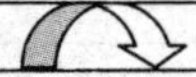

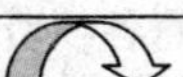

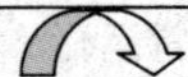

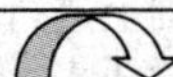

2. 可行性研究的内容

房地产可行性研究的内容因项目的复杂程度、环境状况和具体情况而有所不同，但一般包括三个方面的必要内容，即项目的必要性分析、项目实施的可能性分析及项目的技术和经济评价。可行性研究根据研究所处的阶段和研究的详细程度包括投资机会研究、初步可行性研究和详细可行性研究三个阶段。房地产开发项目可行性研究的具体内容有以下几个方面（表 4-1）。

表 4-1　可行性研究的内容

<table>
<tr><td rowspan="8">可行性研究的内容</td><td>项目概况</td><td>主要包括项目名称及其背景，开发项目所具备的自然、经济、水文地质等基本条件，开发对象的社会经济发展前景以及项目开发的宗旨、规模、功能和主要技术经济指标等</td></tr>
<tr><td>市场分析和需求预测</td><td>在深入调查和充分掌握各类资料的基础上，对拟开发项目的市场需求及市场供给状况进行科学的分析并做出客观的预测，包括开发成本、市场售价、销售对象及开发周期、销售期等的预测</td></tr>
<tr><td>规划方案的优选</td><td>在对可供选择的规划方案进行分析、比较的基础上。优选出最为合理、可行的方案作为最后方案，并对其进行详细描述，包括选定方案的建筑物布局、功能分区、市政基础设施分布、建筑物及项目的主要技术参数和技术经济指标和控制性规划技术指标等</td></tr>
<tr><td>开发进度安排</td><td>对开发进度进行合理的时间安排，可以按照前期工程、主体工程、附属工程、交工验收等阶段安排好开发项目的进度。作为大型开发项目，由于建设期长、投资额大，一般需要进行分期开发，这就需要对各期开发的内容同时做出统筹安排</td></tr>
<tr><td>项目投资估算</td><td>对开发项目所涉及的成本费用进行分析估计。房地产开发项目涉及的成本费用主要有土地费用、前期工程费，建筑安装工程费、市政基础设施费用、公共配套设施费用、期间费用及各种税费。要说明费用估算依据和估算范围。就估算的精度而言，没有必要像预算那样精确，但应充分注意各项费用在不同建设期的变化情况，力争和未来事实相符，提高评价的准确性</td></tr>
<tr><td>资金筹集方案和筹资成本估算</td><td>根据项目的投资估算和投资进度安排，合理估算资金需求量，拟订筹资方案，并对筹资成本进行计算和分析。房地产项目投资额巨大，开发商务必在投资前做好对资金的安排，通过不同方式筹措资金，保证项目的正常运行</td></tr>
<tr><td>财务评价</td><td>财务评价是依据国家现行财税制度、现行价格和有关法规，从项目角度对项目的盈利能力、偿债能力和外汇平衡等进行分析，并借以考察项目财务可行性的一种方法。具体包括在项目的销售预测、成本预测基础上进行预计利润表、预计资产负债表、现金流量表的编制，债务偿还表、资金来源与运用表的编制，以及进行财务评价指标和偿债指标的计算，如财务净现值、财务内部收益率、投资回收期、债务偿还期、资产负债率等，据以分析投资的效果</td></tr>
</table>

续表

可行性研究的内容	风险分析	是可行性研究的一项重要内容，包括盈亏平衡分析、敏感性分析和概率分析等内容。风险分析通过对影响投资效果的社会、经济、环境、政策、市场等因素的分析，了解各因素对项目的影响性质和程度，为项目运作过程中对关键因素进行控制提供可靠依据。同时根据风险的可能性为投资者了解项目的风险大小及风险来源提供参考
	国民经济评价	国民经济评价是按照资源合理配置的原则，从国民经济的角度出发，用一套国家参数（包括影子价格、影子公司、影子汇率和社会折现率等）计算、分析项目对国民经济的净贡献，以评价项目经济合理性的经济评价方法

二、项目开发方案选择

（一）开发方案选择程序

进行开发方案选择，要遵循一定的程序，具体见图 4-4。

开发方案的设计：由专业人员设计构思开发方案，包括开发规划、开发步骤、项目投资融资方案、开发进度安排等

技术经济指标的计算：根据专业人员设计的不同开发方案，计算其对应的技术经济指标，包括建筑密度、建筑面积密度、容积率、工程造价指标，若是住宅区开发，还应包括住宅建筑密度、平均层数、住宅建筑面积净密度以及人口密度指标

技术经济指标的比较、评价：根据计算得到的技术经济指标，采用适宜的科学方法，对项目方案进行评价比较，分析不同方案的优缺点，并针对方案的问题提出改进意见

选择最优开发方案：在对方案的技术经济指标进行评价的基础上，针对存在的问题进行改进，形成最终实施的开发方案

图4-4　开发方案选择程序

（二）居住区开发方案技术经济指标的选择与确定

城市居民点的规划一般分为居住区、居住小区和住宅组团三级。对居住区规划方案进行技术经济分析的目的是在保证居住区的交通、消防、日照、绿化、通风等必备功能条件下能满足居民的需要，提高土地的利用效率，提高投资的经济效果。

1. 用地平衡表

用地平衡表是用地面积指标分析表，它既可以用于对土地利用现状进行分析，作为调整用地和制定规划的依据，也可以进行方案比较，分析方案的经济性和合理性，还可以作为居住区规化方案的审批依据。用地平衡表的形式见表 4-2。

表 4-2 用地平衡表

项目	现状面积（m^2）	人均面积（m^2/人）	比重（%）	规划面积（m^2）	人均面积（m^2/人）	比重（%）
居住区总用地						
住宅用地						
公建用地						
居住用地						
道路用地						
公共绿地						
其他用地						

2. 技术经济指标

技术经济指标的内容见图 4-5。

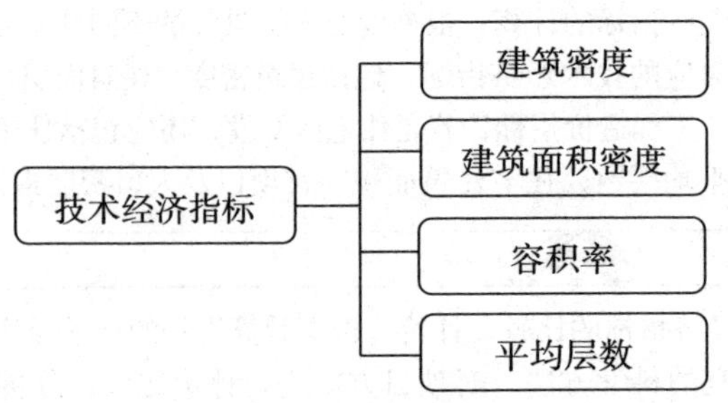

图4-5 技术经济指标

3. 工程造价指标

工程造价指标的内容见图 4-6。

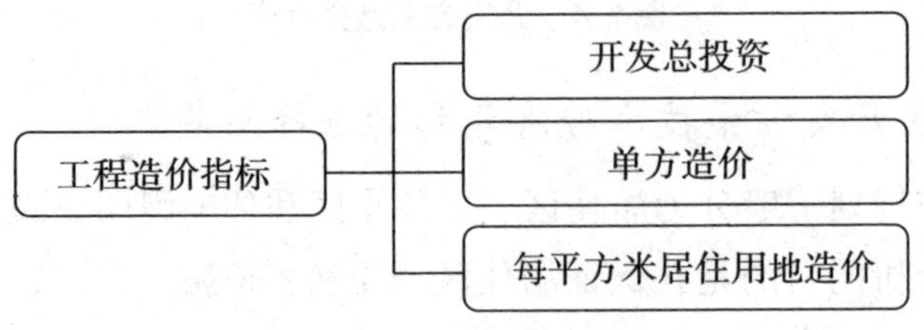

图4-6 工程造价指标

（三）开发方案的综合评价

房地产开发项目内容繁杂，涉及因素多，仅依靠个别指标来衡量其优劣是非常困难的事，评价一个项目的优劣，还要综合考虑社会、技术、环境、生态等诸多方面。综合评价的方法很多，包括评分综合评价法、层次分析法、灰色综合评价法、模糊数学综合评价法等。这里简单介绍评分综合评价法。评分综合评价法就是对方案的各项指标规定一个满足程度，根据指标的重要性赋予指标一个权重，根据计算模型计算各个方案的综合单指标评分值，由此得出总综合分值，依此选择最优方案的方法。计算模型主要有以下几种。

1. 加法模型

加法模型适用于各项指标的权重值和得分相差不大或者权重值差异大而得分的差异不大的情况。加法模型的计算公式见图 4-7。

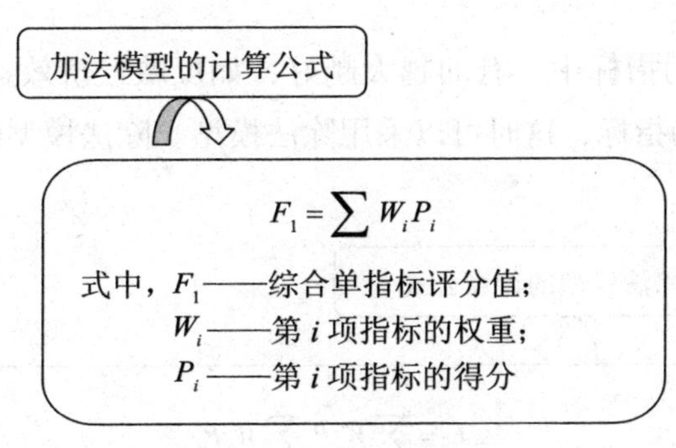

图4-7　加法模型的计算公式

2. 乘法模型

如果各项指标权重值和得分值相差不大或虽然得分差异较大但权重差异不大，可以考虑选用乘法综合单指标评分值。采用乘法模型，使得综合单指标评分值受各项指标影响的敏感性强。如果某个方案的某项指标为零，则综合单指标值也为零，方案将被否定。乘法模型的计算公式见图 4-8。

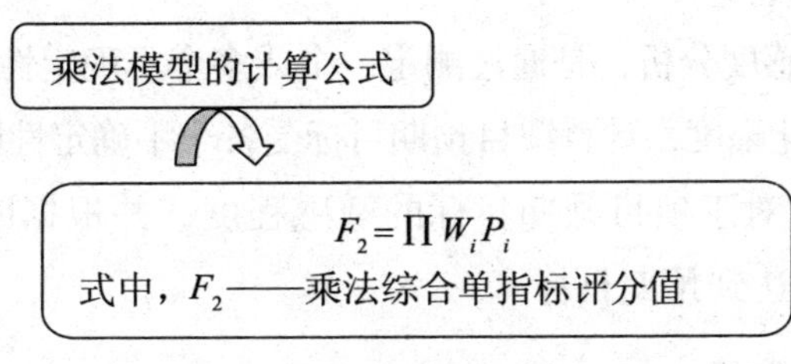

图4-8　乘法模型的计算公式

3. 加乘混合模型

加乘混合模型吸收了加法和乘法模型的优点，使用范围增大，当各项指标的权重值和得分值都很大时，可以充分发挥其作用。加乘混合模型的计算公式见图 4-9。

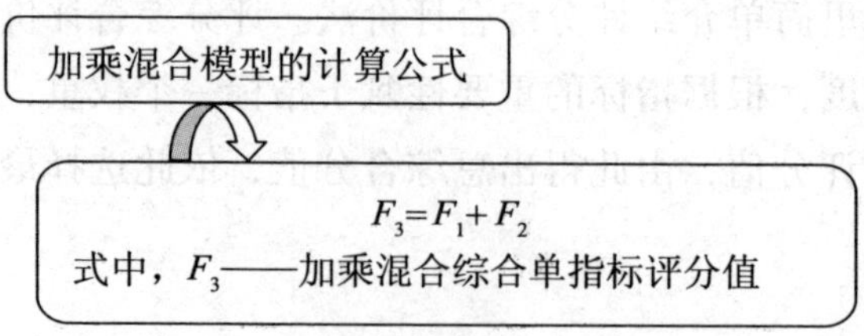

加乘混合模型的计算公式

$$F_3=F_1+F_2$$

式中，F_3——加乘混合综合单指标评分值

图4-9　加乘混合模型的计算公式

4. 除法模型

在用于综合评价的指标中，有的越大越好，如反映经济效益的指标；有的则是越小越好，如反映造价的指标，这时可以采用除法模型。除法模型的计算公式见图 4-10。

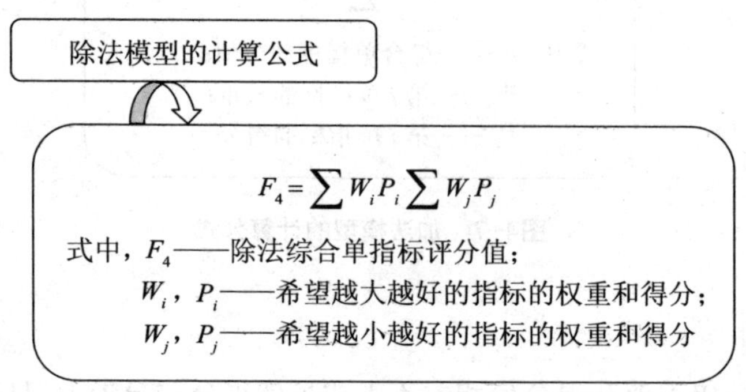

除法模型的计算公式

$$F_4=\sum W_iP_i\sum W_jP_j$$

式中，F_4——除法综合单指标评分值；

W_i，P_i——希望越大越好的指标的权重和得分；

W_j，P_j——希望越小越好的指标的权重和得分

图4-10　除法模型的计算公式

（四）敏感性分析

1. 敏感性分析的概念

敏感性分析又叫敏感度分析，是通过测定一个或多个不确定性因素的变化所引起项目经济效果评价指标的变化幅度，计算项目预期目标受各个不确定性因素变化的影响程度。

分析不确定性因素对于项目预期目标的敏感程度，并根据因素的敏感程度大小制定相应的对策，使项目达到预期目标。

2. 敏感性分析的步骤

进行房地产项目敏感性分析，可按照如下步骤进行（图 4-11）。

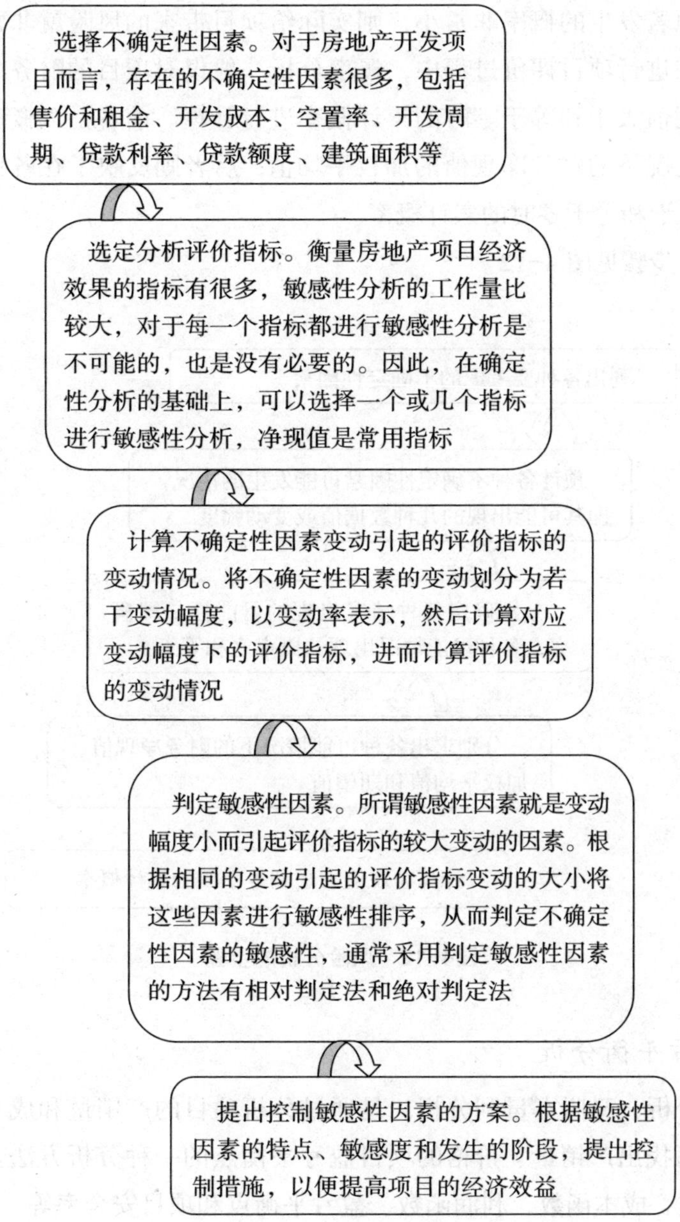

选择不确定性因素。对于房地产开发项目而言，存在的不确定性因素很多，包括售价和租金、开发成本、空置率、开发周期、贷款利率、贷款额度、建筑面积等

选定分析评价指标。衡量房地产项目经济效果的指标有很多，敏感性分析的工作量比较大，对于每一个指标都进行敏感性分析是不可能的，也是没有必要的。因此，在确定性分析的基础上，可以选择一个或几个指标进行敏感性分析，净现值是常用指标

计算不确定性因素变动引起的评价指标的变动情况。将不确定性因素的变动划分为若干变动幅度，以变动率表示，然后计算对应变动幅度下的评价指标，进而计算评价指标的变动情况

判定敏感性因素。所谓敏感性因素就是变动幅度小而引起评价指标的较大变动的因素。根据相同的变动引起的评价指标变动的大小将这些因素进行敏感性排序，从而判定不确定性因素的敏感性，通常采用判定敏感性因素的方法有相对判定法和绝对判定法

提出控制敏感性因素的方案。根据敏感性因素的特点、敏感度和发生的阶段，提出控制措施，以便提高项目的经济效益

图4-11　敏感性分析的步骤

（五）风险分析

风险分析，又称概率分析，是运用概率理论研究不确定性因素的变动对项目经济效果指标影响的一种定量分析方法。通过敏感性分析可以判断不确定性因素的敏感性，但这是在认为所有因素具有同等出现概率的前提下做出的，不能完全反映不确定性因素的风险性，通过概率分析，可以了解项目的风险性大小。某个不确定性因素如果是

敏感性因素，但若发生的概率非常小，则实际给项目带来的风险就非常小了，甚至可以忽略不计。在进行项目评价过程中，概率分析一般仅对项目的财务净现值的期望值和出现财务净现值大于和等于零时的累计概率进行计算。前者是以概率为权数计算出来的各种不同情况下的财务净现值的加权平均值；后者则反映了在各种可能情况下财务净现值出现大于和等于零时的累计概率。

风险分析的步骤见图 4-12。

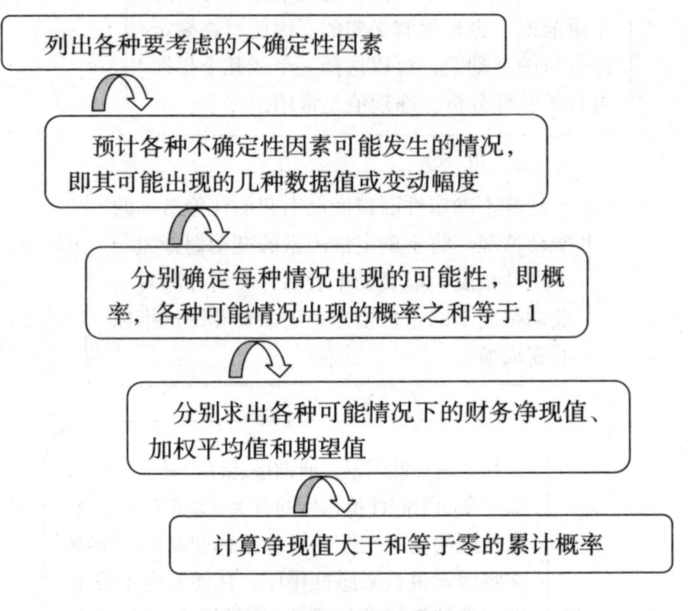

图4-12　风险分析的步骤

（六）盈亏平衡分析

盈亏平衡分析，又叫本量利分析，是通过分析项目的产销量和成本、收入之间的函数关系，从而找出产销量、价格的项目盈亏平衡点的一种分析方法。其内容主要包括销售收入函数、成本函数、利润函数、盈亏平衡点和项目安全率等。

第二节　房地产开发项目投资经济效益评价

房地产开发项目投资经济效益评价，是在技术可行性研究的基础上，对拟开发项目的不同开发方案的投资经济效益进行计算、分析和论证，并在多种开发方案的比较

中，推荐最佳的方案，作为选择开发方案和进行项目投资决策的经济依据。一般在开发项目进行经济效益评价时，先要对项目的投资支出、经营收入、成本、各种费用等进行估算，在此基础上对项目进行财务评价、效益分析以及不确定性分析。

一、开发项目投资支出的估算

房地产开发项目要进行投资经济效益的分析，首先要估算开发项目所需的投资。开发项目的投资支出，既是销售、转让房地产的经营成本，又是出租房地产的价值，对销售、转让的房地产来说，它的投资支出就是房地产的经营成本，与房地产销售、转让的经营收入对比，据以计算利润。对出租房地产来说，它的投资支出就是出租房地产的价值，据以计算出租房屋的折旧和出租土地的摊销。因此，开发项目的投资支出，应按房地产开发的完全成本估算。它不能按房地产企业会计中的开发成本估算，除了包括土地征用及拆迁补偿费或批租地价、前期工程费、基础设施费、建筑安装工程费、配套设施费和开发间接费等开发成本外，还包括开发期间发生的管理费用和财务费用。

（一）开发项目投资支出的组成

房地产开发项目的投资支出包括以下内容（表 4-3）。

表 4-3　开发项目投资支出的组成

土地征用及拆迁补偿费或批租地价	对征用土地，包括土地补偿费；拆迁补偿费；安置补助费。对批租土地，包括地租和拆迁安置费在内的批租地价
前期工程费	包括勘察设计费和可行性研究费
基础设施费	包括“七通一平”费和环卫绿化费
建筑安装费	包括建筑工程费、设备购置费和安装工程费
配套设施费	包括非营业性公共配套设施费和按规定列入投资支出的大配套设施费
开发间接费及管理费	包括为组织管理开发项目而发生的职工薪酬、折旧费、修理费、办公费、水电费、劳动保护费、周转房摊销，以及开发企业分摊的管理费
预备费	又称不可预见费，主要指与施工图不相符的特殊现象（如地基出现古墓、废井、流沙等）和不可抗拒的自然灾害如冰雹、台风、水灾等所造成的损失和预防自然灾害所采取的措施费用。在存在通货膨胀，物价逐年上涨的情况下，预备费中还应充分考虑开发期间物价上涨所增加的各项工程、设备、费用支出，否则，就可能使投资出现缺口

（二）开发项目投资支出估算的方法

开发项目投资支出的估算，一般是指在开发项目决策之前制定项目建议书和可行性研究阶段对开发项目工程建设费用的预测和计算。为了合理确定并有效控制开发项目投资支出，提高投资经济效益，必须力求提高投资支出估算的精确度。

开发项目投资支出估算的方法，取决于要求达到的精确度。而精确度又是由项目研究和设计所处的不同阶段以及资料数据的可靠性决定的。通常在开发项目建议书阶段可采用单位土地、房屋面积投资估算法，具体见图 4-13。

投资估算法

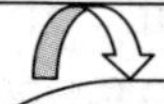

单位土地、房屋面积投资估算法，是根据已开发完成类似项目的投资支出和开发的土地面积（公顷或平方米）或房屋建筑面积（平方米），算出单位土地面积或房屋建筑面积所需投资支出，再将它乘以开发项目的土地面积或房屋建筑面积，来估算开发项目投资支出总额的方法。它的计算公式为：

$$p = x\frac{p_1}{x_1}$$

式中，p——拟开发项目投资支出总额；

p_1——已开发类似项目投资支出总额；

x——拟开发项目土地面积或房屋建筑面积；

x_1——已开发类似项目土地面积或房屋建筑面积。

这种估算方法把项目的投资支出总额与其开发土地面积，房屋建筑面积的关系视为简单的线性关系，使用时要注意拟开发项目与已开发类似项目在地理位置、房屋结构、房屋装饰等方面的可比性；否则，会出现较大的误差。如果在实际工作中找不到与拟开发项目完全类似的项目，也可把项目按其土地、房屋、设施等组成进行分解，先分别套用类似土地、房屋、设施等的单位面积投资支出指标计算，再加上前期工程费、开发间接费和管理费等求得拟开发项目的投资支出总额

图4-13　投资估算法

为了提高开发项目投资支出估算的精确度，在开发项目可行性研究阶段应采用概算指标估算法，见图 4-14。

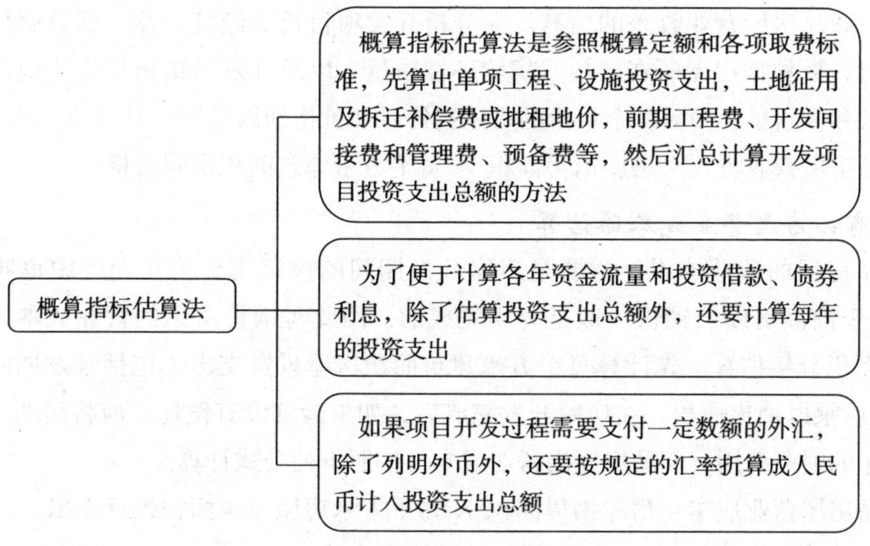

图4-14　概算指标估算法

二、开发项目营业收入、成本、费用和税金的估算

（一）商品房屋营业收入和营业成本的估算

开发项目开发的房屋，如果用以销售，应估算商品房屋的营业收入和营业成本。

1. 商品房屋营业收入的估算

（1）商品房屋销售的特点。商品房屋营业收入即房屋销售收入。房屋销售与其他商品销售不同，其特点见图 4-15。

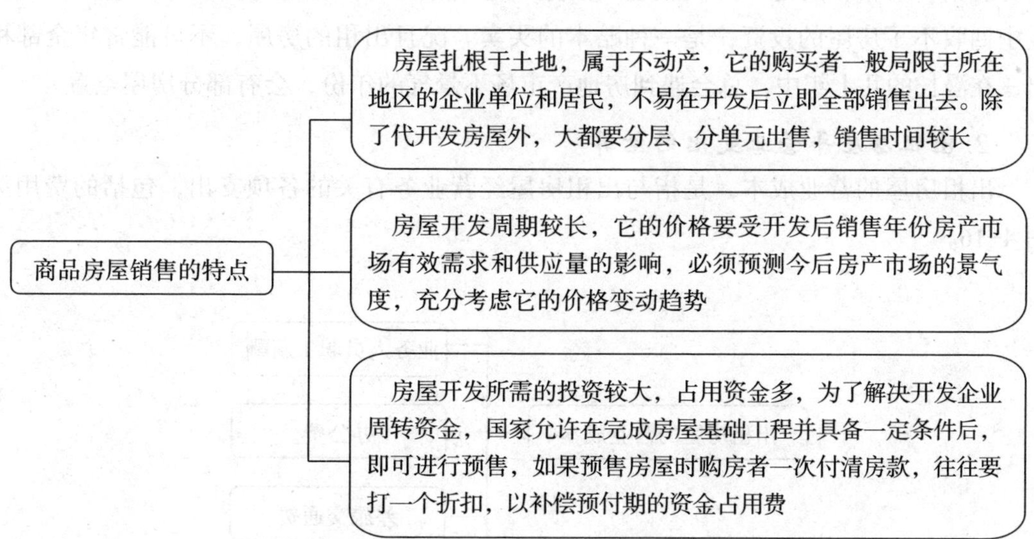

图4-15　商品房屋销售的特点

（2）商品房屋营业收入的估算。在分析开发项目投资经济效益、估算商品房屋营业收入时，要根据房屋所在区位、房屋环境质量，以及开发后销售年份房地产市场的有效需求和供给量，预测各个年份的房屋销售量和价格加以计算。其计算公式为：

商品房屋营业收入 = 房屋销售面积 × 每平方米建筑面积房屋价格

2. 商品房屋营业成本的估算

商品房屋的营业成本，主要是房屋开发期间的投资支出（在会计中也叫开发成本）。由于商品房屋的销售一般是分年完成的，因此对销售房屋的营业成本，也要根据销售面积分年估算。先计算每平方米建筑面积房屋投资支出（包括开发期间借款利息），然后乘以销售面积。在房屋开发完成后，如果借款没有偿还，应将后期借款利息作为各年的财务费用。商品房屋的营业成本可按照下列公式计算：

商品房屋营业成本 = 房屋销售面积 × 每平方米房屋建筑面积投资支出

（二）出租房屋营业收入和营业成本的估算

房地产开发项目开发的房屋，如果不是用来销售，而是用于出租，则要估算出租房屋的年营业收入和年营业成本。

1. 出租房屋年营业收入的估算

出租房屋年营业收入即出租房屋年租金收入。出租房屋年租金收入，决定于房屋的租金，而房屋租金的高低，主要决定于房屋的价格。因房屋的租金与房屋的价格，是相互比较依存的。房屋租金主要是按房屋价格计算出来的，而在出租的情况下，房屋价格必须通过房屋租金才能真正实现。如果出租房屋各年租金收入之和的现值，小于房屋销售价格，房地产开发企业一般是不愿出租的。因在这种情况下，它从房屋租金中回收不了房屋的投资，是一种赔本的买卖。况且出租的房屋，不可能常年全部租出，在漫长的几十年中，总会遇到房地产市场不景气的年份，会有部分房屋空置。

2. 出租房屋年营业支出的估算

出租房屋的营业成本，是指与出租房屋经营业务有关的各项支出，包括的费用见图 4-16。

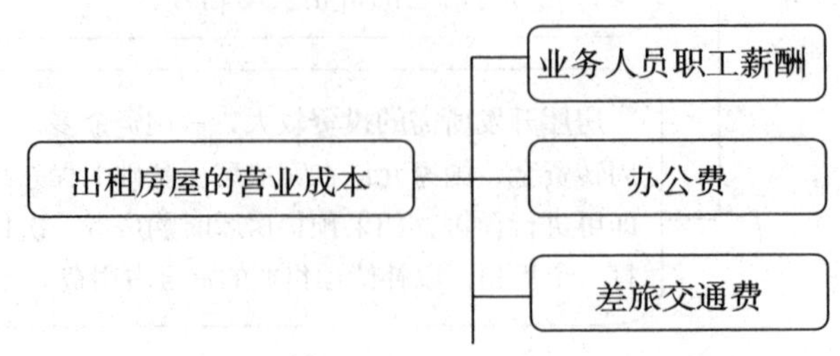

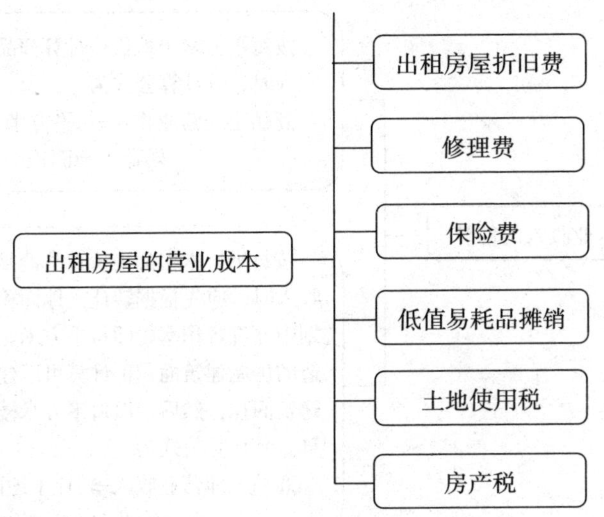

图4-16　出租房屋的营业成本

在估算出租房屋年营业成本时，应根据出租房屋经营业务人员定编、工资奖金标准、出租房屋折旧费，修理费率、保险费率、有关税率及各项费用开支标准逐项计算加总。

为了便于对出租房屋投资经营活动全过程的投资经济效益进行分析，在估算出租房屋年营业成本时，要将年营业成本中的出租房屋年折旧费单独列出。因为出租房屋折旧费虽属营业成本，但它的支出已包括在开发房屋的投资支出中，在出租房屋经营过程中，不发生资金支出，因而也不再将它算作资金的流出量。

这样，出租房屋营业成本就要估算包括出租房屋折旧费的营业成本和不包括出租房屋折旧费的营业成本。为了便于区分，可将前者叫作“营业成本”，后者叫作“营业支出”；前者用以计算出租房屋的营业利润，后者用以计算现金流出量。

（三）商品土地营业收入和营业成本的估算

1. 商品土地营业收入的估算

商品土地的营业收入即土地转让收入。它一般是指已进行七通一平、达到具备房屋建造条件的土地使用权的转让收入。

土地使用权转让收入的估算，可根据转让土地面积和每平方米商品土地价格计算。在预测转让已开发土地的每平方米商品土地价格或每平方米楼面地价时，除了考虑转让土地的用途、许可建筑容积率和周围环境外，还要充分考虑开发后房地产市场的有效需求和供应情况。

商品土地营业收入的估算见图 4-17。

商品土地营业收入的估算

按每平方米土地价格计算商品土地经营收入时，其计算公式为：

商品土地营业收入=每平方米土地价格×转让土地面积

按每平方米楼面地价计算商品土地营业收入时，应先根据转让土地面积和城市规划中允许容积率（即每平方米土地可以建造的房屋建筑面积）计算可以建造的房屋建筑面积，然后乘以每平方米楼面地价计算。其计算公式为：

商品土地营业收入=转让土地面积×容积率×每平方米楼面地价

图4-17 商品土地营业收入的估算

如果开发的土地要在不同年度分块转让，要分年计算商品土地营业收入。

2. 商品土地营业成本的估算

商品土地的营业成本，主要是土地开发期间的投资支出，或开发成本。假如土地分年转让出去，要先计算每平方米土地的营业成本，然后乘以转让土地面积。其计算公式见图4-18。

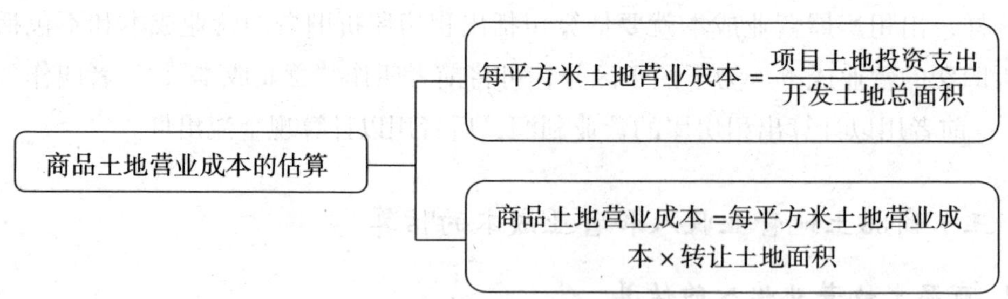

图4-18 商品土地营业成本的估算

（四）开发项目销售费用、管理费用和财务费用的估算

1. 销售费用的估算

开发项目的销售费用是指开发企业在销售、出租、转让房屋、土地时所发生的各项费用。具体内容见图4-19。

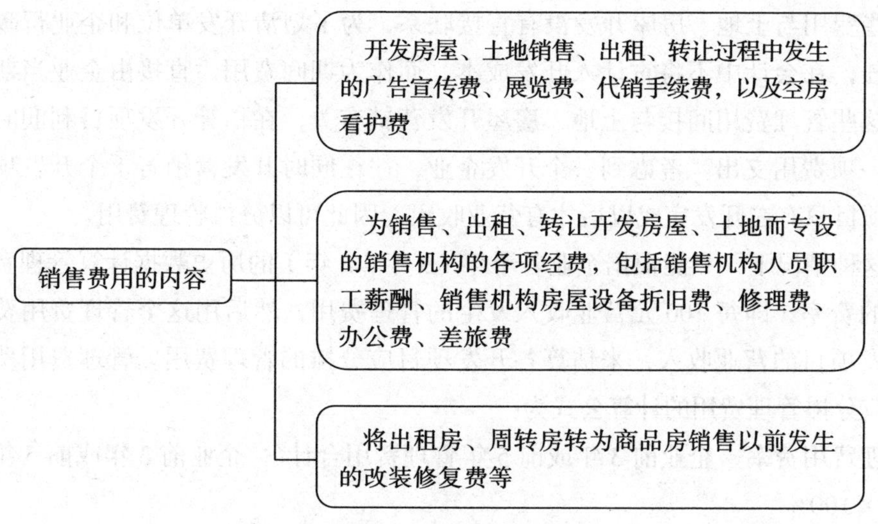

图4-19　销售费用的内容

通常，销售、转让商品房屋和土地的销售费用，只在房屋土地销售、转让时及以前发生。出租房屋的销售费用，如果房屋不被用户长期租用，将会经常发生。这是在估算开发项目销售费用时必须注意的。

2. 管理费用的估算

开发项目的管理费用，是指开发企业行政管理部门（公司总部）为组织管理房地产开发经营活动而发生的各项费用，具体内容见图 4-20。

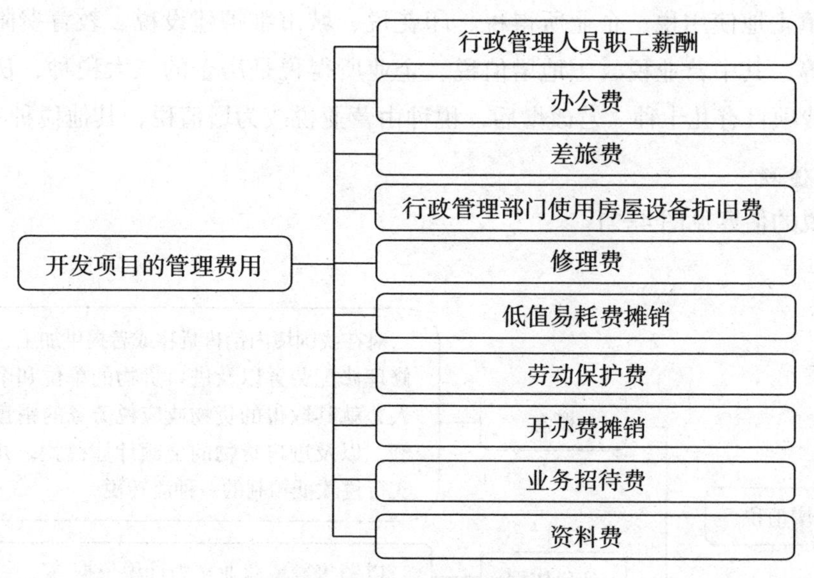

图4-20　开发项目的管理费用

这些费用与土地、房屋开发没有直接联系，为了划清开发单位和企业行政管理部门的责任，在会计中不将它计入开发成本，而作为期间费用，直接由企业当期利润补偿。但这些管理费用间接与土地、房屋开发营销有关，在估算开发项目利润时，应将它列作一项费用支出。考虑到一个开发企业，往往同时开发营销若干个开发项目，而且各个项目只有在开发完成以后才有营业收入，因此可以分摊管理费用。

在这种情况下，只能根据企业若干年（3 年、5 年）的历史数据计算管理费用与营业收入的费率，即每 100 元营业收入发生的管理费用，然后用这个管理费用费率乘以各个开发项目的营业收入，来估算各开发项目应分摊的管理费用。管理费用费率和开发项目应分摊管理费用的计算公式为：

管理费用费率 = 企业前 3 年或前 5 年管理费用合计 ÷ 企业前 3 年或前 5 年营业收入合计 ×100%

开发项目应分摊管理费用 = 该开发项目营业收入 × 管理费用费率

3. 财务费用的估算

开发项目的财务费用，主要是指房屋、土地开发完成以后发生的投资借款利息。在开发过程中发生的投资借款利息，应计入投资支出或开发成本。如果开发企业采用发行企业债券筹集开发资金的，应将开发完成以后发生的企业债券利息计作开发项目的财务费用。

（五）开发项目税金的估算

营改增之前，房地产开发企业涉及到的税种主要有营业税、房产税、土地增值税、契税、城镇土地使用税、企业所得税、印花税、城市维护建设税、教育费附加、地方教育附加等，其中营业税、土地增值税、企业所得税是房企的三大税种，房地产开发企业的收费项目有几十种。营改增后，税种由营业税改为增值税，其他税种不变。

1. 增值税

增值税的估算见图 4-21。

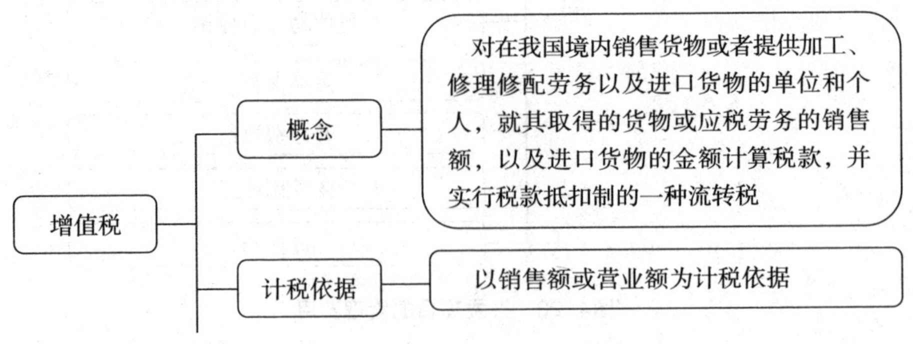

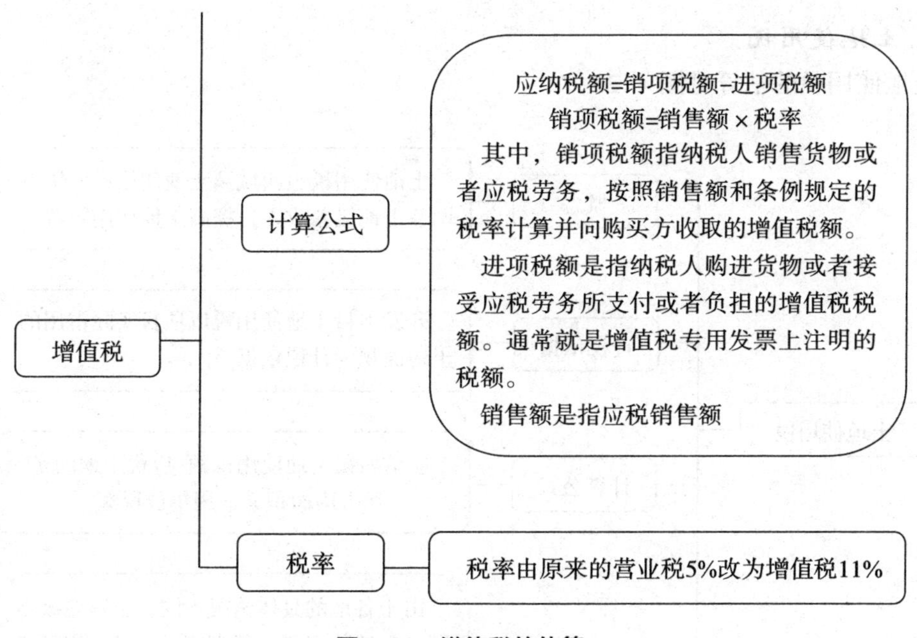

图4-21　增值税的估算

2. **房产税**

房产税的估算见图 4-22。

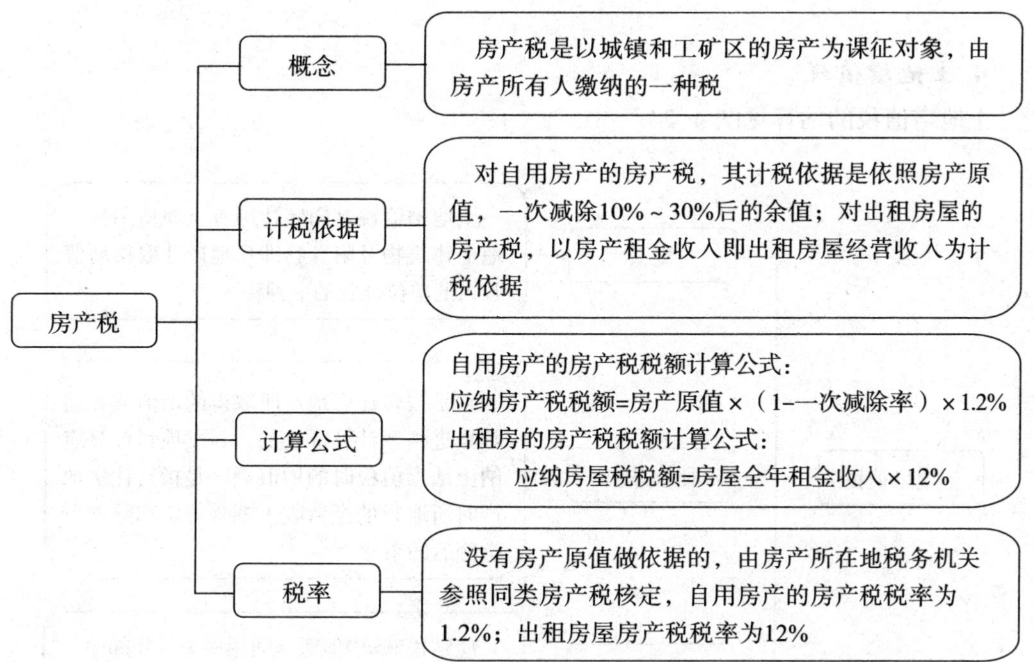

图4-22　房产税的估算

3. 土地使用税

土地使用税的估算见图 4-23。

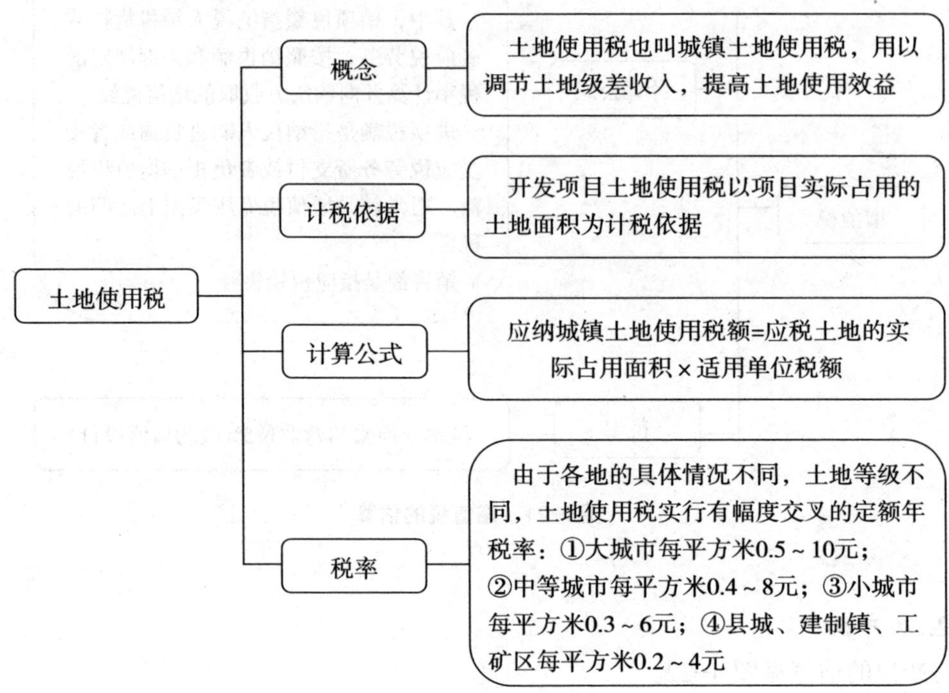

图4-23　土地使用税的估算

4. 土地增值税

土地增值税的估算见图 4-24。

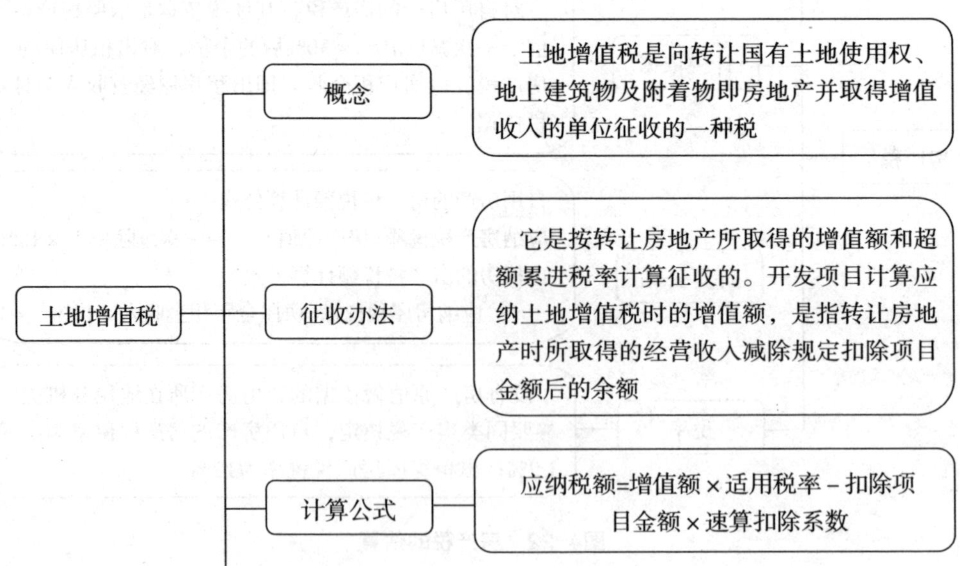

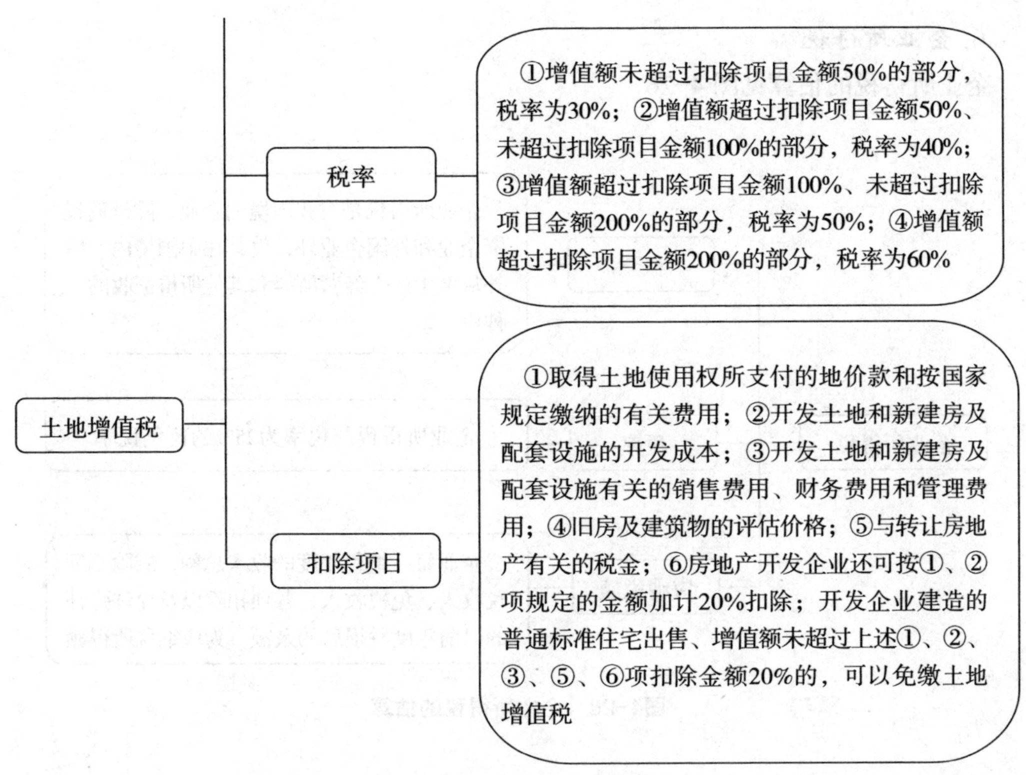

图4-24　土地增值税的估算

5. 城市维护建设税

城市维护建设税的估算见图 4-25。

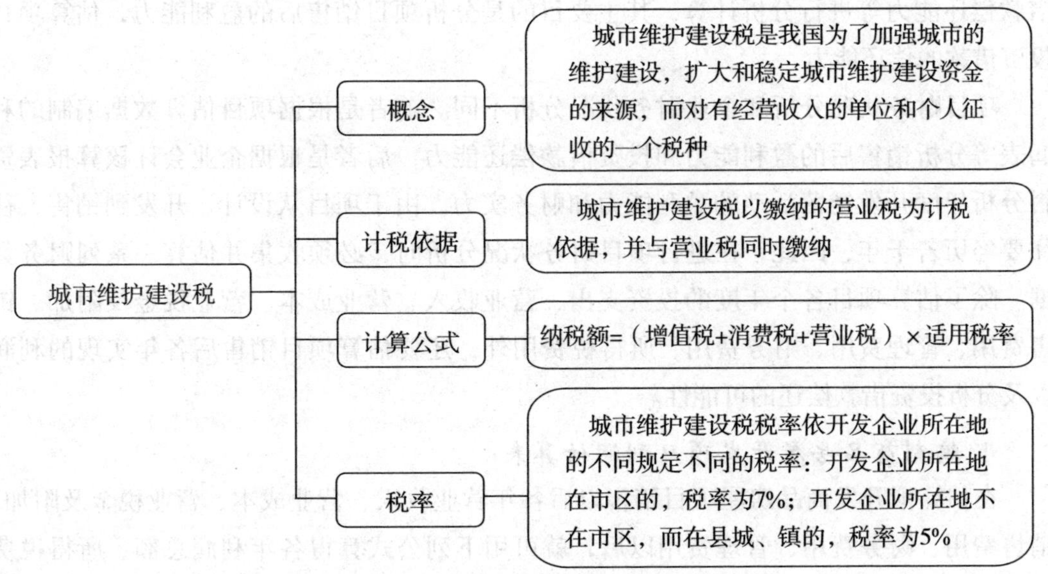

图4-25　城市维护建设税的估算

6. **企业所得税**

企业所得税的估算见图 4-26。

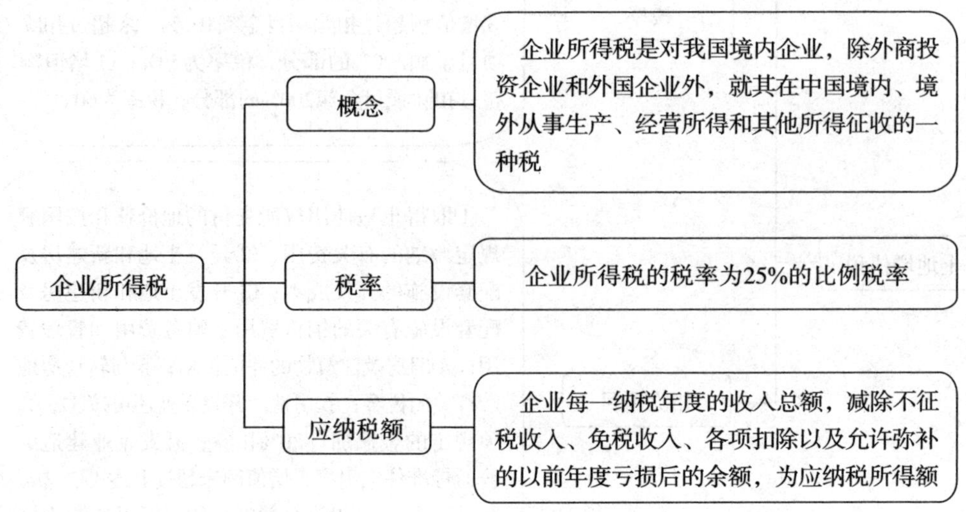

图4-26 企业所得税的估算

三、开发项目财务状况分析

（一）商品房屋开发项目财务状况分析

商品房屋开发项目财务状况的分析，是从项目微观的角度，对项目的盈利能力和借款偿还能力等进行分析计算，其主要目的是分析项目销售后的盈利能力，估算项目投资借款的偿还能力。

项目财务状况分析和企业财务状况分析不同。前者是根据项目估算数据编制的利润表等分析销售后的盈利能力和投资借款偿还能力，后者是根据企业会计核算报表资料分析年度开发经营活动的盈利能力和财务实力。由于项目从设计、开发到销售，往往要经历若干年，因此，在进行项目财务状况分析时，必须收集并估算一系列财务数据。除了估算项目各个年度的投资支出、营业收入、营业成本、营业税金及附加、销售费用、管理费用、财务费用、所得税费用外，还要估算项目销售后各年实现的利润以及分析投资借款偿还的可能性。

1. **编制商品房屋开发项目利润估算表**

在估算拟开发商品房屋项目销售以后各年营业收入、营业成本、营业税金及附加、销售费用、财务费用、管理费用以后，就可用下列公式算得各年利润总额、所得税费用和净利润。

利润总额 = 营业收入 − 营业成本 − 营业税金及附加 − 销售费用 − 财务费用 − 管理费用

净利润 = 利润总额 − 所得税费用

由此，可将商品房屋开发项目各年的利润总额、净利润在开发项目利润估算表中加以列示，见表 4-4。

表 4-4　开发项目利润估算表

开发项目名称：××× 住宅小区商品房屋　　　　单位：元

项目	××× 年	××× 年	××× 年	合计
营业收入 营业成本 营业税金及附加 销售费用 财务费用 管理费用				
利润总额 所得税费用				
净利润				

2. ***商品房屋开发项目盈利能力分析***

商品房屋开发项目盈利能力分析，是从项目微观经济的角度，不考虑资金的时间价值，对投资收益能力、营业收入盈利水平进行的静态分析。

（1）投资收益能力分析。商品房屋开发项目投资收益能力的静态分析可通过投资收益率指标来进行，具体见图 4-27。

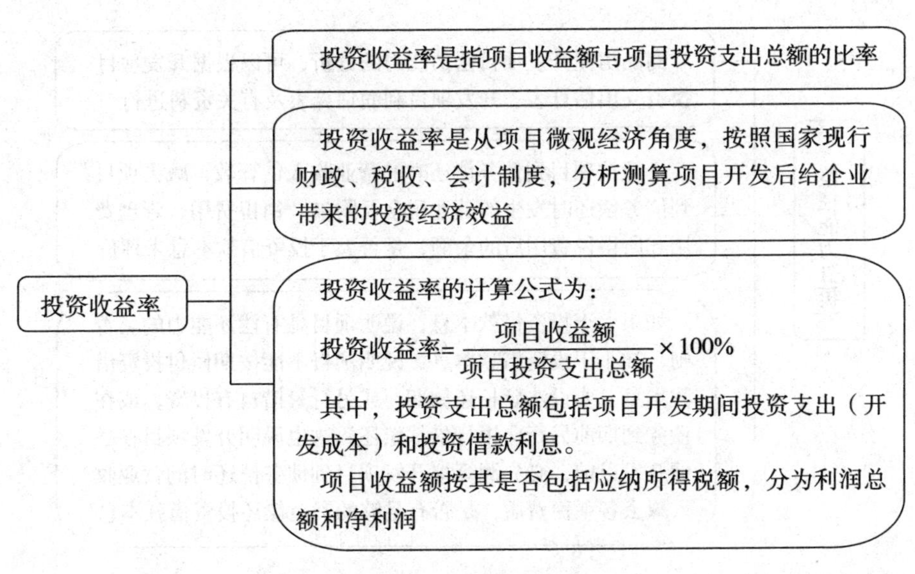

图4-27　投资收益率

（2）营业收入盈利水平分析。商品房屋开发项目营业收入的盈利水平可通过营业收入利税率和营业收入利润率指标加以分析，具体见图 4-28。

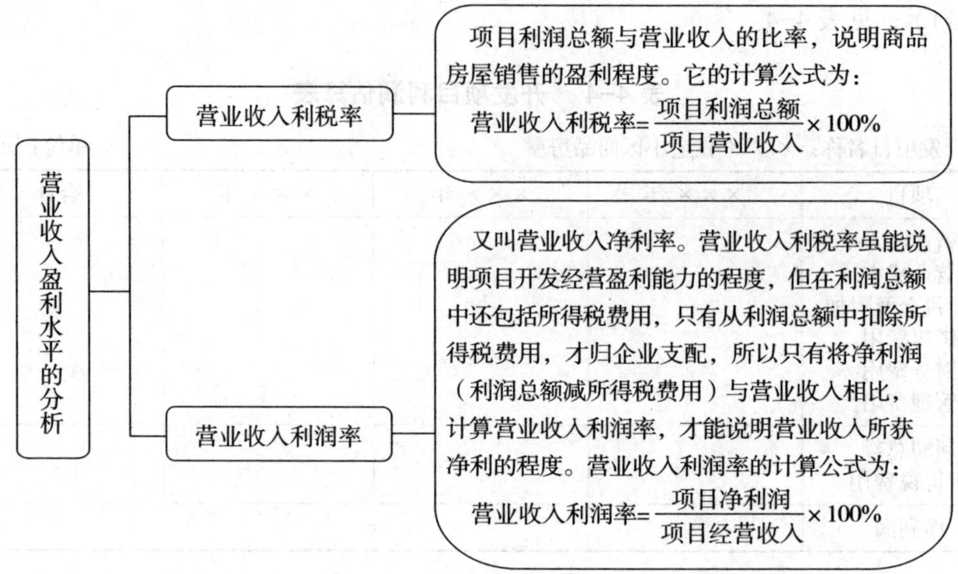

图4-28　商品房屋开发项目营业收入盈利水平的分析

3. 商品房屋开发项目偿债能力分析

商品房屋开发项目如举债开发的，要对项目偿债能力进行分析。商品房屋开发项目偿债能力分析见图 4-29。

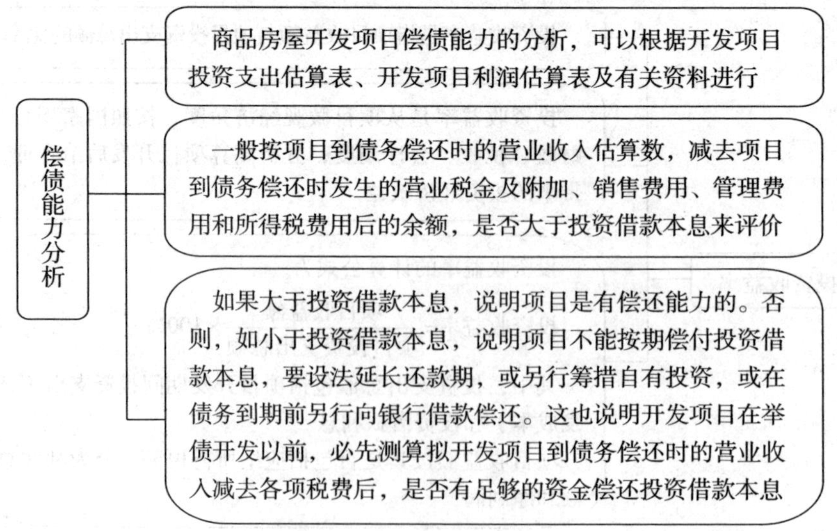

图4-29　偿债能力分析

（二）出租房屋开发项目财务状况分析

出租房屋开发项目财务状况分析与商品房屋开发项目一样，也是从项目微观角度对项目的盈利能力和投资收益能力以及偿债能力等进行分析计算，不同之处在于出租房屋开发项目与商品房屋开发项目的投资回收期差别很大，出租房屋开发项目一般要经过很长的时间才能收回投资。特别是借款开发，不可能在几年内偿还，这样借款期限就比较长。在对出租房屋开发项目进行财务分析、编制项目利润估算表之前，要计算项目各年偿还的投资借款本金和利息。

1. 出租房屋开发项目投资借款还本付息的计算

出租房屋开发项目投资借款还本付息的计算见图 4-30。

每次偿还投资借款本息的计算

开发项目投资借款一般采用资金回收系数来计算每次应偿还的本息，计算公式为：

$$每次偿还投资借款本息 = 投资借款及开发期利息总额 \times (\frac{A}{P}, i, n)$$

图4-30　每次偿还投资借款本息的计算

2. 编制出租房屋开发项目利润估算表

出租房屋开发项目利润估算表的编制与商品房屋开发项目利润估算表的编制相同，见表 4-4。

3. 出租房屋开发项目盈利能力分析

出租房屋开发项目盈利能力分析同商品房屋开发项目一样，是从微观经济角度，不考虑资金的时间价值，对营业收入盈利水平、投资收益能力和投资回收期进行动态分析。

（1）营业收入盈利水平分析。出租房屋开发项目营业收入的盈利水平，通过营业收入利税率和营业收入利润率指标加以计算分析。具体见图 4-31。

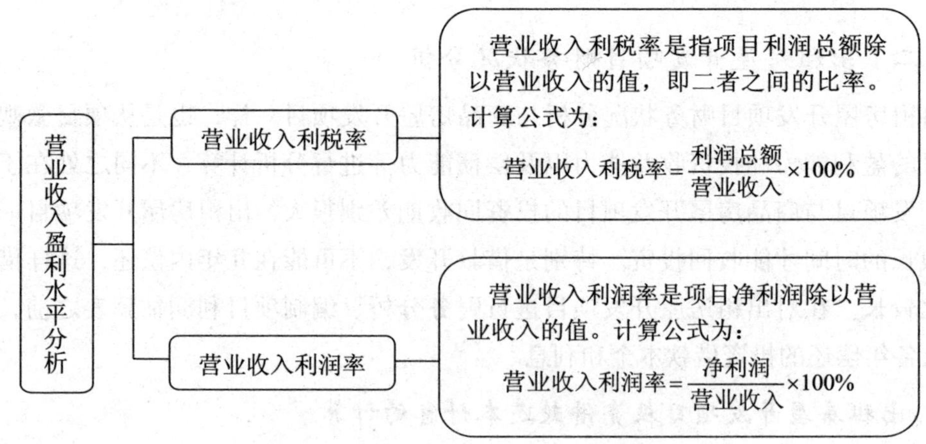

图4-31　出租房屋开发项目营业收入盈利水平分析

可以将出租房屋开发项目的营业收入利税率和营业收入利润率与其他开发企业的比率做一比较，如果高于相关企业的比率，则说明该项目有一定的竞争力，相反，如果低于相关企业的比率，则说明没有竞争力。

（2）投资收益能力分析。出租房屋开发项目投资收益能力的静态分析可用投资收益率指标来进行评价，具体见图 4-32。

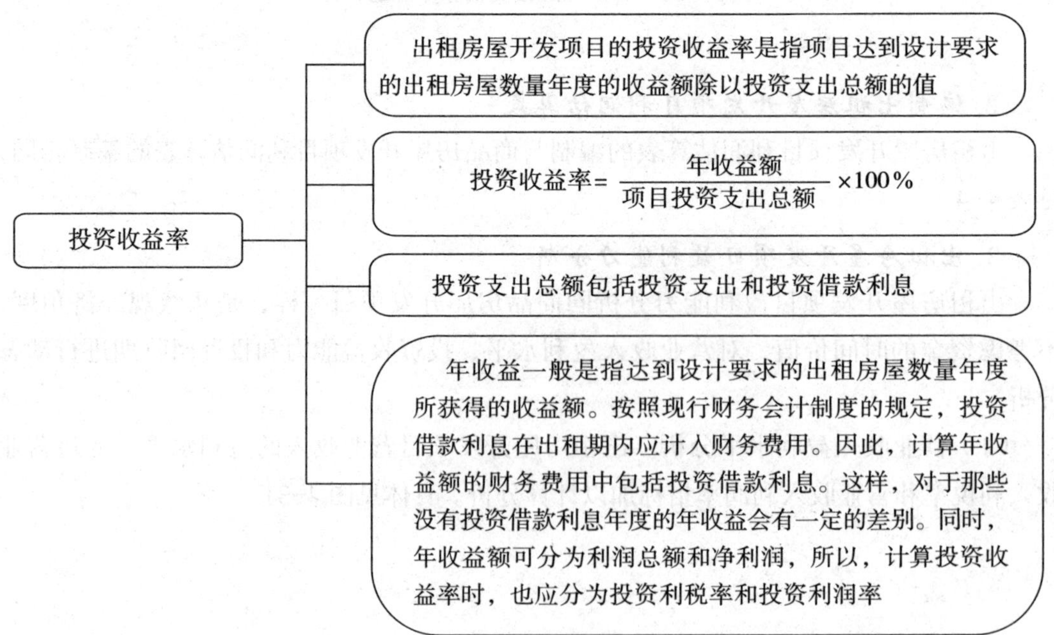

图4-32　投资收益率

（3）投资回收期的计算。投资回收期又叫作投资返本年限，它用来测算拟开发项目投资后，在房屋正常出租经营和提取房屋折旧的条件下，用来收回项目投资所需的时间。投资回收期的计算公式见图4-33。

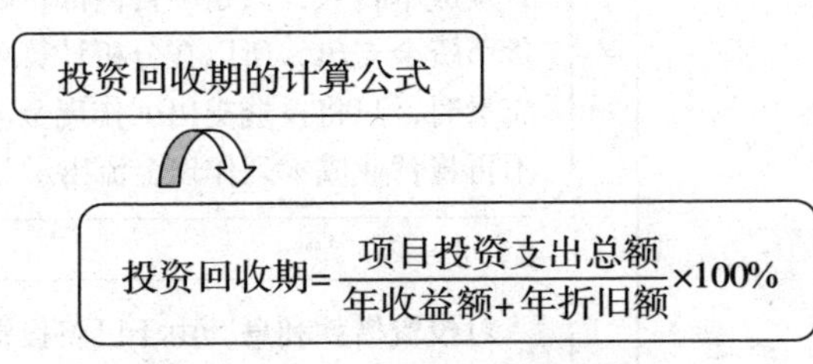

图4-33　投资回收期的计算公式

（4）偿债能力分析。出租房屋开发项目如果是向银行借款开发的，要对项目的偿债能力进行分析。通常，按到项目偿还时的营业收入估算数减去项目到债务偿还时发生的不包括出租房屋折旧费的营业支出、营业税金及附加、销售费用、管理费用和所得税费用后的余额，是否大于投资借款还本付息总额来评价。如大于投资借款本息，说明项目有偿还能力；如小于投资借款本息，说明项目不能按期偿还投资借款本息。

四、开发项目投资经济效益分析

（一）商品房屋开发项目投资经济效益分析

1. 现金流量计算

要在商品房屋开发项目投资效益分析、评价中考虑资金的时间价值，必须对拟开发商品房屋项目在开发和销售期间的货币资金的流入量和流出量进行分析计算，以便通过折现系数把项目不同时期的货币资金收支折算成同一时点（通常为项目开发期初）的资金价值，然后进行对比分析。商品房屋开发项目现金流量计算见图4-34。

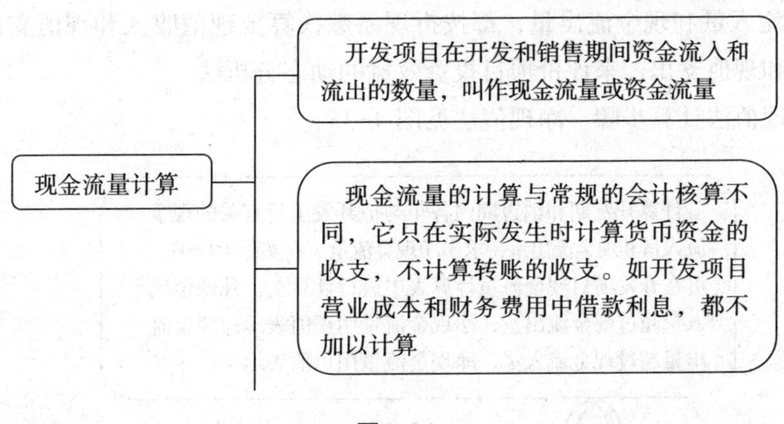

图4-34

现金流量计算

开发项目的营业成本，是由投资支出即开发成本转入，只是项目内部转账，不是货币资金支出，所以在分析计算项目现金流量时，只将投资支出列作现金流出量，不再将营业成本列作现金流出量

对投资借款利息，由于已将投资支出列作现金流出量，在计算现值时，已考虑了资金的时间价值，所以也不再将投资支出中借款利息和财务费用中借款利息作为现金流出量

商品房屋开发项目的现金流入量是营业收入；现金流出量是投资支出、营业税金及附加、营业费用、管理费用和应纳所得税

净现金流量=经营收入-投资支出-营业税金及附加-销售费用-管理费用-应纳所得税

图4-34 现金流量计算

2. 净现值法

（1）净现值法的概念。净现值法又叫财务净现值法。它是把项目开发期和销售期发生的现金流入量和现金流出量，都按折现系数换算成现值收入和现值支出，然后对比现值收入和现值支出，来评价项目投资效益的动态分析法。

（2）净现值法计算步骤。净现值法见图 4-35。

计算开发期和销售期内各年与拟开发项目有关的现金流入量和现金流出量，求出净现金流量（在实际工作中，可在开发项目现金流量计算表中进行计算）。凡现金流入量超过现金流出量，净现金流量用正值表示；现金流出量超过现金流入量，净现金流量用负值表示

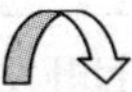

将各年净现金流量都按折现系数折算成现值，并加总求得净现值

图4-35　净现值法计算步骤

（3）净现值法的计算公式。净现值法的计算公式见图 4-36。

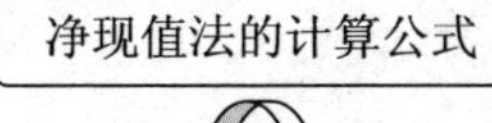

净现值法的计算公式

$$NPV=\sum_{t=1}^{n}(CI-CO)_t(1+i)^{-t}$$

式中，NPV——净现值；

CI——年现金流入量；

CO——年现金流出量；

i——基准收益率；

n——计算期。

净现值为正值，表示发生投资净收益，有财务效益，该项目可取；如净现值为负值，表示发生投资亏损，没有财务效益，该项目不可取

图4-36　净现值法的计算公式

计算折现系数时的折现率，一般应采用行业基准投资收益率或行业平均资金利润率，而不宜采用市场利率或社会平均资金利润率。因为折现率的高低直接影响现值的大小，关系着计算的净现值能否正确反映项目的投资财务效益。这是在我国目前各行业投资收益还有差别的情况下必须加以注意的。

（4）净现值率。净现值率是反映各个项目净现值与现值投资支出对比关系的一个指标，它反映单位现值投资支出产生的净现值。净现值率越大，说明开发方案的投资财务效益越好。计算公式如下：

$$净现值率=\frac{净现值}{现值投资支出}\times 100\%$$

（5）净现值法的优缺点。净现值法的优缺点见图 4-37。

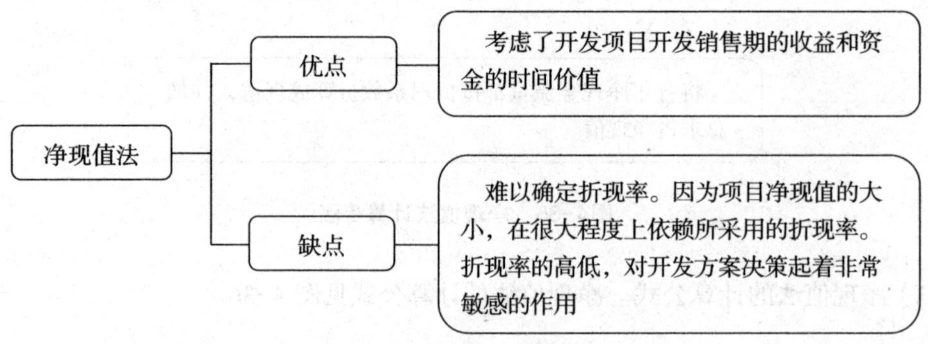

图4-37　净现值法的优缺点

3. **内部收益率法**

（1）内部收益率法的概念。内部收益率法又叫财务内部收益率法。它是用内部收益率来评价拟开发项目财务效益的动态分析法。所谓内部收益率，就是在现金流入现值总额与现金流出现值总额相等，净现值等于零时的折现率。内部收益率需要用若干个折现率进行试算，直至找到净现值等于零或接近于零的那个折现率。净现值越接近零，求得的内部收益率越正确。

（2）内部收益率法的计算步骤。内部收益率法的计算步骤见图 4-38。

在计算净现值的基础上，如果净现值是正值，就要采用比这个净现值计算更高的折现率来测算，直到测算的净现值正值接近于零

继续提高折现率，直接测算出一个净现值为负值，如果负值过大，就降低折现率再测算接近于零的负值。当找到按某一折现率所求得的净现值为正值，而按相邻的一个折现率所求得的净现值为负值时，就表明内部收益率在这两个折现率之间

根据接近于零的相邻正负两个净现值的折现率，用线性插值法，求得精确的内部收益率。但要注意正负值的两个折现率的间距不能太大，否则，算得的内部收益率就不会精确

图4-38　内部收益率法的计算步骤

（3）内部收益率法的计算公式。内部收益率法的计算公式见图 4-39。

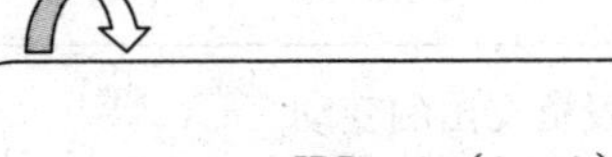

$$IRR = i + (i_2 - i_1) \times \frac{NPV_1}{NPV_1 - NPV_2}$$

式中，IRR——内部收益率；

i_1——使净现值为接近于零的正值的折现率；

i_2——使净现值为接近于零的负值的折现率；

NPV_1——按折现率 i_1 计算出的净现值；

NPV_2——按折现率 i_2 计算出的净现值

图4-39　内部收益率法的计算公式

（4）内部收益率法的优缺点。内部收益率法的优点是能够把开发项目的收益与其投资总额联系起来，指出这个项目确切的收益率，便于同房地产行业的基准投资收益率对比，确定这个项目是否值得开发。如使用借款进行开发，在借款条件（主要指利率）还不很明确时，内部收益率还可以避开借款条件问题，先求得投资收益率，作为可以接受的借款利率的上限。因此，一些国际金融机构，如世界银行、亚洲开发银行等，对项目财务评价均采用内部收益率法。但是，内部收益率表现的比率并不是绝对值。一个内部收益率较低的方案，可能由于其开发规模较大而有较大的净现值，因而更值得进行投资开发。所以，一个拟开发项目，如有几个开发方案进行选择时，必须将内部收益率与净现值结合起来考虑。

（二）出租房屋开发项目投资经济效益分析

（1）现金流量的计算。出租房屋开发项目现金流量的计算同商品房屋开发项目现金流量的计算。

（2）净现值法。出租房屋开发项目净现值法的计算同商品房屋开发项目净现值法的计算。

（3）内部收益率法。出租房屋开发项目内部收益率法的计算同商品房屋开发项目内部收益率法的计算。

五、开发项目的不确定性分析

（一）开发项目经济效益评价中的不确定性因素

开发项目投资经济效益分析、评价中的不确定因素是很多的，但对项目投资经济效益有较大影响的主要有以下因素（图 4-40）。

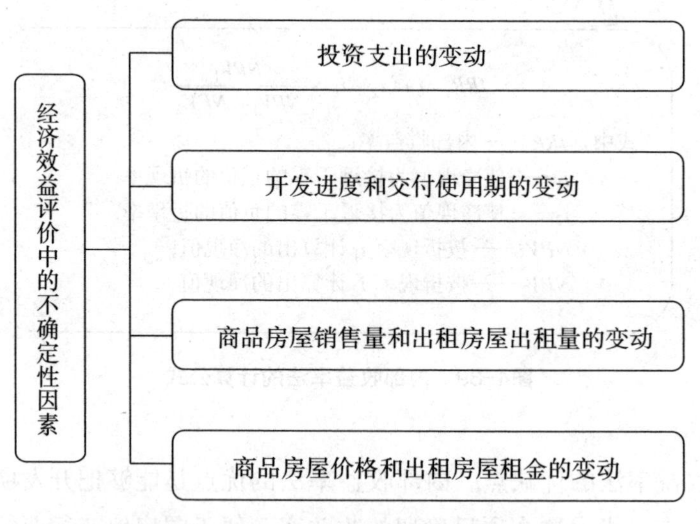

图4-40　经济效益评价中的不确定性因素

（二）盈亏平衡分析

盈亏平衡分析又叫作损益平衡分析或保本分析。它是对项目的生产经营规模、成本费用、销售收入进行综合分析的一种技术经济分析方法，广泛应用于经营分析、成本管理和方案选择等领域。盈亏平衡分析的目的，是确定投资活动的盈亏平衡点。根据这个平衡点，使投资者能掌握企业或项目的盈亏界线，了解企业或项目的风险大小。

1. 盈亏平衡分析的方法

要进行盈亏平衡分析，首先必须确定盈亏平衡点。盈亏平衡点的确定，基本上有两种方法：图示法和代数法。

（1）图示法。在商品房屋开发项目投资经济效益分析中，销售的商品房屋的营业收入、营业成本及销售费用、财务费用、管理费用以及利润之间有如下关系：

利润总额 = 营业收入 − 营业税金及附加 − 营业成本 − 销售费用 − 财务费用 − 管理费用

= 营业净收入 − 营业成本 − 销售费用 − 财务费用 − 管理费用

营业收入 = 商品房屋销售量 × 每平方米价格

营业税金及附加 = 营业收入 × 税费率

从以上等式可以看出，商品房屋营业收入、营业净收入都可以是商品房屋销售量的函数，当它们是线性函数关系时，可以将它们与营业成本及销售费用、财务费用、

管理费用一起在同一坐标图上画出三条线，见图 4-41。

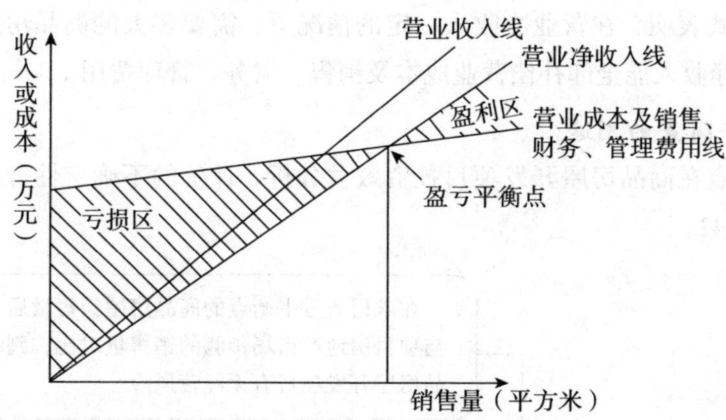

图4-41　商品房屋开发项目的盈亏平衡点

通过图 4-41 可以看出，商品房屋营业净收入线和营业成本及销售、财务、管理费用线的斜率和位置，决定了盈亏平衡点的位置。其中，营业净收入线的斜率取决于商品房屋销售量、每平方米价格和税费率等因素的变动，营业成本及销售、财务、管理费用线的位置则取决于投资支出及销售、财务、管理费用的大小。任何一个因素的变动，都会影响盈亏平衡点的位置。通过这些不确定性因素对盈亏平衡点的影响来确定各种条件下商品房屋开发项目的保本销售量，可使企业掌握不致亏损必须达到的商品房屋销售量。

（2）代数法。用代数法确定盈亏平衡点，也就是求商品房屋营业净收入等于营业成本及销售、财务、管理费用时的销售量，由于：

营业净收入 = 商品房屋销售量 ×（每平方米价格 - 每平方米营业税金及附加）

当营业净收入等于营业成本及销售、财务、管理费用时：

商品房屋销售量 ×(每平方米价格 - 每平方米营业税金及附加)= 营业成本及销售、财务、管理费用

整理上式后即得：

$$\text{商品房屋销售量即盈亏平衡点销售量} = \frac{\text{营业成本及销售、财务、管理费用}}{\text{每平方米价格} - \text{每平方米营业税金及附加}}$$

式中的商品房屋每平方米价格减去每平方米营业税金及附加后的余额，是每平方米商品房屋营业净收入。它表示每销售一平方米商品房屋所能获得的可用来补偿营业成本及销售、财务、管理费用的数额。每平方米商品房屋营业净收入与销售量的乘积，就是营业净收入总额，营业净收入总额必须先用来补偿营业成本及销售、财务、管理

费用，在有余额时才是企业的利润。在盈亏平衡点上，营业净收入总额正好补偿营业成本及销售、财务、管理费用，所以不盈也不亏，以后增加的营业净收入就是企业的利润总额。上式表明，在营业净收入一定的情况下，需要多大的商品房屋销售量，使所获得的营业净收入能全部补偿营业成本及销售、财务、管理费用。

2. 盈亏平衡点的用途

盈亏平衡点在商品房屋开发项目投资效益分析、评价的不确定性分析中具有多种用途，见图 4-42。

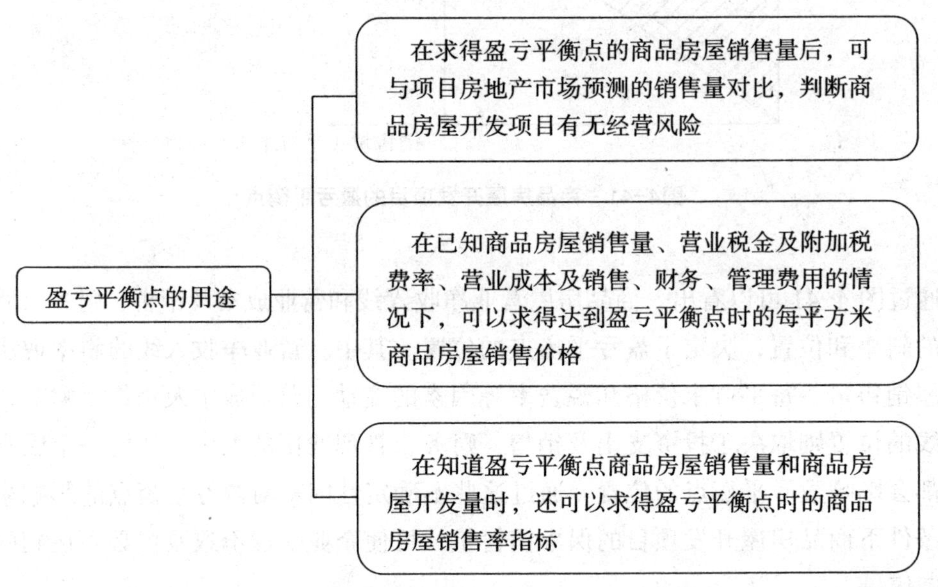

图4-42　盈亏平衡点的用途

（三）敏感性分析

敏感性分析，是通过测定一个或多个不确定性因素的变化所导致的决策评价指标的变化幅度，了解各种因素的变化对实现预期目标的影响程度，从而在外部条件发生不利变化时对投资方案的承受能力做出判断。敏感性分析是经济决策中常用的一种风险分析方法。敏感性就是指经济效果指标对影响因素的敏感程度大小。对经济效果指标的敏感性大的影响因素，在实际工作中，要严格加以控制和掌握；对于敏感性较小的影响因素，则稍加控制即可。

敏感性分析步骤见图 4-43。

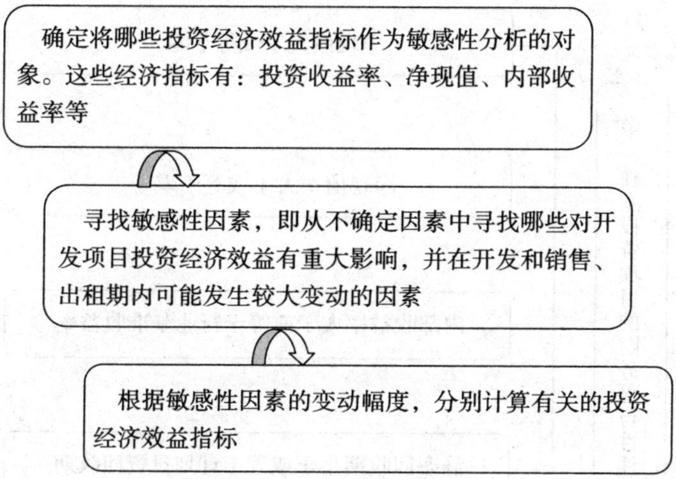

确定将哪些投资经济效益指标作为敏感性分析的对象。这些经济指标有：投资收益率、净现值、内部收益率等

寻找敏感性因素，即从不确定因素中寻找哪些对开发项目投资经济效益有重大影响，并在开发和销售、出租期内可能发生较大变动的因素

根据敏感性因素的变动幅度，分别计算有关的投资经济效益指标

图4-43　敏感性分析步骤

第三节　房地产开发项目投资决策评价指标的运用

计算评价指标的目的，是为了提供项目投资决策的定量依据，进行项目的评价与优选。由于评价指标的运用范围不同，评价指标的自身特征不同，评价指标之间的关系比较复杂，因此，必须根据具体运用范围确定如何运用评价指标。

一、单一独立投资项目的财务可行性评价

在只有一个投资项目可供选择的条件下，需要利用评价指标考察该独立项目是否具有财务可行性，从而做出接受或拒绝该项目的决策。当有关正指标大于或等于某些特定数值，反指标小于某些特定数值，则该项目具有财务可行性；反之，则不具备财务可行性，具体判断如下：

（1）如果某一投资项目的评价指标同时满足以下条件，则可以判定该投资项目无论从哪个方面看都具备财务可行性，应当接受此投资方案。具体条件见图 4-44。

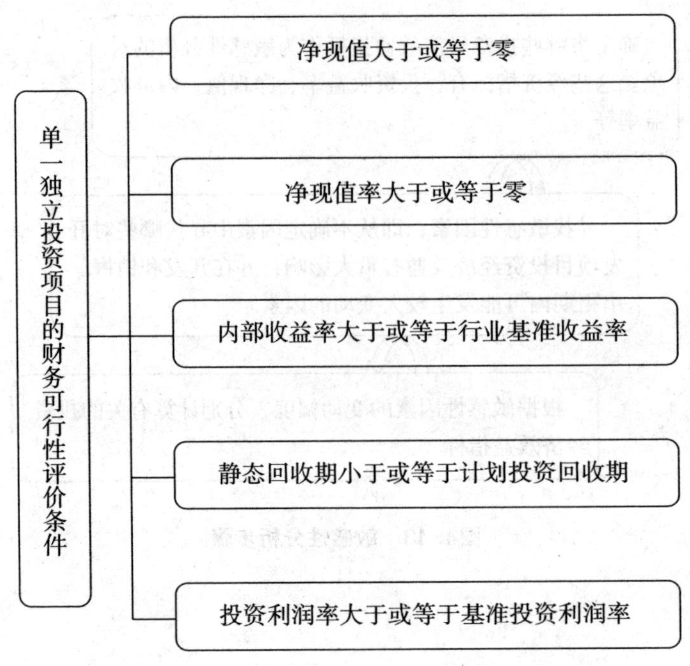

图4-44　单一独立投资项目的财务可行性评价条件

（2）如果某一投资项目的指标不能同时满足上述条件，则项目无论从哪个方面看都不具备财务可行性，应当放弃该投资方案。

（3）当静态投资回收期（次要指标）或投资利润率（辅助指标）的评价结论与净现值等主要指标的评价结论发生矛盾时，应当以主要指标的结论为准。

二、多个互斥方案的比较与优选

项目投资决策中的互斥方案是指在决策时涉及的多个相互排斥、不能同时并存的投资方案。互斥方案决策过程就是在每一个入选方案已具备财务可行性的前提下，利用具体决策方法比较各个方案的优劣，利用评价指标从各个备选方案中最终选出一个最优方案的过程。在互斥方案的选择中，可以利用某一指标，如净现值、净现值率、差额投资内部报酬率法、年等额净回收额法等。

（一）差额投资内部报酬率法

差额投资内部报酬率法的相关内容见图 4-45。

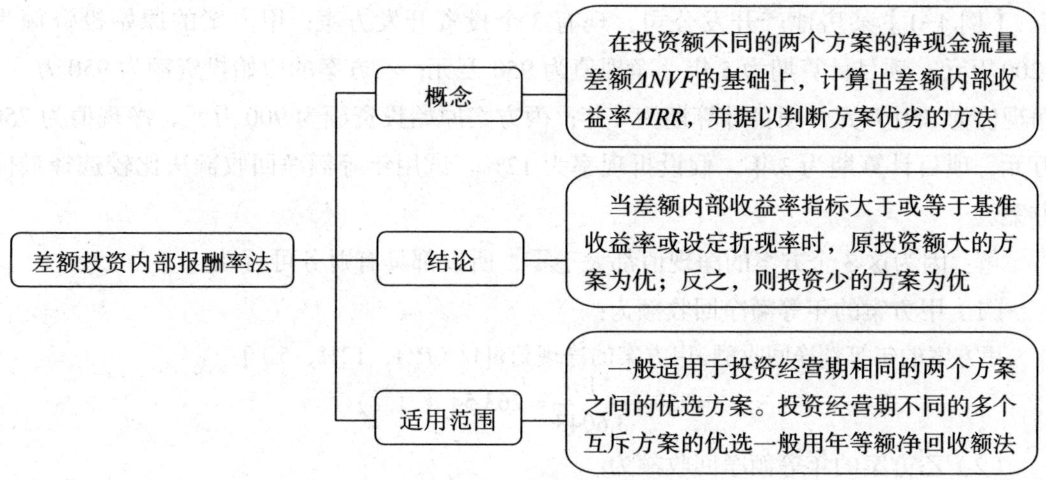

图4-45　差额投资内部报酬率法

（二）年等额净回收额法

年等额净回收额法的相关内容见图 4-46。

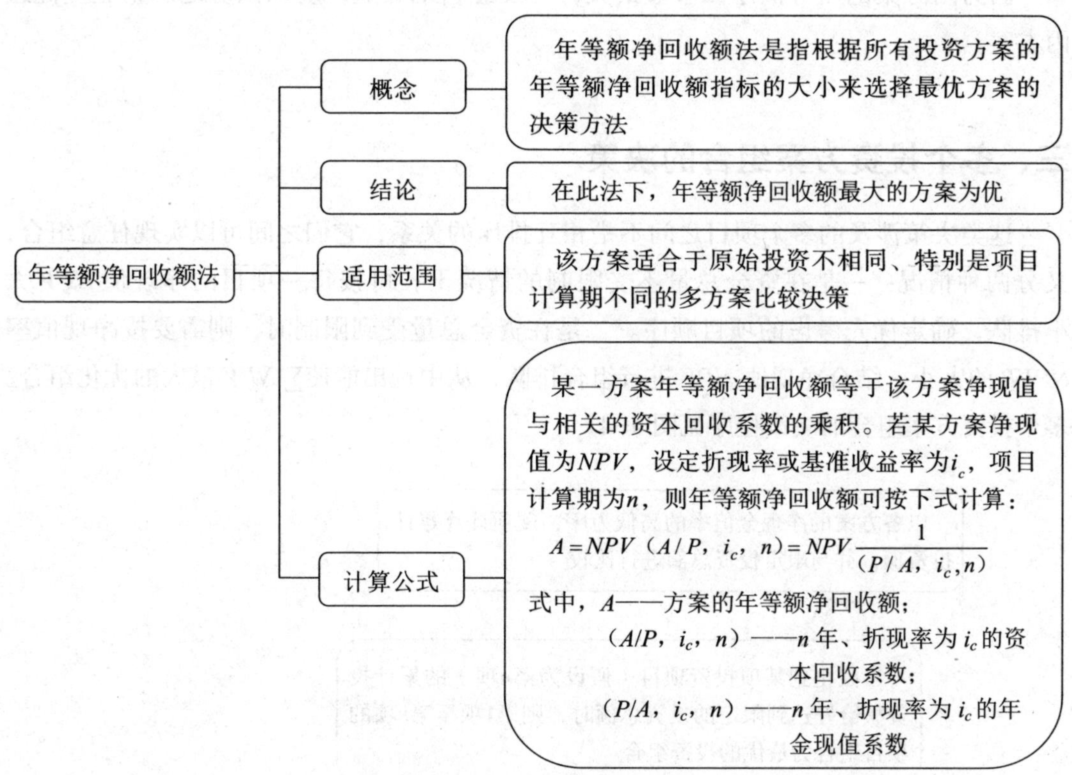

图4-46　年等额净回收额法

【例 4-1】某房地产开发公司，现有 3 个投资开发方案；甲方案的原始投资额为 1200 万元，项目计算期为 5 年，净现值为 950 万元；乙方案的原始投资额为 950 万元，净现值为 850 万元，项目计算期为 4 年；丙方案原始投资额为 900 万元，净现值为 750 万元，项目计算期为 3 年，假设折现率为 12%。试用年等额净回收额法比较选择最优方案。

解：因为这 3 个方案的净现值都大于零，所以都具有财务可行性。

（1）甲方案的年等额净回收额为：

甲方案的年等额净回收额=甲方案的净现值×[1/（P/A，12%，5）]

$$=950\times\frac{1}{3.6048}=263.54\text{（万元）}$$

（2）乙方案的年等额净回收额为：

乙方案的年等额净回收额=乙方案的净现值×[1/（P/A，12%，4）]

$$=850\times\frac{1}{3.0373}=279.85\text{（万元）}$$

（3）丙方案的年等额净回收额为：

丙方案的年等额净回收额=丙方案的净现值×[1/（P/A，12%，3）]

$$=750\times\frac{1}{2.4018}=312.266\text{（万元）}$$

因为丙方案的年等额净回收额最大，开发经营期又短，所以该房地产企业应优选丙方案。

三、多个投资方案组合的决策

这类决策涉及的多个项目之间不是相互排斥的关系，它们之间可以实现任意组合，又分两种情况：一是在资金总量不受限制的情况下，可按每一项目的净现值 *NPV* 大小排队，确定优先考虑的项目顺序。二是在资金总量受到限制时，则需要按净现值率 *NPVR* 的大小，结合净现值 *NPV* 进行组合排队，从中选出能使∑ *NPV* 最大的优化组合。多个投资方案组合的决策程序见图 4-47。

以各方案的净现金值率的高低为序，逐项计算累计投资额，并与限定投资总额进行比较

当截止到某项投资项目（假设为第n项）的累计投资额恰好达到限定的投资总额时，则第1项至第n项的项目组合为最优的投资组合

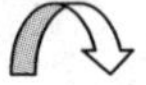

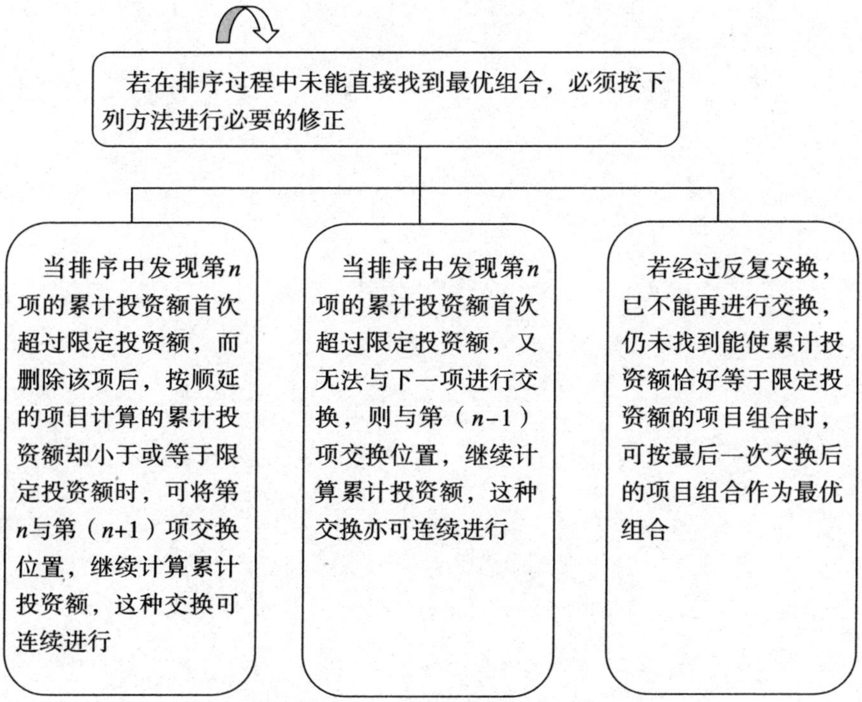

若在排序过程中未能直接找到最优组合，必须按下列方法进行必要的修正

当排序中发现第n项的累计投资额首次超过限定投资额，而删除该项后，按顺延的项目计算的累计投资额却小于或等于限定投资额时，可将第n与第（$n+1$）项交换位置，继续计算累计投资额，这种交换可连续进行

当排序中发现第n项的累计投资额首次超过限定投资额，又无法与下一项进行交换，则与第（$n-1$）项交换位置，继续计算累计投资额，这种交换亦可连续进行

若经过反复交换，已不能再进行交换，仍未找到能使累计投资额恰好等于限定投资额的项目组合时，可按最后一次交换后的项目组合作为最优组合

图4-47　多个投资方案组合的决策程序

第五章　房地产企业流动资产管理

本章导读

企业的流动资产在全部资产中占有相当大的比重，如何有效地利用这部分资产，是房地产企业财务管理工作的一项重要内容。流动资产的性质决定了企业的各职能部门都能影响流动资金的占用数量，而且这些职能部门通常只考虑自身的需要，因此，财务部门必须对流动资产进行全面控制才能达到企业总目标的最优化。

房地产企业类型多样，不同企业的流动资产所包含的具体内容并不相同。从事物业管理和中介服务的房地产企业，其流动资产的数量和种类都较少，管理较容易。从事直接投资于土地和房屋的开发建设的房地产企业，其流动资产形态多样、内容复杂，管理难度大。

房地产企业流动资产的管理除了要做好日常安全性、完整性的管理以外，还需要决定流动资产的总额及其结构以及这些流动资产的筹资方式。在做出这些决定时，需要在风险与收益率之间进行权衡。在其他情况相同的条件下，易变现资产的比例越大，现金短缺的风险越小，但收益率将会降低；在其他情况相同的条件下，房地产企业各项债务的偿还期越长，现金偿债的风险越小，但企业的利润可能减少。

第一节　房地产企业流动资产管理概述

一、流动资产的概念

房地产企业的流动资产是指能够在 1 年内或者超过 1 年的一个营业周期内变现或者运用的资产，具体内容见图 5-1。

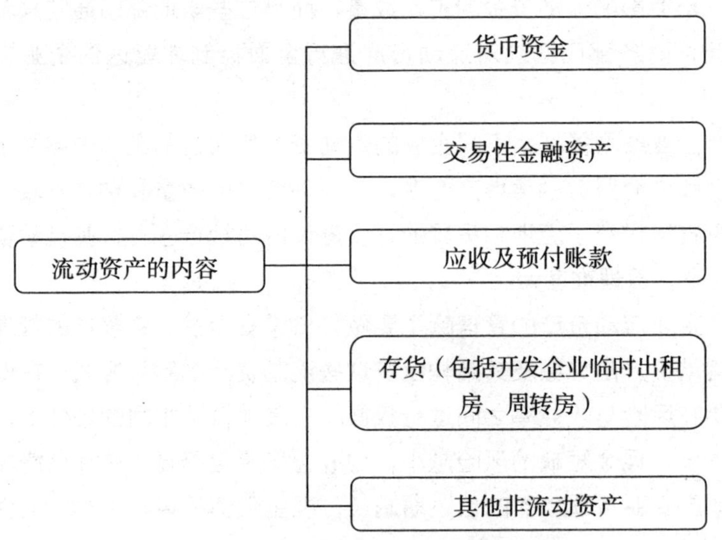

图5-1　房地产企业流动资产的内容

所谓“一个营业周期”，对房地产企业来说是指某项开发产品的开发从征地拆迁开始到其完工销售取得经营收入为止的时间。房地产企业的营业周期一般长于 1 年，如果仅以 1 年为标准来确定流动资产，对于大部分房地产企业来说，就会使企业本来用于开发经营周转的流动资金都归于长期资产，这不利于正确地反映房地产企业的财务状况。在财务管理学上，通常将 1 年或超过 1 年的一个营业周期以内的时间称为短期，将 1 年或超过 1 年的一个营业周期以外的时间称为长期，它们是划分企业流动资产和非流动资产的一对重要概念。

二、流动资产的分类

流动资产按其流动性的强弱，可分速动资产和非速动资产，见图 5-2。

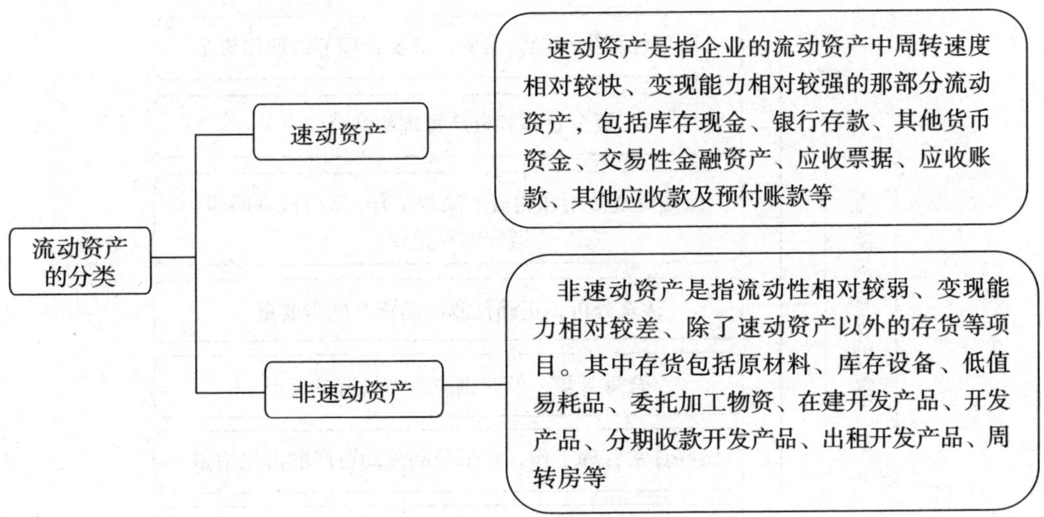

图5-2　流动资产的分类

三、房地产企业流动资产的特点

房地产企业流动资产的特点见图 5-3。

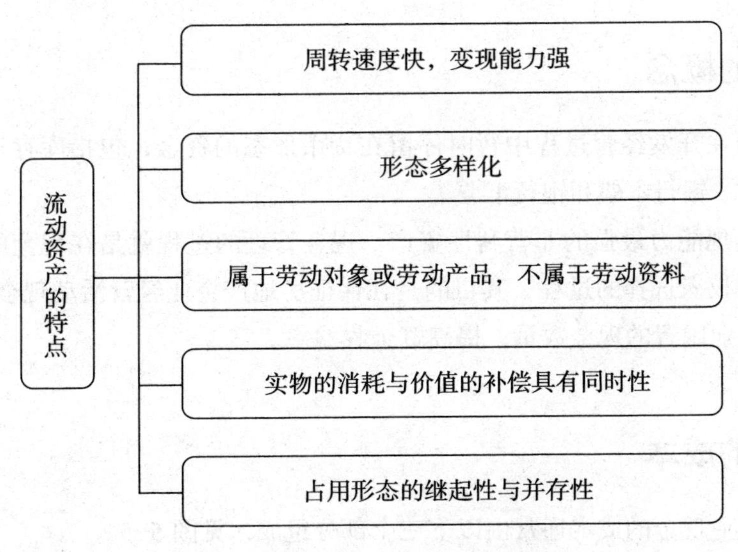

图5-3　房地产企业流动资产的特点

四、房地产企业流动资产管理的要求

房地产企业在流动资产管理中应做好以下几个方面的工作（图 5-4）。

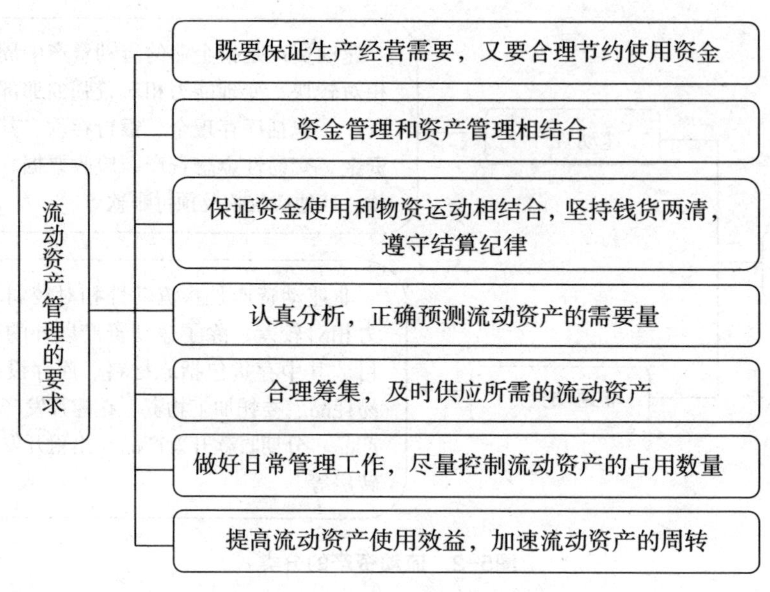

图5-4　流动资产管理的要求

第二节　房地产企业现金管理

一、现金的概念

现金是指在开发经营过程中暂时停留在货币形态的资金，包括库存现金、各种形式的银行存款、银行本票和银行汇票等。

现金是变现能力最强的非营利性资产，现金管理的过程就是在现金的流动性与收益性之间进行权衡选择的过程，其目的是在保证房地产企业经营活动现金需要的同时，降低房地产企业闲置的现金数量，提高资金收益率。

二、现金的成本

房地产企业现金的成本通常由以下三个部分组成，见图 5-5。

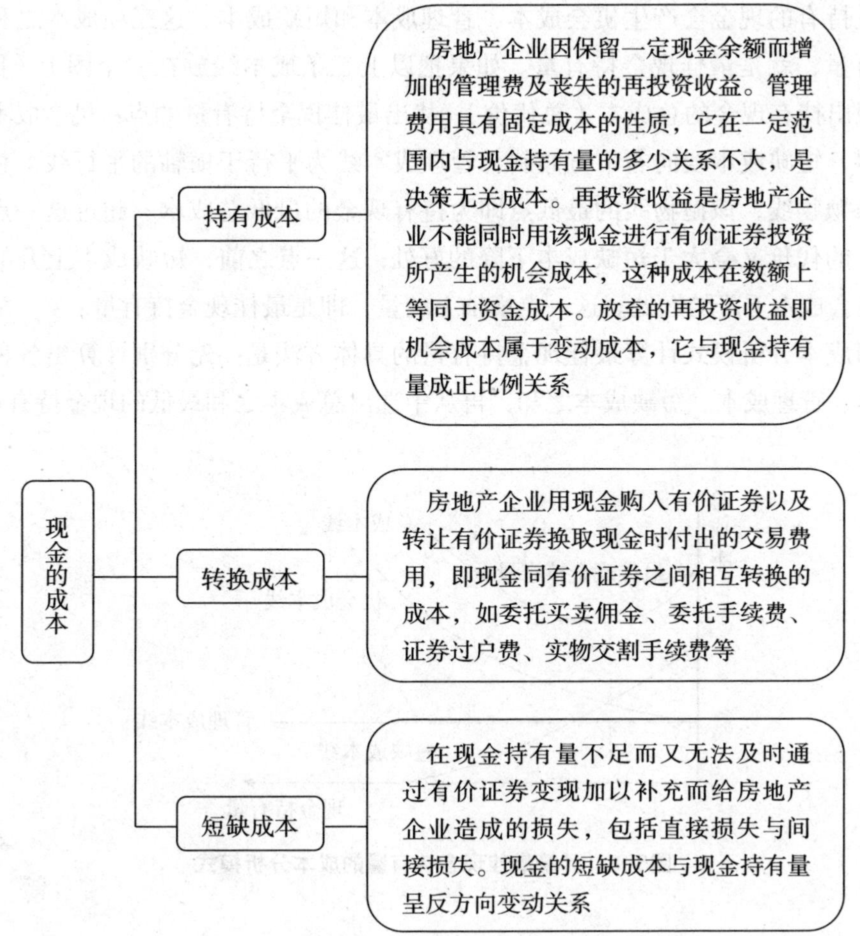

图5-5　现金的成本

三、房地产企业最佳现金持有量

房地产企业为了应付日常经营的开支，必须保持一定的现金持有量。但作为一种流动性最强而盈利性又最差的资产，现金并不能给房地产企业带来利润，持有过多的现金会使房地产企业的盈利水平下降，而现金太少又有可能出现现金短缺，影响房地产企业正常的生产经营。因此，房地产企业有必要控制好现金持有规模，即确定适当的现金持有量。以下是几种确定最佳现金持有量的方法。

（一）成本分析模式

成本分析模式是通过分析持有现金的成本，寻找持有成本最低的现金持有量。房地产企业持有的现金会产生机会成本、管理成本和短缺成本。这三项成本之和最小的现金持有量，就是最佳现金持有量。如果把以上三条成本线放在一个图上（图5-6），就能表现出持有现金的总成本（总代价），找出最佳现金持有量的点：机会成本线向右上方倾斜，短缺成本线向右下方倾斜，管理成本线为平行于横轴的平行线，总成本线便是一条抛物线，该抛物线的最低点即为持有现金的最低总成本。超过这一点，机会成本上升的代价又会大于短缺成本下降的好处；这一点之前，短缺成本上升的代价又会大于机会成本下降的好处。这一点横轴上的量，即是最佳现金持有量。

运用成本分析模式计算最佳现金持有量的具体方法是：先分别计算出各种方案的机会成本、管理成本、短缺成本之和，再从中选出总成本之和最低的现金持有量。

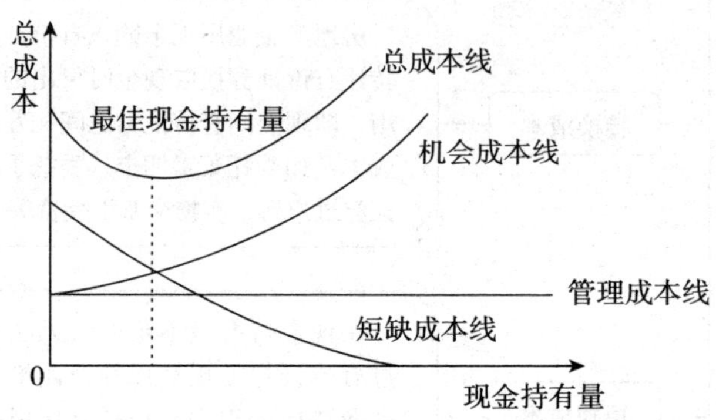

图5-6 计算最佳现金持有量的成本分析模式

【例5-1】某房地产企业有四种现金持有方案，它们各自的机会成本、管理成本、短缺成本见表5-1。

表5-1 现金持有方案 单位：元

项目＼方案	甲	乙	丙	丁
现金持有量	25000	55000	70000	95000
机会成本	2500	5500	7000	9500
管理成本	20000	20000	20000	20000
短缺成本	13000	6850	2300	0

注：机会成本率即该企业的资本收益率，为10%。

试求该企业的最佳现金持有量。

解：这四种方案的总成本计算结果见表5-2。

表 5-2 现金持有总成本　　　　单位：元

项目＼方案	甲	乙	丙	丁
机会成本	2500	5500	7000	9500
管理成本	20000	20000	20000	20000
短缺成本	13000	6850	2300	0
总成本	35500	32350	29300	29500

将以上各方案的总成本加以比较可知，丙方案的总成本最低，也就是说当企业持有 70000 元现金时，各方面的总代价最低，对企业最合算，故 70000 元是该企业的最佳现金持有量。

（二）存货模式

存货模式的基本原理是将企业现金持有量和有价证券联系起来衡量，即将现金的持有成本同转换有价证券的成本进行权衡，以求得二者相加总成本最低时的现金余额，从而得出最佳现金持有量。存货模式假定企业在一定时期内现金的流出与流入量均匀而且可预测。企业期初持有一定量的现金，若每天平均流出量大于流入量，到一定时间后现金的余额降至零时，企业就得出售有价证券进行补充，使下一周期的期初现金余额恢复到最高点，而后这笔资金再供生产逐渐支用，待其余额降至零后又进行补充……如此反复，其过程见图 5-7。

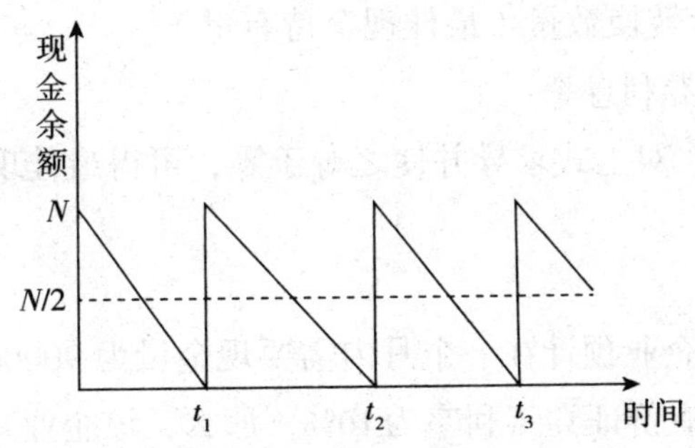

图5-7 确定现金余额的存货模式

当企业持有的现金趋于零时，就需要将有价证券转换为现金，用于日常开支。但转换有价证券需要支付诸如经纪费用等固定成本。一定时期内变换有价证券的次数越多，其固定成本就越高。当然，企业置存现金也要付出一定代价，因为保留现金意味着放弃了投资于有价证券而产生的利息收益机会。一般而言，在有价证券收益率不变的条件下，保持现金的余额越多，形成的机会成本越大。持有现金机会成本与转换有价证券成本二者之间的关系见图 5-8。

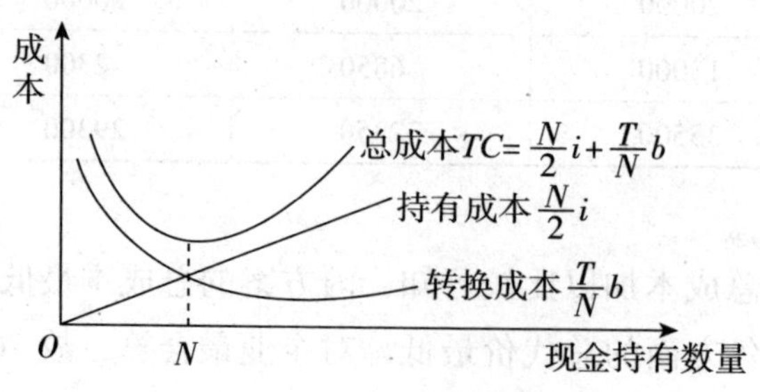

图5-8 现金最佳余额图

由图 5-8 可见，持有成本与现金持有量成正比，企业持有现金愈多，持有现金的机会成本愈高；持有现金愈多，需要把有价证券转换成现金的次数愈少，其转换成本愈低，两项成本相加，即为现金持有总成本。当总成本最低时，即为最佳的现金持有量（图中 N 点），用公式表示如下：

$$TC=\frac{N}{2}i+\frac{T}{N}b$$

式中，TC——总成本；

b——现金与有价证券的转换成本；

T——特定时间内的现金需求总额；

N——理想的现金转换数量（最佳现金持有量）；

i——短期有价证券利息率。

为了使总成本最小，对上式求导并使之等于零，可得最佳现金持有量：

$$\hat{N}=\sqrt{\frac{2Tb}{i}}$$

【例 5-2】某房地产企业预计在一个月内需要现金量为 90000 元，每天支出量不变，每次转换成本为 80元，有价证券年利率为 10%，那么，该企业月内最佳现金持有量为：

解：最佳现金持有量

$$\hat{N}=\sqrt{\frac{2\times90000\times80}{10\%/12}}=41569\text{（元）}$$

月内有价证券转换次数 =90000/41569=2.17 次

（三）随机模式

随机模式是在现金需求量难以预知的情况下进行现金持有量控制的方法。对房地产企业来讲，现金需求量往往波动大且难以预知，但房地产企业可以根据历史经验和现实需要，测算出一个现金持有量的控制范围，即制定出现金持有量的上限和下限，将现金量控制在上下限之内。当现金量达到控制上限时，用现金购入有价证券，使现金持有量下降；当现金量降到控制下限时，则抛售有价证券换回现金，使现金持有量回升。若现金量在控制的上下限之内，便不必进行现金与有价证券的转换，保持它们各自的现有存量。这种对现金持有量的控制见图 5-9。

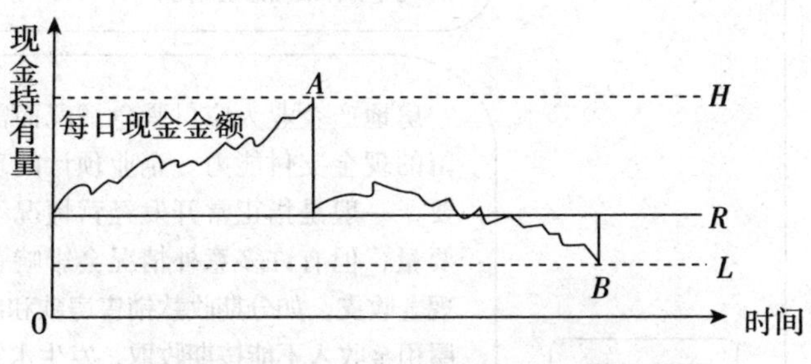

图5-9 随机模式下的现金持有量控制

图 5-9 中，虚线 H 为现金存量的上限，虚线 L 为现金存量的下限，实线 R 为最优现金返回线。从图中可以看到，房地产企业的现金存量（表现为现金每日余额）是随机波动的，当其达到 A 点时，即达到了现金控制的上限，房地产企业应用现金购买有价证券，使现金持有量回落到现金返回线（R 线）的水平；当现金存量降至 B 点时，即达到了现金控制的下限，房地产企业则应转让有价证券换回现金，使其存量回升至现金返回线的水平。现金存量在上下限之间的波动属控制范围内的变化，是合理的，不予理会。以上关系中的上限 H、下限 L、现金返回线 R 可按下列公式计算：

$$R=\sqrt[3]{\frac{3b\delta^2}{4i}}+L$$

$$H=3R-2L$$

式中，b——每次有价证券的固定转换成本；

i——有价证券的日利息率；

δ——预期每日现金余额变化的标准差（可根据历史资料测算）。

而下限 L 的确定，则要受到房地产企业每日的最低现金需要、管理人员的风险承受倾向等因素的影响。

四、房地产企业现金管理的动机

房地产企业持有一定数量的现金，具有以下动机（图 5-10）。

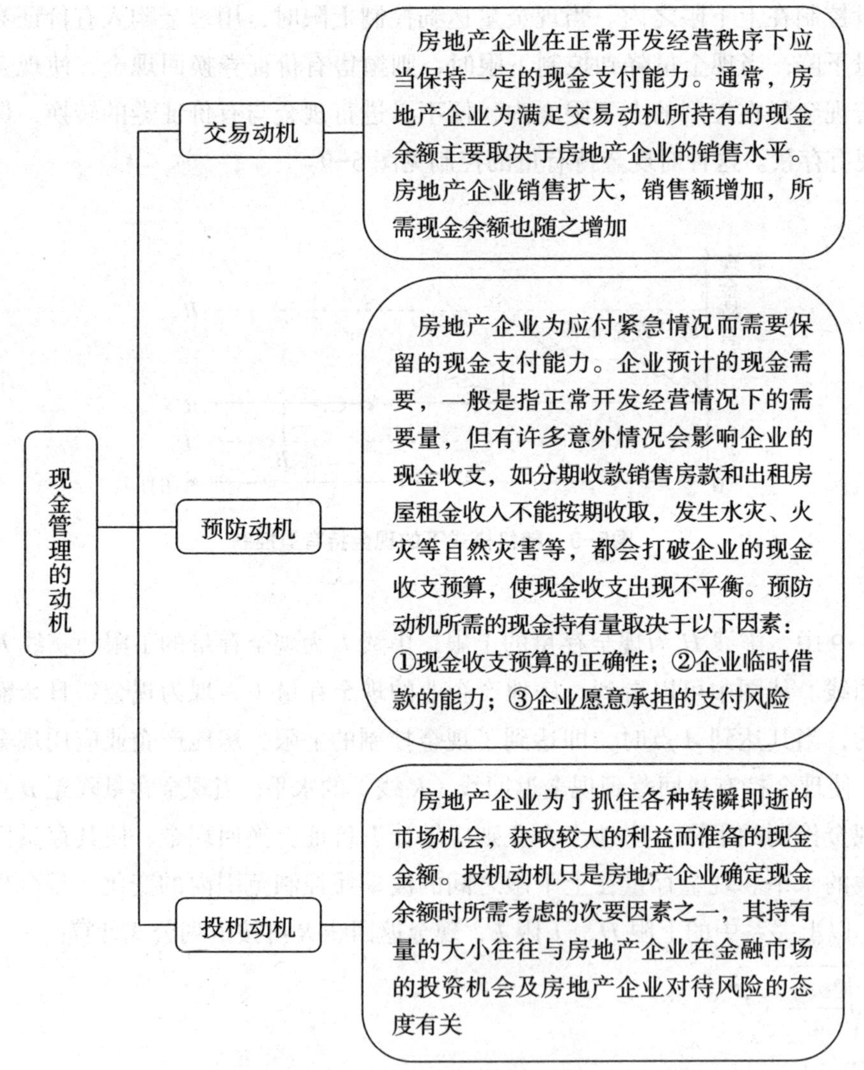

图5-10　房地产企业现金管理的动机

五、房地产企业现金管理的目标

房地产企业缺乏必要的现金，将不能应付业务开支，使房地产企业蒙受损失。房

地产企业由此而造成的损失，称之为短缺现金成本。短缺现金成本不考虑房地产企业其他资产的变现能力，仅就不能以充足的现金支付购买费用而言，内容上大致包括：丧失购买机会、造成信用损失和得不到折扣好处。但是，如果房地产企业置存过量的现金，又会因这些资金不能投入周转无法取得盈利而遭受另一些损失。这样，房地产企业便面临现金不足和现金过量两方面的风险。房地产企业现金管理的目标，就是要在资产的流动性和盈利能力之间做出抉择，以获取最大的长期利润。

六、房地产企业现金预算管理

现金预算通常按年分季或分月编制，采用现金收支预算法。现金收支预算法是将预算期内可能发生的一切现金收支项目分类列入现金预算表内，以确定收支差异，采取适当财务对策的方法。按现金收支预算法编制的现金预算，主要包括现金收入、现金支出、现金余缺、现金融通四个部分。

（一）现金收入

现金收入部分包括期初现金余额和本期现金收入额。期初现金余额和本期现金收入额相加，即为预算期可动用现金合计，其中本期现金收入来源见图 5-11。

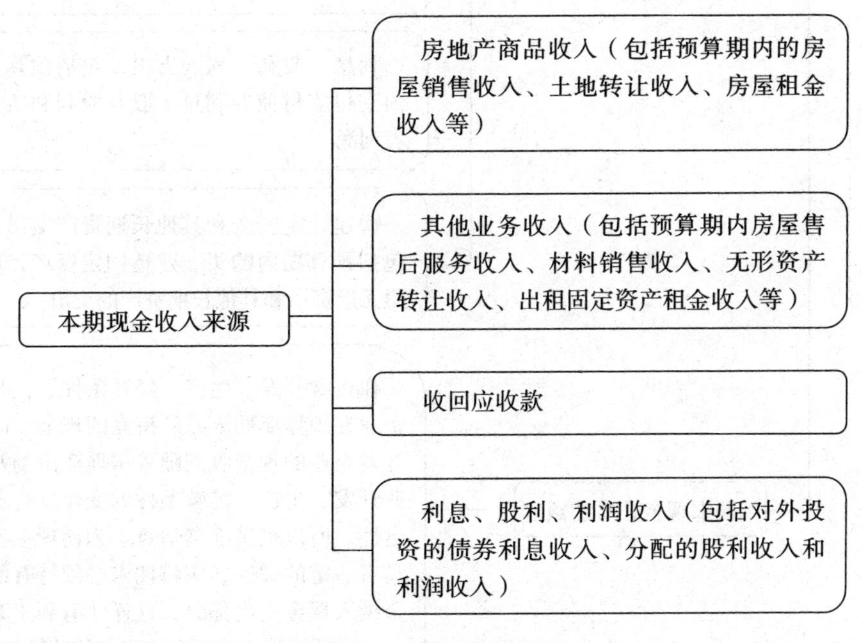

图5-11　本期现金收入来源

（二）现金支出

现金支出部分包括本期现金支出和期末现金必要余额。本期现金支出与期末现金必要余额相加，即为预算期动用现金合计，具体见图 5-12。

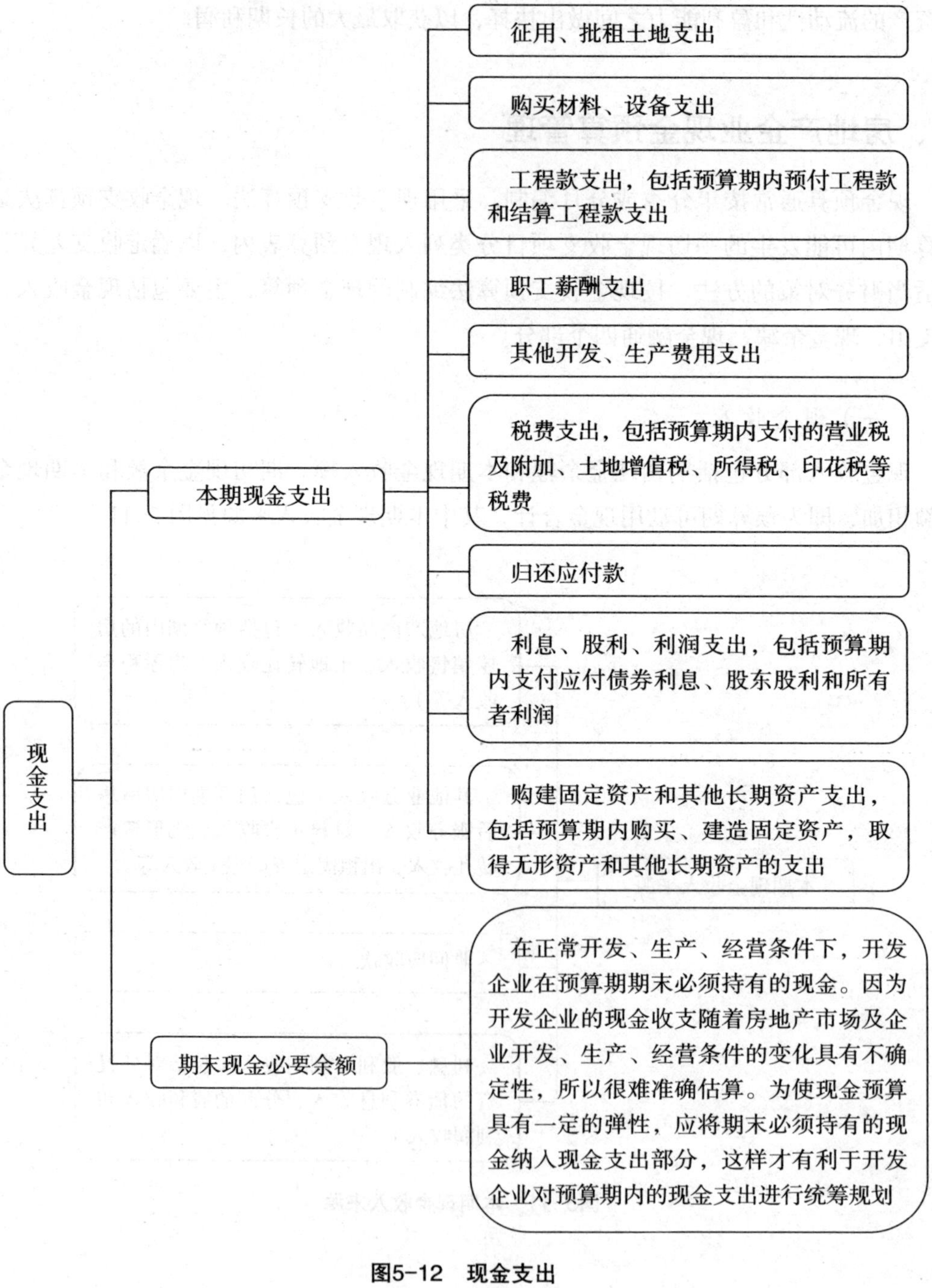

- 现金支出
  - 本期现金支出
    - 征用、批租土地支出
    - 购买材料、设备支出
    - 工程款支出，包括预算期内预付工程款和结算工程款支出
    - 职工薪酬支出
    - 其他开发、生产费用支出
    - 税费支出，包括预算期内支付的营业税及附加、土地增值税、所得税、印花税等税费
    - 归还应付款
    - 利息、股利、利润支出，包括预算期内支付应付债券利息、股东股利和所有者利润
    - 购建固定资产和其他长期资产支出，包括预算期内购买、建造固定资产，取得无形资产和其他长期资产的支出
  - 期末现金必要余额
    - 在正常开发、生产、经营条件下，开发企业在预算期期末必须持有的现金。因为开发企业的现金收支随着房地产市场及企业开发、生产、经营条件的变化具有不确定性，所以很难准确估算。为使现金预算具有一定的弹性，应将期末必须持有的现金纳入现金支出部分，这样才有利于开发企业对预算期内的现金支出进行统筹规划

图5-12　现金支出

（三）现金余缺

现金余缺部分反映预算期内现金收入和现金支出轧抵后的多余或短缺额。如果预算期可动用现金合计大于预算期动用现金合计，说明现金有多余；反之，说明现金短缺。现金多余或短缺揭示了企业现金收支的不平衡性，在编制现金预算出现现金短缺时，应积极与有关部门反复协商，采取各项措施，既要做到努力增收节支，保证现金收支在总额上的平衡，又要做到预算期内各季、各月收支在时间上的相互协调。这是企业现金预算管理的主要内容。

（四）现金融通

现金融通部分包括现金多余的处置和现金短缺的融资，一般应设置的项目见图5-13。

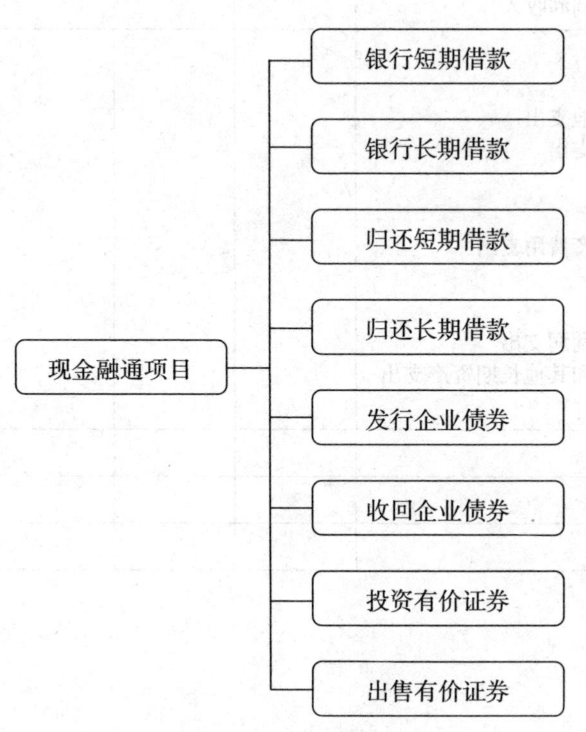

图5-13　现金融通项目

对于现金多余或短缺的处置或融资方式，应根据现金余缺的具体情况而定。一般来说，临时性的现金多余，可以考虑先归还短期借款，然后购买有价证券；如果这种现金多余是经常性、长期性的，则比较适宜于归还长期借款或进行长期有价证券的投资。与此相对应，对于临时性现金短缺，可向银行借短期借款或出售短期有价证券加以弥补；如果是经常性、长期性的现金短缺，则可向银行举借长期借款或发行企业债券加以弥补。

（五）房地产企业现金预算表

房地产企业现金预算表的格式见表 5-3。

表 5-3　房地产企业现金预算表

项目	全年	第一季度	第二季度	第三季度	第四季度
期初现金余额					
本期现金收入					
其中：房地产经营收入					
其他业务收入					
收回应收款					
利息、股利、利润收入					
本期可动用现金合计					
本期现金支出					
其中：征用、批租土地支出					
购买材料设备支出					
工程款支出					
职工薪酬支出					
其他开发、生产费用支出					
税费支出					
归还应付款					
利息、股利、利润支出					
购买固定资产和其他长期资产支出					
……					
期末现金必要余额					
本期动用现金合计					
现金余缺					
现金融通					
归还短期借款					
银行长期借款					
归还长期借款					
发行企业债券					
收回企业债券					
投资有价证券					
出售有价证券					

这个现金预算表以整个企业的现金收支为对象，包括了企业各个开发项目、其他业务以及管理、营销部门的现金收支，用于归还和控制企业预算期的现金收支活动。

七、房地产企业现金收支管理

房地产企业现金收支管理的目的在于提高现金使用效率，为达到这一目的，应当做好以下几方面的工作（图 5-14）。

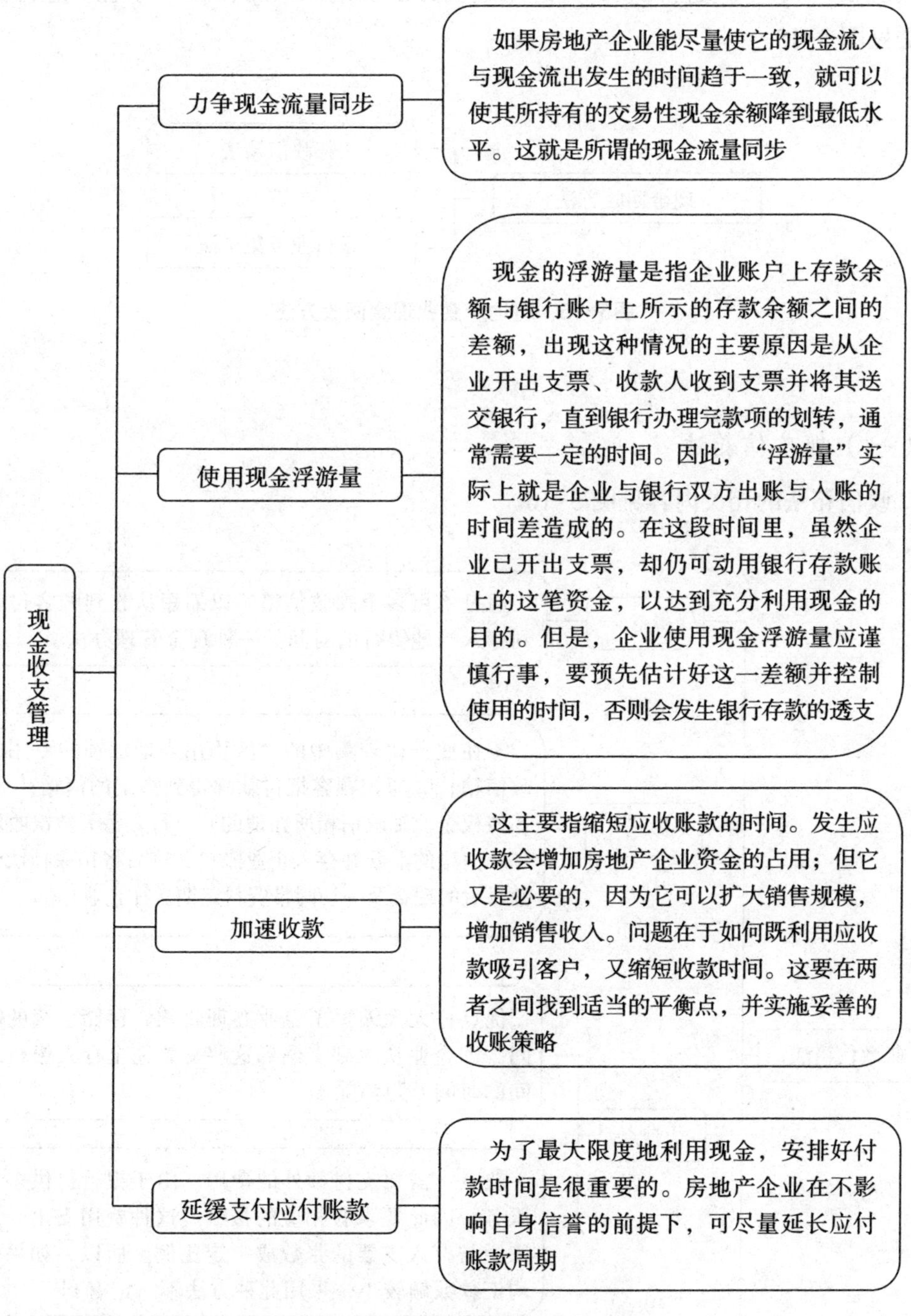

现金收支管理

- 力争现金流量同步：如果房地产企业能尽量使它的现金流入与现金流出发生的时间趋于一致，就可以使其所持有的交易性现金余额降到最低水平。这就是所谓的现金流量同步
- 使用现金浮游量：现金的浮游量是指企业账户上存款余额与银行账户上所示的存款余额之间的差额，出现这种情况的主要原因是从企业开出支票、收款人收到支票并将其送交银行，直到银行办理完款项的划转，通常需要一定的时间。因此，“浮游量”实际上就是企业与银行双方出账与入账的时间差造成的。在这段时间里，虽然企业已开出支票，却仍可动用银行存款账上的这笔资金，以达到充分利用现金的目的。但是，企业使用现金浮游量应谨慎行事，要预先估计好这一差额并控制使用的时间，否则会发生银行存款的透支
- 加速收款：这主要指缩短应收账款的时间。发生应收款会增加房地产企业资金的占用；但它又是必要的，因为它可以扩大销售规模，增加销售收入。问题在于如何既利用应收款吸引客户，又缩短收款时间。这要在两者之间找到适当的平衡点，并实施妥善的收账策略
- 延缓支付应付账款：为了最大限度地利用现金，安排好付款时间是很重要的。房地产企业在不影响自身信誉的前提下，可尽量延长应付账款周期

图5-14 房地产企业现金收支管理

八、房地产企业现金回收管理

房地产企业现金回收管理的目的是尽快收回现金，加速现金的周转。为此，房地产企业应根据成本与收益比较原则选用适当方法加速账款的收回。房地产企业现金回收方法见图 5-15。

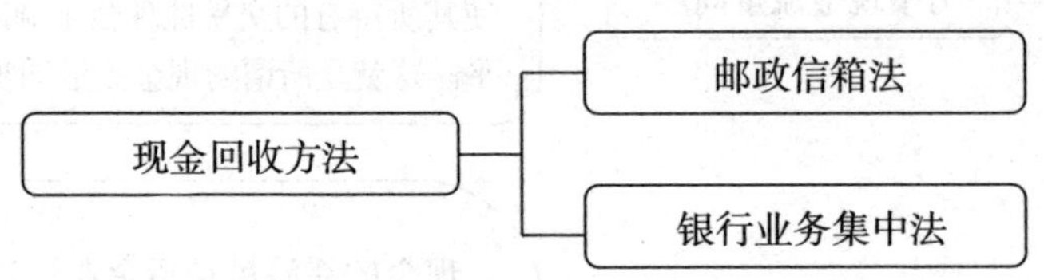

图5-15　房地产企业现金回收方法

（一）邮政信箱法

邮政信箱法的相关内容见图 5-16。

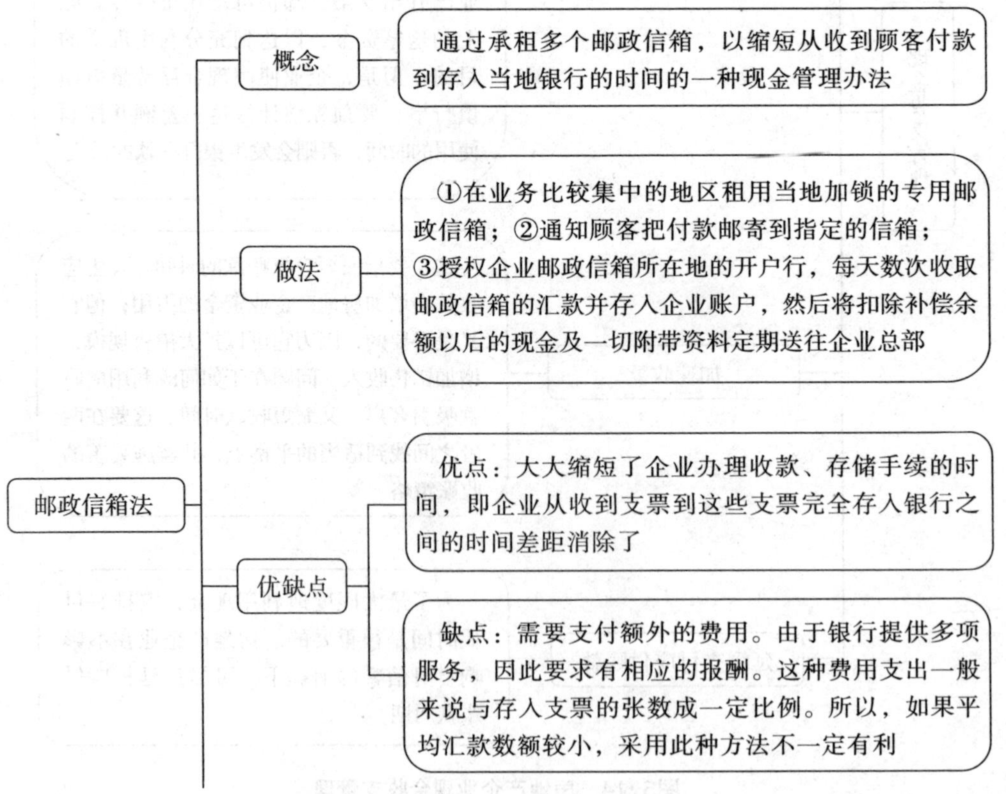

邮政信箱法
适用范围
是否采用这种方法要看节约资金带来的收益与额外支出的费用孰大孰小。如果增加的费用支出比收益小，则可采用邮政信箱法；反之，不宜采用

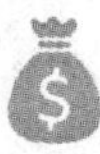

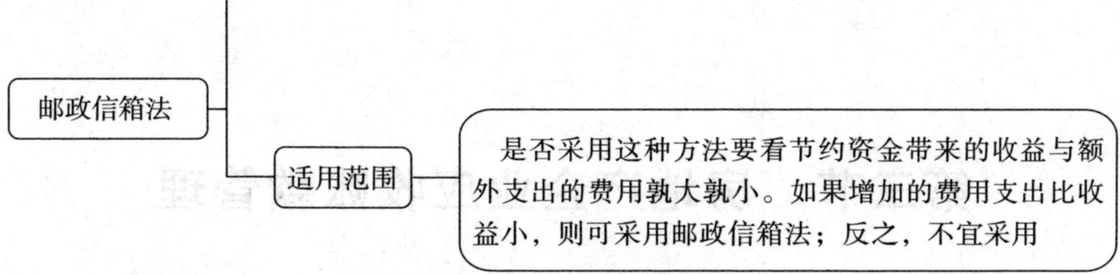

图5-16 邮政信箱法

（二）银行业务集中法

银行业务集中法的相关内容见图 5-17。

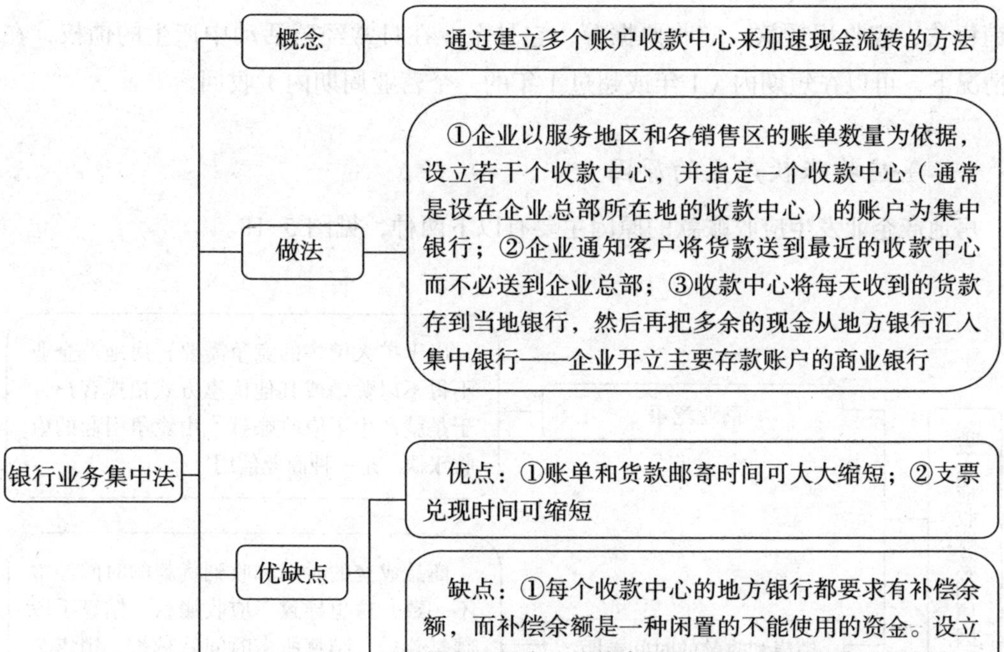

银行业务集中法
概念
通过建立多个账户收款中心来加速现金流转的方法
做法
①企业以服务地区和各销售区的账单数量为依据，设立若干个收款中心，并指定一个收款中心（通常是设在企业总部所在地的收款中心）的账户为集中银行；②企业通知客户将货款送到最近的收款中心而不必送到企业总部；③收款中心将每天收到的货款存到当地银行，然后再把多余的现金从地方银行汇入集中银行——企业开立主要存款账户的商业银行
优缺点
优点：①账单和货款邮寄时间可大大缩短；②支票兑现时间可缩短
缺点：①每个收款中心的地方银行都要求有补偿余额，而补偿余额是一种闲置的不能使用的资金。设立的中心越多，补偿余额也越多，闲置的资金也越多；②设立收款中心需要一定的人力和物力，花费较多
适用范围
企业应在权衡利弊得失的基础上，做出是否采用银行业务集中法的决策，这需要计算分散收账收益净额。
分散收账收益净额=（分散收账前应收账款投资额-分散收账后应收账款投资额）×企业综合资金成本率-应增收收账中心每年增加费用额

图5-17 银行业务集中法

第三节　房地产企业应收账款管理

一、应收账款概述

（一）应收账款的概念

应收账款是指房地产企业在开发经营过程中，由于销售、转让开发产品，提供出租房屋和提供劳务等业务，而向购买、接受或租用的单位和个人收取的账款，包括应收销售款、应收租赁款、应收票据等，它是企业在日常经营活动中产生的债权，在正常情况下，可以在短期内（1年或超过1年的一个营业周期内）收回。

（二）应收账款产生的原因

房地产企业发生应收账款的原因主要有以下两种，见图5-18。

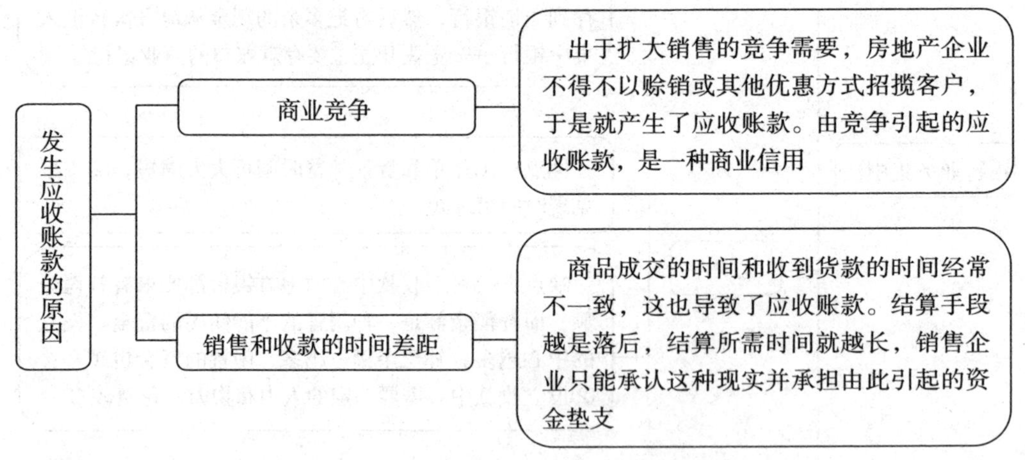

图5-18　房地产企业发生应收账款的原因

二、应收账款的成本

房地产企业在采取赊销方式促进销售、减少存货的同时，会因持有应收账款而付出一定的代价，主要包括机会成本、管理成本、坏账成本，但同时也会因销售增加而产生一定的收益。

（一）机会成本

1.应收账款机会成本的概念

应收账款的机会成本是指因资金投放在应收账款上而丧失的其他收入，如投资于有价证券便会有利息收入。这一成本的大小通常与房地产企业维持赊销业务所需要的资金数量（即应收账款投资额）、资金成本率有关。

2.应收账款机会成本的计算

应收账款机会成本的计算见图 5-19。

应收账款机会成本的计算

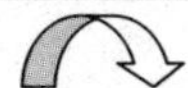

应收账款机会成本的计算公式为：

应收账款机会成本=维持赊销业务所需要的资金 × 资金成本率

式中资金成本率一般可按有价证券利息率计算；维持赊销业务所需要的资金数量可按以下步骤计算：

（1）计算应收账款平均余额：

$$应收账款平均余额=\frac{年赊销额}{360}\times 平均收账天数=平均每日赊销额\times 平均收账天数$$

式中平均收账天数一般按客户各自赊销额占总赊销额比重为权数的所有客户收账天数的加权平均数计算。

（2）计算维持赊销业务所需要的资金：

$$维持赊销业务所需要的资金=应收账款平均余额\times\frac{变动成本}{销售收入}=平均每日赊销额\times 变动成本率$$

上式假设房地产企业的成本水平保持不变（即单位变动成本不变，固定成本总额不变），因此随着赊销业务的扩大，只有变动成本随之上升

图5-19　应收账款机会成本的计算

【例 5-3】某房地产企业预测的年度赊销额为 3000000 元，应收账款平均收账天数为 60 天，变动成本率为 50%，资金成本率为 10%，求该企业维持赊销业务所需要的资金是多少？

解：应收账款平均余额 = $\frac{3000000}{360}\times 60$=500000（元）

维持赊销业务所需要的资金 =500000 × 50%=250000（元）

（二）管理成本

应收账款的管理成本是指房地产企业对应收账款进行管理而耗费的支出，如对客户的资信调查费用、收集各种信息费用、收账费用、账簿记录费用及其他费用等。

（三）坏账成本

应收账款的坏账成本是指因客户破产、解散、财务状况恶化、拖欠时间较长等原因，导致房地产企业的应收账款不能收回而造成的损失。这项成本与应收账款的数量成正比例关系，可按如下公式计算：

坏账成本 = 应收账款平均余额 × 坏账损失率

三、信用政策

（一）信用政策的概念

信用政策又称应收账款政策，是企业财务政策的一个重要组成部分。企业要管好用好应收账款，必须事先制定合理的信用政策。

（二）信用政策的组成

信用政策主要包括信用标准、信用条件和收账政策三部分。

1. 信用标准

（1）信用标准的概念。信用标准，是指客户获得房地产企业的交易信用所应具备的条件。如果客户达不到信用标准，便不能享受房地产企业的信用或只能享受较低的信用优惠。

（2）信用标准的评估。房地产企业在设定某一客户的信用标准时，往往先要评估其赖账的可能性。这可以通过“5C”系统来进行。所谓“5C”系统，是评估客户信用品质的 5 个方面，即：品质（Character）、能力（Capacity）、资本（Capital）、抵押品（Collateral）、经济状况（Condition），具体见图 5-20。

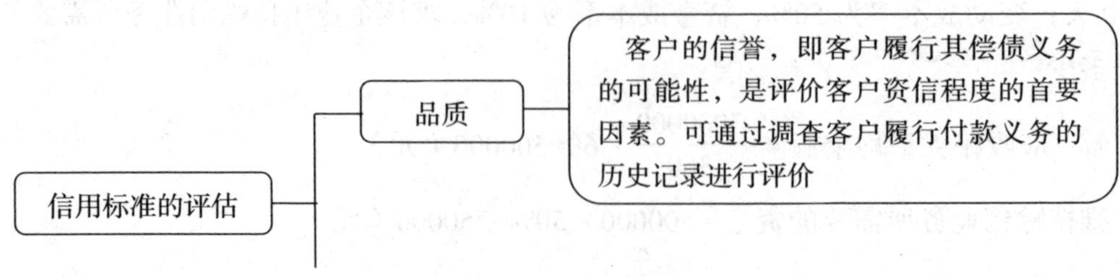

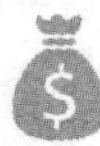

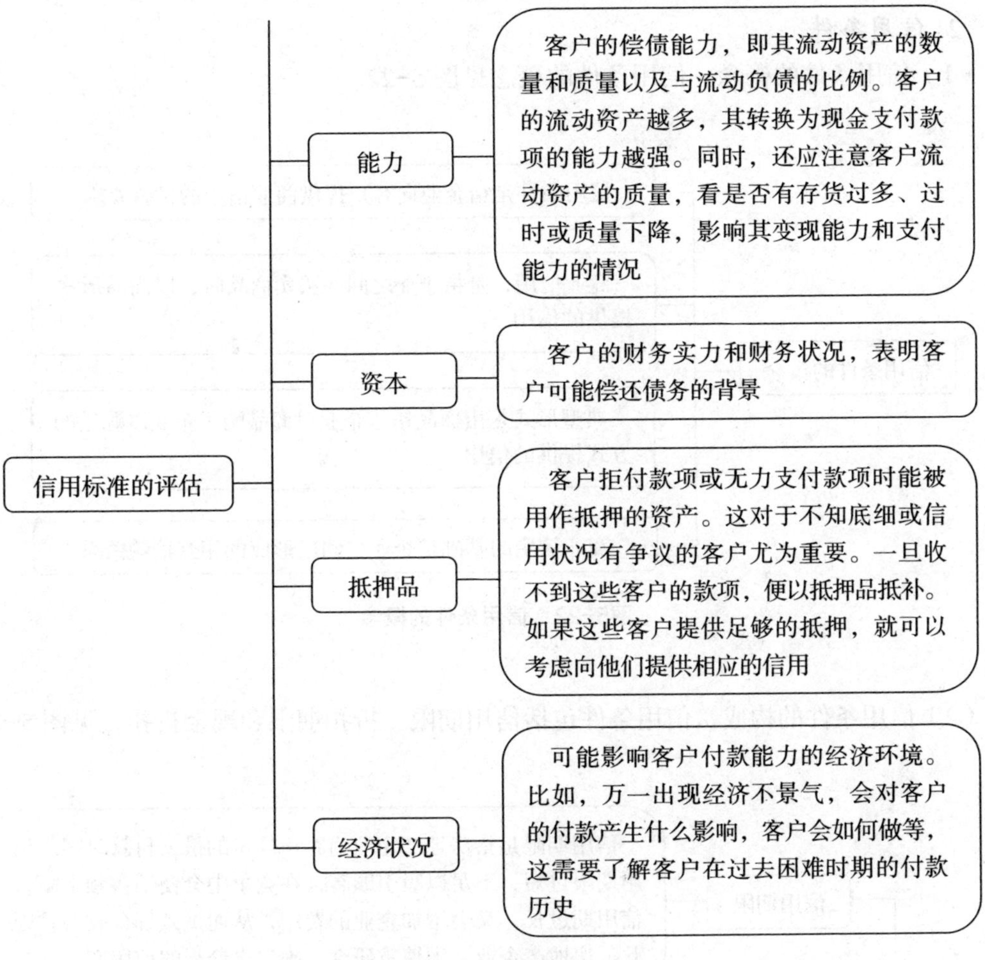

信用标准的评估
能力
客户的偿债能力，即其流动资产的数量和质量以及与流动负债的比例。客户的流动资产越多，其转换为现金支付款项的能力越强。同时，还应注意客户流动资产的质量，看是否有存货过多、过时或质量下降，影响其变现能力和支付能力的情况
资本
客户的财务实力和财务状况，表明客户可能偿还债务的背景
抵押品
客户拒付款项或无力支付款项时能被用作抵押的资产。这对于不知底细或信用状况有争议的客户尤为重要。一旦收不到这些客户的款项，便以抵押品抵补。如果这些客户提供足够的抵押，就可以考虑向他们提供相应的信用
经济状况
可能影响客户付款能力的经济环境。比如，万一出现经济不景气，会对客户的付款产生什么影响，客户会如何做等，这需要了解客户在过去困难时期的付款历史

图5-20　信用标准的评估

（3）信用标准分析的步骤。对信用标准进行分析，主要通过以下三个步骤来完成（图 5-21）。

设定信用等级的评价标准
利用既有或潜在客户的财务报表数据计算各自的指标值，并与上述标准比较
进行风险排队，并确定各有关客户的信用等级

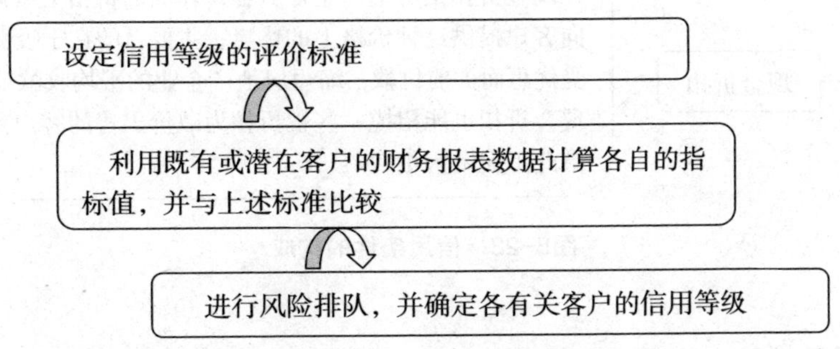

图5-21　信用标准分析的步骤

2. 信用条件

（1）信用条件的概念。信用条件的概念见图 5-22。

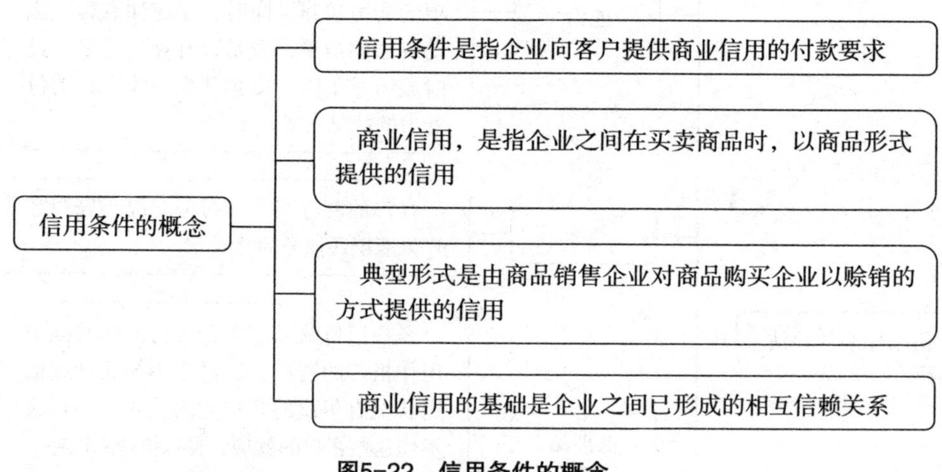

图5-22 信用条件的概念

（2）信用条件的构成。信用条件包括信用期限、折扣期限和现金折扣，见图 5-23。

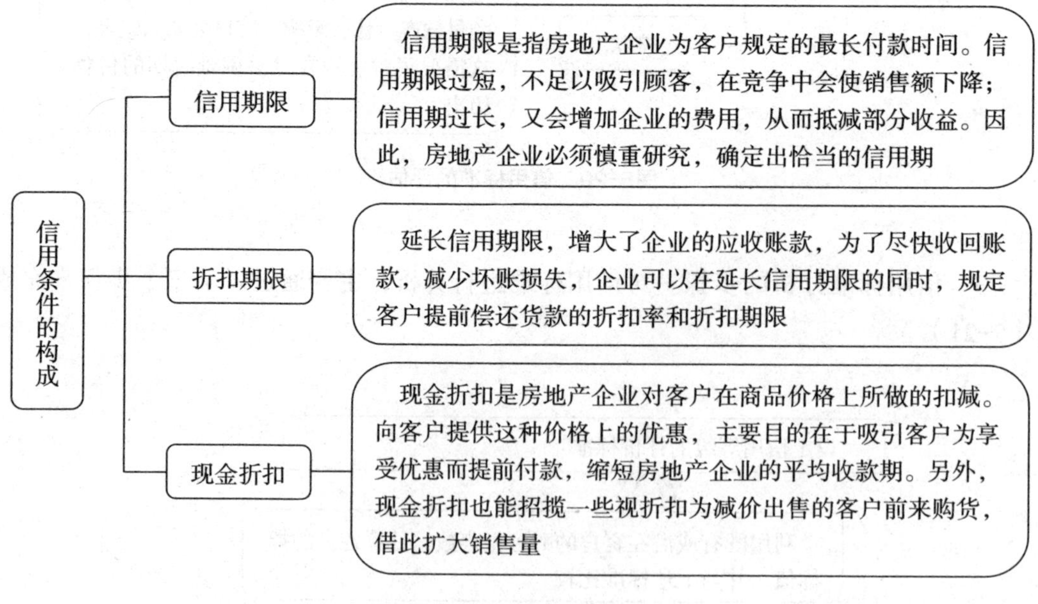

图5-23 信用条件的构成

（3）信用条件的表达形式。信用条件常用下面这种形式表示：“2/10，*n*/30”，意思是：如果购货方能在开票后 10 天内付款，可享受 2% 的现金折扣；如果未能在 10 天内付款，则全部货款必须在30天内付清。其中10天为折扣期限，30天为信用期限，2%为现金折扣。

（4）信用条件备选方案的评价。虽然企业在信用管理政策中，已对可接受的信用风险水平做了规定，当企业的生产经营环境发生变化时，就需要对信用管理政策中的某些规定进行修改和调整，并对改变条件的各种备选方案进行认真评价。

3. 收账政策

收账政策是指信用条件被违反时，企业采取的收账策略。企业如果采用较积极的收账政策，可能会减少应收账款投资，减少坏账损失，但要增加收账成本。如果采用较消极的收账政策，则可能会增加应收账款投资，增加坏账损失，但会减少收账费用。在实际工作中，可参照测算信用标准、信用条件的方法来制定信用政策。

一般而言，企业加强收账管理，及早收回货款，可以减少坏账损失，减少应收账款上的资金占用，但会增加收账费用。因此，制定收账政策就是要在增加收账费用与减少坏账损失、减少应收账款机会成本之间进行权衡，若前者小于后者，则说明制定的收账政策是可取的。

【例5-4】某房地产企业预测的2015年度赊销额为3600万元，其信用条件是：*n*/30，变动成本率为60%，资金成本率（或有价证券利息率）为10%，假设企业收账政策不变，固定成本总额不变。该企业准备了两种信用条件的备选方案：

甲方案：维持*n*/30的信用条件；

乙方案：将信用条件放宽到*n*/60。

为各种备选方案估计的赊销水平、坏账百分比和收账费用等有关数据见表5-4。

表5-4　信用条件备选方案

项目＼方案／信用条件	甲	乙
	n/30	*n*/60
年赊销额	3600	3960
应收账款平均收账天数	30	60
应收账款平均余额	3600÷360×30=300	3960÷360×60=660
维持赊销业务所需资金	300×60%=180	660×60%=396
坏账损失／年赊销额	2%	3%
坏账损失	3600×2%=72	3960×3%=118.8
收账费用	36	80

根据以上资料，分析该企业应选择哪个信用条件的方案。

解：根据以上资料，计算结果见表5-5。

表 5-5　信用条件分析评价

项目＼信用条件＼方案	甲 n/30	乙 n/60
年赊销额 变动成本	3600 2160	3960 2376
信用成本前收益	1440	1584
信用成本： 应收账款机会成本 坏账损失 收账费用 小计	180 × 10%=18 72 36 126	396 × 10%=39.6 118.8 6080 218.4
信用成本后收益	1314	1365.6

根据表 5-5 中的资料可知，在这两种方案中，乙方案（*n*/60）获利最大，它比甲方案（*n*/30）增加收益 51.6 万元。因此在其他条件不变的情况下，应选择乙方案。

【例 5-5】已知某房地产企业应收账款原有的收账政策和拟改变的收账政策见表 5-6。假设资金利润率为 10%，根据表 5-6 中的资料，分析该企业改变收账政策的方案是否可以接受。

表 5-6　收账政策备选方案资料

项目	现行收账政策	拟改变的收账政策
年收账费用（万元）	90	150
应收账款平均收账天数	60	30
坏账损失占赊销额百分比（%）	3	2
赊销额（万元）	7200	7200
变动成本率（%）	60	60

解：根据题中给出资料，得出收账政策分析评价表，见表 5-7。

表 5-7　收账政策分析评价

赊销额 应收账款平均收账天数 应收账款平均余额 应收账款占用的资金	7200 60 7200 ÷ 360 × 60=1200 1200 × 60%=720	7200 30 7200 ÷ 360 × 30=600 600 × 60%=360
收账成本： 应收账款机会成本 坏账损失 年收账费用	720 × 10%=72 7200 × 3%=216 90	360 × 10%=36 7200 × 2%=144 150
收账总成本	378	330

计算结果表明，拟改变的收账政策较现行收账政策减少的坏账损失和减少的应收账款机会成本之和 108 万元 [（216−144）+（72−36）] 大于增加的收账费用 60 万元（150−90），因此，改变收账政策的方案是可以接受的。

四、房地产企业销售合同的财务审核

（一）房地产企业销售合同的财务审核内容

销售合同是房地产企业内部据以确认收入、发出货物、催收账款等的重要文件，为了杜绝违法或者无效的销售合同，防止经济诈骗和经济纠纷案件的发生，降低或避免房地产企业在销售货物或服务过程中承担的经营风险和经济损失，除了由法律部门对销售合同的合法性进行审核外，更重要的是建立财务审核制度，对销售合同将给房地产企业带来的收入、成本、经营风险等问题，进行经济性审核。销售合同的财务审核内容见图 5-24。

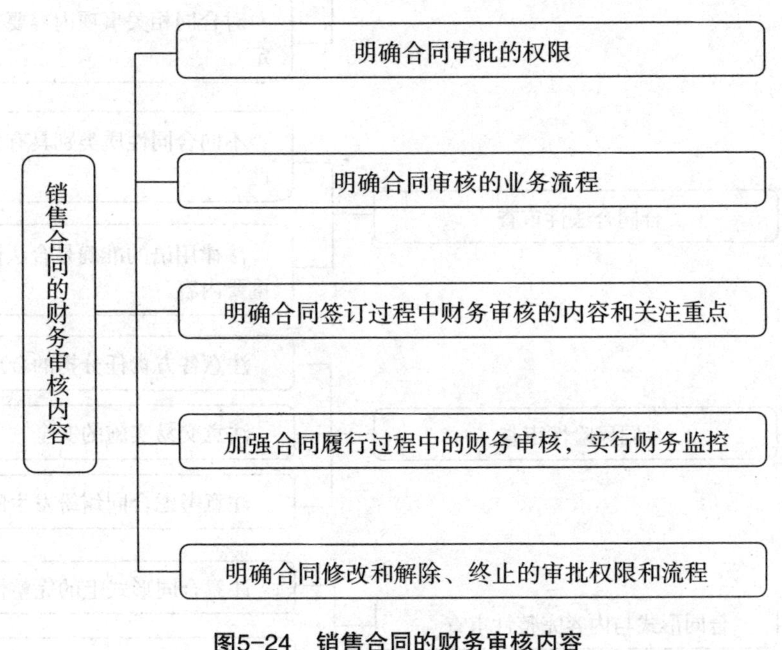

图5-24　销售合同的财务审核内容

（二）房地产企业销售合同的财务审核重点

房地产企业销售合同的财务审核重点见图 5-25。

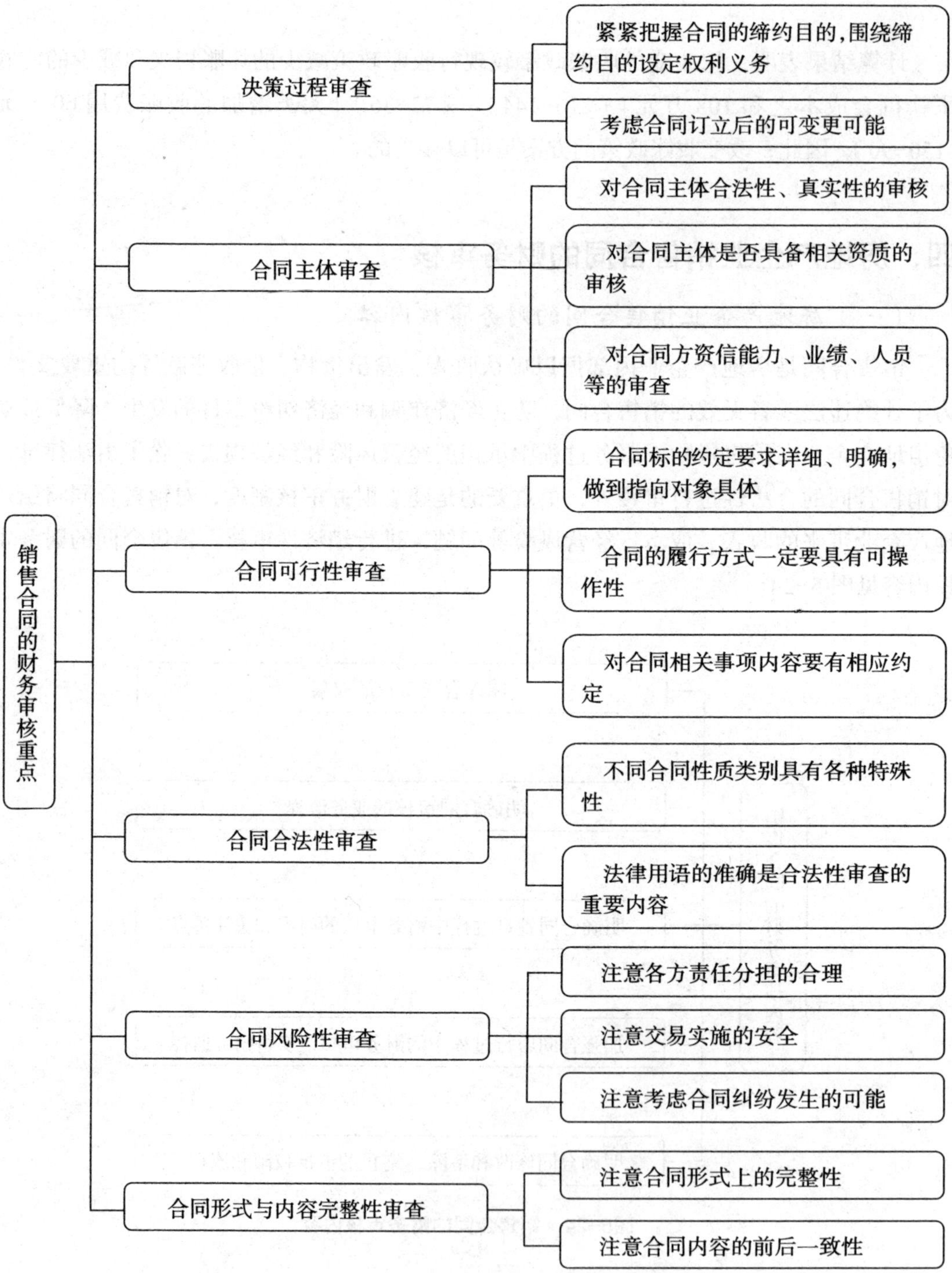

图5-25 房地产企业销售合同的财务审核重点

五、应收账款的日常管理

（一）信用调查

对客户的信用进行评价，是应收账款日常管理的重要内容。只有如实评价客户的信用状况，才能正确地执行企业的信用政策。而要评价客户的信用状况，必须对客户的信用进行调查，搜集有关的信息资料。信用调查是以被调查客户以及其他单位保存的有关资料为基础，通过加工整理获得被调查客户信用资料的一种方法。信用调查有以下两种方法（图 5-26）。

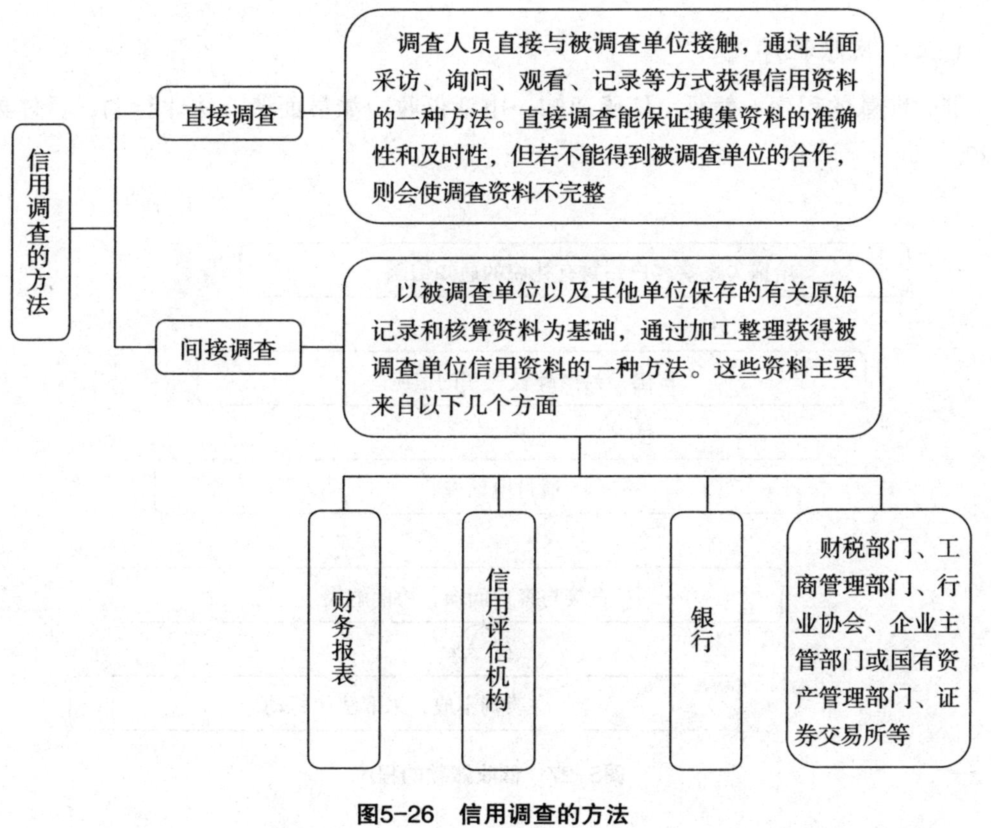

图5-26　信用调查的方法

（二）信用评估

搜集客户的信用资料以后，要对这些资料进行分析，并对客户信用状况进行评估。在对客户进行信用评估时，可采用信用评分法，即先对一系列反映企业信用状况的财务比率和信用情况进行评价，确定得分，然后进行加权平均，求得客户的信用评分，并以此进行信用评估的一种方法。其基本计算公式为：

$$Y = a_1x_1 + a_2x_2 + a_3x_3 + \cdots a_nx_n = \sum_{i=1}^{n} a_ix_i$$

式中，Y——某企业的信用评分；

a_i——事先拟订出的对第 i 种财务比率和信用品质进行加权的权数（$\sum_{i=1}^{n} a_i = 1$）；

x_i——第 i 种财务比率或信用品质的评分。

在采用信用评分法进行信用评分时，分数如在 80 分或 80 分以上，一般可认为该客户信用状况良好；分数如在 60 分或 60 分以上至 80 分，可认为客户信用状况一般；分数在 60 分以下，可认为客户信用状况较差。

（三）收账程序

催收账款的程序一般是：信函通知→电话催收→派员面谈→法律行动，具体见图 5-27。

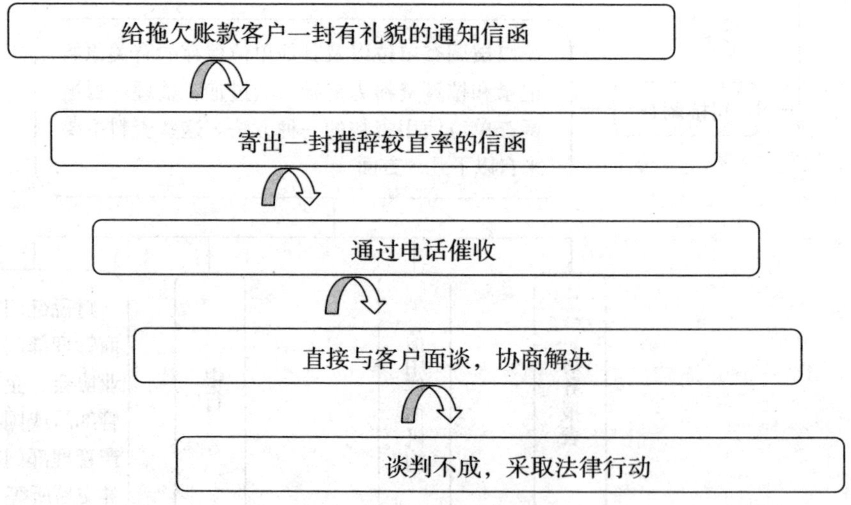

图5-27　催收账款的程序

（四）收账策略

企业在确定收账策略之前，要先弄清楚客户拖欠货款的原因，然后采取相应的收账策略，见图 5-28。

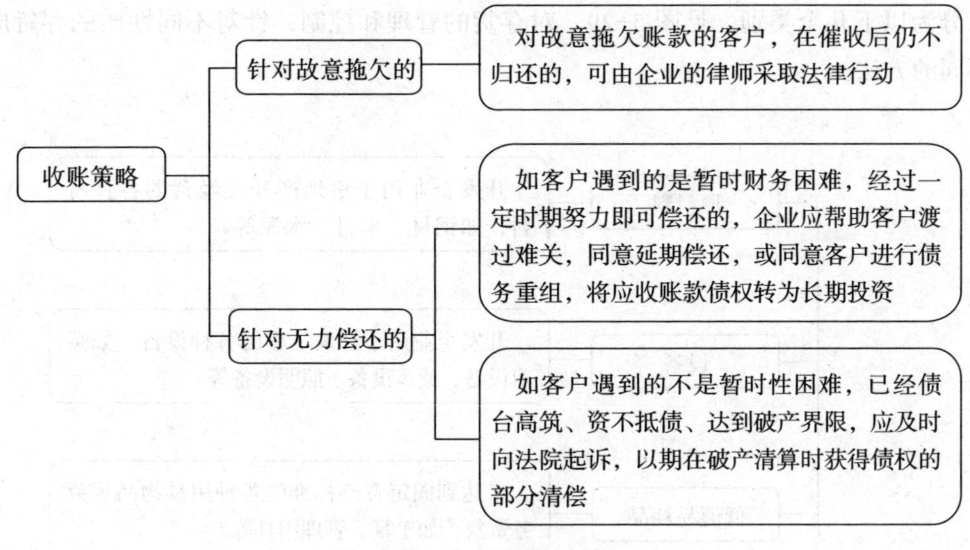

图5-28 收账策略

不论企业采取怎样的应收账款政策和管理方法，只要有商业信用行为存在，坏账损失的发生是难以避免的，企业应根据有关规定和实际情况提取坏账准备，并对发生的坏账损失冲销提取的坏账准备。

第四节 房地产企业存货管理

房地产企业存货是指房地产企业在开发经营过程中，为销售或耗用而储存的各种资产，包括原材料、库存设备、低值易耗品、委托加工物资、在建开发产品、已完开发产品、出租开发产品和周转房等。存货是房地产企业的一项重要资产，通常其价值占企业资产的比重较大，且流动性较强。存货利用程度的好坏，对企业财务状况的影响极大。因此，加强存货的规划与控制，使存货保持在最优水平上，便成为财务管理的一项重要内容。

一、存货管理概述

（一）存货分类

房地产企业为了建造和销售房地产而储备的存货品种繁多，按照它们的经济用途可以分为以下几个类别，见图 5-29。对存货的管理和控制，针对不同性质的存货应采用不同的方法。

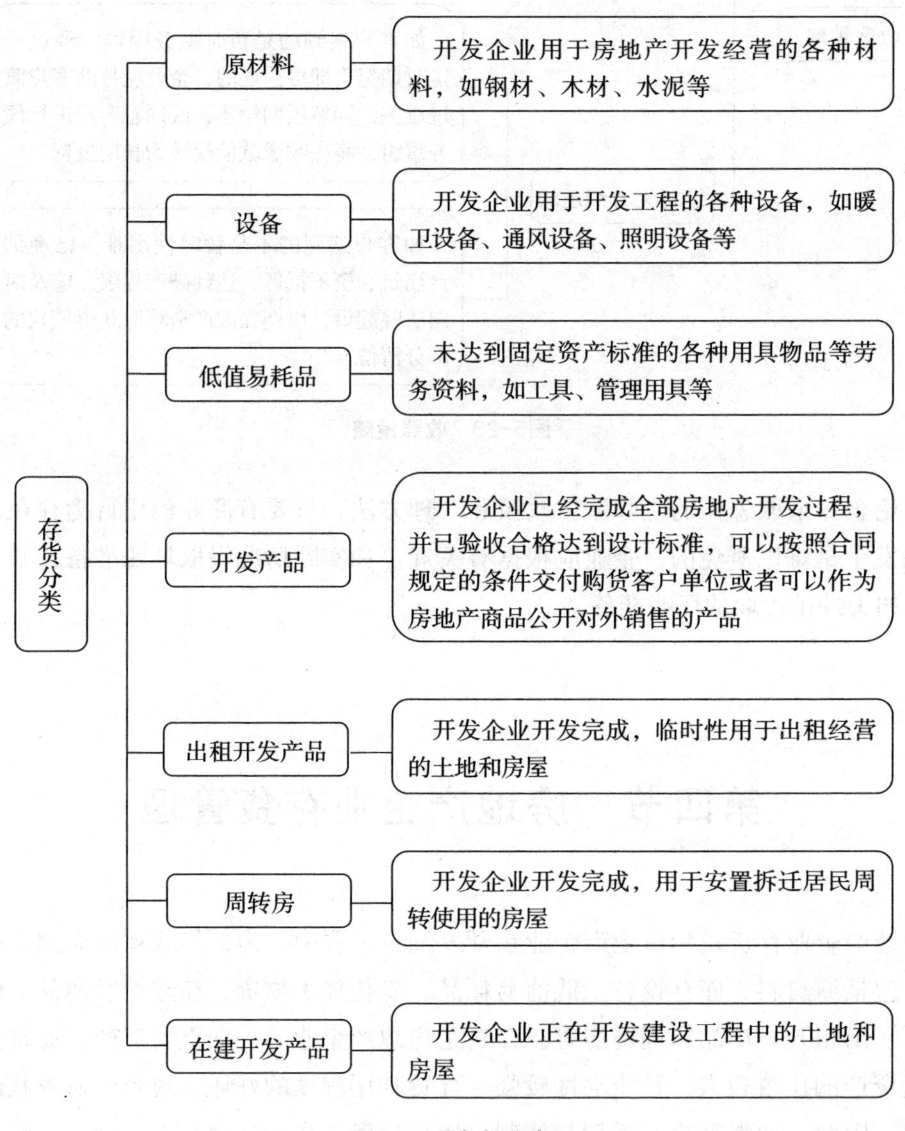

图5-29 存货分类

（二）存货的功能

存货的功能是指存货在生产经营过程中的作用，其功能见图 5-30。

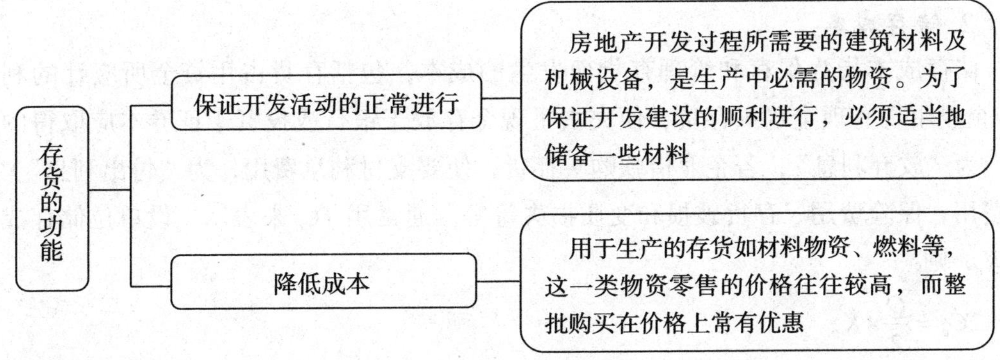

图5-30　存货的功能

（三）存货的成本

存货本身要占用企业资金，并且会增加包括仓储费、保险费、维修费、管理人员工资在内的各项开支。存货如果占用的资金过多，会使利息支出增加并导致利润的损失，各项开支的增加更直接使成本上升。存货成本可分为以下几项。

1. 取得成本

取得成本是指为取得某种存货而支出的成本，通常用 TC_a 来表示。存货的取得成本又分为订货成本和购置成本两部分，见图 5-31。

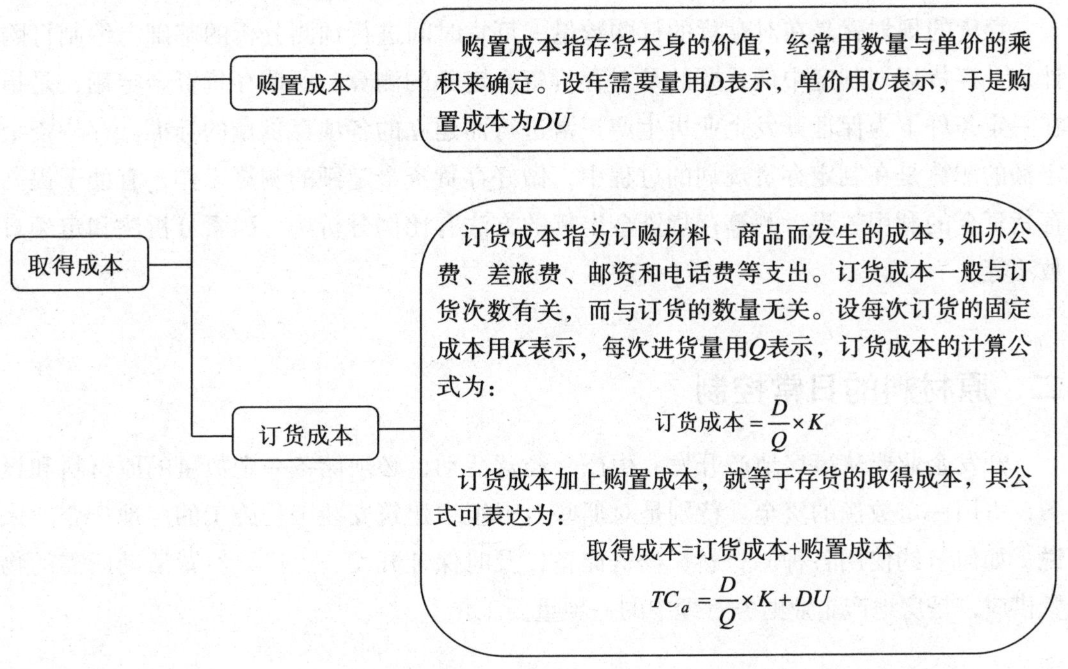

图5-31　取得成本

2. 储存成本

储存成本指为保存和管理存货而发生的成本，包括存货占用资金所应计的利息（若企业用现有现金购买存货，便失去了现金存放于银行或投资于证券本应取得的利息，为“放弃利息”；若企业借款购买存货，便要支付利息费用，为“付出利息”）仓库费用、保险费用、存货破损和变质损失等等，通常用 TC_c 来表示。设单位储存成本为 K_c，则：

$$TC_c = \frac{Q}{2} \times K_c$$

3. 缺货成本

缺货成本指由于存货供应中断而造成的损失，包括材料供应中断造成的停工损失、产成品库存缺货造成的拖欠发货损失和丧失销售机会的损失；如果生产企业以紧急采购代用材料解决库存材料中断之急，那么缺货成本表现为紧急额外购入成本（紧急额外购入的开支会大于正常采购的开支），通常用 TC_s 来表示。

如果以 TC 来表示储备存货的总成本，其计算公式为：

$$TC = TC_a + TC_c + TC_s = \frac{D}{Q} \times K + DU + \frac{Q}{2} \times K_c + TC_s$$

企业存货的最优化，即是使上式的 TC 值最小。

（四）存货的规划

存货的规划就是在对存货的订购数量、订货时间进行预测分析的基础上编制订购计划。存货规划制定中最重要的是对存货资金定额的测算。所谓存货资金定额，是指在一定条件下为保证开发企业再生产正常进行而建立的各项存货量的标准。存货资金定额的测算是在制定存货规划的过程中，做好存货资金定额的测算工作，有助于提高存货资金的利用效果。测算存货资金定额的方法有比例分析法、因素分析法和定额日数法等。

二、原材料的日常控制

开发企业要从事房地产开发、生产、经营活动，必须储备一定数量的原材料和设备，占用一定数额的资金。特别是对那些自行组织建筑安装工程施工的房地产企业来说，如何节约使用各种原材料、物资储备，及时保证开发、生产、经营活动所需的物资供应，是房地产企业财务管理中的一项重要工作。

（一）原材料、设备的日常管理

做好材料、设备的计划采购、供应、使用和储备等工作，对于保障开发建设连续进行、节省存货占用资金和有效控制开发产品成本具有重大意义。原材料、设备管理的主要内容见图 5-32。

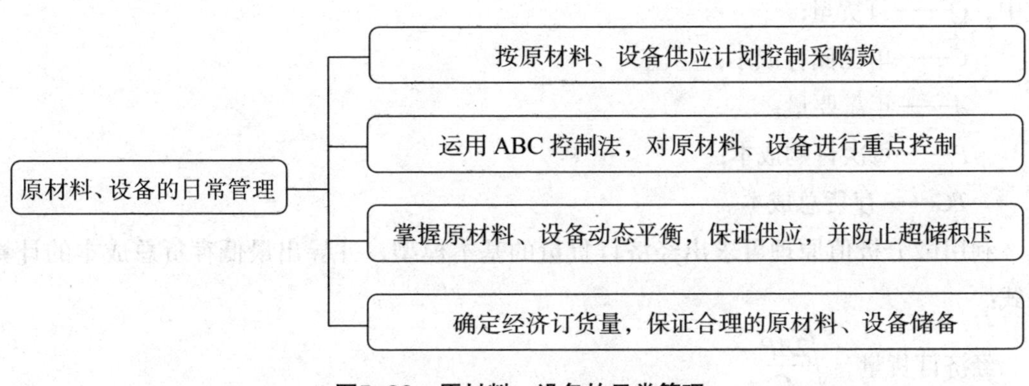

图5-32　原材料、设备的日常管理

（二）最佳订货量的确定

1. 经济订货量

经济订货量是指一定时期储存成本和订货成本最低的采购批量。实际生活中，影响存货成本变动的因素很多，为了准确地分析经济订货批量，必须对存货系统给予某些假定。经济订货批量基本模型的假定条件见图 5-33。

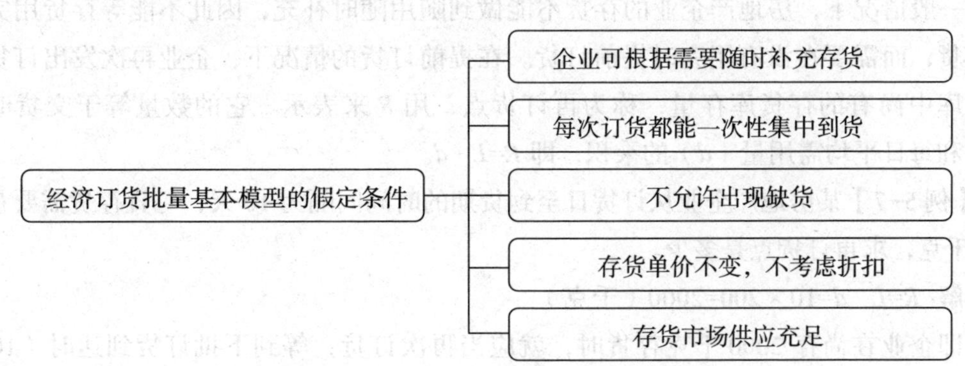

图5-33　经济订货批量基本模型的假定条件

在设立了这些假定之后，经济订货量就可以用公式进行如下测定。

$$\text{存货总成本} = \text{储存成本} + \text{订购成本}$$
$$= \text{平均存货量} \times \text{单位储存成本} + \text{订购次数} \times \text{每次订购成本}$$
$$= \frac{\text{订货量}}{2} \times \text{单位储存成本} + \frac{\text{年需要量}}{\text{订货量}} \times \text{每次订购成本}$$

$$TC = \frac{Q}{2} \times C + \frac{A}{Q} \times P$$

式中，Q——订货量；

C——单位储存成本；

A——年需要量；

P——每次订购成本；

TC——存货总成本。

利用微分极值原理可求出经济订货量的基本模型，并导出最低存货总成本的计算公式:

$$\text{经济订货量} = \sqrt{\frac{2AP}{C}}$$

$$\text{最低存货成本} = \sqrt{2APC}$$

【例 5-6】某开发企业每年耗用甲种建筑材料 5000 件，单位买价 40 元，每次订购成本 4000 元，每年单位储存成本为 10 元，假定每次订货都是一次性集中到货，则该企业的经济订货量以及最低存货总成本分别为多少？

解：经济订货量 $= \sqrt{\frac{2 \times 5000 \times 4000}{10}} = 2000$（件）

最低存货成本 $= \sqrt{2 \times 5000 \times 4000 \times 10} = 20000$（元）

2. 再订货点

一般情况下，房地产企业的存货不能做到随用随时补充，因此不能等存货用完再去订货，而需要在没有用完时提前订货。在提前订货的情况下，企业再次发出订货单时，库中尚有的存货库存量，称为再订货点，用 R 来表示。它的数量等于交货时间（L）和每日平均需用量（d）的乘积，即 $R=L \cdot d$。

【例 5-7】某房地产企业从订货日至到货期的时间间隔为 10 天，每日存货需要量为 200 千克，求再订货点是多少。

解：$R=L \cdot d=10 \times 200=2000$（千克）

即企业在尚存 2000 千克存货时，就应当再次订货，等到下批订货到达时（10 天后），原有库存刚好用完。

3. 保险储备量

按照某一订货批量和再订货点发出订单后，如果需求增大或送货延迟，就会发生缺货或供货中断。为防止由此造成的损失，就需要多储备一些存货以备应急之需，这样的存货储备称为保险储备量，又称为安全存量。这些存货在正常情况下不动用，只有当存货过量使用或送货延迟时才动用。

如果考虑保险储备量，再订货点要相应提高。设保险储备量为 B，再订货点的公式可改写为：

$$R=L\cdot d+B$$

保险储备量的确定，可以通过以往的经验来估计。如果企业能够估计出订货期可能被延长的天数及存货的每天最高耗用量，保险库存量可按如下公式计算：

保险储备量 = 延误天数 × 日均需要量 +（延误天数 + 订货时间）×（每天最高耗用量 − 每天平均耗用量）

【例 5-8】某房地产企业为保障施工建设能够连续进行，决定对市场供应不充足且运送困难的甲种物资建立保险储备。已知该物资每天平均消耗量为 100 件，最高日消耗量能达到 150 件，一次订货所需时间为 10 天，有时路途中可能会延误 5 天，则保险储备量和再订货点应如何确定？

解：保险储备量 =5 × 100+（5+10）×（150−100）=1250（件）

再订货点 =10 × 100+1250=2250（件）

第五节　房地产企业开发产品管理

房地产企业的开发产品是指企业开发的商品房、出租房、周转房和商品土地、出租土地，包括在建开发产品和已完开发产品。

一、在建开发产品的管理

在建开发产品是指未完工且正在开发建设的房地产商品，如正在建设的住宅楼、写字楼、基础设施或其他物业等。在建开发产品的财务管理，主要是对开发产品开发成本的控制。开发企业的开发工程，可以发包给施工企业进行施工，也可自行组建施工单位进行施工，具体见图 5-34。

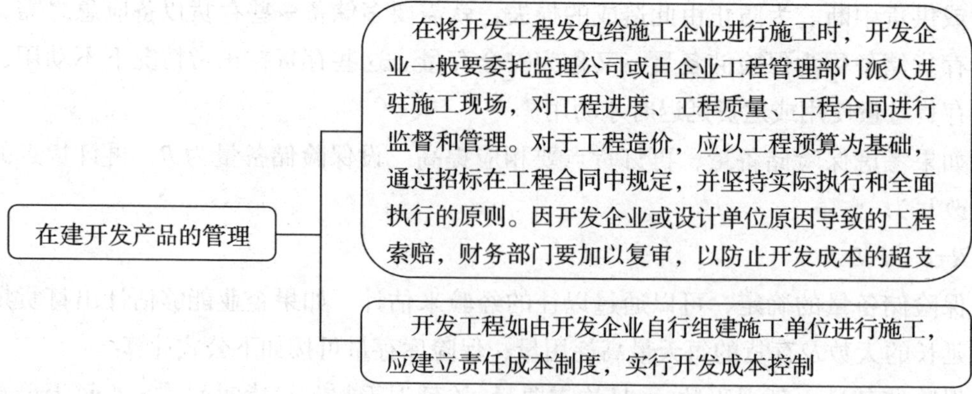

图5-34　在建开发产品的管理

二、已完开发产品的管理

已完开发产品是指已经完成全部开发过程，并经验收合格、符合设计标准的开发产品。按其是否已经销售、转让和出租，分为已开发待销售、转让、出租的开发产品和已经销售、转让开发产品、出租开发产品、分期收款开发产品；此外，还包括已开发完成用于安置拆迁居民周转使用、产权归企业所有的周转房。房地产企业对已完开发产品的财务管理，主要是对开发土地、房屋的销售、转让、出租等进行动态管理，保证账实相符。即可建立产品明细卡对各开发产品的具体情况，如坐落地址、结构、建筑面积、间数、售价、预收金额等进行详细记录，为开发产品的出租、出售做好必要的基础工作。

三、预售开发产品和分期收款开发产品的管理

（一）预售开发产品的管理

预售开发产品是指房地产企业将正在建设中的开发产品预先出售给预售承购人，由承购人支付定金和房价款的行为。预售开发产品的管理见图 5-35。

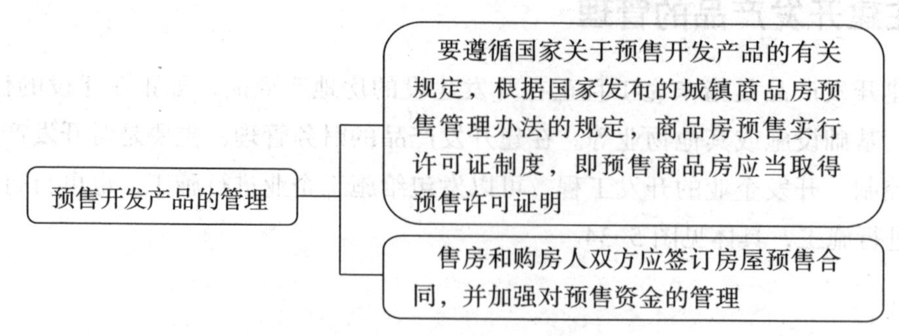

图5-35　预售开发产品的管理

（二）分期收款开发产品的管理

开发企业开发的商品房屋，如果购房人不能一次支付房款，要求分期支付，在房产市场不景气时期，也可采用分期收款销售方式。分期收款售房时，要在房屋买卖合同中订明分次收款时间、金额。在房款没有收齐以前，该房屋仍属企业的分期收款开发产品，作为存货管理。

分期收款销售还会造成应收账款的增加，增大财务风险和应收账款成本。对这部分开发产品的管理重点则是在分期收款售房时要在房屋合同中写明分次收款的时间、金额。分期收款开发产品的应收价款，应按合同规定的收款时间分次转作收入，它的销售成本也应于收入实现时分次进行结转。由于分期收款开发产品的收入是分次实现的，因此，与收入相关的成本也应分次结转。企业当期结转销售成本的数额，可根据当期收回的价款（即合同规定当期应收价款数额）占分期收款开发产品应收价款总额比例计算：

某项分期收款开发产品当期应结转销售成本数

$$=\text{该项分期收款开发产品总成本}\times\frac{\text{该项分期收款开发产品当期收回（应收）价款}}{\text{该项分期收款开发产品应收价款总额}}$$

四、周转房的管理

周转房是指房地产企业用于安置拆迁居民周转使用，产权归本企业所有的各种房屋，包括：在开发建设过程中即已明确其为安置拆迁居民周转使用的房屋；企业开发完成的商品房，在尚未销售以前用于安置拆迁居民周转使用的房屋；企业搭建的用于安置拆迁居民周转使用的临时性简易房屋。

周转房随着使用及自然力的侵蚀而损耗的价值，应作为开发期间的费用计入有关开发成本。周转房的损耗价值的摊销，应根据周转房的结构和使用情况分别采用平均年限摊销法和周转使用次数摊销法。

周转房在供拆迁居民使用过程中发生的修理费用，可于费用发生当期计入有关开发成本。

周转房如改变用途将其作为商品房对外销售时，在出售前进行改装修复所发生的费用，可列作销售费用。周转房在出售前根据购房人要求进行改建或扩建时所发生的费用，应转作周转房的价值。

第六章　房地产企业固定资产管理

本章导读

房地产企业在开发经营过程中，必须具备一定数量的劳动资料，如直接用于工程开发建设的机器设备，为开发经营创造必要物质条件的房屋、建筑物，对开发经营起辅助作用的运输设备等。这些价值较高，可以在较长时间内参加开发经营活动，并保持其原有实物形态的资产，形成房地产企业的固定资产。固定资产是企业开发经营的主要物质条件，是企业重要的劳动资料，加强其核算和管理，对于保护企业资产的完整、正确进行经营损益的计算具有重要意义。

第一节　房地产企业固定资产管理概述

一、固定资产概述

（一）固定资产的概念

房地产企业的固定资产是从事房地产开发生产经营的重要物质条件。它包括企业的主要劳动资料和非开发经营用房屋设备等。在实际管理工作中，只有同时具备如下两个特征的有形资产，才列作固定资产：

（1）为生产商品、提供劳务、出租或经营管理而持有的。

（2）使用寿命超过一个会计年度。

（二）固定资产的特点

房地产企业的固定资产与流动资产及其他长期资产相比，表现出以下四个方面的特点，见图 6-1。

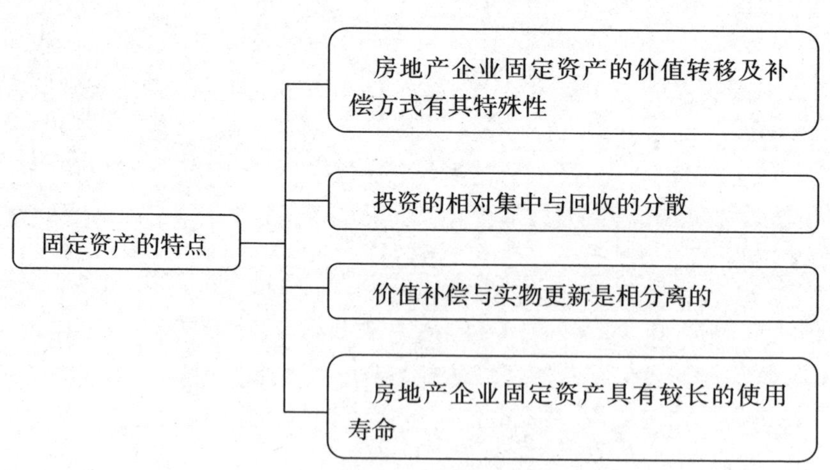

图6-1　房地产企业固定资产的特点

（三）固定资产的分类

房地产企业的固定资产种类繁多，规格不一。为加强管理，便于组织会计核算，

有必要对固定资产进行合理的分类。根据不同的管理需要和核算要求以及不同的分类标准，可以对固定资产进行不同的分类，具体见图 6-2。

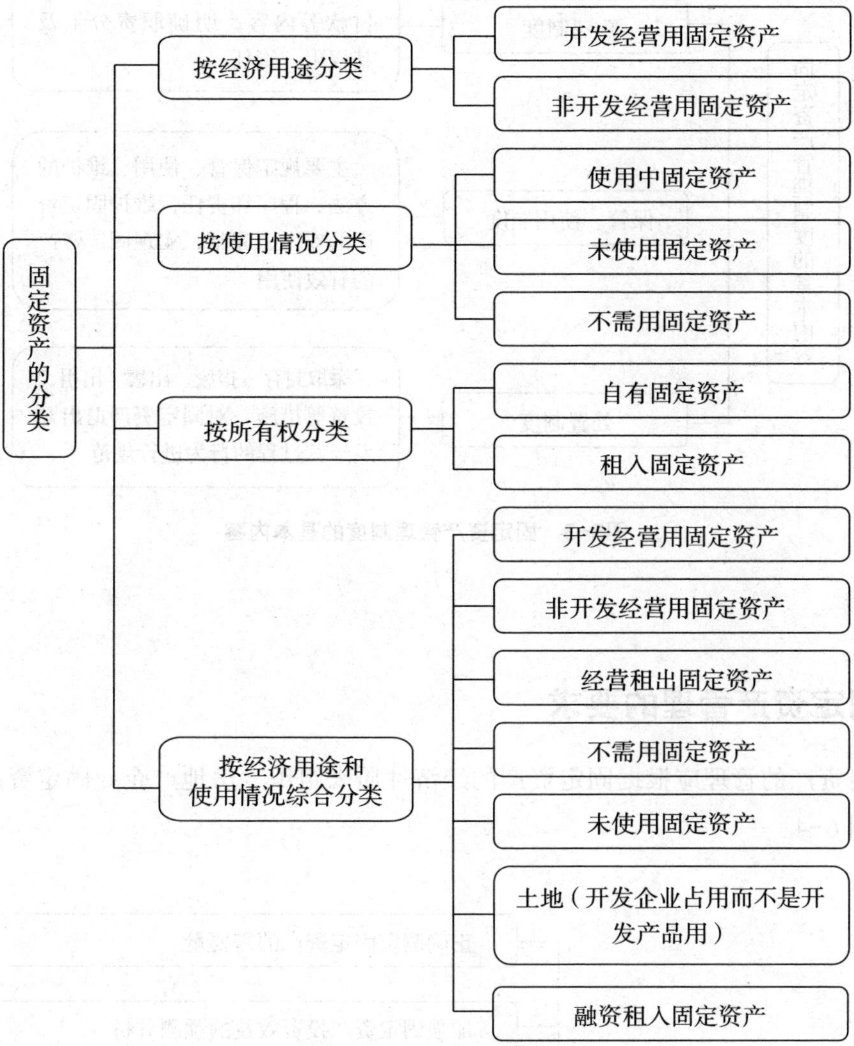

- 固定资产的分类
  - 按经济用途分类
    - 开发经营用固定资产
    - 非开发经营用固定资产
  - 按使用情况分类
    - 使用中固定资产
    - 未使用固定资产
    - 不需用固定资产
  - 按所有权分类
    - 自有固定资产
    - 租入固定资产
  - 按经济用途和使用情况综合分类
    - 开发经营用固定资产
    - 非开发经营用固定资产
    - 经营租出固定资产
    - 不需用固定资产
    - 未使用固定资产
    - 土地（开发企业占用而不是开发产品用）
    - 融资租入固定资产

图6-2　固定资产的分类

二、固定资产管理制度的基本内容

房地产企业固定资产是房地产企业开发经营的必要条件，对于多数企业来讲，它在资产总额中占有相当的比重，管理得当可以有效提高房地产企业的生产效率，管理失控将会导致重大损失。因此，建立健全固定资产管理制度很有必要。固定资产管理制度的基本内容见图 6-3。

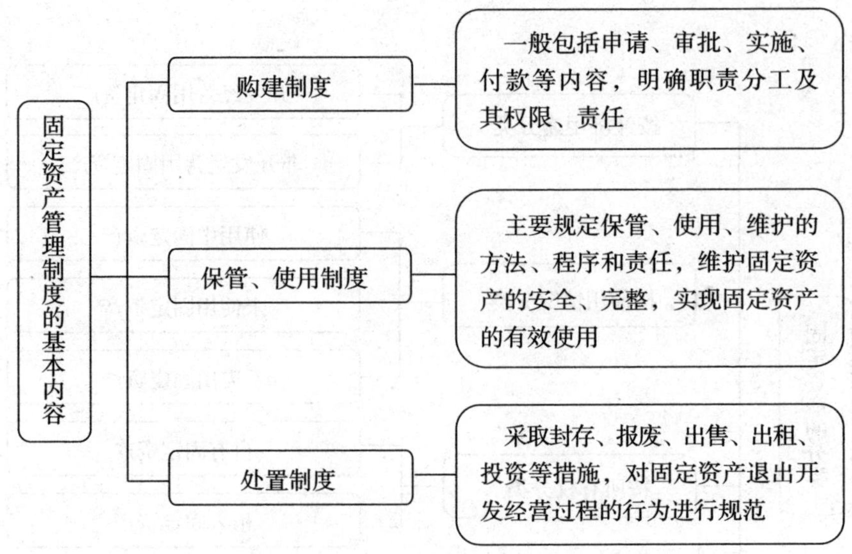

图6-3　固定资产管理制度的基本内容

三、固定资产管理的要求

固定资产的管理应根据固定资产的经济性质来组织。房地产企业固定资产管理的要求见图 6-4。

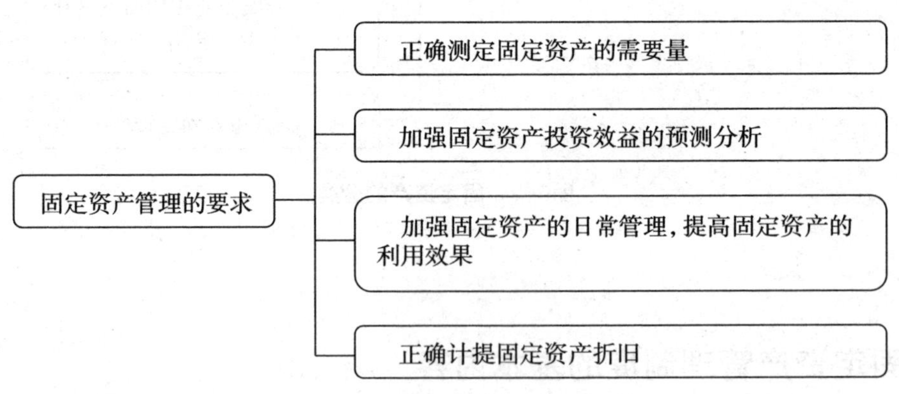

图6-4　固定资产管理的要求

第二节　房地产企业固定资产的日常管理

为了管理好房地产企业的固定资产，必须建立和健全固定资产管理制度，正确处理企业与企业所属单位之间在固定资产保管和使用方面的关系，确定责任制，杜绝无人负责的现象。

一、实行固定资产归口分级管理

房地产企业的固定资产，由于房地产开发的流动性，因而大多分散在各个开发现场。企业要加强固定资产的管理，不能依靠个别部门和少数人员，必须规定各方面的权责关系，充分调动各部门、各级单位（或各分公司）及广大职工的积极性和主动性，实行归口分级管理。具体内容见图 6-5。

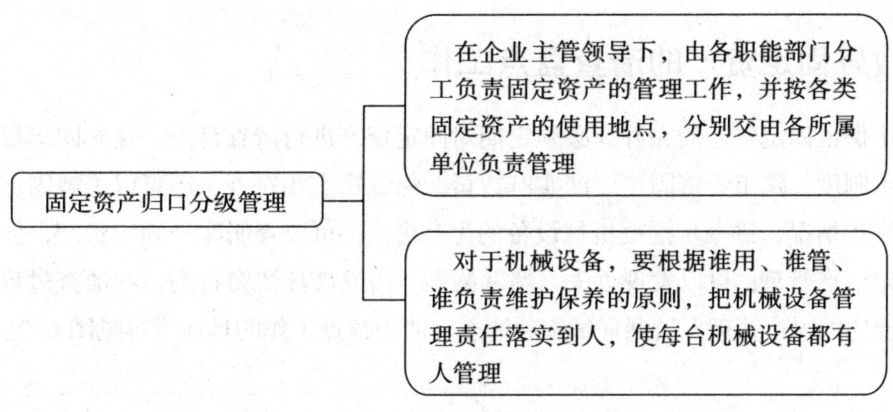

图6-5　固定资产归口分级管理

二、对固定资产的使用、保管、出售和清理进行经常性的核算和检查

为了保证固定资产的完整无缺，不断提高固定资产的利用效果，财务部门必须对

固定资产的存在情况进行全面的核算和考核，具体措施见图 6-6。

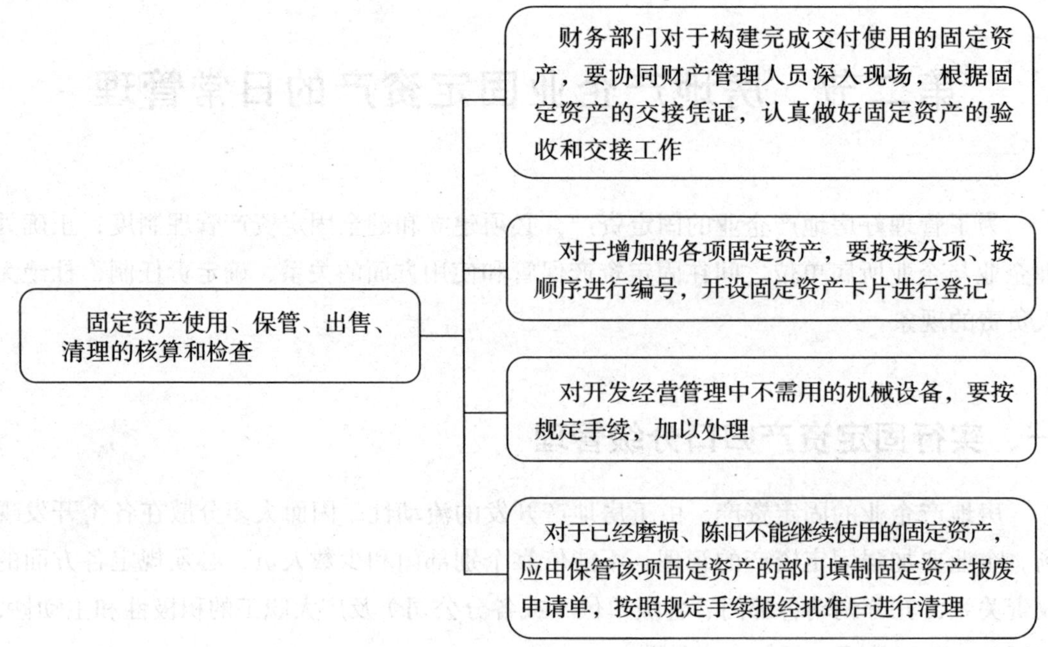

图6-6　固定资产存在情况的核算和检查措施

三、做好固定资产的清查盘点工作

为了保证固定资产的完好，必须定期对固定资产进行清查盘点。建立固定资产定期清查盘点制度，除了弄清固定资产实有数量、保证账实相符外，还可以了解固定资产的使用和维护情况，进一步挖掘机械设备的生产潜力；可以查明账外固定资产，促进企业改善固定资产管理；可以发现丢失，堵塞漏洞，揭发破坏盗窃行为。在清查过程中，财务人员要协同财产管理人员到现场逐项清点。清查盘点工作的具体内容见图 6-7。

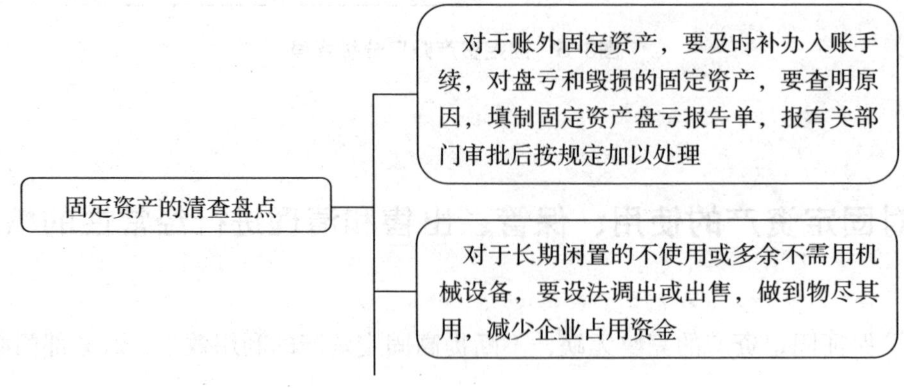

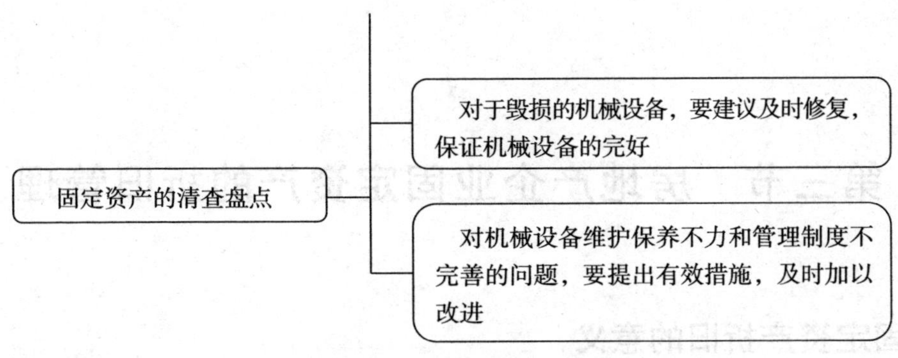

图6-7　固定资产的清查盘点

四、合理安排固定资产维修

固定资产在使用过程中，由于受机械磨损、化学腐蚀等而发生损耗，但各个部件的磨损程度并不相同。为了保证固定资产的正常使用，并发挥其应有的功能和维持良好的状态，必须经常对其进行维修和保养。所发生的不符合固定资产确认条件的修理费用一次性计入当期费用，计入发生当期的管理费用或销售费用，符合资本化条件的修理费用资本化，计入固定资产成本。

五、科学地进行固定资产更新

固定资产更新是指对固定资产的整体补偿，也就是以新的固定资产更换需要报废的固定资产。科学地进行固定资产的更新，具有投资少、见效快、效益好的优点。房地产企业应结合具体情况，全面规划，有重点、有步骤地进行固定资产的更新。固定资产更新有两种方式，见图 6-8。

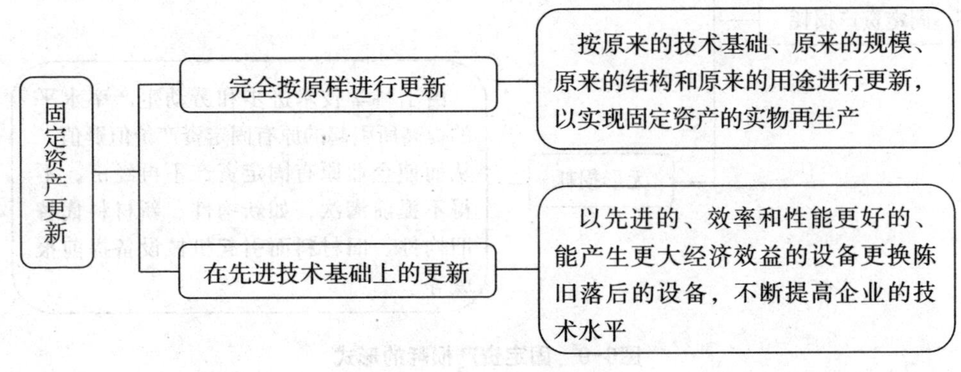

图6-8　固定资产更新方式

第三节 房地产企业固定资产的折旧管理

一、固定资产折旧的意义

（一）固定资产折旧的概念

房地产企业的固定资产，由于使用和自然力侵蚀等原因，会逐渐发生损耗而减少其价值。这部分损耗价值应算作固定资产使用期间的费用，计入当期的成本和费用。这种由于固定资产的损耗而逐渐转移到成本和费用中去的价值，叫作“固定资产折旧”。房地产企业必须在固定资产使用年限内计提一定数额的折旧费，以正确反映期间损益和保证有能力重置固定资产。

（二）固定资产损耗的形式

固定资产损耗分为有形损耗和无形损耗两种形式，见图6–9。

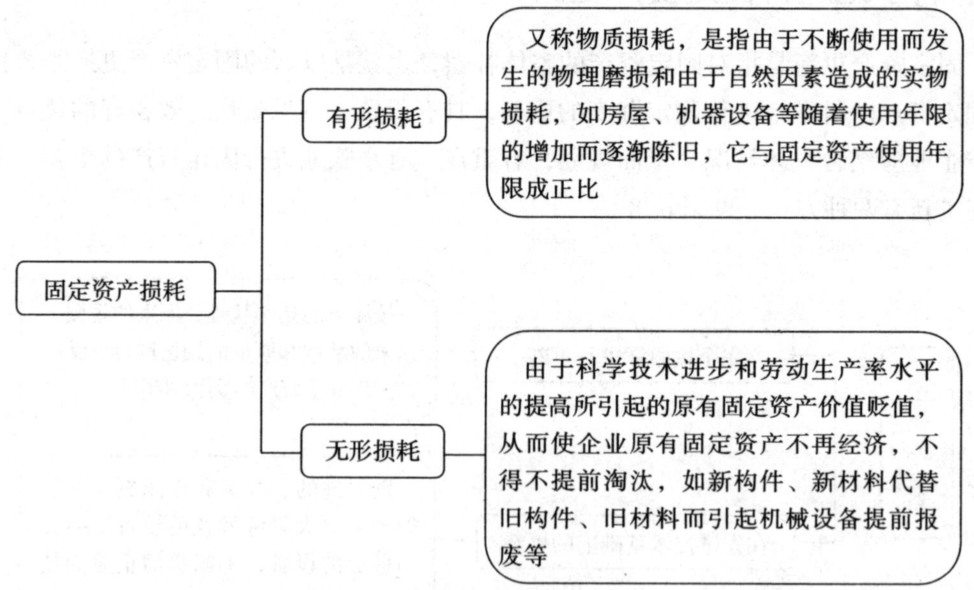

图6–9 固定资产损耗的形式

二、固定资产折旧政策

（一）固定资产折旧政策及其种类

1. 固定资产折旧政策的概念

固定资产折旧政策是指企业根据自身的财务状况及其变动趋势，对固定资产折旧方法和折旧年限所作的选择，因为固定资产的折旧方法和折旧年限，直接关系企业提取的折旧，它不仅影响开发产品成本，而且影响企业利润和利润分配，影响固定资产更新所需的现金流量和应纳所得税等，从而影响企业的财务状况，产生财务管理中的折旧政策。

2. 固定资产折旧政策的种类

房地产企业固定资产折旧政策有三种，见图 6-10。

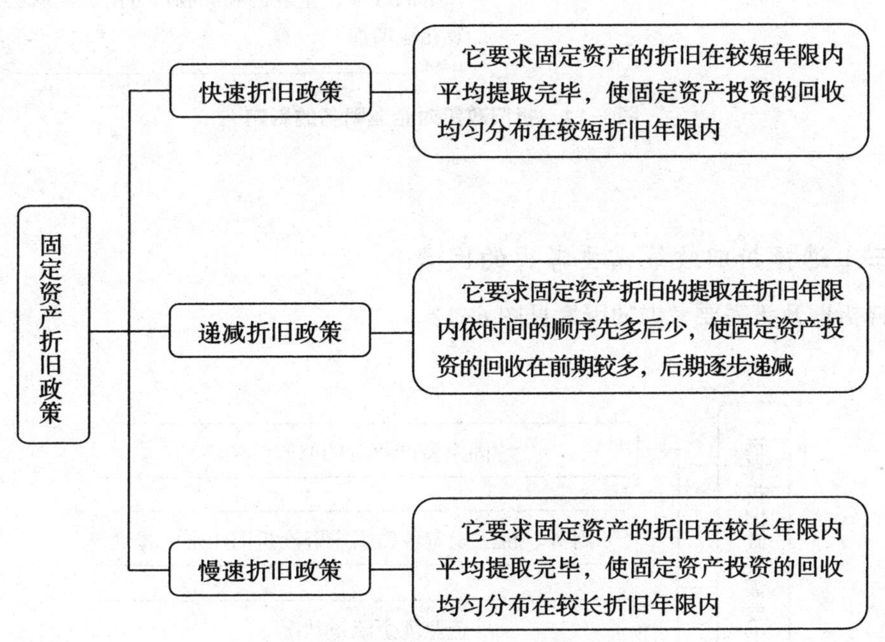

图6-10　固定资产折旧政策的种类

（二）折旧政策对企业财务的影响

折旧政策对企业财务状况的影响归纳起来主要有以下几种，见图 6-11。

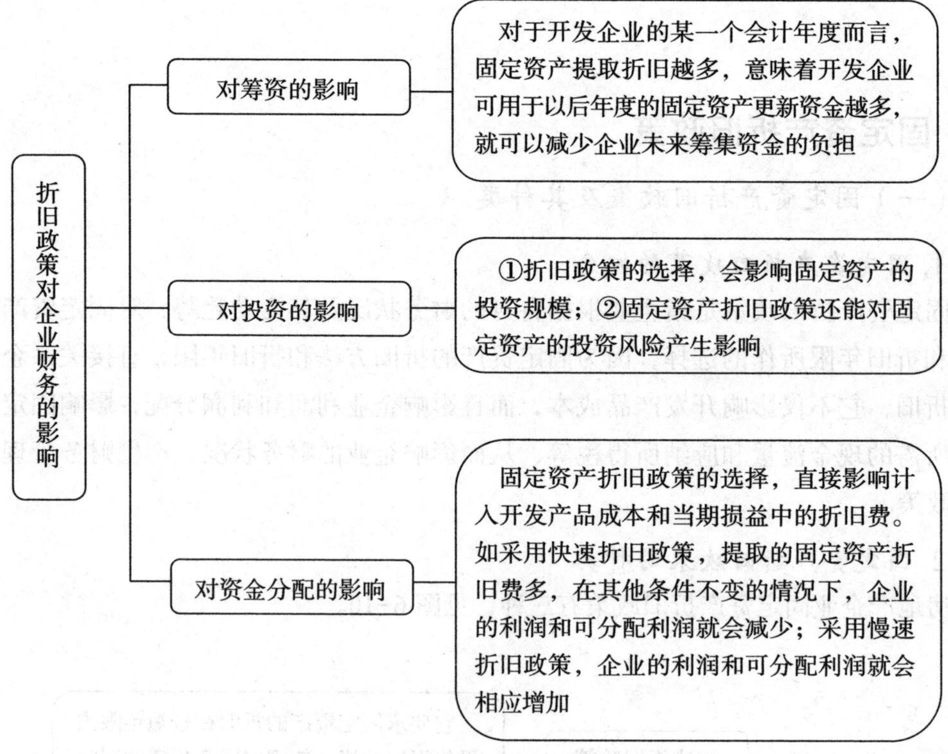

图6-11　折旧政策对企业财务的影响

（三）选择折旧政策需要考虑的因素

选择折旧政策需要考虑的因素见图 6-12。

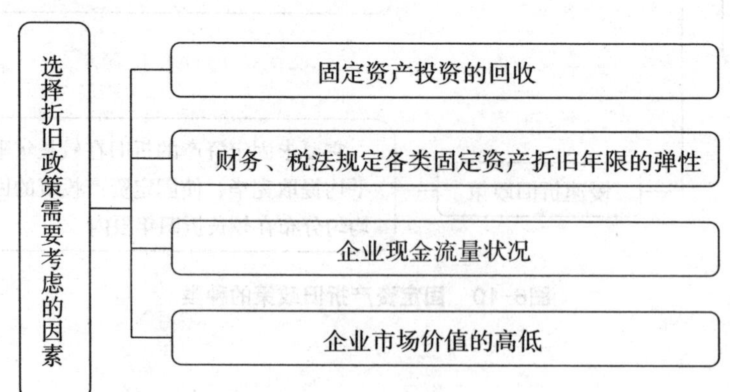

图6-12　选择折旧政策需要考虑的因素

三、固定资产折旧的范围

确定固定资产折旧的范围，一是要从空间范围上确定哪些固定资产应当提取折旧，哪些固定资产不应当提取折旧；二是要从时间范围上确定应提折旧的固定资产在什么时间开始提取折旧，在什么时间停止提取折旧。

（一）空间范围

从空间范围上讲，企业所有的固定资产一般均应计提折旧。企业固定资产包括经营用固定资产、非经营用固定资产、租出固定资产、不需用和未使用的固定资产等，具体见图 6-13。

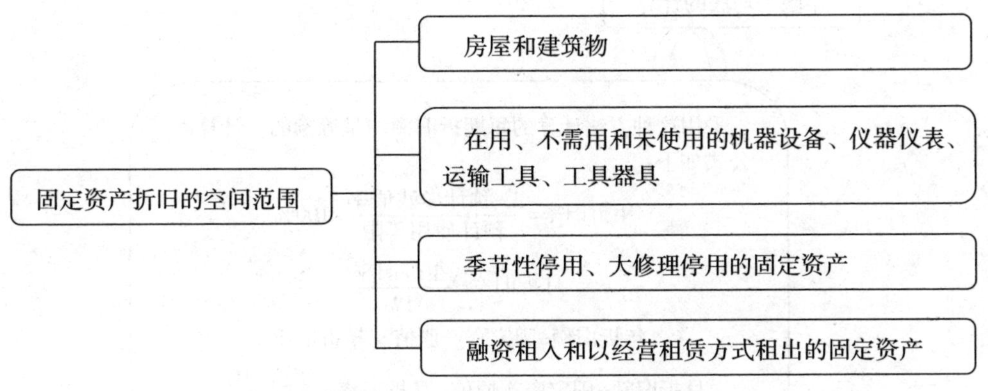

图6-13　固定资产折旧的空间范围

（二）时间范围

从时间上讲，企业在具体计提折旧时，一般应按月提取折旧，当月增加的固定资产，当月不提折旧，从下月起计提折旧；当月减少的固定资产，当月照提折旧，从下月起不提折旧。

四、固定资产折旧的计算

企业应当根据与固定资产有关的经济利益的预期实现方式，合理选择固定资产折旧方法。可选用的折旧方法包括年限平均法、工作量法、双倍余额递减法和年数总和法等。固定资产的折旧方法一经确定，不得随意变更。但是，企业至少应当于每年年度终了，对固定资产的使用寿命、预计净残值和折旧方法进行复核。使用寿命预计数与原先估计数有差异的，应当调整固定资产使用寿命。预计净残值预计数与原先估计数有差异的，应当调整预计净残值。与固定资产有关的经济利益预期实现方式有重大改变的，应当改变固定资产折旧方法。

（一）年限平均法

年限平均法又称直线法，是指将固定资产的应计折旧额均衡地分摊到固定资产预计使用寿命内的一种方法。

1. 年限平均法的计算

年限平均法的计算公式见图 6-14。

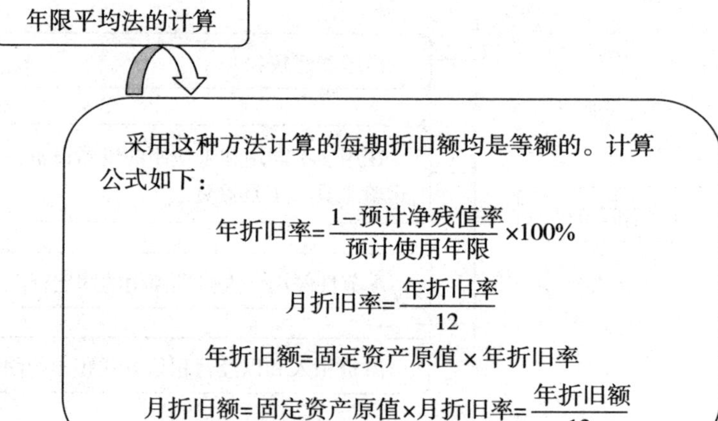

图6-14　年限平均法的计算

【例 6-1】某房地产企业新购一台设备，原价为 180000 元，预计可使用 10 年，按照有关规定该设备报废时的净残值率为 3%。采用平均年限法计算该设备的折旧率和折旧额。

解：年折旧率 = $\frac{1-3\%}{10}$ × 100%=9.7%

年折旧额 =180000 × 9.7%=17460（元）

月折旧率 = $\frac{17460}{12}$ =1455（元）

2. 折旧率的分类

在日常核算中，固定资产的折旧额是按固定资产的折旧率来计算的。固定资产的折旧率是折旧额与固定资产原值的百分比。固定资产折旧率的分类见图 6-15。

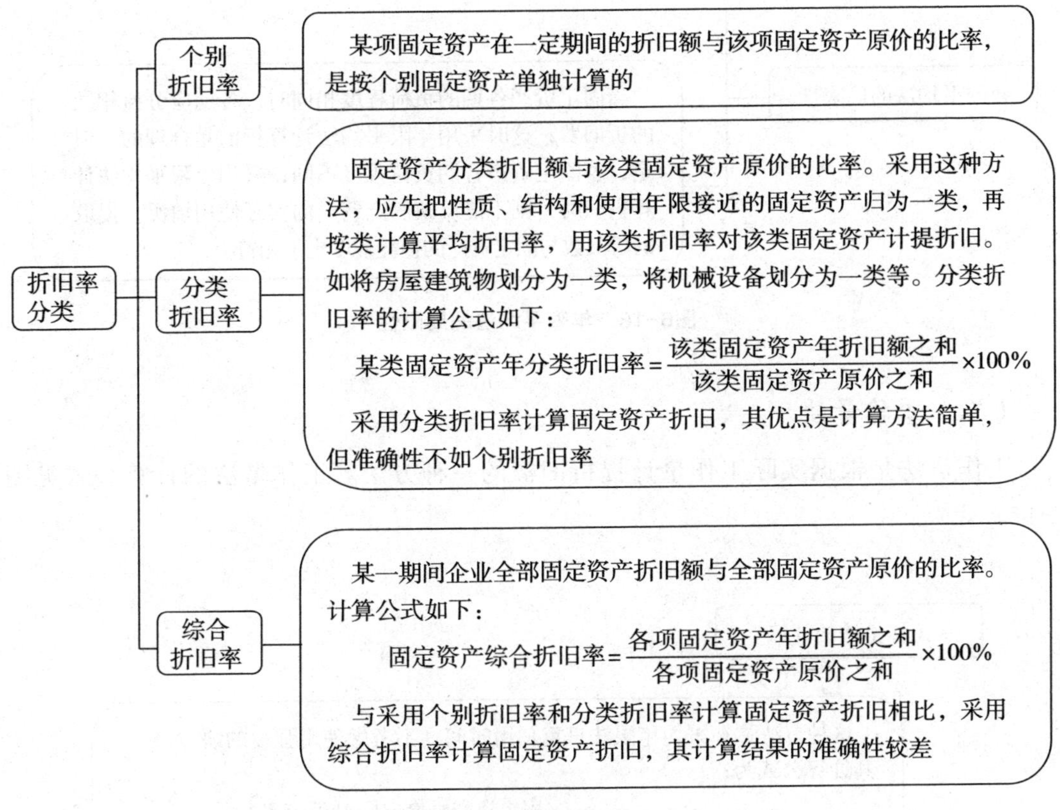

图6-15　折旧率分类

3. 年限平均法的局限性

采用年限平均法计算固定资产折旧虽然比较简便，但也存在着一些明显的局限性，具体见图 6-16。

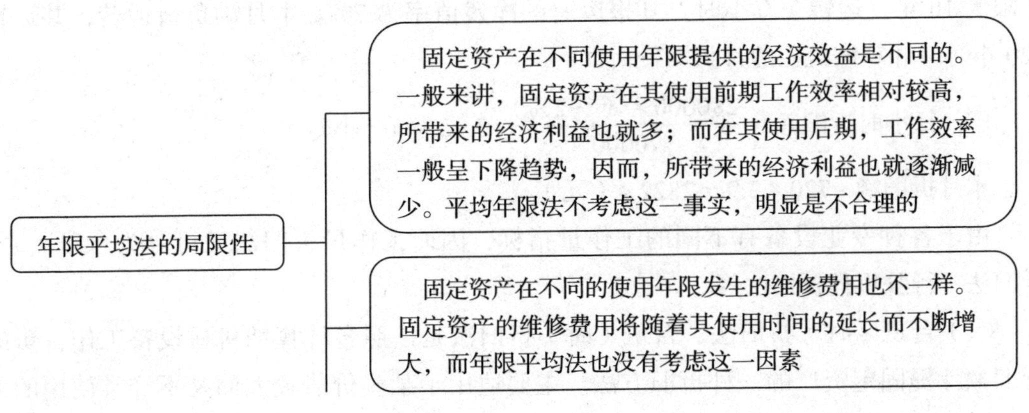

图6-16

年限平均法的局限性

当固定资产各期的负荷程度相同时，各期应分摊相同的折旧费，这时采用年限平均法计算折旧是合理的。但是，若固定资产各期负荷程度不同，采用年限平均法计算折旧时，则不能反映固定资产的实际使用情况，提取的折旧数与固定资产的损耗程度也不相符

图6-16　年限平均法的局限性

（二）工作量法

工作量法是根据实际工作量计提折旧额的一种方法。工作量法的计算公式见图6-17。

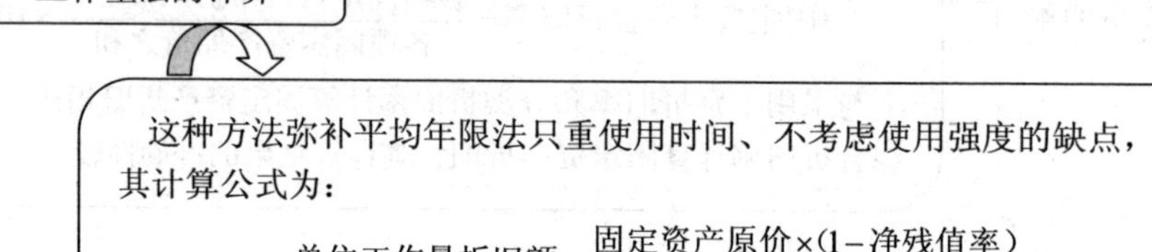

这种方法弥补平均年限法只重使用时间、不考虑使用强度的缺点，其计算公式为：

$$单位工作量折旧额=\frac{固定资产原价\times(1-净残值率)}{预计总工作量}$$

某项固定资产月折旧额=该项固定资产当月工作量×单位工作量折旧额

图6-17　工作量法的计算

【例6-2】某房地产企业的一台大型施工机械的原价为280000元，预计该机器使用年限为10年，运转7万小时，其报废时的净残值率为2%。本月满负荷运转，共运转720小时。计算该机器的月折旧额。

解：$每小时折旧额=\frac{280000\times（1-2\%）}{70000}=3.92$（元/小时）

本月折旧额=720×3.92=2822.4（元）

由于各种专业设备有不同的工作量指标，因而工作量折旧法又可分为台班（时）折旧法、行驶里程折旧法等。

（1）台班（时）折旧法。台班（时）折旧法是按照各计算期机械设备工作台班的折旧额计提固定资产的一种折旧方法。主要适用于某些价值较大而又不经常使用的大型机械设备，在采用时有两种方法，见图6-18。

台班（时）折旧法

根据机械设备原值、预计净残值和预计折旧年限内工作台班数，计算每一工作台班折旧定额，然后根据工作台班折旧定额和实际工作台班计提折旧。机械设备折旧年限内工作台班折旧定额和折旧额的计算公式为：

台班（时）折旧定额=机器设备净值/预计折旧年限内工作台班

月折旧额=台班（时）折旧定额×月工作台班（时）

在确定机械设备折旧年限和年折旧额的前提下，按年度工程任务确定当年机械设备的工作台班的计划数，算出该年度内每一工作台班折旧定额，年中按折旧定额计提折旧，年末按年度实际折旧额加以调整。年度台班折旧定额的计算公式为：

$$年度台班折旧定额=\frac{机器设备原值\times（1-预计净残值率）/预计折旧年限}{年度计划工作台班（时）}$$

图6-18　台班（时）折旧法的计算

【例 6-3】某房地产企业有 120t · m 塔吊一台，原值为 500000 元，预计净残值率 5%，估计折旧年限内工作 2000 台班，某月实际工作 10 台班。求该月折旧额是多少。

解：台班折旧定额 =500000×（1-5%）/2000=237.5（元）

该月折旧额 =237.5×10=2375（元）

【例 6-4】某房地产企业有 120t · m 塔吊一台，原值为 500000 元，预计净残值率 5%，预计折旧年限为 15 年，2015 年计划安排工作 100 台班，求 2015 年度台班折旧定额是多少。

$$解: 2015 年度台班折旧定额 = \frac{500000\times（1-5\%）/15}{100}=316.67（元）$$

（2）行驶里程折旧法。行驶里程折旧法主要适用于房地产企业的交通运输设备的折旧定额的计算，具体计算见图 6-19。

行驶里程折旧法的计算

在采用这种折旧方法时，要先计算单位里程折旧定额，然后根据单位里程折旧定额和实际行驶里程计提折旧。计算公式如下：

$$单位里程折旧定额=\frac{运输设备原值-预计净残值}{预计折旧年限内总行驶里程}$$

月折旧额=单位里程折旧定额×月实际行驶里程

图6-19　行驶里程折旧法的计算

（三）加速折旧法

加速折旧法又称为快速折旧法或递减折旧法。其特点是在固定资产有效使用年限的前期多提折旧，后期则少提折旧，从而相对加快折旧的速度，以使固定资产成本在有效使用年限中加快得到补偿。

加速折旧的计提方法有多种，常用的有双倍余额递减法和年数总和法两种。

1. 双倍余额递减法

双倍余额递减法是在不考虑固定资产残值的情况下，根据每期期初固定资产账面净值和双倍的直线法折旧率计算固定资产折旧的一种方法。双倍余额递减法的计算公式见图 6-20。

双倍余额递减法的计算

$$年折旧率=\frac{2}{预计的折旧年限}\times 100\%$$

$$月折旧率=\frac{年折旧率}{12}$$

$$月折旧额=固定资产账面净值\times 月折旧率$$

图6-20　双倍余额递减法的计算

由于双倍余额递减法不考虑固定资产的净残值收入，因此，在应用这种方法时必须注意不能使固定资产的账面折余价值降低到它的预计净残值收入以下，即实行双倍余额递减法计提折旧的固定资产，应当在其固定资产折旧年限到期以前两年内，将固定资产净值扣除预计净残值后的余额平均摊销。

【例 6-5】某房地产企业有一台蒸汽打桩机，原值为 30000 元，规定的折旧年限为 5 年，预计净残值 800 元。按双倍余额递减法计算每年的折旧额是多少？

解：年折旧率 $=\frac{2}{5}\times 100\%=40\%$

第一年折旧额 =30000×40%=12000（元）

第二年折旧额 =（30000−12000）×40%=7200（元）

第三年折旧额 =（30000−12000−7200）×40%=4320（元）

第四年、第五年每年折旧额 =（30000−12000−7200−4320−800）÷2=2840（元）

2. 年数总和法

年数总和法又称合计年限法，是根据固定资产原值减预计净残值后的余额，按照逐年递减的折旧率计提固定资产折旧的一种折旧方法。它的折旧率是以该项固定资产预计尚可使用年限（包括当年）做分子，以折旧年限内可使用年数之和为分母。分母是固定的，而分子是每年变动的，因而折旧率也每年变动。具体计算公式见图 6-21。

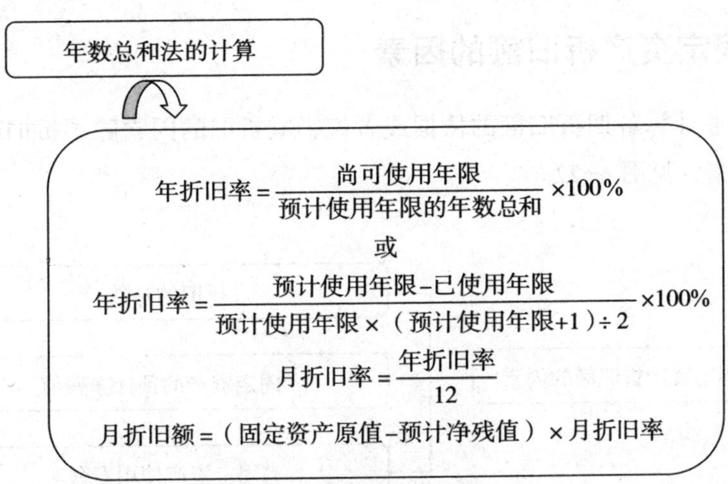

图6-21　年数总和法的计算

【例 6-6】承【例 6-5】，采用年数总和法计算，各年折旧额是多少？

解：

（1）第一年年折旧率 $=\frac{5}{5+4+3+2+1}=\frac{5}{15}$

第二年年折旧率 $=\frac{4}{5+4+3+2+1}=\frac{4}{15}$

第三年年折旧率 $=\frac{3}{5+4+3+2+1}=\frac{3}{15}$

第四年年折旧率 $=\frac{2}{5+4+3+2+1}=\frac{2}{15}$

第五年年折旧率 $=\frac{1}{5+4+3+2+1}=\frac{1}{15}$

（2）第一年年折旧额 =（30000−800）× $\frac{5}{15}\approx 9733$（元）

第二年年折旧额 =（30000−800）× $\frac{4}{15}\approx 7787$（元）

第三年年折旧额 =（30000−800）× $\frac{3}{15}$ ≈5840（元）

第四年年折旧额 =（30000−800）× $\frac{2}{15}$ ≈3893（元）

第五年年折旧额 =（30000−800）× $\frac{1}{15}$ ≈1947（元）

五、影响固定资产折旧额的因素

房地产企业计算各期折旧额的依据或者说影响折旧的因素除了折旧政策以外，还有以下 3 个因素，见图 6-22。

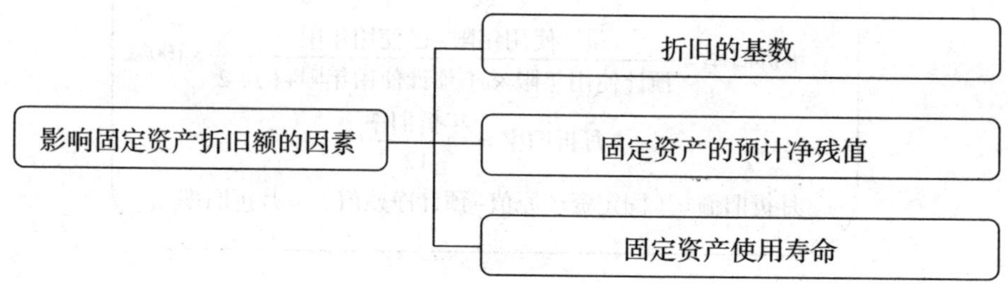

图6-22 影响固定资产折旧额的因素

六、固定资产折旧计划的编制

固定资产折旧计划是财务计划的组成部分。正确编制折旧计划，可以保证企业收回更新固定资产的货币准备金，促使房地产企业有效利用固定资产。编制固定资产折旧计划要确定以下主要指标，见图 6-23。

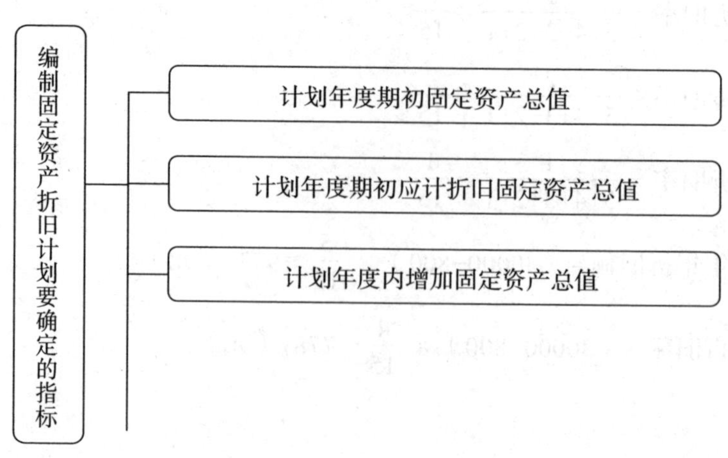

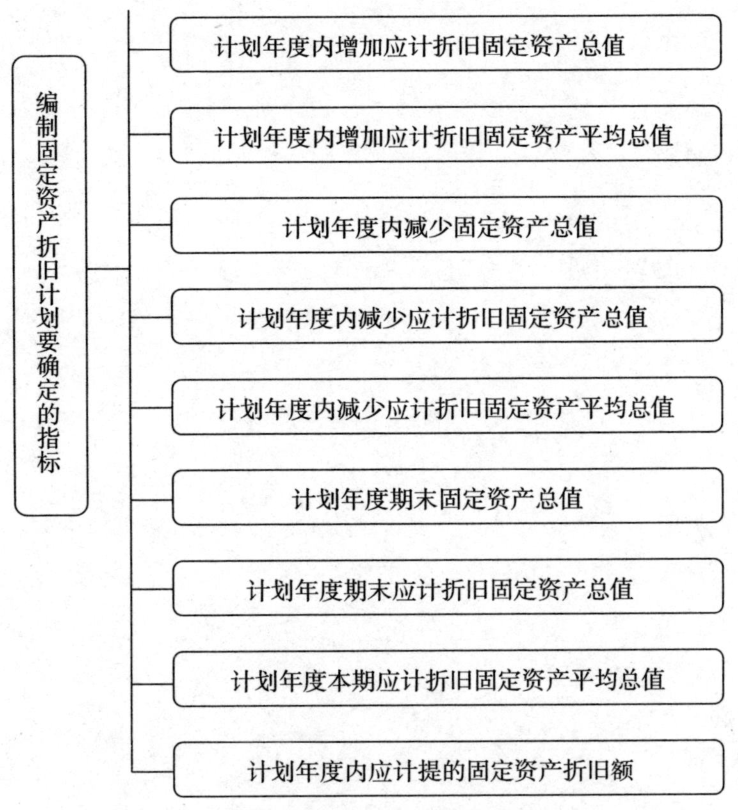

图6-23 编制固定资产折旧计划要确定的指标

第七章　房地产企业无形资产管理

本章导读

随着知识经济的到来和蓬勃发展，产品和劳务中有形资产的比重不断下降，而无形资产在社会经济活动中的含金量日益增加，智力资本、无形资产在现代经济社会中的使用价值不断提高。房地产行业作为资本密集型产业，无形资产在企业经营过程中起到的作用也显得更加重要了。研究发现，我国房地产企业上市公司的股票价格与当年的每股收益、每股无形资产、每股有形资产以及前期的股票价格有很显著的相关性。

无形资产对房地产企业具有特殊经济价值，而且相对于有形资产更容易流失。

房地产企业应当建立健全无形资产的管理制度，根据其层次类别的不同进行分类管理；通过各种渠道，充分利用无形资产，实现超额收益；建立财务监控体系，防止资产权益受损。

第一节　房地产企业无形资产概述

一、无形资产的概念

房地产企业无形资产的概念见图 7-1。

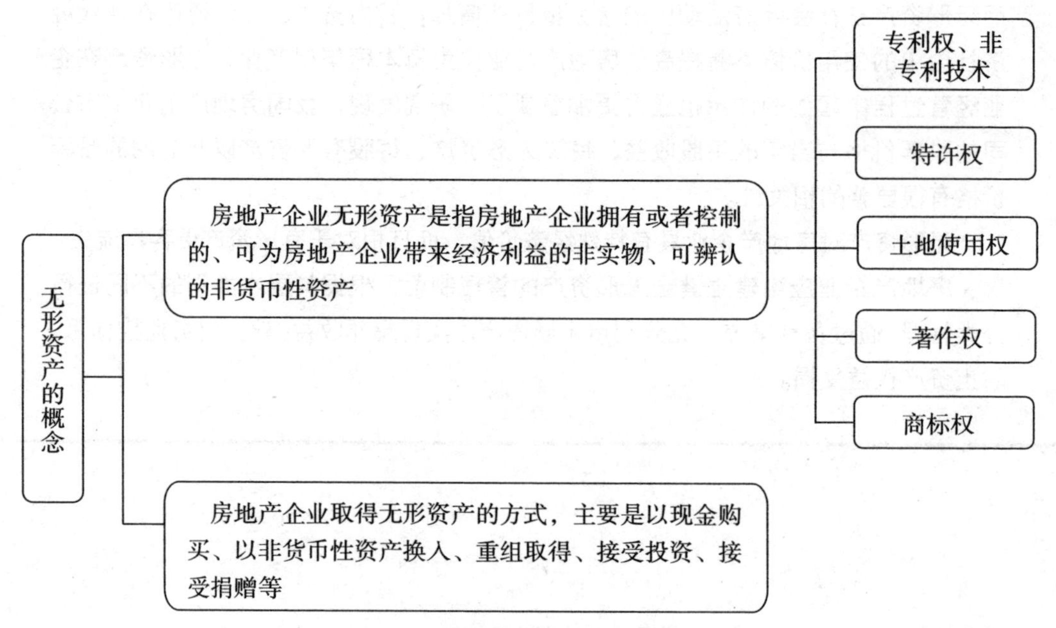

图7-1　房地产企业无形资产的概念

二、无形资产的构成

无形资产一般包括专利权、商标权、著作权、土地使用权、经营特许权、非专利技术等，见图 7-2。

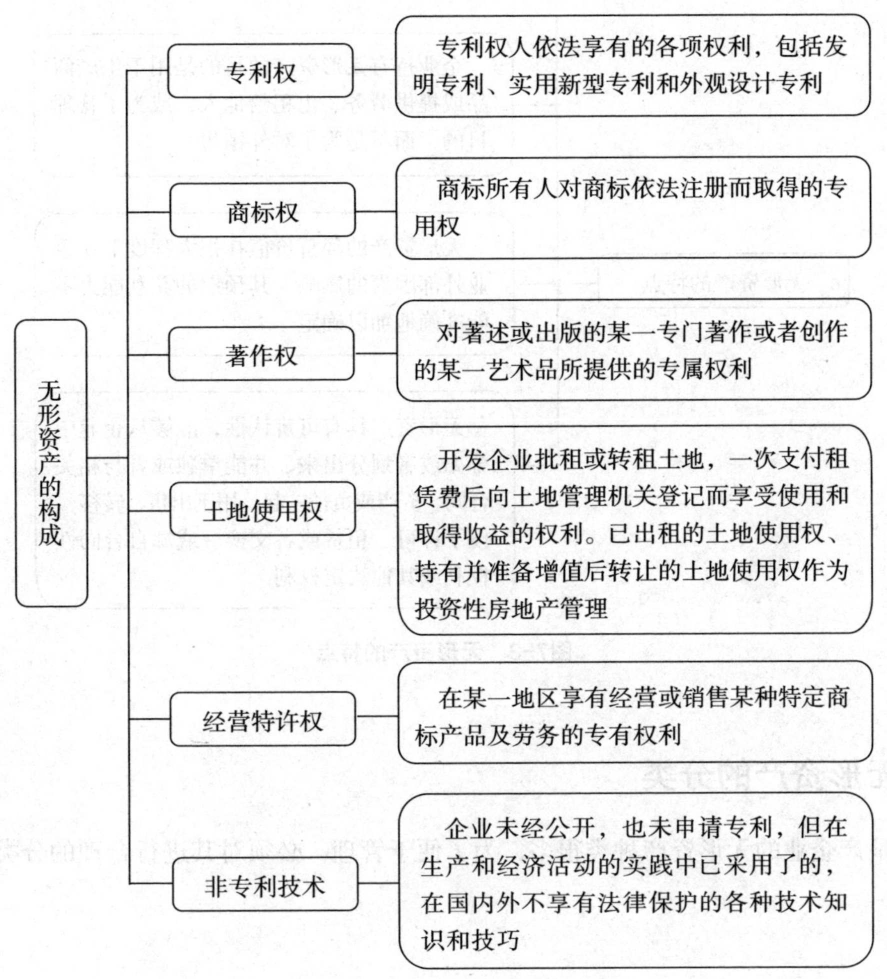

图7-2　无形资产的构成

三、无形资产的特点

无形资产的特点见图 7-3。

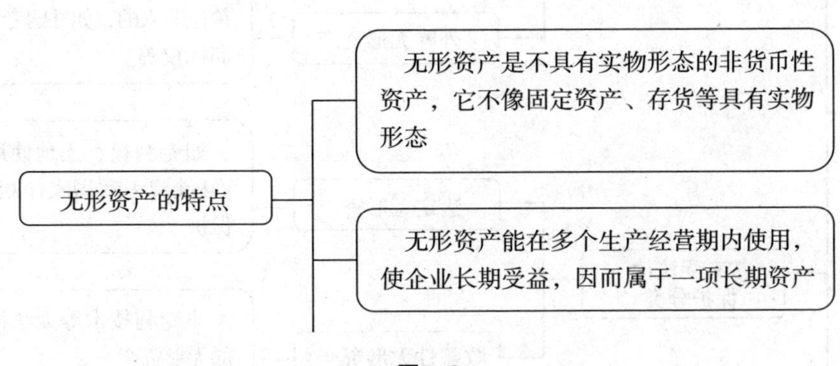

图7-3

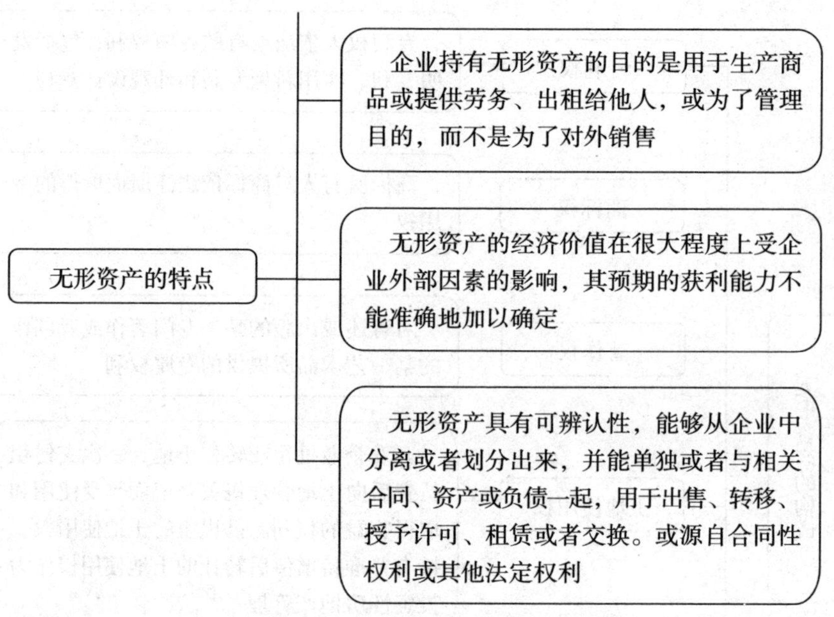

图7-3　无形资产的特点

四、无形资产的分类

房地产企业的无形资产种类很多，为了便于管理，必须对其进行合理的分类，见图7-4。

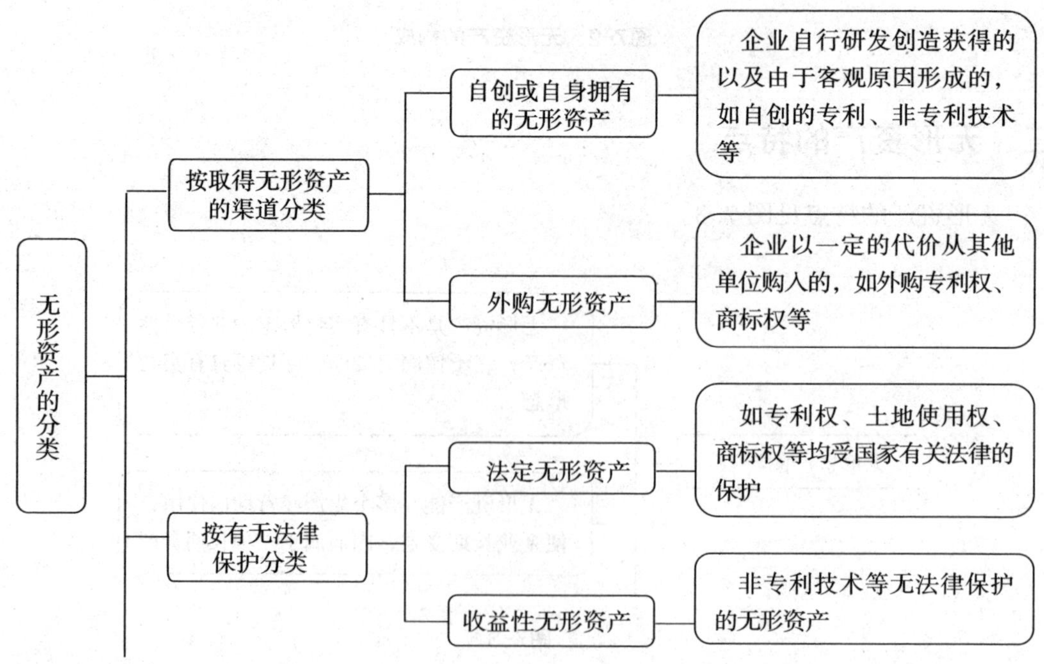

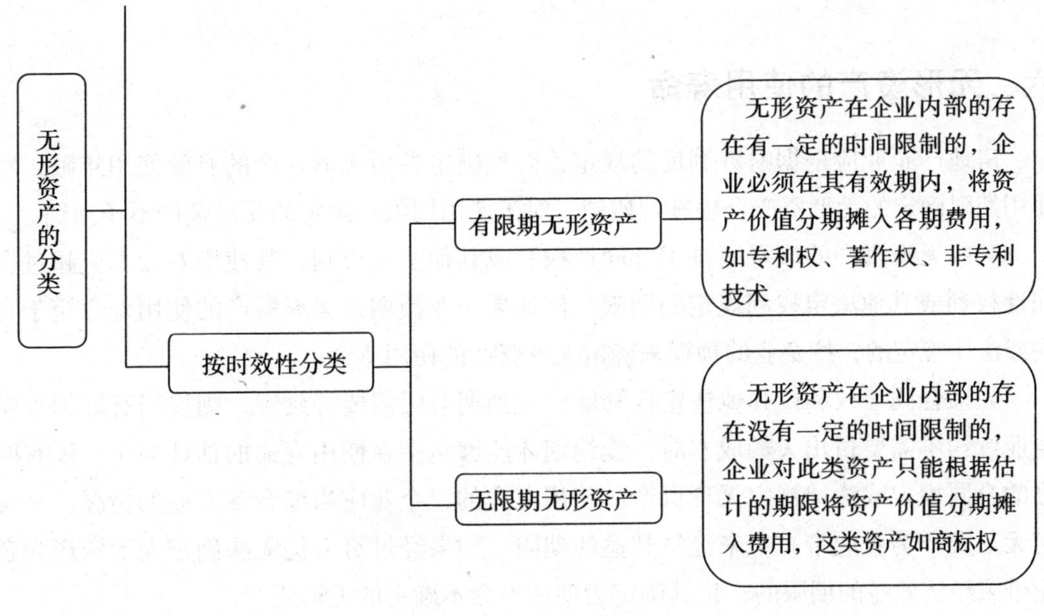

图7-4　无形资产的分类

五、无形资产的运用

房地产企业对于无形资产的运用主要有自用、出售、出租和对外投资，见图 7-5。

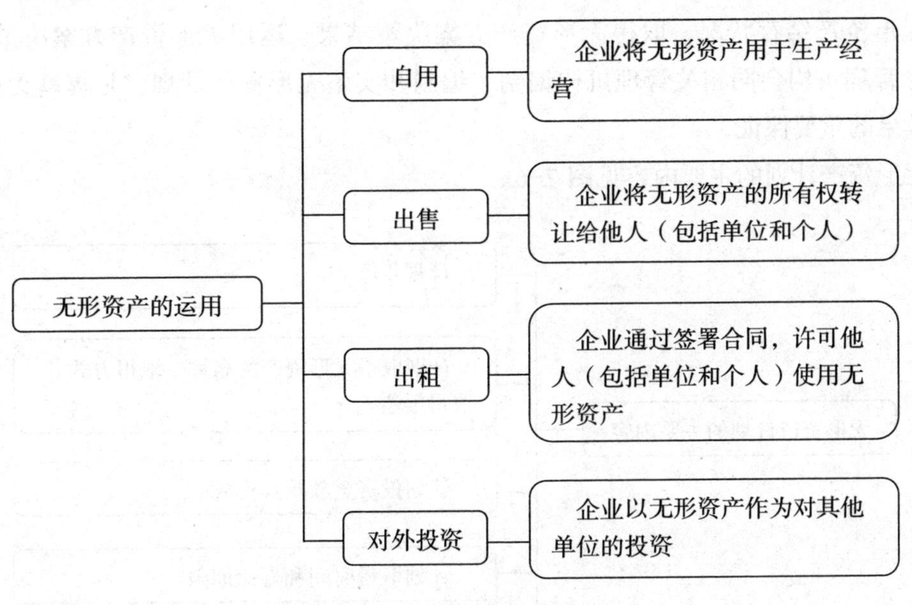

图7-5　无形资产的运用

六、无形资产的使用寿命

房地产企业应根据财务制度的规定，合理确定各项无形资产的有效使用年限，对使用期限确定的无形资产合理进行摊销，对于使用期限不确定的无形资产不予摊销。

某些无形资产的取得源自于合同性权利或其他法定权利，其使用寿命不应超过合同性权利或其他法定权利规定的期限。但如果企业预期该无形资产的使用寿命短于合同或法律规定的，按企业的预期来确定无形资产的使用寿命。

如果合同性权利或其他法定权利能够在到期时因需要等延续，则仅当有证据表明企业续约不需要付出大额成本时，续约期才能够包括在使用寿命的估计当中。没有明确的合同规定或法律规定无形资产的使用寿命的，企业应当综合各方面的情况，来确定无形资产为企业带来未来经济利益的期限。如果经过努力仍无法确定无形资产为企业带来经济效益的期限的，将其确定为使用寿命不确定的无形资产。

另外，企业至少应当于每年年度终了，对使用寿命有限的无形资产的使用寿命进行复核，如果发现无形资产的使用寿命不同于以前的估计，则应根据实际情况更改无形资产的使用寿命的确认。

七、无形资产计划

无形资产计划，是企业控制无形资产的取得、使用和管理的计划。它根据计划期期初无形资产结存状况、取得无形资产方案决策结果、运用无形资产方案决策结果，由财务管理机构会同相关管理机构编制。编制和实施无形资产计划，是提高无形资产使用效果的重要保证。

无形资产计划的主要内容见图 7-6。

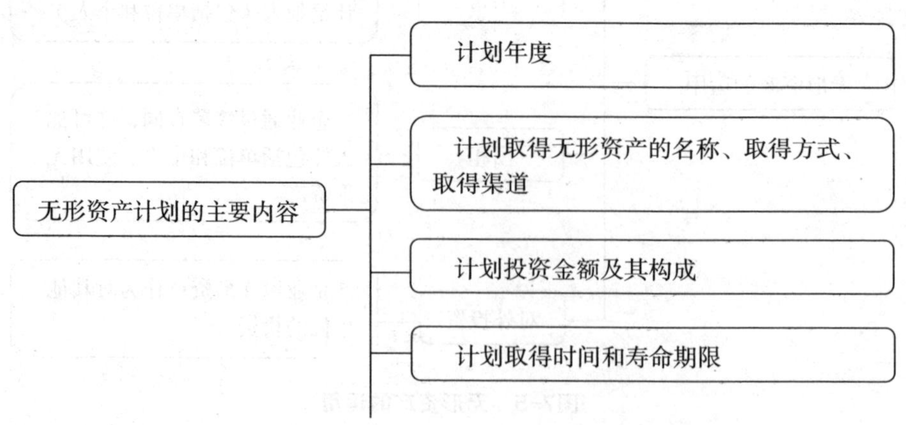

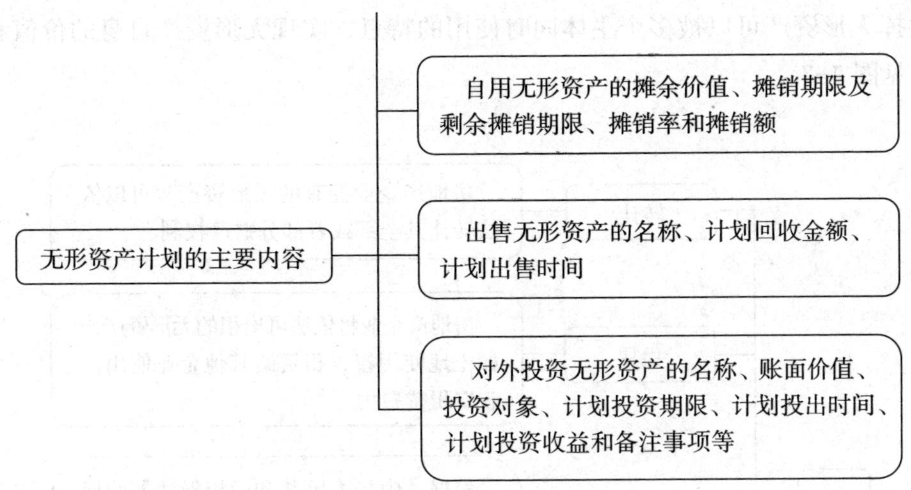

图7-6　无形资产计划的主要内容

无形资产计划由财务管理机构会同相关管理机构组织实施。对于长期投资计划的执行情况，应当按照企业财务制度的规定，由审定或者批准计划的机构进行考核。总之，房地产企业一旦获得某种无形资产，除了利用法律手段保障其在本企业的经济利益外，还要通过本期开发、生产、经营各环节的高质量管理，使其在日常的开发、生产、经营各环节中充分体现其真实的价值，使无形资产在实际使用年限内，为企业带来的经济利益达到一种最大限度的可能性。这就需要房地产企业开发人员和管理人员的共同努力，如对产品开发质量和服务质量的提高，对专利技术的保密及对专利技术进一步改造等。

第二节　房地产企业无形资产的日常管理

一、无形资产的经营

房地产企业开展无形资产经营，是发挥其自身价值，并使企业价值得到提升的关键。房地产企业应当多渠道开展无形资产的经营管理，以带动有形资产的盘活。由于无形资产没有实物形态，而且价值较难确定，经营管理难度更大，因此，在经营时应当签订书面合同，明确各方的责权利关系，以避免法律和经济的纠纷。在可以进入市场交易的前提下，房地产企业通过转让、租赁、质押、特许经营、对外投资等方式，充分发挥无形资产可以被多个主体同时使用的特点，实现无形资产自身的价值和价值增值，见图 7-7。

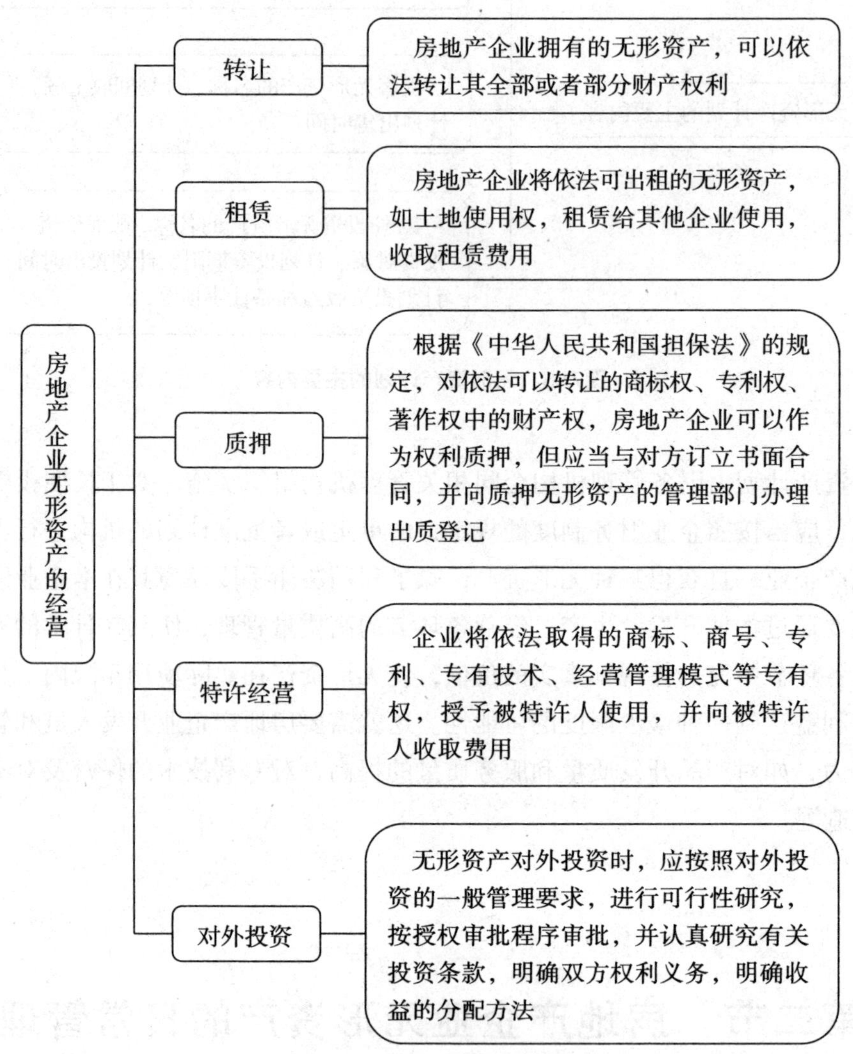

图7-7　房地产企业无形资产的经营

二、无形资产交易定价

（一）无形资产交易定价的特点

无形资产发生转让、租赁、质押、授权经营、连锁经营、对外投资等情形时，都需要合理确定交易价格。无形资产交易定价具有模糊性、动态性、复杂性等特点，见图 7-8。

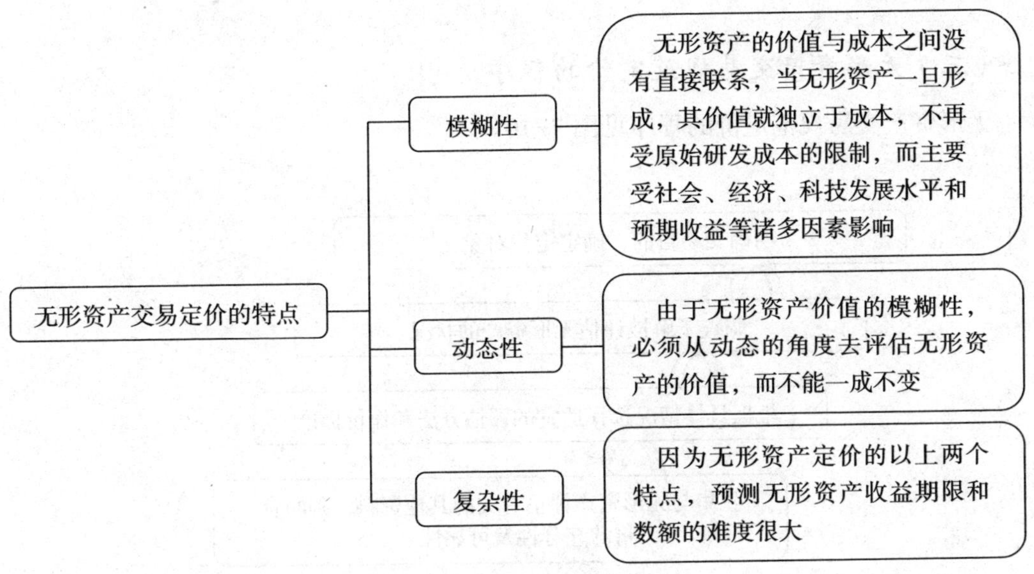

图7-8　无形资产交易定价的特点

（二）影响无形资产交易定价的因素

影响无形资产交易定价的因素见图 7-9，要确定其公允价值，需要细致地分析和考虑各种因素。

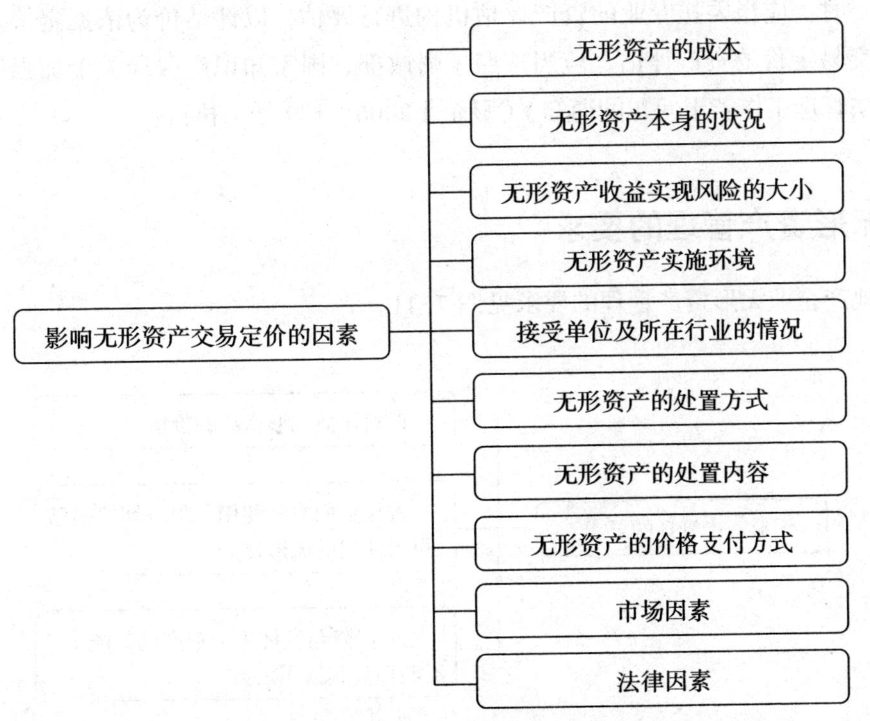

图7-9　影响无形资产交易定价的因素

（三）无形资产交易规范定价的程序

无形资产交易规范定价的程序见图 7-10。

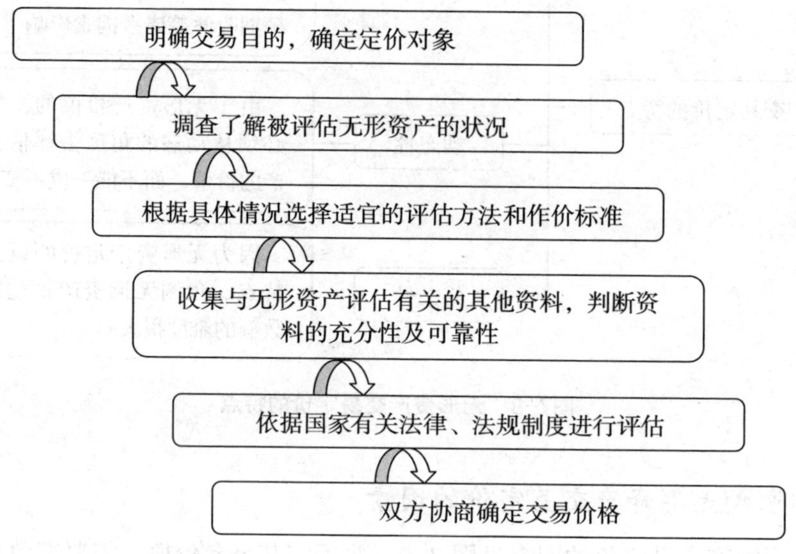

图7-10　无形资产交易规范定价的程序

必要时，应当委托专业的资产评估机构进行评估，以评估价为依据定价。涉及知识产权交易定价的资产评估，应当按照《财政部、国家知识产权局关于加强知识产权资产评估管理工作若干问题的通知》(财企〔2006〕109 号）执行。

三、无形资产管理的要求

房地产企业无形资产管理的要求见图 7-11。

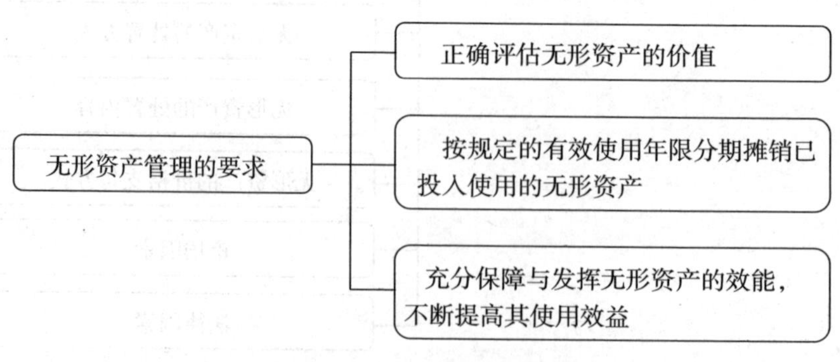

图7-11　无形资产管理的要求

第八章　房地产企业成本费用管理

本章导读

如今房地产企业的成本管理问题逐渐引起了人们的关注，对企业进行成本费用控制是目前企业最为重要的一项控制环节，是企业获得经济效益最根本的方法，对企业而言意义重大。

加强成本费用控制是确保利润空间的重要前提。经济效益是衡量一个企业竞争力的重要标准，房地产企业也不例外。因此，大部分房地产企业都是以实现经济增加值和目标利润最大化为其目标，而成本费用控制就是实现这一目标的重要手段，加强成本费用控制才能不断增强企业的竞争力。

第一节　房地产企业成本费用概述

一、成本费用及其构成

（一）成本费用的概念

房地产企业成本费用是指房地产企业在开发经营过程中所发生的各项耗费。成本和费用均有广义和狭义两种解释，见图 8-1。

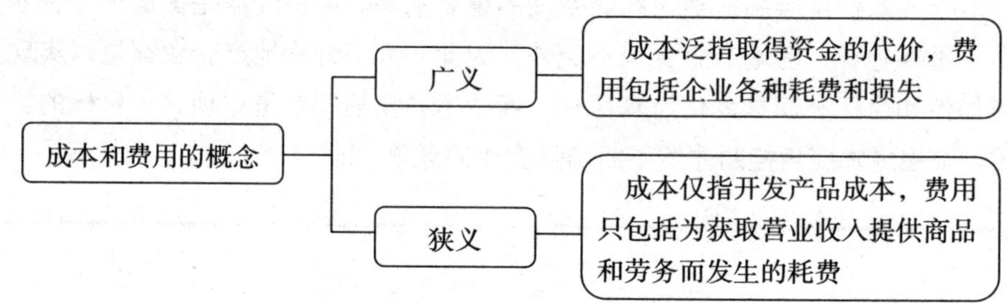

图8-1　成本和费用的概念

成本和费用的区别具体表现见图 8-2。

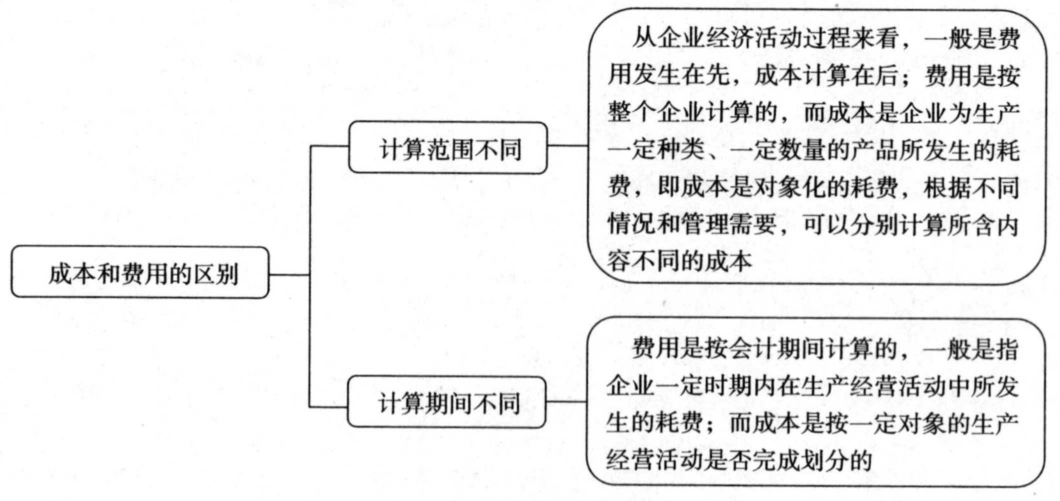

图8-2　成本和费用的区别

（二）成本费用的分类

成本费用的分类见图 8-3。

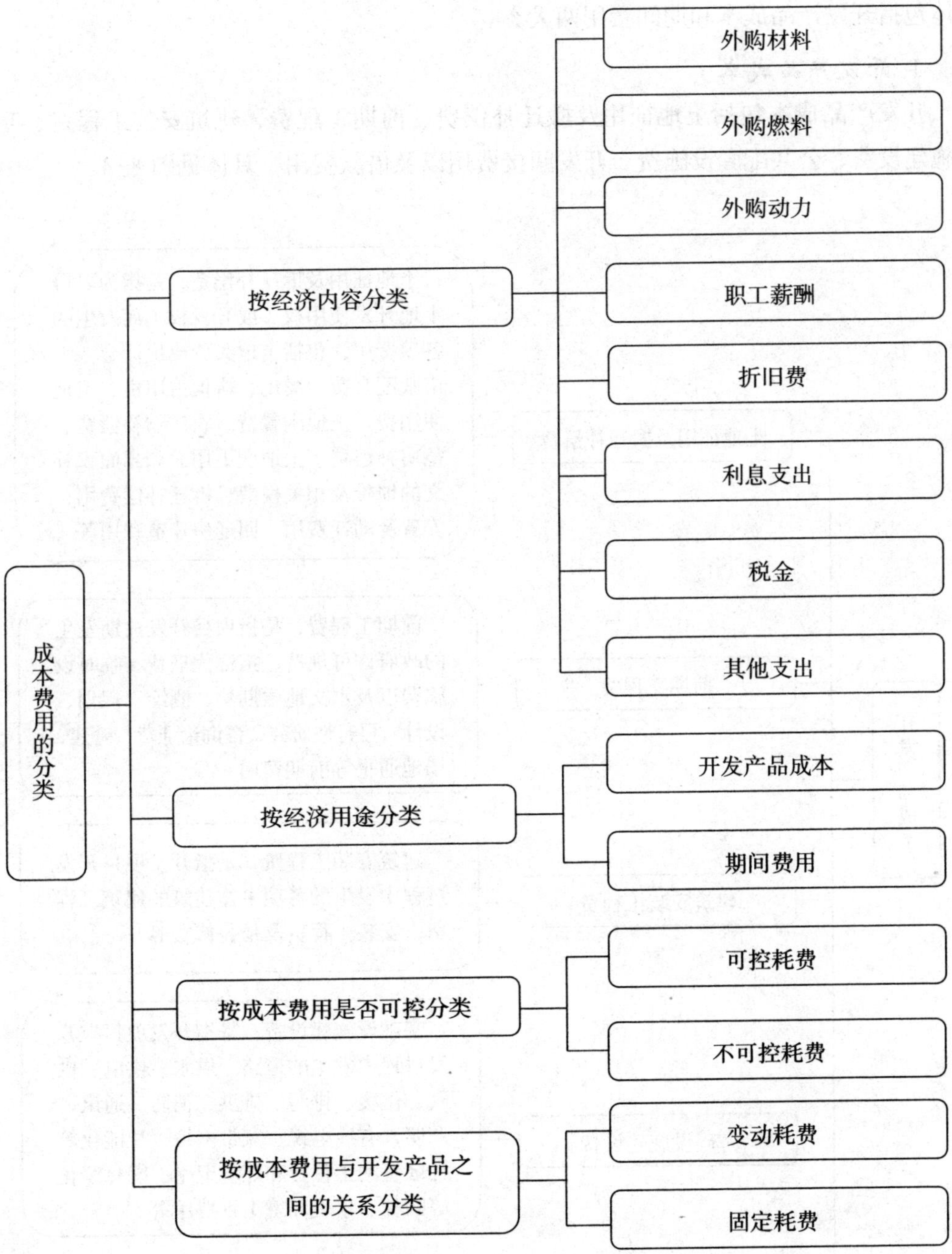

图8-3　成本费用的分类

（三）成本费用的开支范围

成本费用的开支范围，是指国家对企业发生的支出允许其在成本费用中列支的范围。房地产企业与开发经营有关的各项支出，都应当按照规定计入企业的成本费用，具体包括开发产品成本和期间费用两大类。

1. 开发产品成本

开发产品成本包括土地征用及搬迁补偿费、前期工程费、建筑安装工程费、基础设施建设费、公共配套设施费、开发间接费用以及借款费用，具体见图 8-4。

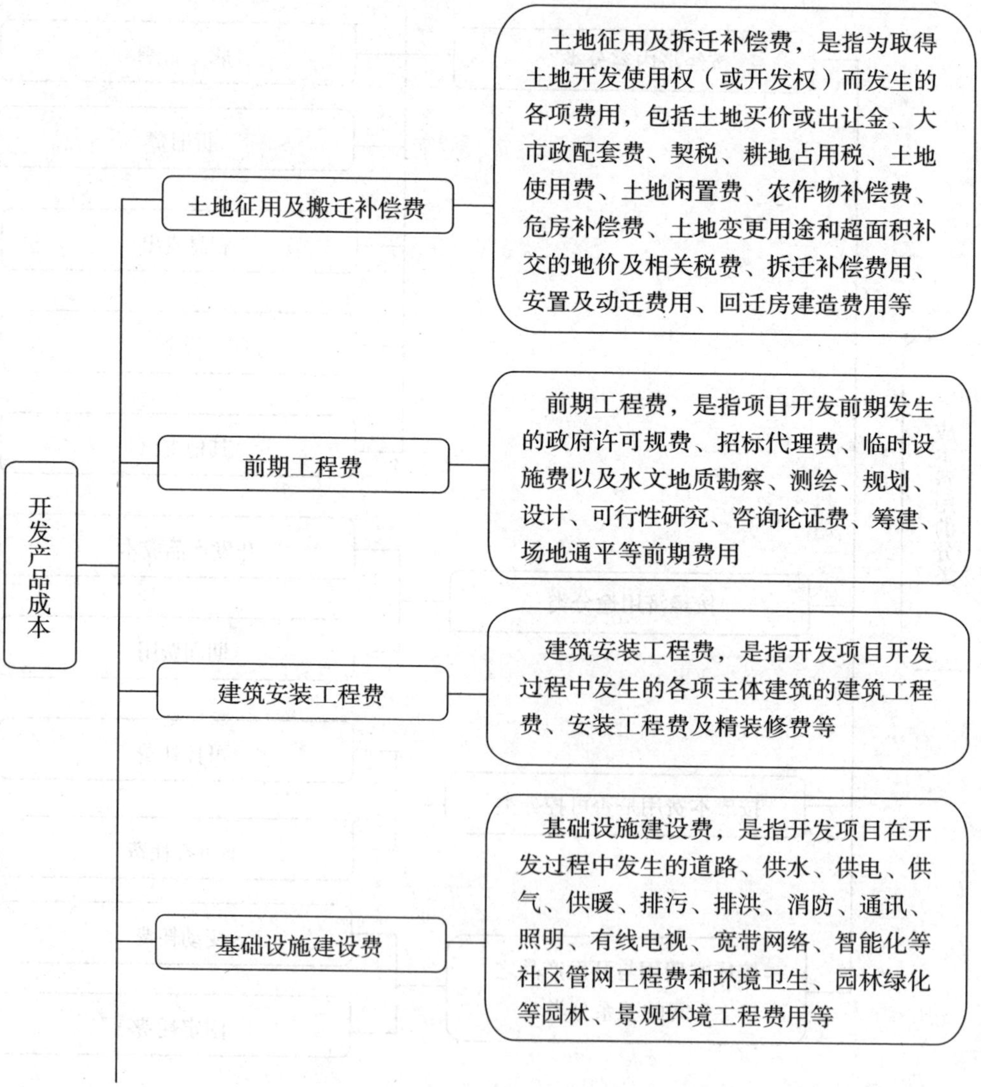

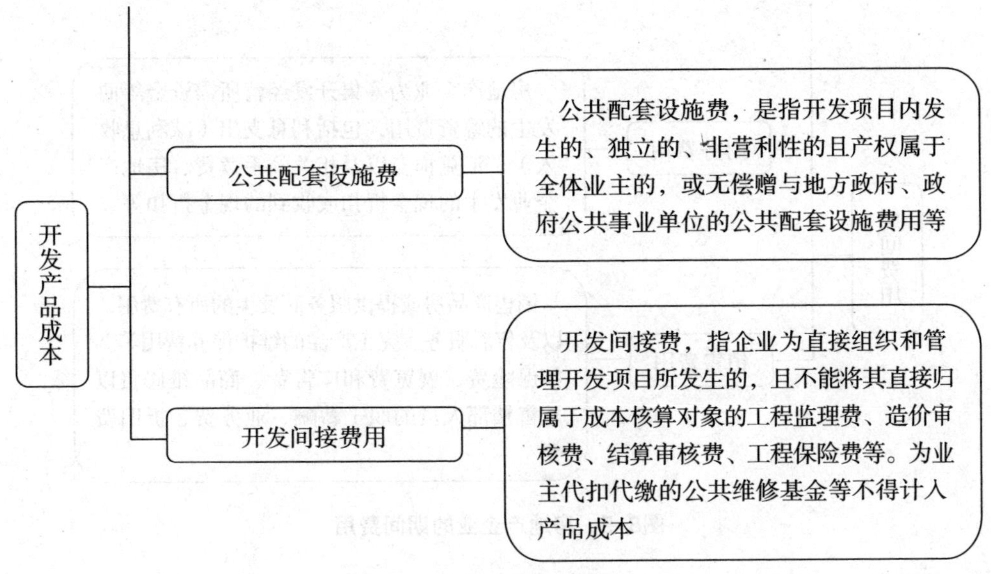

图8-4 房地产企业开发产品成本

土地征用及搬迁补偿费、前期工程费、建筑安装工程费、基础设施建设费、公共配套设施费为直接费用，直接计入产品成本。开发间接费用为间接费用，应按一定标准分配计入产品成本。

2. 期间费用

房地产企业的期间费用包括管理费用、财务费用和销售费用，见图8-5。期间费用不计入开发产品成本，而是在发生时直接计入当期损益。

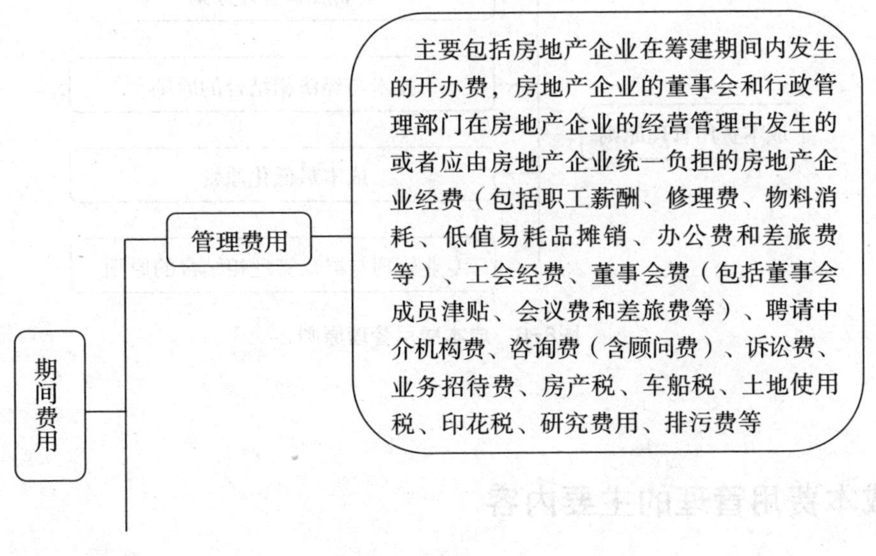

图8-5

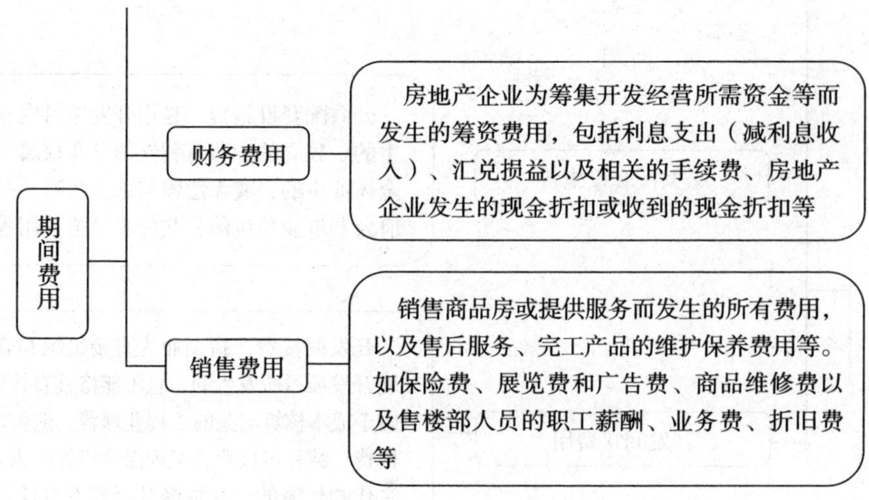

图8-5　房地产企业的期间费用

二、成本费用管理的原则

房地产企业成本费用管理是指对房地产企业在开发经营过程中各项费用的发生和开发产品成本的形成所进行的预算、计划、控制、分析评价等一系列的科学管理工作，其目的在于挖掘企业内部潜力，厉行节约，不断降低开发产品成本和其他耗费，提高企业竞争力。房地产企业成本费用管理应遵循以下原则（图 8-6）。

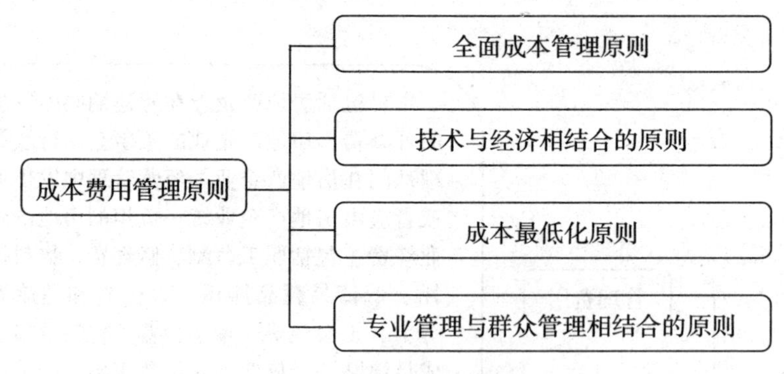

图8-6　成本费用管理原则

三、成本费用管理的主要内容

房地产企业成本费用管理的主要内容见图 8-7。

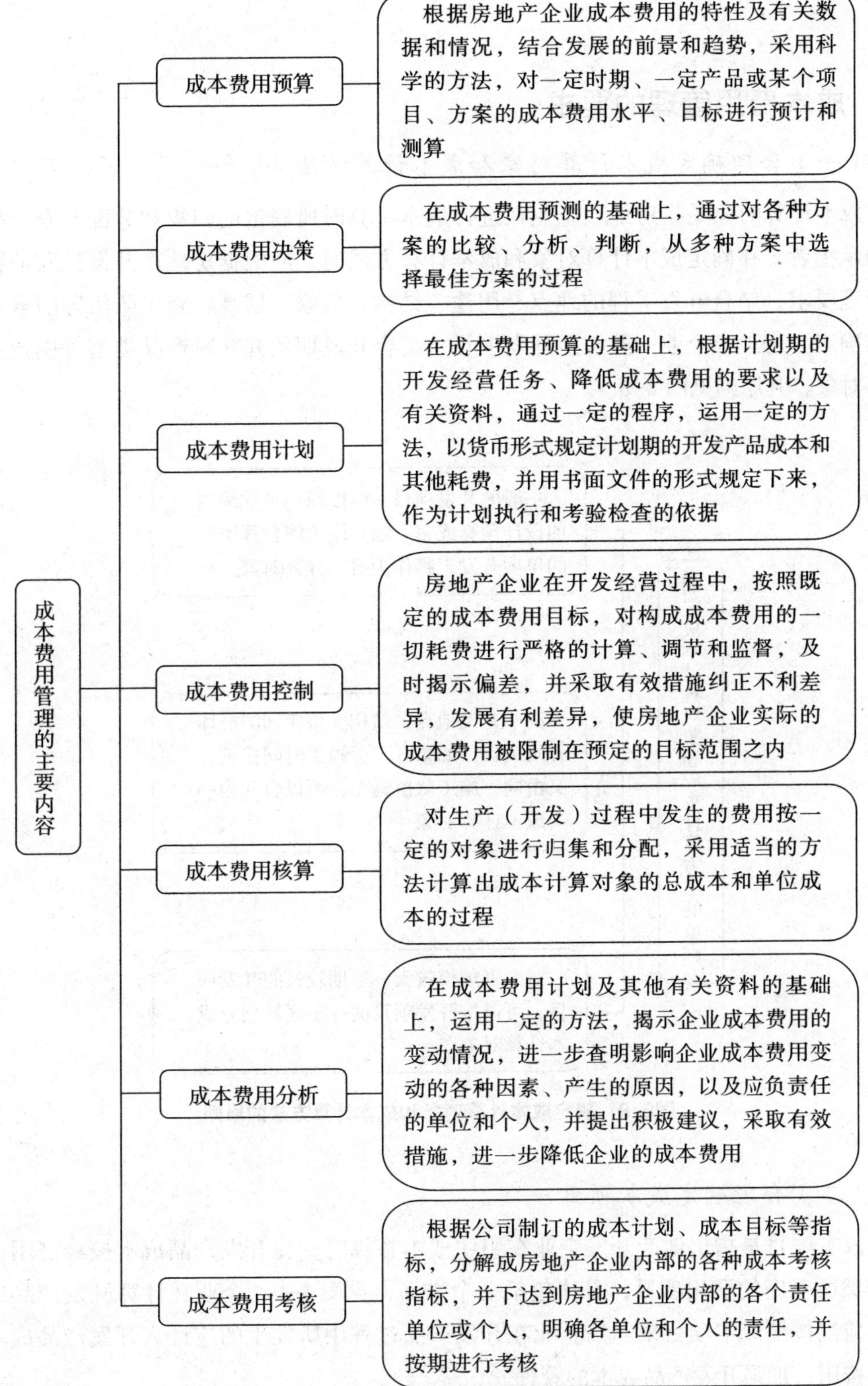

图8-7 成本费用管理的主要内容

四、成本费用管理的要求

（一）合理确定成本计算对象和成本计算方法

成本计算对象是指房地产企业在进行成本计算时所确定的归集和分配开发产品成本的承担者。在确定成本计算对象和成本计算方法时，应根据房地产开发经营的特点和管理要求，结合开发工程的地点、用途、结构、装修、层高、施工队伍等因素合理加以确定。房地产企业一般按照开发项目、综合开发期数并兼顾产品类型等确定成本核算对象。其原则见图 8-8。

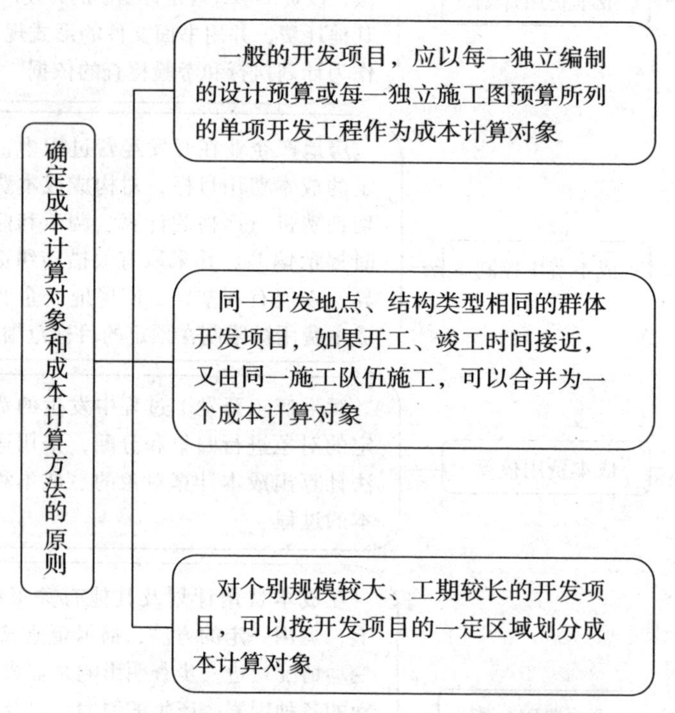

图8-8　确定成本计算对象和成本计算方法的原则

（二）合理确定成本项目

成本项目是指房地产开发企业在组织成本核算时，将开发产品成本按经济用途进行分类所确定的费用项目，具体包括七个方面，见图 8-9。企业在计算开发产品成本时，应当按照成本项目来归集企业在开发产品过程中所发生的应计入开发产品成本的各项费用，加强开发产品成本的管理。

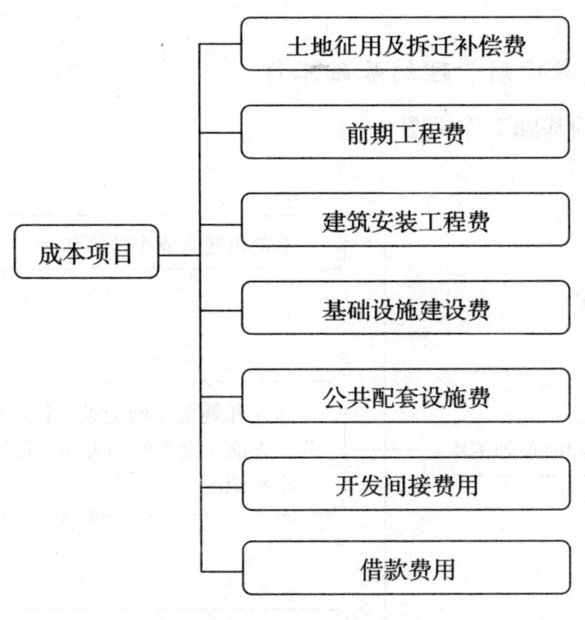

图8-9　成本项目的内容

（三）正确计算开发项目成本

房地产开发企业的经济活动是多方面的，所发生的费用支出也是多种多样的。房地产企业要正确区分各种支出的性质，严格遵守成本费用的开支范围，正确计算开发项目成本。其主要要求见图 8-10。

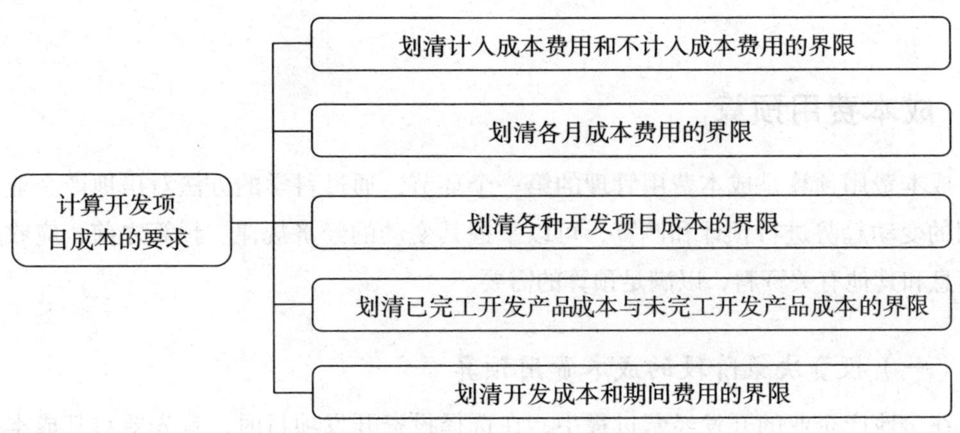

图8-10　计算开发项目成本的要求

（四）加强成本费用管理的基础工作

成本费用管理的基础工作见图 8-11。

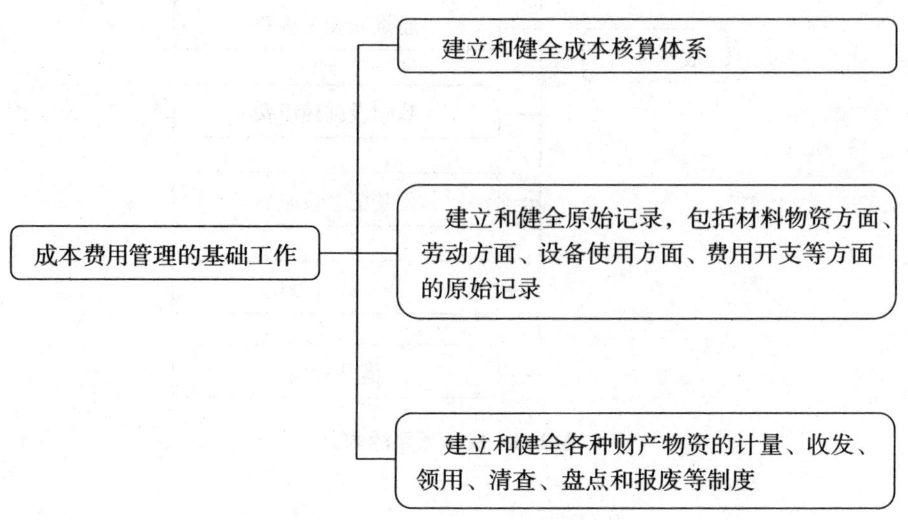

图8-11　成本费用管理的基础工作

第二节　房地产企业成本费用预算和计划

一、成本费用预算

成本费用预算是成本费用管理的第一个环节，通过科学的方法对房地产企业成本费用的变动趋势进行预计和测算，可以掌握其变动的经济规律。预算之前，应收集市场信息和其他有关资料，以满足预算的需要。

（一）投资决策阶段的成本费用预算

在房地产企业的开发经营过程中，在选择投资开发项目时，首先要对其成本费用进行预算，确定目标成本费用，作为选择投资方案的依据。投资决策阶段的成本费用预算方法一般有两种，见图 8-12。

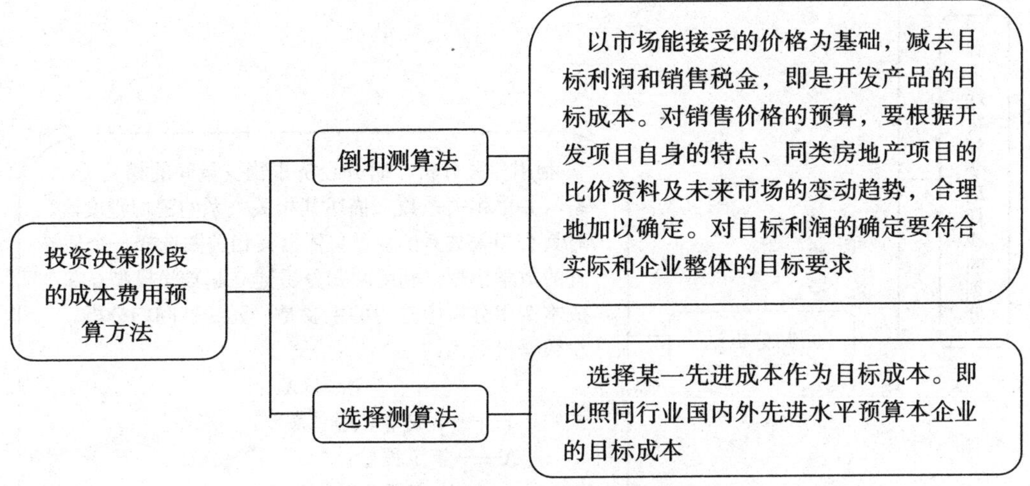

图8-12　投资决策阶段的成本费用预算方法

（二）编制计划期的成本费用预算

编制计划期的成本费用预算主要是确定企业计划期的目标成本和达到目标成本的措施。编制计划期的成本费用预算方法一般以上一年度的实际成本费用资料作为预算的主要依据。按客观存在的成本费用与工程量之间的依存关系，把房地产开发企业开发经营过程中发生的各项耗费分为固定耗费和变动耗费两大类，再分析研究上年度固定耗费和变动耗费水平，并预测计划期在一定工程量下的最优目标成本费用。

1.固定耗费和变动耗费的划分

正确划分固定耗费和变动耗费是进行成本费用预算的前提条件。固定耗费和变动耗费的划分可采用高低点法和回归分析法等统计分析方法，见图 8-13。

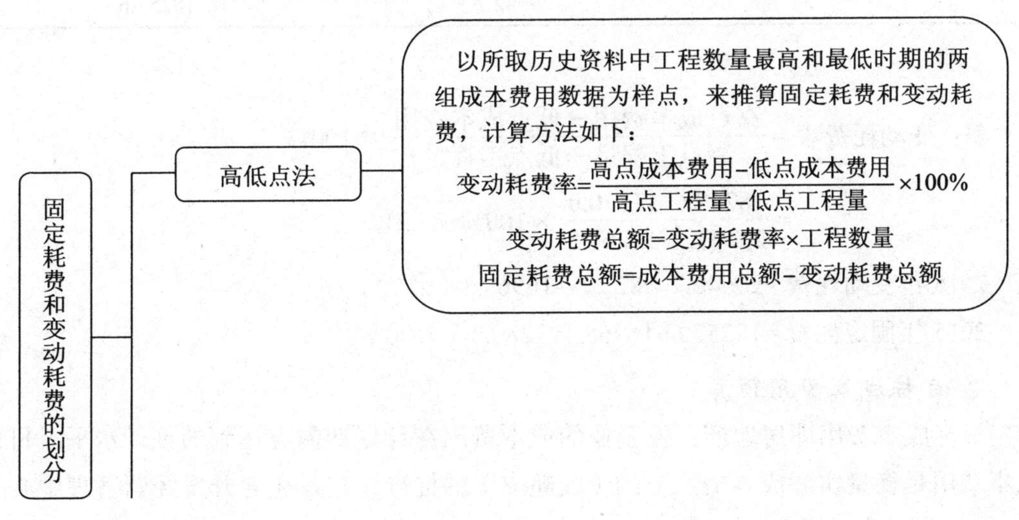

图8-13

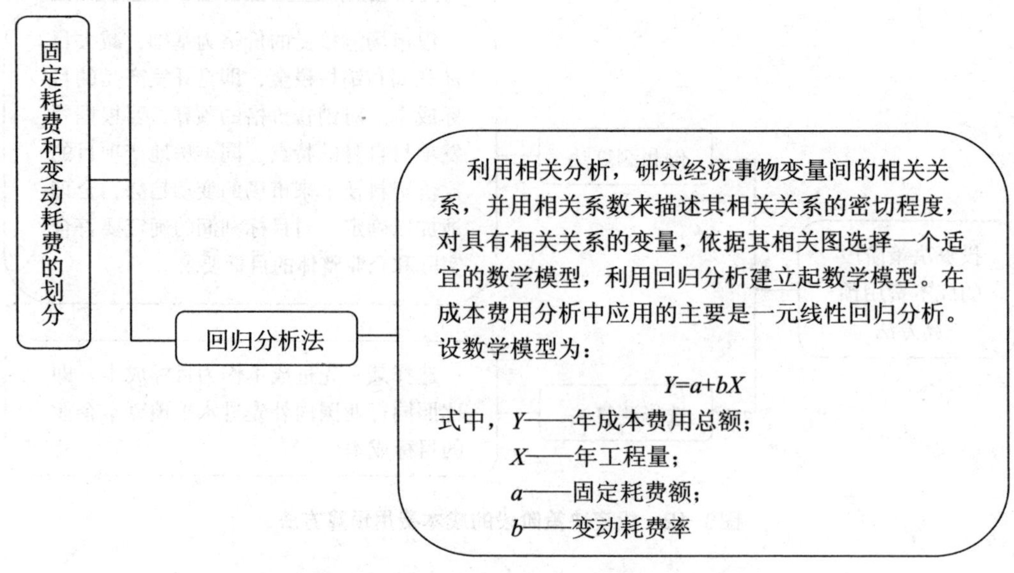

图8-13　固定耗费和变动耗费的划分方法

【例 8-1】某房地产企业历史完成的工程量与成本费用的统计资料见表 8-1。要求：确定 2015 年的固定耗费或变动耗费是多少。

表 8-1　工程量与成本费用统计表　　单位：万元

年份	工程量	成本费用
2012	12267.5	11370.0
2013	14563.2	12458.6
2014	17534.5	15735.8
2015	20642.7	18257.6

解：变动耗费弯 $= \dfrac{\text{高点成本费用} - \text{低点成本费用}}{\text{高点工程量} - \text{低点工程量}} \times 100\%$

$= \dfrac{18257.6-11370.0}{20642.7-12267.5} \times 100\% = 82.2\%$

2015 年变动耗费 $=20642.7 \times 82.2\% = 16968.3$（万元）

2015 年固定耗费 $=18257.6-16968.3=1289.3$（万元）

2. **目标成本费用预算**

目标成本费用即房地产开发企业的成本费用在计划期内应达到的预计水平。目标成本费用是衡量实际成本费用节约（或超支）的标准，它是企业开发经营管理中必须

做的一项工作。其计算步骤见图 8-14。

将上年度实际成本费用划分为固定耗费和变动耗费，计算出上年度的变动耗费率、边际利润和边际利润率。

$$变动耗费率=\frac{变动耗费}{开发工程量}\times 100\%$$

计算边际利润。边际利润是指开发工程量减去变动耗费后的余额，是用来补偿固定耗费和为企业提供利润的。如果边际利润与固定耗费相等，则企业不盈不亏，如大于固定耗费，则为盈利，如小于固定耗费，则为亏损。

边际利润=开发工程量－变动耗费

$$边际利润率=\frac{边际利润}{开发工程量}\times 100\%$$

假定计划年度内的固定耗费不变，就可以预算出计划年度内保本点及目标成本费用。

$$保本点=\frac{固定成本}{边际利润率}$$

目标费用=固定耗费+开发工程量×变动耗费率

图8-14　目标成本费用的计算步骤

【例 8-2】某房地产企业上年度开发工程量为 36000 万元，实际耗费为 34600 万元，其中，固定耗费为 9320 万元，变动耗费为 23230 万元。本年度已确定的开发工程量为 37000 万元，而且固定耗费和上年度相同，要求计算：

（1）变动耗费率；

（2）边际利润和边际利润率；

（3）本年度的保本点和目标费用。

解：$变动耗费率=\frac{变动耗费}{开发工程量}\times 100\%=\frac{23230}{36000}\times 100\%=64.53\%$

边际利润 = 开发工程量 − 变动耗费 =36000−23230=12770（万元）

$边际利润率=\frac{边际利润}{开发工程量}\times 100\%=\frac{12770}{36000}\times 100\%=35.47\%$

$本年度保本点=\frac{固定成本}{边际利润率}=\frac{9320}{35.47\%}$=26275.73（万元）

这就是说，该房地产企业本年度必须完成开发工程量 26275.73 万元才能不亏损，如果超过 26275.73 万元，就能盈利。

该房地产开发企业本年度的目标成本费用为：

目标费用 = 固定耗费 + 开发工程量 × 变动耗费率 =9320+37000 × 64.53%=33196.1（万元）

3. 成本费用降低额和成本费用降低率预算

成本费用降低指标的试算平衡，是编制成本费用计划的一个重要步骤。所谓试算平衡，就是根据计划期影响成本费用降低的各项主要因素，预算成本费用可能降低的数额和降低率的方法见图 8-15。

成本费用可能降低的数额和降低率计算

- 由于劳动生产率提高幅度超过平均工资增长幅度而使成本费用降低。
  成本费用降低率 $=(1-\dfrac{1+平均工资增长率}{1+劳动生产增长率})\times$ 生产工人工资占总成本的比重
  成本费用降低额=计划期总成本费用×成本费用降低率
- 由于材料、燃料消耗降低而使成本费用降低。
  成本费用降低率=预计材料等消耗降低率×材料占基期总成本费用的比重
  成本费用降低额=计划期总成本费用×成本费用降低率
- 由于房地产开发工程量增加，使固定耗费相对节约而使成本费用降低。
  成本费用降低率 $=(1-\dfrac{1}{生产增长率})\times$ 固定费用占总成本的比重
  成本费用降低额=计划期总成本费用×成本费用降低率
- 由于节约管理费用而使成本费用降低。
  成本费用降低率=预计管理费用节约率×基期管理费用占总成本费用的比重
  成本费用降低额=计划期总成本费用×成本费用降低率
- 由于减少返工损失而使成本费用降低。
  成本费用降低率=预计返工损失降低率×返工损失占总成本费用的比重
  成本费用降低额=计划期总成本费用×成本费用降低率
  其中，计划期总成本费用是按基期平均单位成本计算的

图8-15　成本费用可能降低的数额和降低率的计算

计划期总成本费用的降低是上述各项降低额之和。将所求出的成本费用计划总额与目标成本费用相比较，如符合目标成本费用水平，则试算结果达到预定的目标任务；否则，应重新制定降低成本费用的措施，重新试算，直至达到目标成本费用水平。

二、成本费用计划

成本费用计划是房地产开发企业经营计划的重要组成部分，它以货币形式预先规定企业计划期内的成本费用水平和成本费用降低幅度，是加强房地产开发企业成本费用管理的重要工具，是挖掘降低成本费用潜力的有效手段，是建立企业内部成本费用管理责任制的基础。企业应当在成本费用预算的基础上制订相应的成本费用计划。

（一）编制成本费用计划的准备工作

房地产开发企业在制订成本费用计划过程中，要根据开发项目的不同情况和本企业的特点，分别确定开发经营过程中各种成本费用的消耗标准，并具体规划保证完成这些指标所需的主要措施。为使成本费用计划建立在积极可靠和科学的基础上，必须做好一系列的准备工作，以保证成本费用计划尽可能地反映客观实际。具体准备工作见图 8-16。

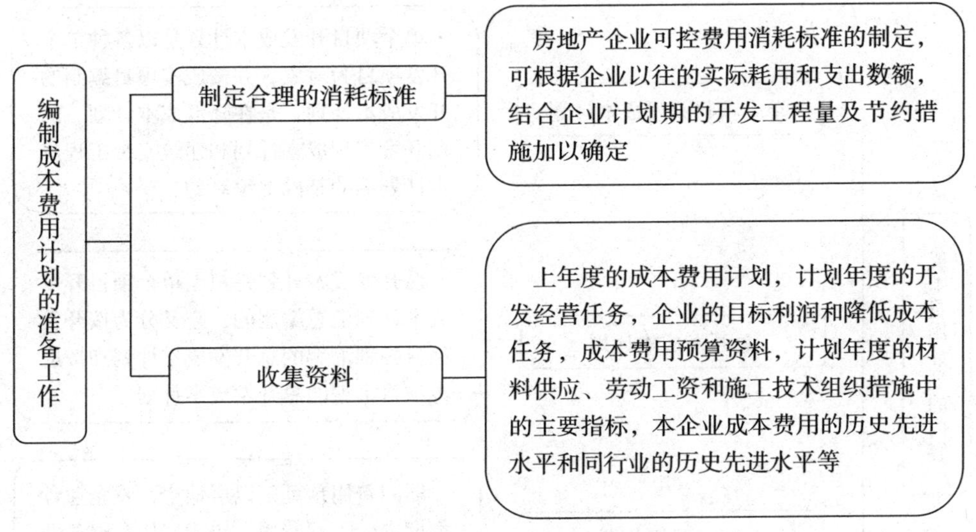

图8-16　编制成本费用计划的准备工作

（二）编制成本费用计划的原则

编制成本费用计划的原则见图 8-17。

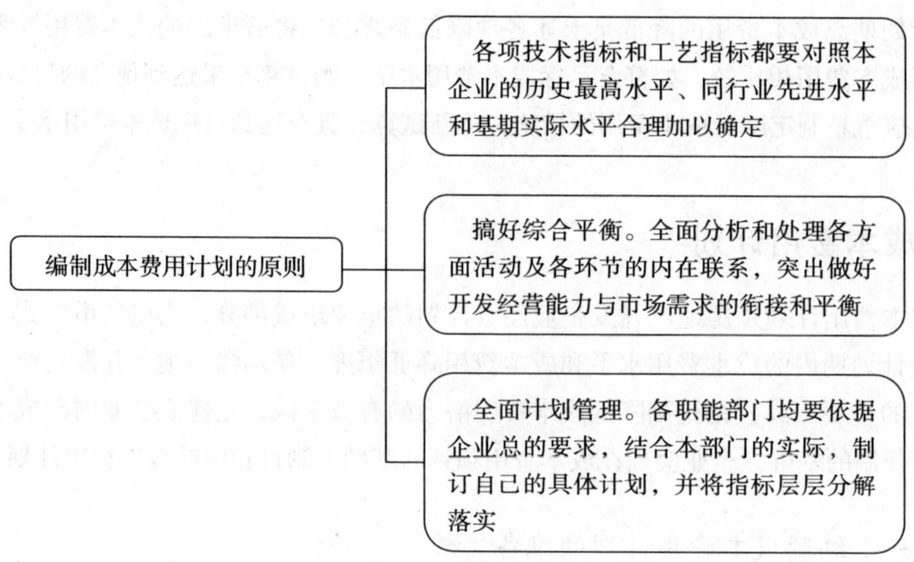

图8-17 编制成本费用计划的原则

（三）成本费用计划的内容

房地产开发企业的成本费用计划一般包括单个项目开发成本计划、总开发成本计划和期间费用预算等，具体见图 8-18。

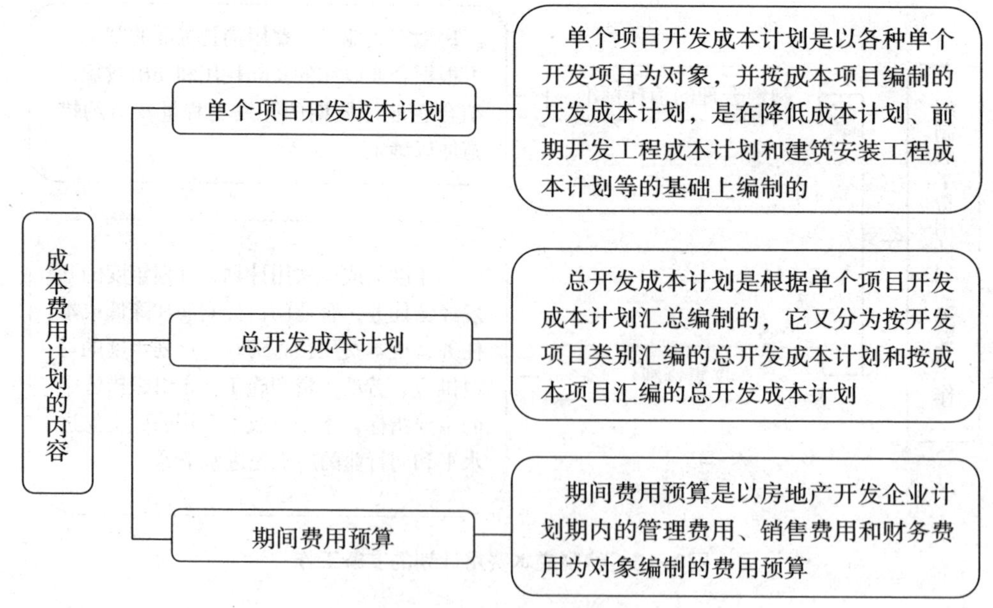

图8-18 成本费用计划的内容

第三节　房地产企业成本费用控制

一、成本费用控制的概念及意义

（一）成本费用控制的概念

成本费用控制，是指运用以成本会计为主的各种方法，预定成本限额，按限额开支成本和费用，以实际成本和成本限额比较，衡量经营活动的成绩和效果，并以例外管理原则纠正不利差异，以提高工作效率，实现以至超过预期的成本限额。

成本费用控制有狭义和广义之分。狭义的成本费用控制是指企业在日常的开发经营过程中，按照成本费用管理制度和成本费用计划等的要求，对发生耗费的各项活动进行组织、调节和监督，使成本费用控制在预定的目标范围之内。广义的成本费用控制除日常成本控制外，还包括事前控制和事后控制。

（二）成本费用控制的意义

成本控制是房地产企业内部控制的重要组成部分，是房地产企业加强管理、提高效率的必然选择。房地产企业提高经济效益的根本途径就是"开源"和"节流"，前者受市场竞争等外部因素限制较多，后者更多依赖于房地产企业内部管理水平的提高，可控性相对较高。因此，成本费用控制是房地产企业主动实现扭亏增盈、增强房地产企业竞争力等财务目标的有力武器。

二、成本费用控制的类型

（一）事前控制

事前控制是指企业在开发活动开始之前，对影响成本费用的各项经济活动进行事前规划、审核、确定成本费用控制的目标，具体内容见图 8-19。

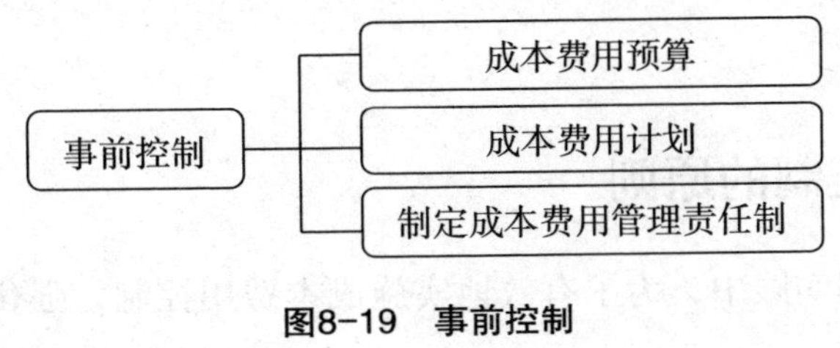

图8-19　事前控制

（二）事中控制

为了保证成本费用计划的执行，有效地进行成本费用的控制，企业要建立成本费用控制组织体系，实行成本费用分级分口管理责任制，建立健全成本费用开支审批制，对超定额消耗、超标准开支等进行全面监督和控制，具体内容见图 8-20。

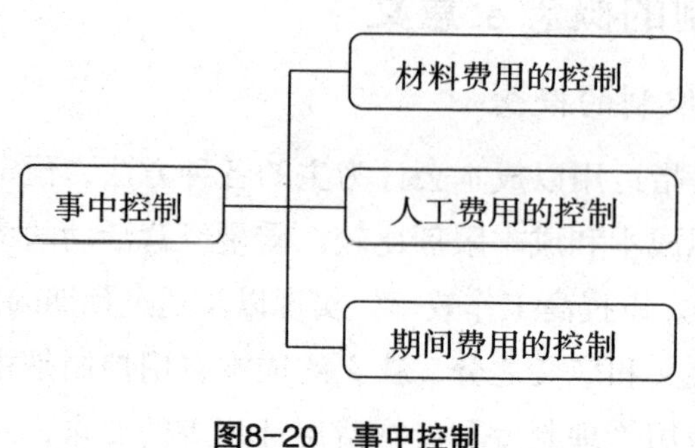

图8-20 事中控制

（三）事后控制

事后控制是指在成本费用形成以后，把日常发生的差异及原因汇总起来进行分析考核，探索成本费用升降的原因，明确经济责任，为确定下一个成本费用循环的目标提出改进意见，以不断降低成本费用，提高经济效益。房地产开发企业的事后控制的主要内容见图 8-21。

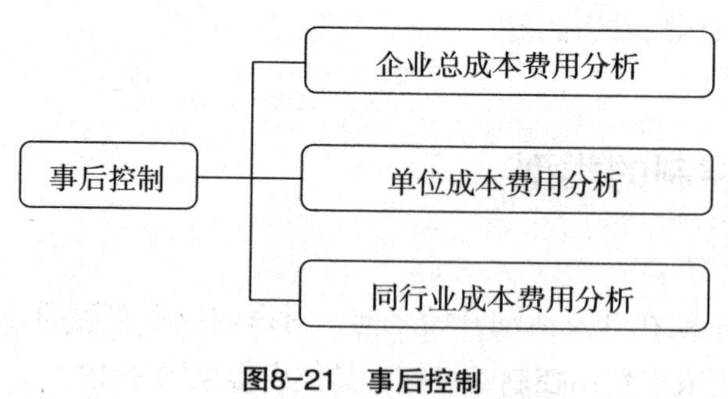

图8-21 事后控制

三、成本费用控制的原则

在成本费用管理实践中，为了有效地实施成本费用控制，强化成本费用管理职能

必须遵循下列原则（图 8-22）。

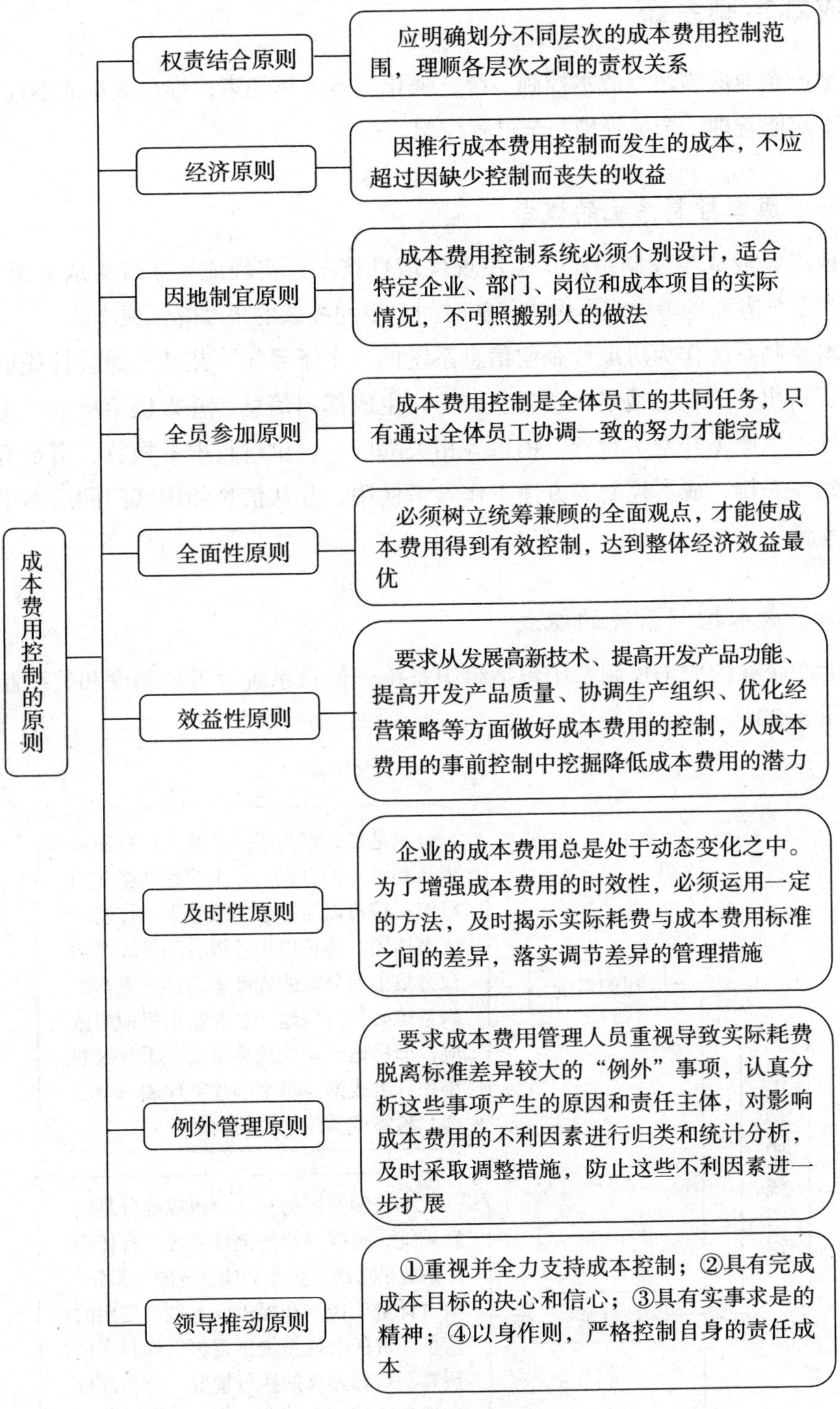

- 成本费用控制的原则
  - 权责结合原则：应明确划分不同层次的成本费用控制范围，理顺各层次之间的责权关系
  - 经济原则：因推行成本费用控制而发生的成本，不应超过因缺少控制而丧失的收益
  - 因地制宜原则：成本费用控制系统必须个别设计，适合特定企业、部门、岗位和成本项目的实际情况，不可照搬别人的做法
  - 全员参加原则：成本费用控制是全体员工的共同任务，只有通过全体员工协调一致的努力才能完成
  - 全面性原则：必须树立统筹兼顾的全面观点，才能使成本费用得到有效控制，达到整体经济效益最优
  - 效益性原则：要求从发展高新技术、提高开发产品功能、提高开发产品质量、协调生产组织、优化经营策略等方面做好成本费用的控制，从成本费用的事前控制中挖掘降低成本费用的潜力
  - 及时性原则：企业的成本费用总是处于动态变化之中。为了增强成本费用的时效性，必须运用一定的方法，及时揭示实际耗费与成本费用标准之间的差异，落实调节差异的管理措施
  - 例外管理原则：要求成本费用管理人员重视导致实际耗费脱离标准差异较大的“例外”事项，认真分析这些事项产生的原因和责任主体，对影响成本费用的不利因素进行归类和统计分析，及时采取调整措施，防止这些不利因素进一步扩展
  - 领导推动原则：①重视并全力支持成本控制；②具有完成成本目标的决心和信心；③具有实事求是的精神；④以身作则，严格控制自身的责任成本

图8-22　成本费用控制的原则

四、成本控制系统

房地产企业应当建立成本控制系统，强化成本预算约束，推行质量成本控制办法，实行成本定额管理、全员管理和全过程控制。

（一）成本控制系统的概念

房地产企业成本控制系统是运用现代信息技术，实现成本系统集成分析，从量、价、时、空全方面地考虑成本构成，从时间、空间缩减的角度降低成本。

成本控制系统作为房地产企业信息系统的一个子系统，是从原始会计凭证及其他的原始资料出发，经过搜集、整理、加工，生成部门信息，并提供给房地产企业中财务、会计、生产（开发）管理、销售等相关部门，以供进行财务核算、资金筹集、生产（开发）安排、成本控制等方面工作参考使用，并从信息使用部门的反馈中总结改进这一系统。

（二）成本控制系统的组成

房地产企业的成本控制系统包括组织系统、信息系统、考核制度和奖励制度等内容，见图 8-23。

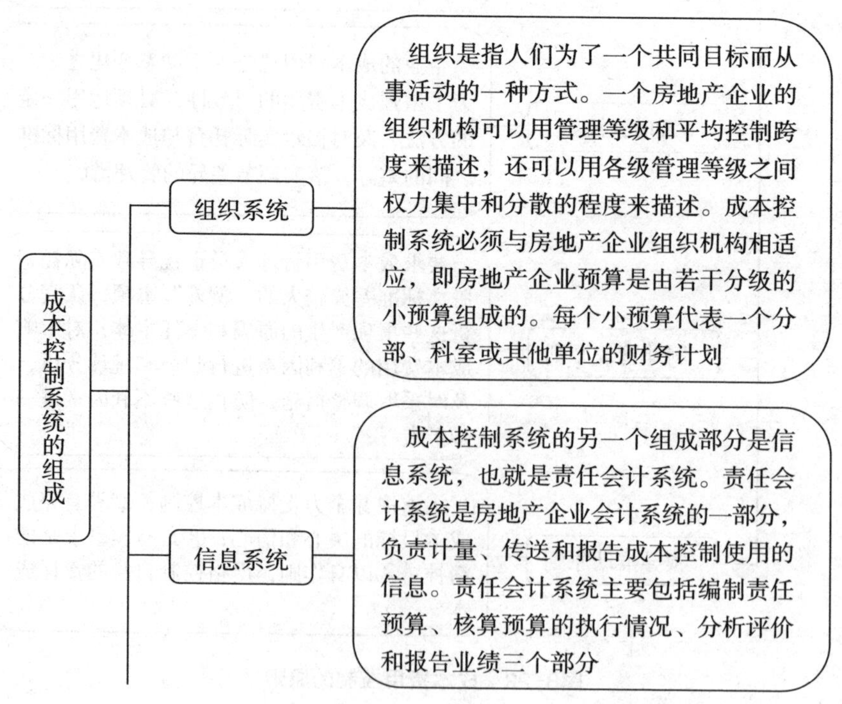

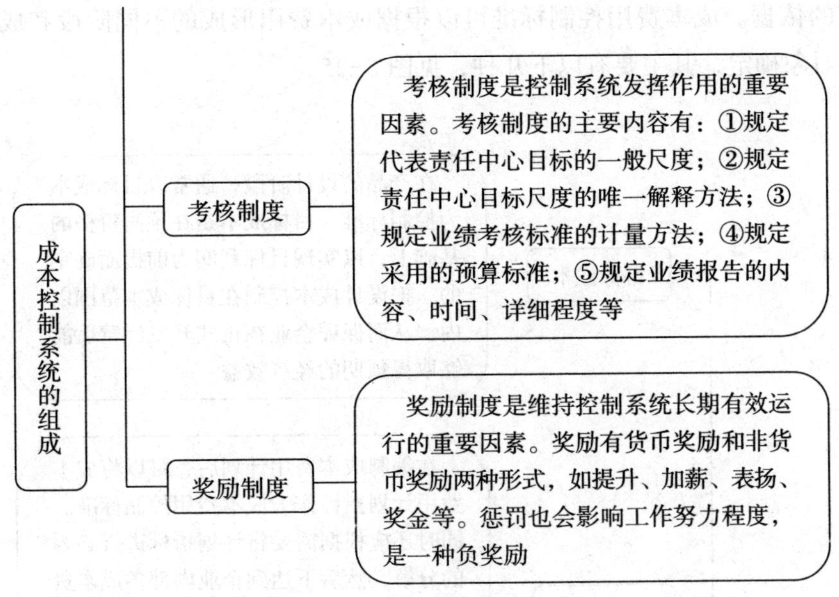

图8-23　成本控制系统的组成

五、成本费用控制的程序

成本费用控制的程序见图 8-24。

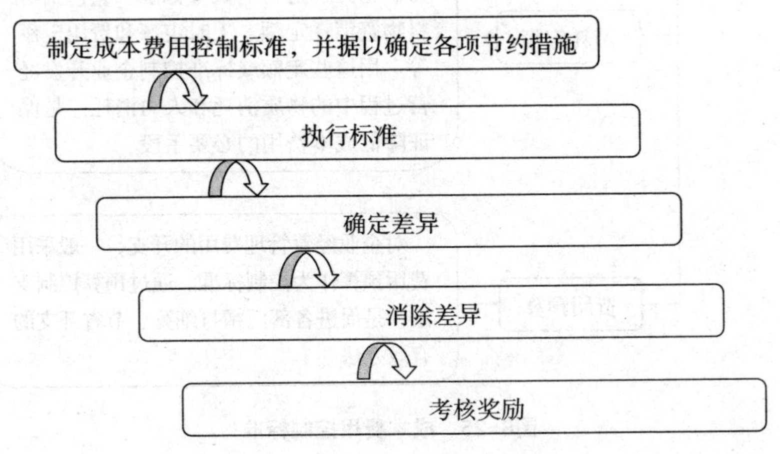

图8-24　成本费用控制的程序

（一）制定成本费用控制标准

成本费用控制标准是对各项费用开支和资源消耗规定的数量界限，是成本费用控制和考核的依据。成本费用控制标准可以根据成本费用形成的不同阶段和成本费用控制的不同对象确定，其主要有以下几种，见图 8-25。

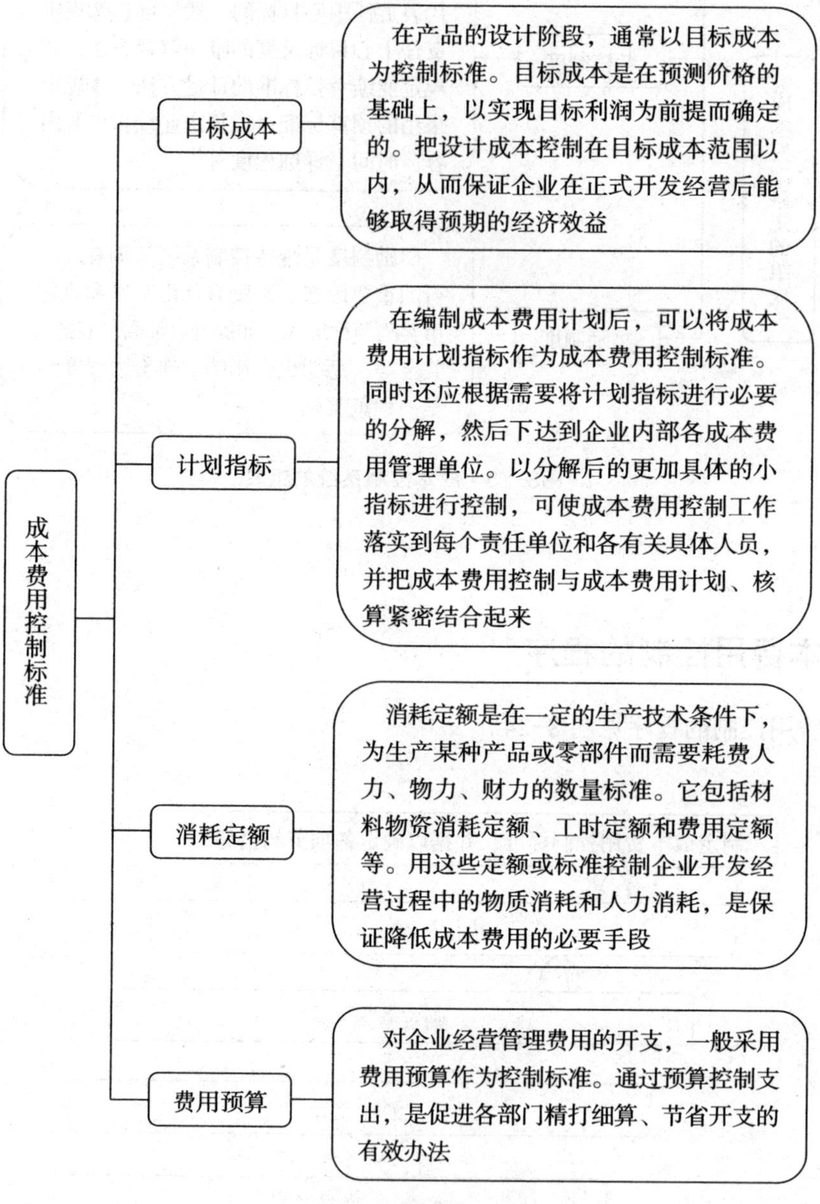

成本费用控制标准

- 目标成本：在产品的设计阶段，通常以目标成本为控制标准。目标成本是在预测价格的基础上，以实现目标利润为前提而确定的。把设计成本控制在目标成本范围以内，从而保证企业在正式开发经营后能够取得预期的经济效益
- 计划指标：在编制成本费用计划后，可以将成本费用计划指标作为成本费用控制标准。同时还应根据需要将计划指标进行必要的分解，然后下达到企业内部各成本费用管理单位。以分解后的更加具体的小指标进行控制，可使成本费用控制工作落实到每个责任单位和各有关具体人员，并把成本费用控制与成本费用计划、核算紧密结合起来
- 消耗定额：消耗定额是在一定的生产技术条件下，为生产某种产品或零部件而需要耗费人力、物力、财力的数量标准。它包括材料物资消耗定额、工时定额和费用定额等。用这些定额或标准控制企业开发经营过程中的物质消耗和人力消耗，是保证降低成本费用的必要手段
- 费用预算：对企业经营管理费用的开支，一般采用费用预算作为控制标准。通过预算控制支出，是促进各部门精打细算、节省开支的有效办法

图8-25　成本费用控制标准

（二）执行标准

执行标准是指对成本费用的形成过程进行具体的监督，根据成本费用指标，审核各项费用开支和各种资源的消耗，实施增产节约措施，保证成本费用计划的实现。

（三）确定差异

确定差异是指核算实际消耗脱离成本费用指标的差异，分析差异的程度和性质，确定造成差异的原因和责任归属。

（四）消除差异

消除差异是指组织群众挖掘潜力，提出降低成本费用的新措施或修订成本费用标准的建议。

（五）考核奖励

考核奖励是指考核成本费用指标执行结果，把这一指标纳入经济责任制，实行物质奖励。

六、成本控制标准

成本控制中控制标准的制定是实施成本控制的重要内容，对于完成被控指标，调动各责任单位的积极性，减少经济活动偏差的发生，从而最终达到成本控制的目的是至关重要的。

（一）制定成本控制标准的原则

制定成本控制标准时应遵循的基本原则归纳起来主要有如下几个方面（图 8-26）。

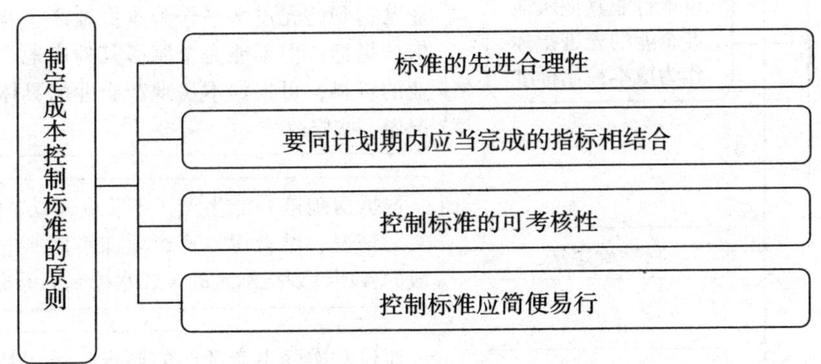

图8-26　制定成本控制标准的原则

（二）制定成本控制标准的程序

成本控制标准制定的程序在不同类型的房地产企业及管理水平不同的企业是不一样的。根据一些房地产企业的实践，可采用图 8-27 所示的程序。

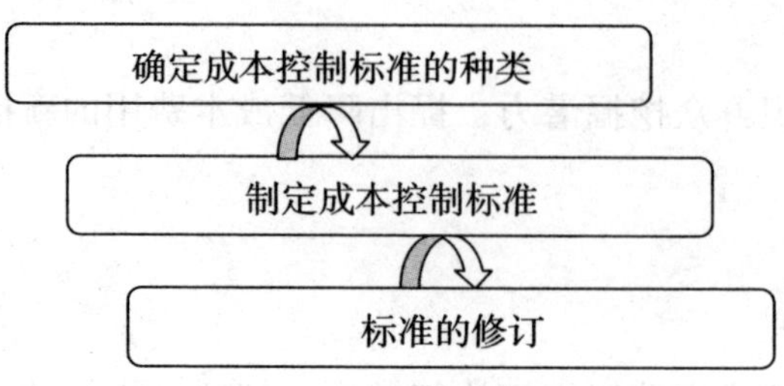

图8-27　制定成本控制标准的程序

（三）制定成本控制标准的方法

制定成本控制标准是实施成本控制的前提，采用什么方法来确定成本控制的标准，没有统一固定的模式，一般可采用下列方法，见图 8-28。

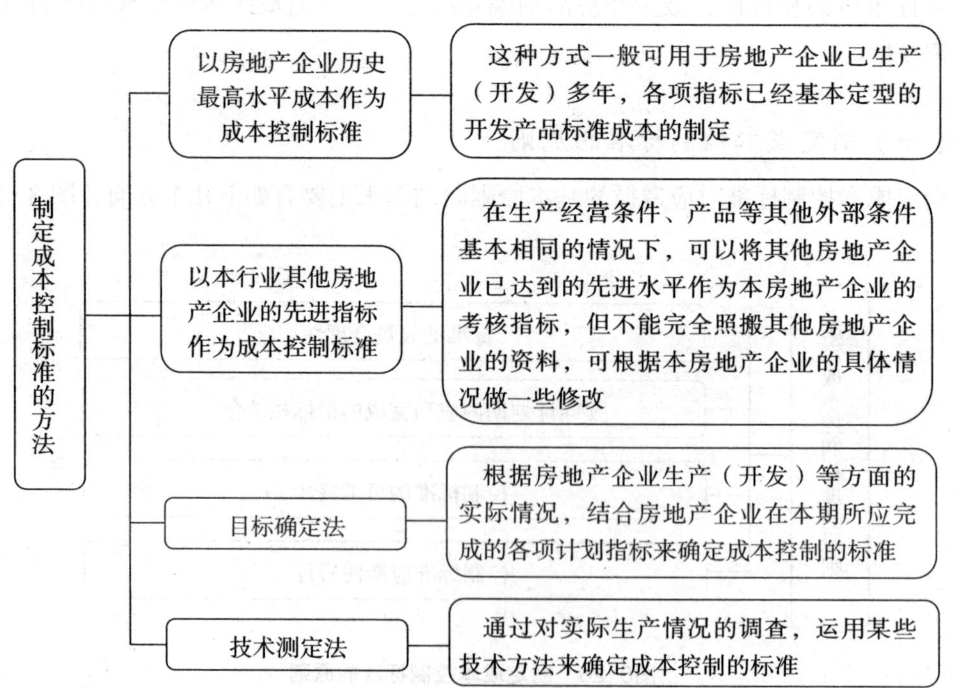

图8-28　制定成本控制标准的方法

（四）标准成本系统的构成

标准成本系统包括制定标准成本、差异分析和差异处理三个组成部分。标准成本系统的业务流程见图 8-29。

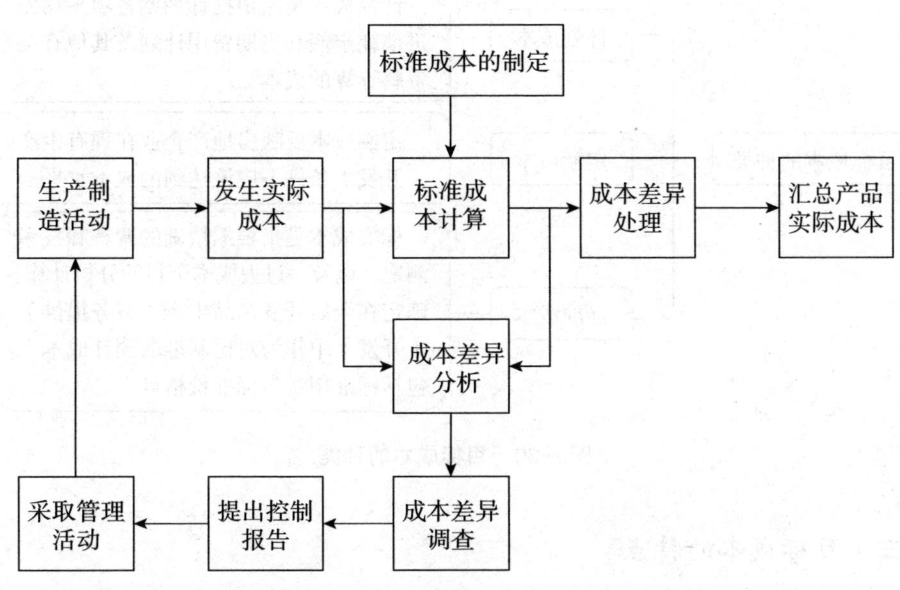

图8-29　标准成本系统流程图

第四节　房地产企业目标成本管理

目标成本是房地产企业对未来开发产品成本所规定的奋斗目标。目标成本实质上也是一种预算（计划）成本，通常，它比已经达到的实际成本要低，但只要经过努力还是能够实现的。

一、目标成本概述

（一）目标成本的概念

目标成本是指在保证一项产品获得要求利润的条件下允许该产品所发生的最高成本数，即产品市场价格与公司所要求的利润之间的差额。

（二）目标成本的种类

目标成本的种类见图 8-30。

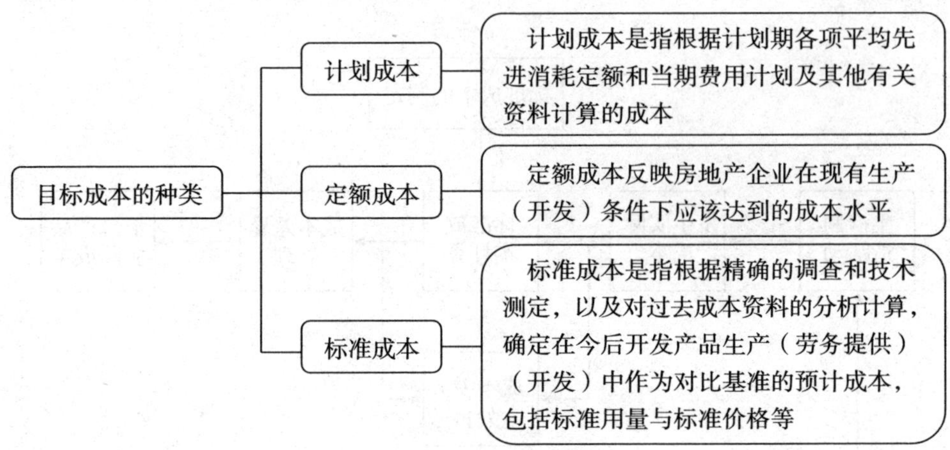

图8-30　目标成本的种类

（三）目标成本的特点

目标成本的特点见图 8-31。

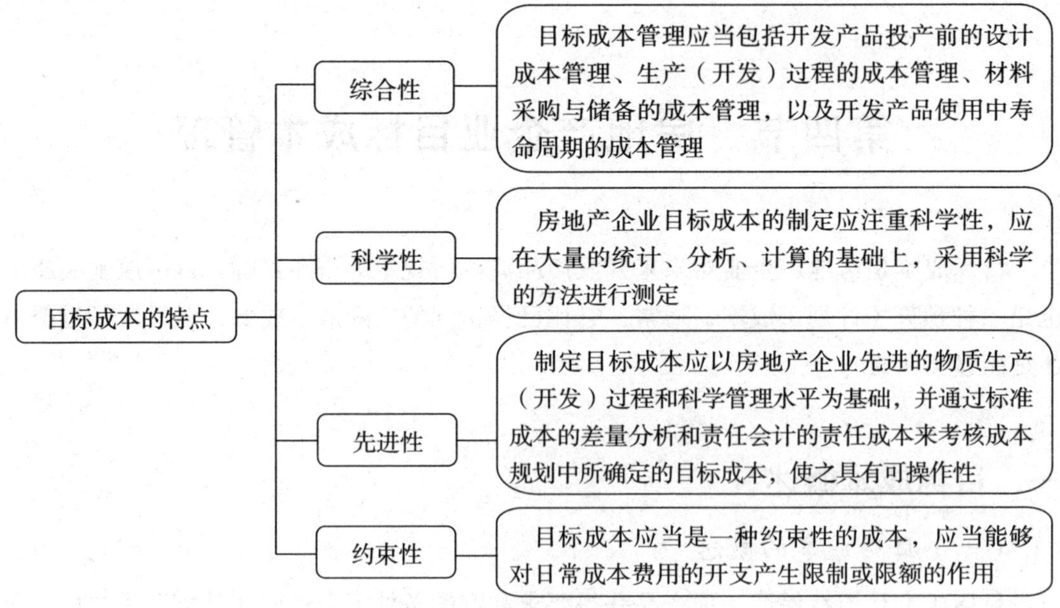

图8-31　目标成本的特点

二、目标成本管理的原则

（一）价格引导的成本管理

目标成本管理体系通过竞争性的市场价格减去期望利润来确定成本目标，可以概括为如下等式：

目标成本 = 竞争性市场价格 - 目标利润

价格通常由市场上的竞争情况决定，而目标利润则由公司及其所在行业财务状况决定。价格引导的成本管理包括两个重要的子原则，见图 8-32。

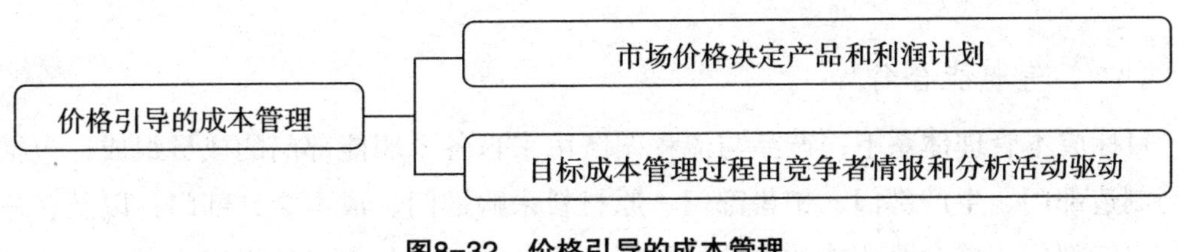

图8-32　价格引导的成本管理

（二）关注顾客

目标成本管理体系由市场驱动。顾客对质量、成本、时间的要求在产品及流程设计决策中应同时考虑，并一次引导成本分析。通过省略顾客要求的产品特性，降低产品的性能及可靠性，或者推迟产品的上市时间来实现目标成本都不可行。产品的设计开发过程应该由对顾客的关注来驱动。

（三）关注产品和流程设计

在目标成本管理体系下，产品与流程设计是进行成本管理的关键。在设计阶段投入更多的是时间，消除那些昂贵而费时的暂时不必要的改动，可以缩短产品投放市场的时间。关注产品和流程设计原则包含以下四个子原则（图 8-33）。

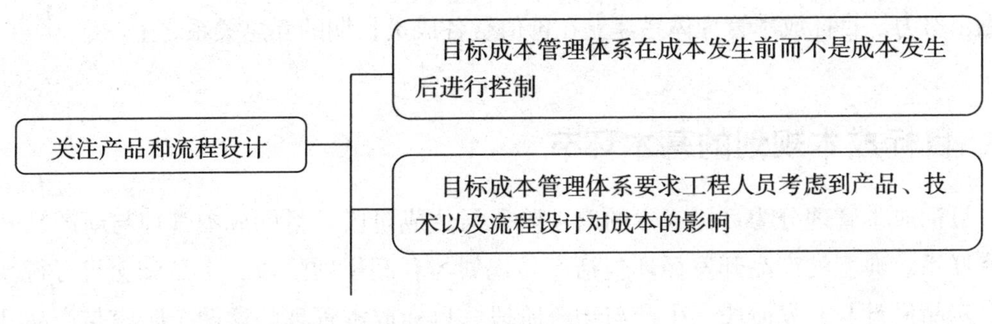

图8-33

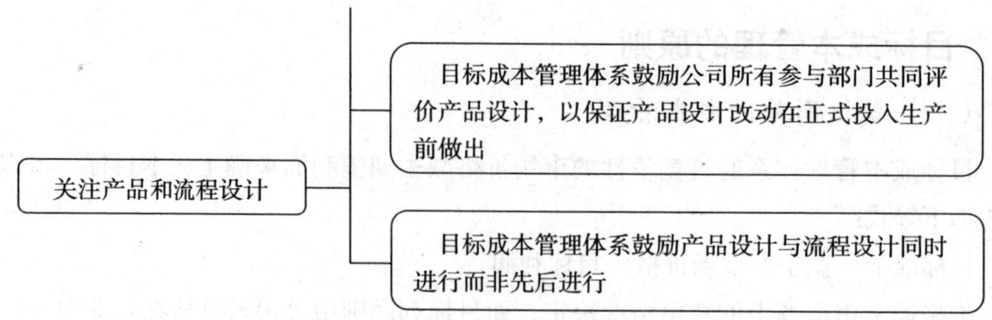

图8-33　关注产品和流程设计

（四）跨职能合作

目标成本管理体系下，产品与流程团队由来自各个职能部门的成员组成，包括设计与制造部门、生产部门、销售部门、原材料采购部门、成本会计部门，以及客户服务与支持部门。这个跨职能的团队还包括公司外部的参与者，如供应商、顾客、批发商、零售商和服务提供商等。跨职能团队要对整个产品负责，而不是各职能专家各司其职。

（五）生命周期成本削减

目标成本管理关注产品整个生命周期的成本，包括购买价格、使用成本、维护与修理成本以及处置成本。从生产者的角度来考虑，生命周期成本意味着从出生（研发阶段）到死亡（产品处置或再循环）的全部成本。生命周期成本削减的目标是最小化顾客以及生产者双方的产品生命周期成本。

（六）价值链参与

目标成本管理过程有赖于价值链上全部成员的参与，包括供应商、批发商、零售商以及服务提供商。所有成员之间建立合作关系，构成“扩展的企业”，共同为成本削减做出努力。目标成本管理体系建立在价值链各成员长期的互惠关系之上。

三、目标成本规划的基本环节

目标成本管理分为目标成本的确立阶段与达成阶段。目标成本管理与新产品开发紧密联系。典型的产品开发循环包括产品规划与利润规划阶段、产品概念与可行性阶段、产品设计与开发阶段、生产与物流阶段。目标成本管理的这两个阶段与产品开发

循环的关系见图 8-34。确立阶段发生在产品开发循环的产品规划以及产品概念阶段，主要在于设立目标成本。达成阶段发生在产品开发循环的产品设计以及生产阶段，主要为了实现目标成本。生产阶段开始后，目标成本管理便退到幕后，而由持续改进（也称为改善成本法）承担起成本管理的任务。

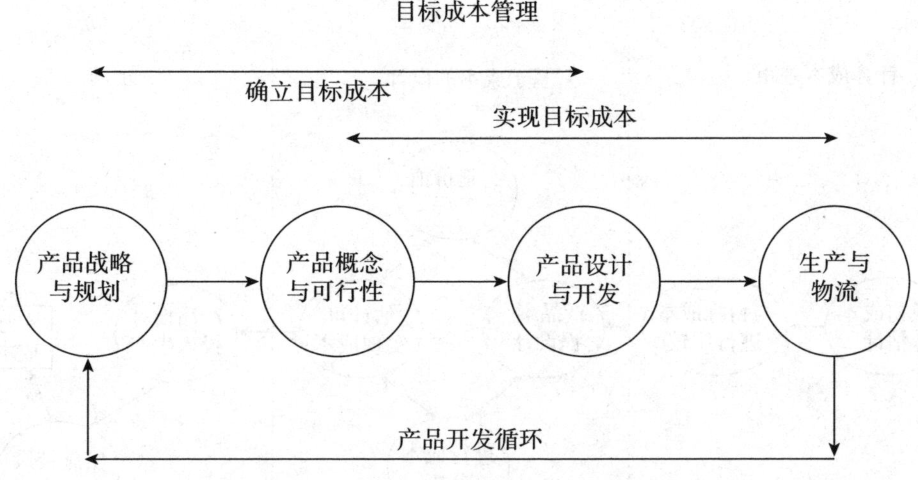

图8-34　目标成本管理与产品开发循环

（一）确立目标成本

目标成本是根据公司产品战略以及长期利润规划等参数确定的。这些计划明确了公司的目标市场、目标顾客以及相应的产品或产品系列。确立目标成本经过七项主要活动，见图 8-35。

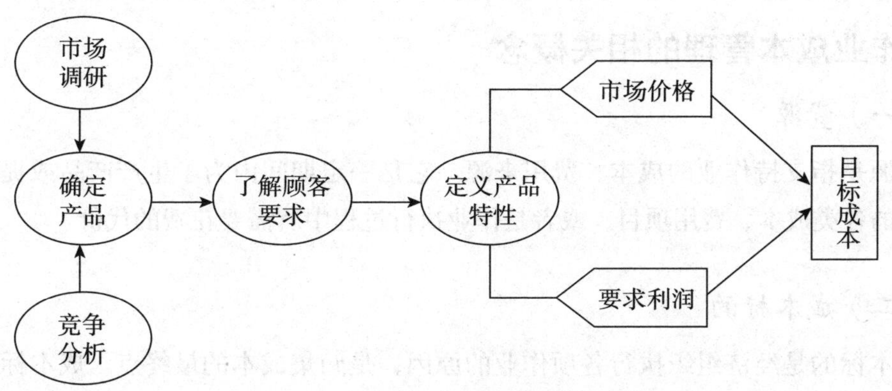

图8-35　目标成本管理的确立阶段

（二）实现目标成本

确立阶段关注的是宏观规划过程，而达成阶段则处理成本计划与产品设计方面的具体问题，以保证实现目标成本。实现目标成本的过程包括计算成本差距、基于产品成本的设计、产品设计投入生产并实行持续改进三个步骤，见图 8-36。

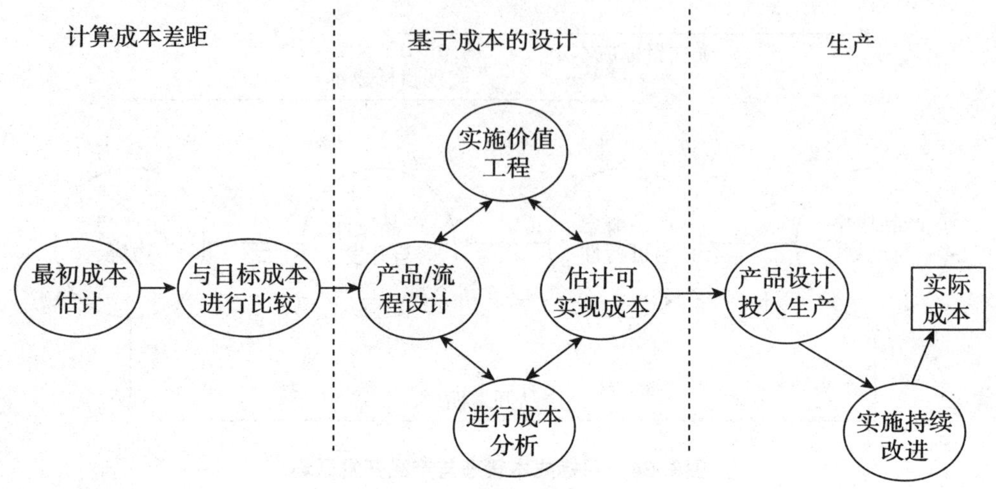

图8-36　目标成本管理的达成阶段

第五节　房地产企业作业成本管理

一、作业成本管理的相关概念

（一）资源

资源是指支持作业的成本、费用来源。它是一定期间内为了生产产品或提供服务而发生的各类成本、费用项目，或者是作业执行过程中所需要花费的代价。

（二）成本标的

成本标的是经济组织执行各项作业的原因，是归集成本的最终点。成本标的的普遍性，使系统设计者可以选择任何东西作为成本标的。一般而言，成本标的与房地产企业目标相联系，例如，房地产企业目标是优化产品组合，这个目标需要可靠的产品

获利信息，那么产品就可定义为成本标的。典型的成本标的有产品、顾客、服务、销售区域和分销渠道等。

（三）作业

作业是指相关的一系列任务的总称，或指组织内为了某种目的而进行的消耗资源的活动。它代表组织实施的工作，是连接资源与成本标的的桥梁。作业有三个基本特征，见图 8-37。

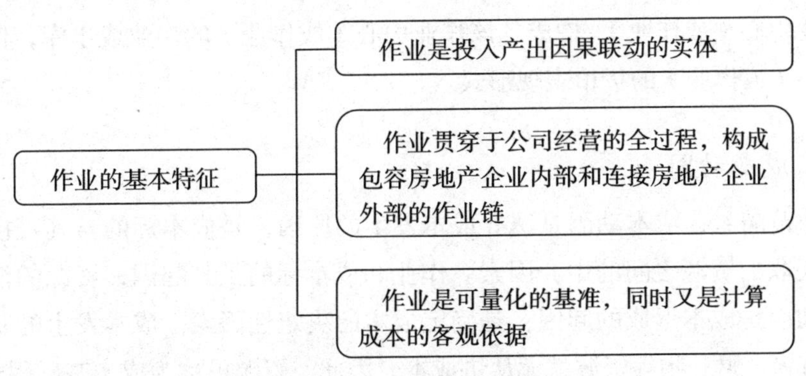

图8-37　作业的基本特征

（四）作业链

作业链是与成本标的密切相关的一系列有序作业的集合。例如，某组织有甲、乙、丙、丁、戊 5 个部门和 A、D、C、D 4 个成本标的，每个成本标的的实现需要经过不同部门的不同作业，各成本标的的所经过各部门的作业构成作业链 a、b、c、d，见图 8-38。

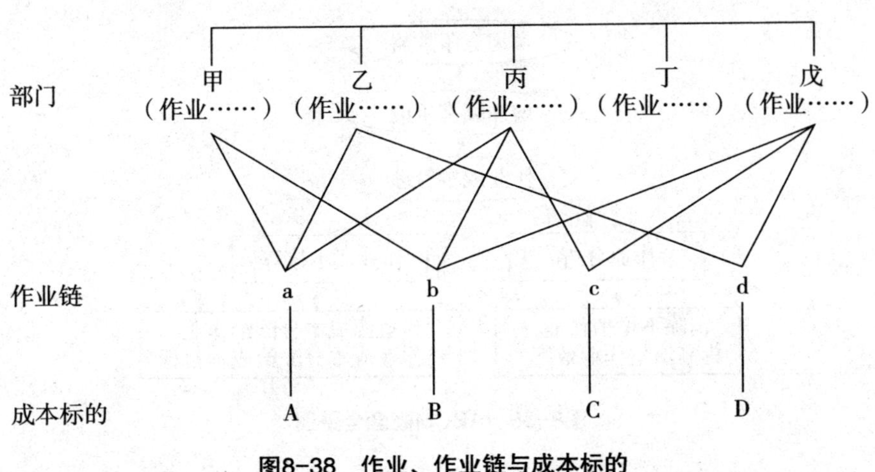

图8-38　作业、作业链与成本标的

（五）价值链

价值链是指开发、生产、营销和向顾客交付产品和劳务所必需的一系列作业价值的集合，或者指伴随着作业转移过程中全部价值的集合。

（六）作业中心及作业成本库

作业中心是一系列相互联系、能够实现某种特定功能的作业集合。例如，原材料采购作业中，材料采购、材料检验、材料入库、材料仓储保管等都是相互联系的，并且都可以归类于材料处理作业中心。把相关的一系列作业（或任务）消耗的资源费用归集到作业中心（或作业），构成各该作业中心（或作业）的作业成本库，作业成本库是作业中心（或作业）的货币表现形式。

（七）成本动因

从作业范畴看，成本动因是诱导成本发生的原因，是成本标的与其直接关联的作业和最终关联的资源之间的中介因素。作业和成本标的是其起因，资源的消耗是其结果。成本动因是成本形成的起因，是确定成本的决定性因素。成本发生的基础因子是资源，没有人、财、物等资源就无从讲成本，因此，资源可称为成本基础因子。

（八）作业成本管理

作业成本管理（ABCM）是以 ABC 信息为基础的成本管理，是指为了实现组织竞争战略，增加顾客价值，在对作业及作业链全面分析的基础上，利用作业成本核算或作业成本法（ABC）提供的信息，面向全过程（市场需求分析、研究开发、产品设计、材料采购、生产、质量检验、营销、售后服务等所有环节）的系统化、动态化和前瞻性的成本控制方法，见图 8-39。

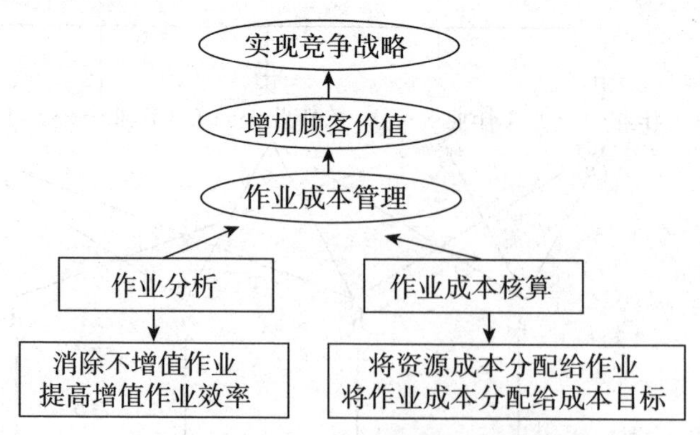

图8-39　ABCM概念全景图

二、作业成本法

（一）作业成本法的概念

作业成本法（ABC），是指以作业为计算产品成本的中间桥梁，通过作业动因来确认和计量各作业中心的成本，并以作业动因为基础来分配间接费用的一种成本计算方法。作业成本法包括作业成本计算和作业管理两个方面的内容。作业成本计算的核心是在计算产品成本时，先将耗用的资源成本准确地计入作业，然后选择成本动因，将所有作业成本分配给产品成本。

（二）ABC 核算要素

ABC 核算包括四大要素：资源、作业、成本对象和成本动因（图 8-40），资源、作业和成本对象是成本的承担者，是可分配对象。在房地产企业中，资源、作业和成本对象都具有比较复杂的关系，成本动因就是导致生产中成本发生变化的因素，只要能导致成本发生变化，就是成本动因。

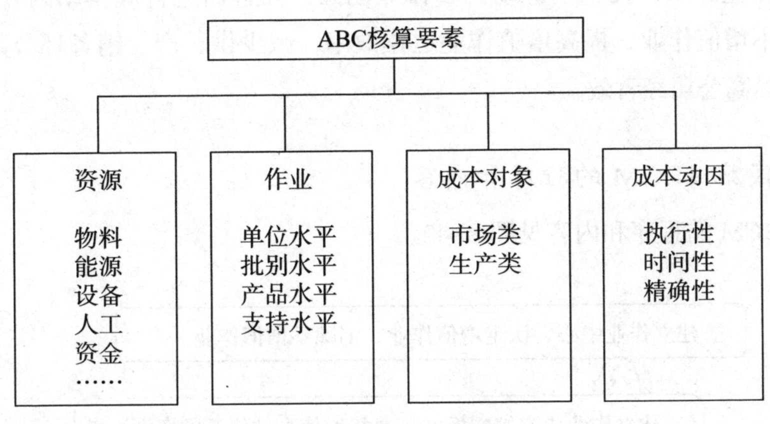

图8-40　ABC核算要素

（三）ABC 核算步骤

ABC 核算可以分为两个阶段。第一阶段首先鉴别出消耗资源的作业，然后确认资源动因，计算归集资源费用到作业。第二阶段包括明确成本计算对象，确认作业动因，并把各作业汇集的成本分配给相关的成本对象，见图 8-41。

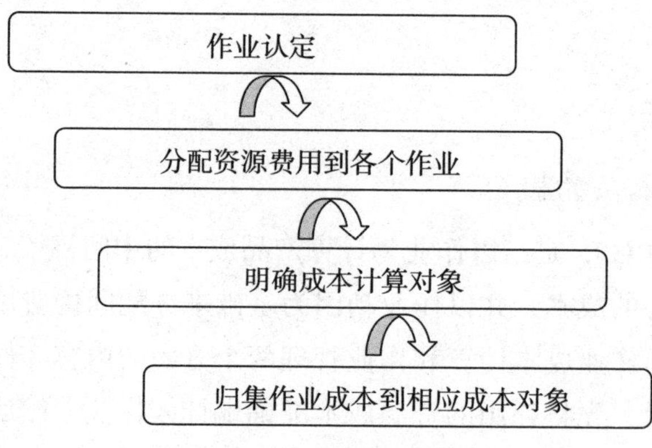

图8-41 ABC核算步骤

三、作业成本管理

（一）作业成本管理的原理

作业成本管理（ABCM）的原理是:视房地产企业的工作流程为一系列作业的集合，根据市场需求，以顾客订单为起点，采取“倒挤法”，从后向前确定相关作业，核定作业消耗量、作业成本，揭示资源动因、作业动因，并进而进行成本动因管理、作业管理，以消除不增值作业，提高增值作业运作效率，减少供、产、销各环节的存货积压、资金占用，提高公司经营效益。

（二）实施 ABCM 的程序和内容

实施 ABCM 的程序和内容见图 8-42。

建立作业中心，认定增值作业，消除不增值作业

建立作业成本控制标准，寻找增值高效作业的资源耗费水平

计算实际作业成本。实际作业成本指一定期间内作业中心（或作业）归集的实际资源费用之和，它与标准作业成本的计算期、计算口径应保持一致。实际作业成本不全是增值作业成本，它可能包含着不增值作业成本，例如返工作业成本、废品作业成本、库存作业成本、运输作业成本等

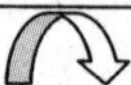

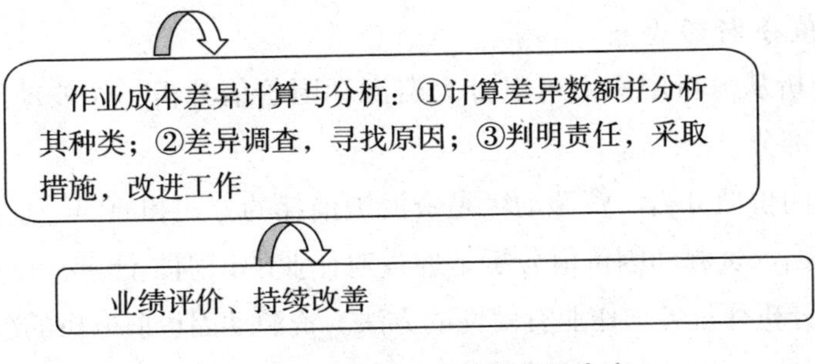

图8-42　实施ABCM的程序和内容

（三）ABCM的基本方法

ABCM的基本方法是以作业为成本控制点，对作业进行价值分析。作业价值分析是通过对作业的识别与计量、资源费用的归集与确认、产出消耗作业的确认与计量、产出成本费用的归集等步骤方法，分析评价作业的有效性和增值性，以提高作业效率、减少资源消耗、增加产出价值的一种分析方法。

1. 作业价值分析的一般程序

作业价值分析的一般程序见图8-43。

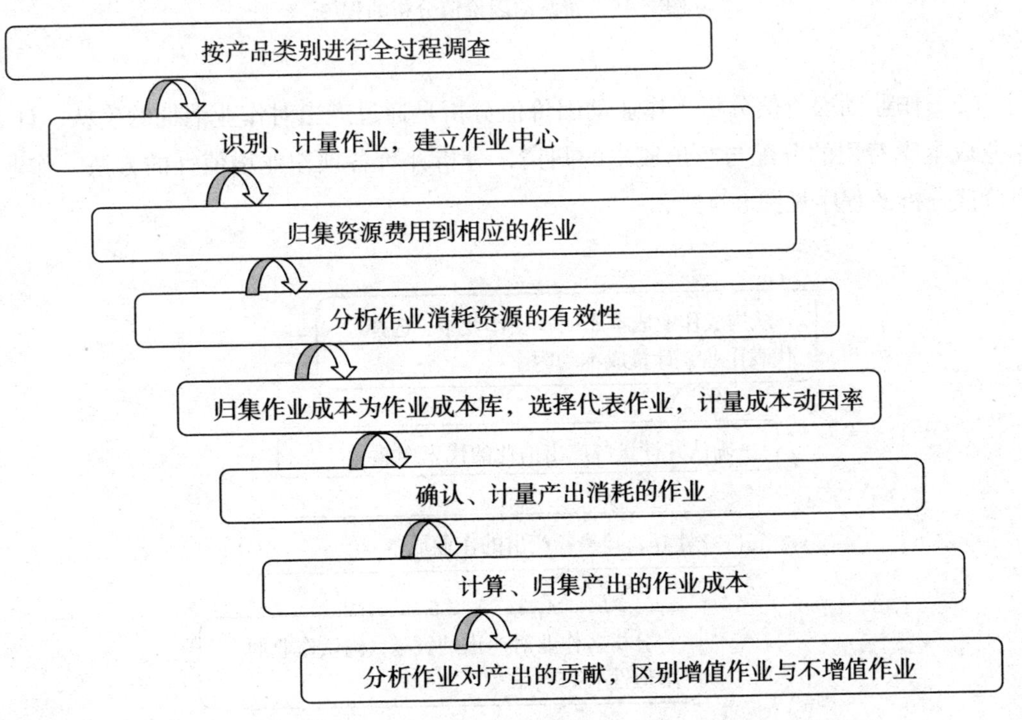

图8-43　作业价值分析的一般程序

2. 作业价值分析的内容

作业价值分析从分析层次上可以分为资源动因价值分析、作业动因价值分析和作业的综合分析三部分。

（1）资源动因价值分析。资源动因是资源被消耗的方式和原因，是把资源费用分配到作业的基本依据。资源动因价值分析是通过对作业的识别、计量，作业消耗资源费用的确认与归集，分析评价各项作业有效性的方法。资源动因价值分析的程序见图 8-44。

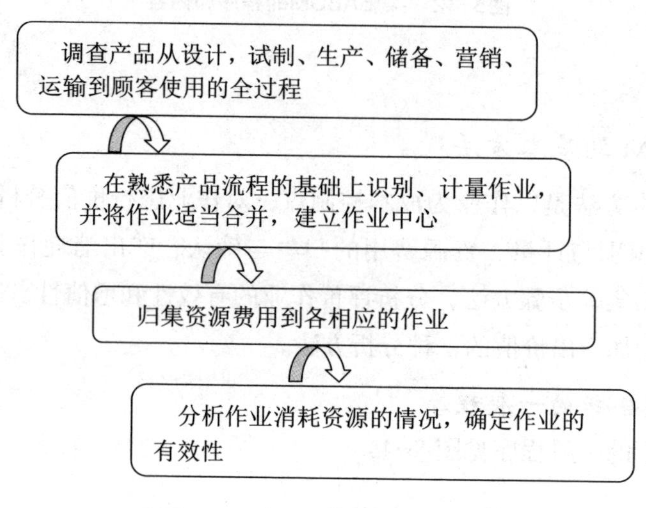

图8-44 资源动因价值分析的程序

（2）作业动因价值分析。作业动因价值分析是通过产出对作业消耗的确认、计量，作业成本库费用的分配与产出成本的归集，分析评价各项作业增值性的方法。作业动因价值分析的程序见图 8-45。

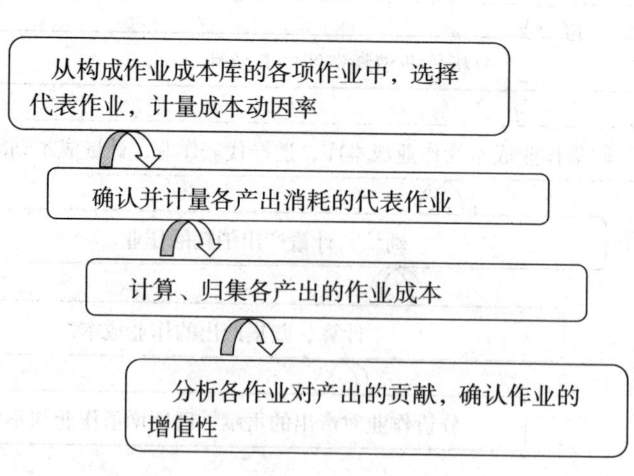

图8-45 作业动因价值分析的程序

资源动因价值分析和作业动因价值分析是一种分层次分析的方法，其目的是揭示产出消耗作业、作业消耗资源的因果关系，以判断作业的有效性和增值性。因此，提高产出、控制成本必须从作业价值分析开始。资源动因价值分析和作业动因价值分析的关系可用图 8-46 表示。

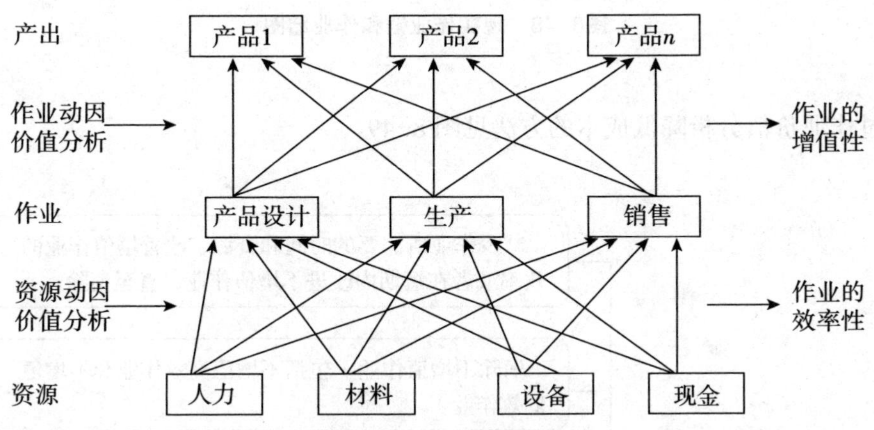

图8-46　资源动因价值分析与作业动因价值分析

（3）作业的综合分析。在进行了资源动因价值分析和作业动因价值分析后，还应分析各项作业之间的联系，这就是作业的综合分析。房地产企业的各种作业相互联系，形成作业链。不但要分析链上的各个作业，还要分析各作业之间的联系。理想的作业链应是作业与作业之间环环相连，无开断和重叠，作业之间的等待、延误应最小，见 8-47。现实房地产企业的生产经营活动中，作业与作业之间一般都存在重叠，见图 8-48。

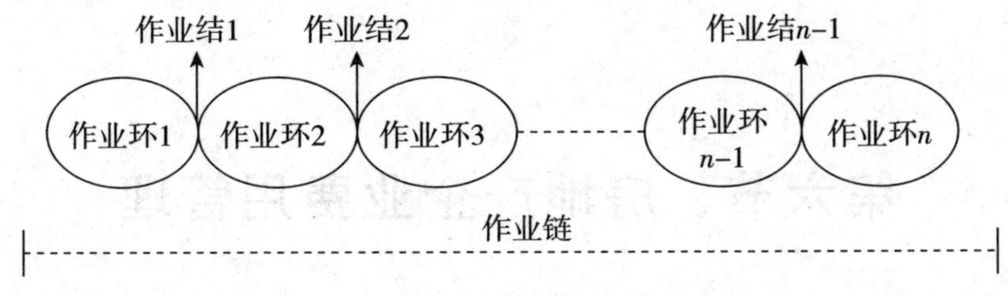

图8-47　理想作业链和作业结图

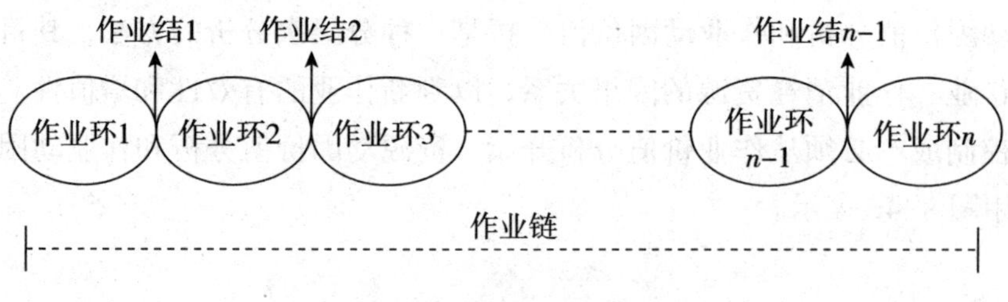

图8-48　现实作业链和作业结图

通过作业价值分析降低成本的方法见图 8-49。

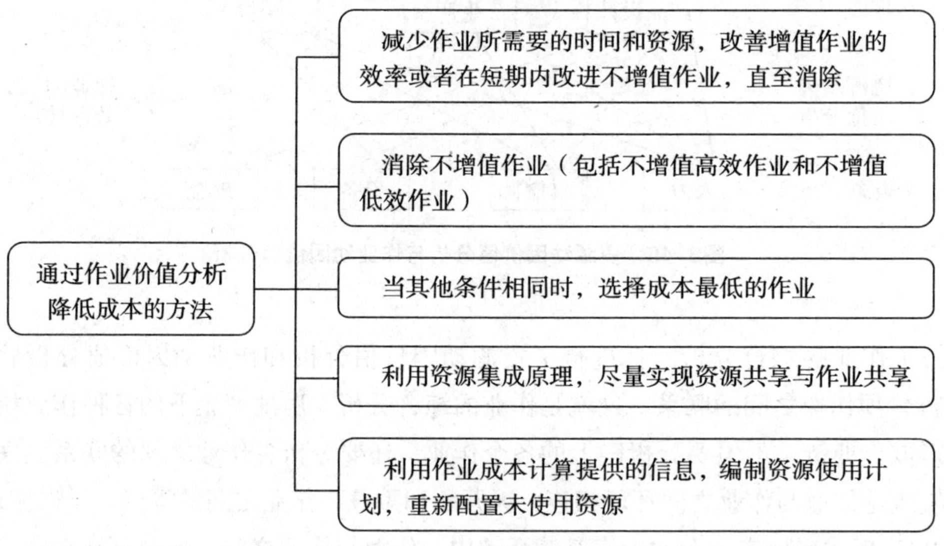

图8-49　通过作业价值分析降低成本的方法

第六节　房地产企业费用管理

房地产企业费用，即房地产企业期间费用，指开发经营中除开发产品成本之外的所有耗费。它应当按照权责发生制和配比原则确认，凡属于本期发生的费用，不论其款项是否支付，均确认为本期费用；不属于本期发生的费用，即使其款项已经在本期支付，也不能确定为本期费用。房地产企业确认的期间费用，应当进一步划分为管理

费用、销售费用和财务费用等项目，并直接计入当期损益。

一、费用管理制度

房地产企业实行费用归口、分级管理和预算控制，应当建立必要的费用开支范围、标准和报销审批制度，见图 8-50。

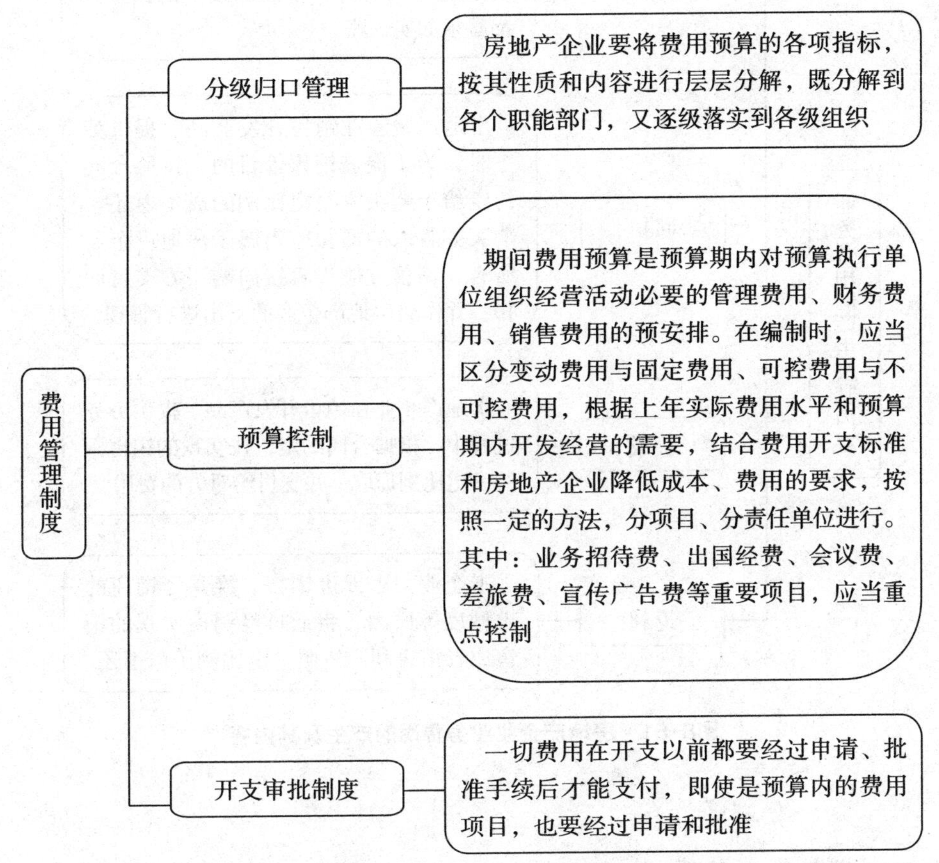

图8-50　房地产企业费用管理制度

二、费用的日常管理

房地产企业发生销售折扣、折让以及支付必要的佣金、回扣、手续费、劳务费、提成、返利、业务奖励等支出的，应当签订相关合同，履行内部审批手续。房地产企业向个人以及非经营单位支付费用的，应当严格履行内部审批及支付手续。

（一）业务费用的产生及其内容

房地产企业业务费用的产生及其内容见图 8-51。

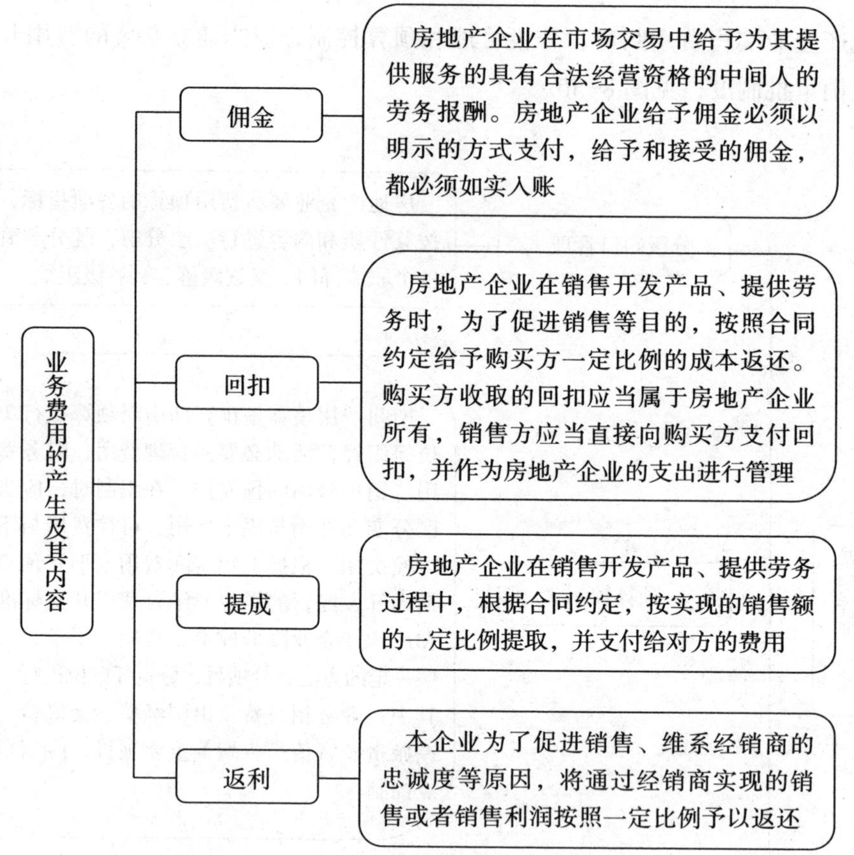

图8-51　房地产企业业务费用的产生及其内容

（二）业务费用的管理

房地产企业业务费用的管理见图 8-52。

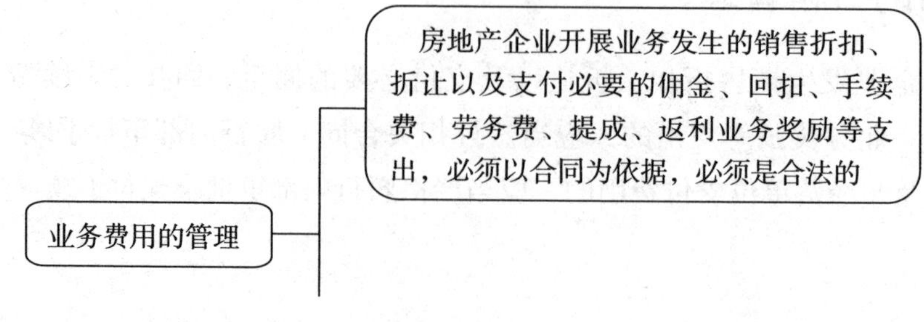

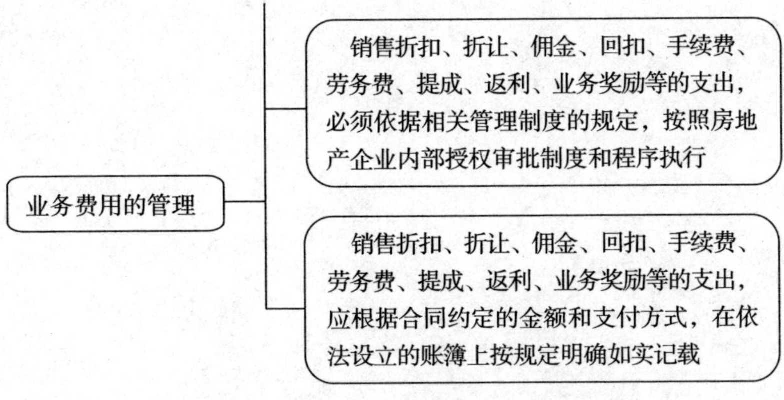

图8-52　房地产企业业务费用的管理

（三）向个人以及非经营单位支付费用的管理

房地产企业向个人以及非经营单位支付费用的管理见图 8-53。

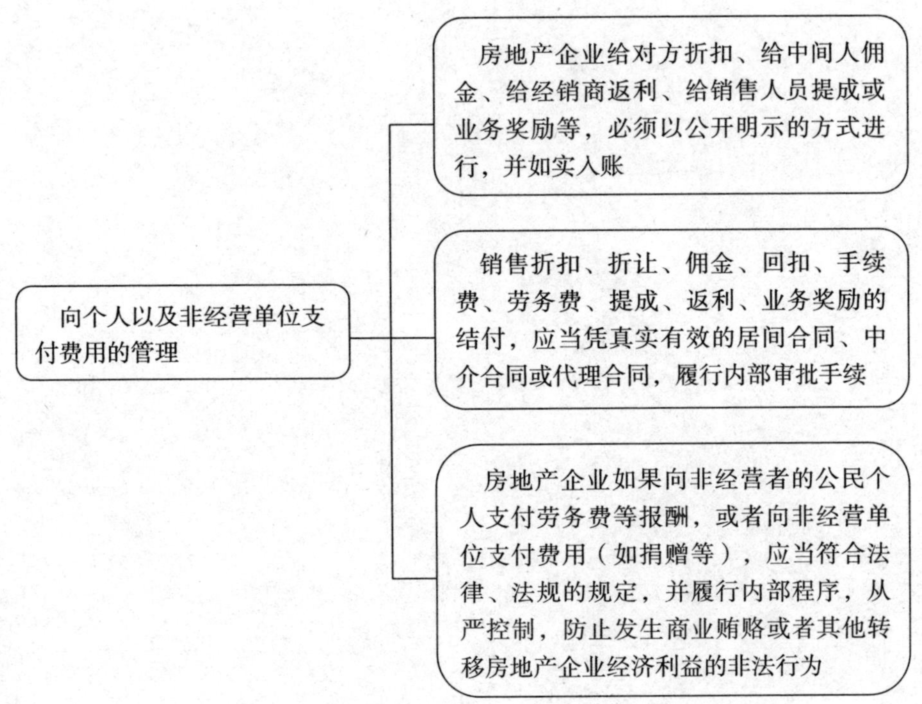

图8-53　房地产企业向个人以及非经营单位支付费用的管理

第九章　房地产企业利润分配管理

本章导读

利润是企业剩余产品的价值表现，利润越多，企业的财富就增加得越多。企业的财务管理就是合理配置并有效运用资金、提高劳动生产率、降低成本、追求利润的最大化，这是实现财务管理目标的重要基础。

房地产企业的利润分配不仅会影响房地产企业的筹资和投资决策，而且还涉及国家、房地产企业、投资者、职工等多方面的利益关系，涉及房地产企业长远利益和近期利益、整体利益与局部利益等关系的处理与协调。

第一节　房地产企业利润分配概述

一、房地产企业利润的构成

房地产企业利润是指房地产开发企业在一定时期内的开发、生产、经营活动的最终财务成果，是房地产开发企业开发、生产、经营活动的效率和效益的最终体现。它不仅是反映房地产开发企业经营状况的一个基本指标，也是考核、衡量房地产开发企业经营成果与经济效益的最重要指标。

利润是指企业在一定会计期间的经营成果。利润包括收入减去费用后的净额、直接计入当期利润的利得和损失等。利润包括营业利润、利润总额和净利润三个组成部分。其计算可用以下公式反映：

利润总额 = 营业利润 + 营业外收入 − 营业外支出

净利润 = 利润总额 − 所得税费用

房地产企业利润总额是企业在一定时期内实现盈利的总额，它由营业利润、投资净收益、营业外收支净额三个部分构成。其计算可用以下公式反映：

利润总额 = 营业利润 + 投资净收益 + 营业外收入 − 营业外支出

（一）营业利润

房地产企业营业利润是房地产开发企业最基本的经营活动的成果，也是企业一定时期获得利润中最主要、最稳定的来源。营业利润的计算可用以下公式表示：

营业利润 = 营业收入 − 营业成本 − 营业税金及附加 − 销售费用 − 管理费用 − 财务费用 − 资产减值损失 + 公允价值变动收益 + 投资收益

1. *房地产企业营业收入*

房地产企业的营业收入按经营业务的主次分为主营业务收入和其他业务收入两类。

（1）房地产企业主营业务收入。房地产企业主营业务收入见图 9–1。

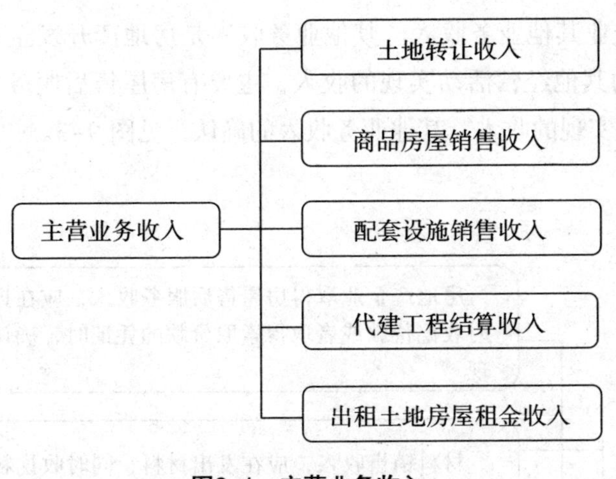

图9-1　主营业务收入

房地产开发经营活动所获得的主营业务收入，应当根据实现原则加以确认，见图 9-2。

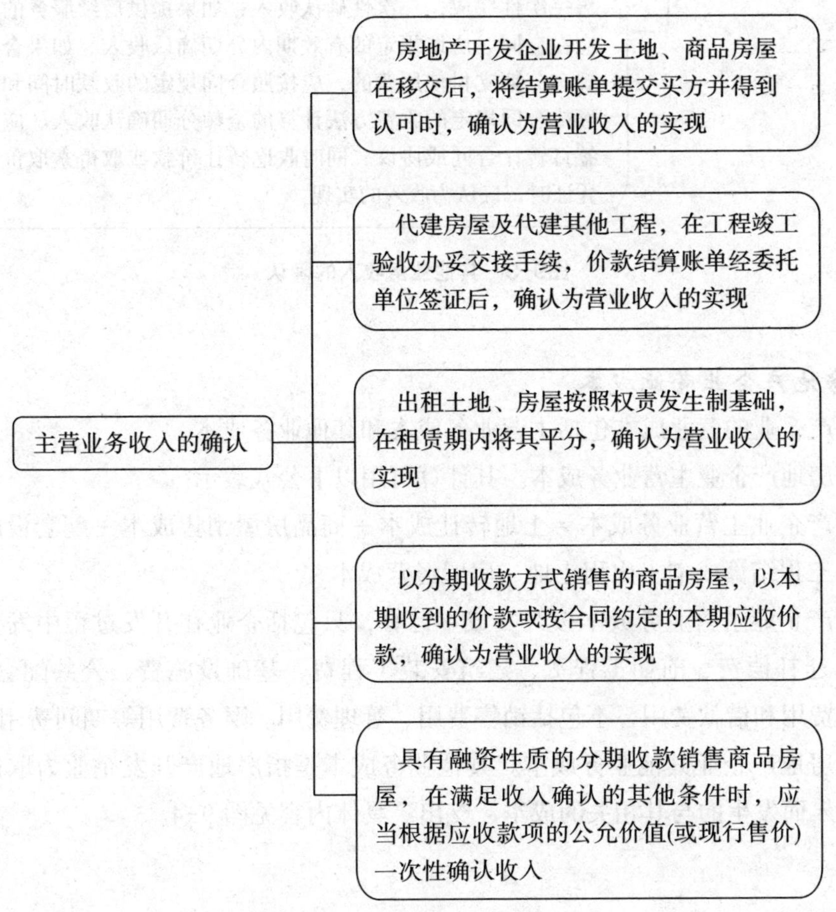

图9-2　主营业务收入的确认

（2）房地产企业其他业务收入。其他业务收入是房地产开发企业在一定时期内除了主营业务以外的其他经营活动实现的收入，主要有房屋售后服务、材料销售、无形资产使用权转让等实现的收入。其他业务收入的确认，见图 9-3。

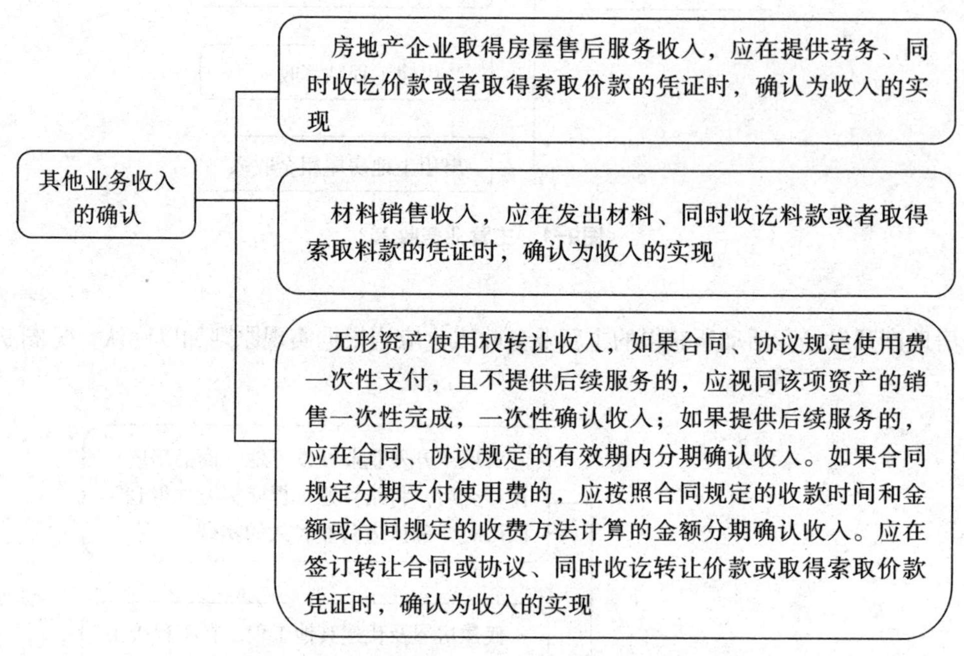

图9-3 其他业务收入的确认

2. 房地产企业营业成本

房地产企业的营业成本包括主营业务成本和其他业务成本。

（1）房地产企业主营业务成本。其计算可用以下公式表示：

房地产企业主营业务成本 = 土地转让成本 + 商品房屋销售成本 + 配套设施销售成本 + 代建工程结算成本 + 出租土地、房屋经营成本

房地产企业主营业务成本按开发成本计算，只包括企业在开发过程中发生的土地征用及拆迁补偿费、前期工程费、建筑安装工程费、基础设施费、公共配套设施费、开发间接费用和借款费用，不包括销售费用、管理费用、财务费用等期间费用。

（2）房地产企业其他业务成本。其他业务成本是指房地产开发企业为取得当期其他业务收入而发生的与其相关的成本、支出。具体内容见图 9-4。

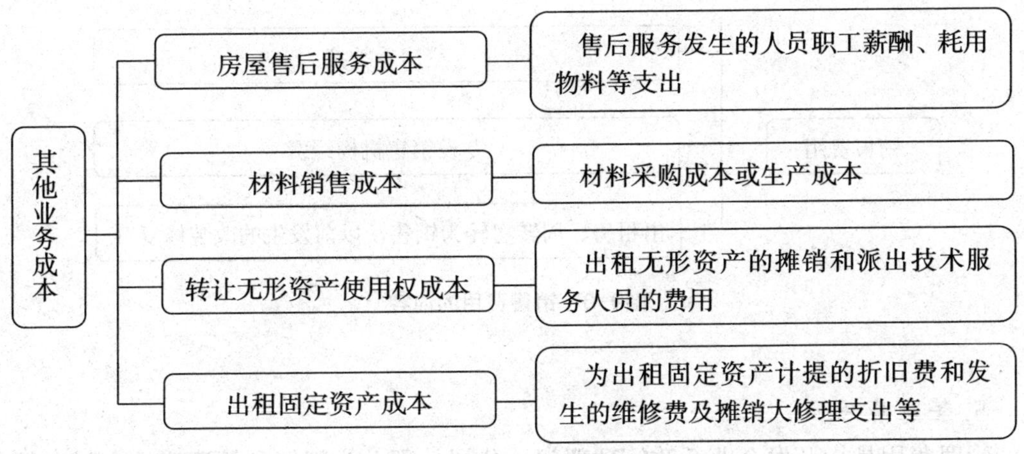

图9-4　其他业务成本的内容

3. 营业税金及附加

营业税金及附加的内容见图 9-5。

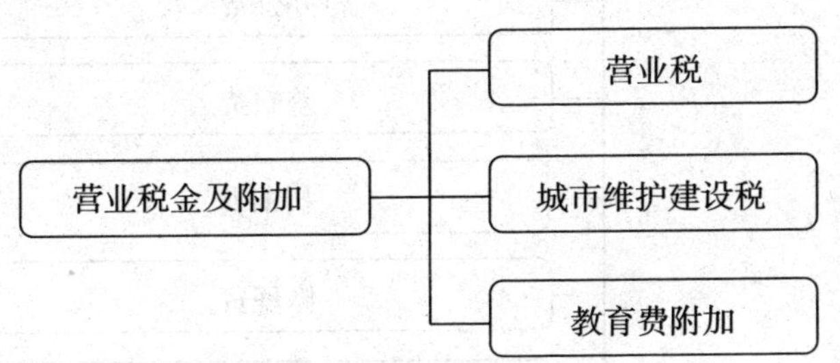

图9-5　营业税金及附加的内容

4. 销售费用

销售费用是指开发企业在销售、出租、转让房屋土地时所发生的各项费用，包括以下内容（图 9-6）。

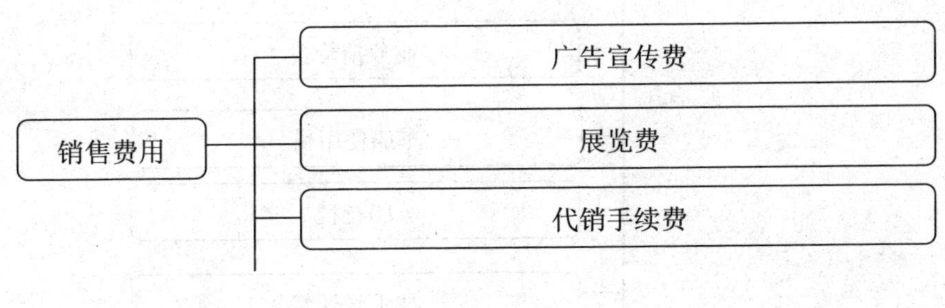

图9-6

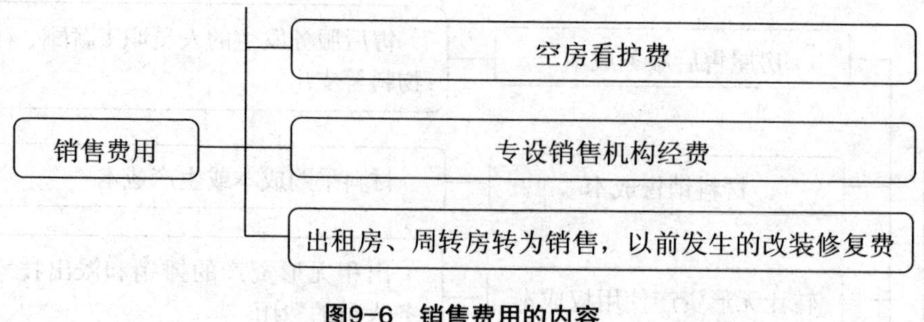

图9-6 销售费用的内容

5. **管理费用**

管理费用是指开发企业行政管理部门（公司总部）为组织和管理房地产开发经营活动而发生的各项费用，包括以下内容（图 9-7）。

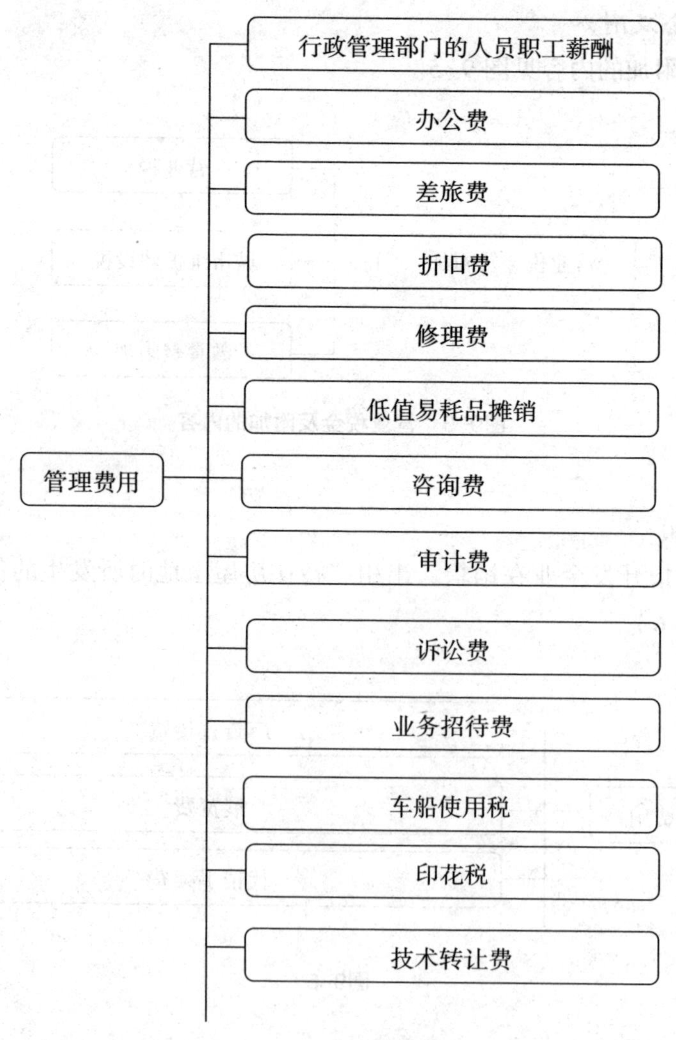

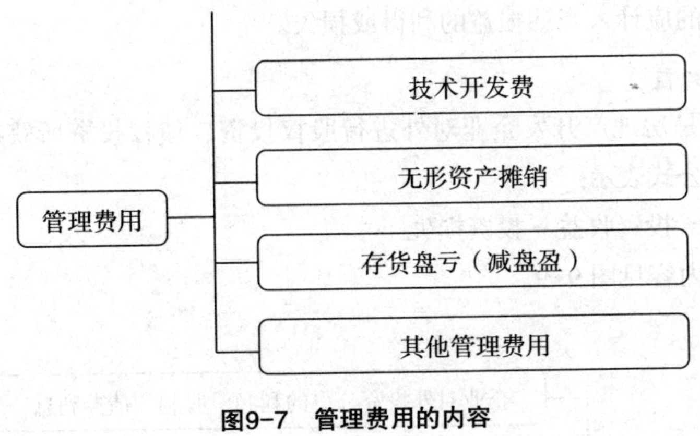

图9-7　管理费用的内容

6. 财务费用

财务费用是指房地产开发企业为筹集开发经营所需资金而发生的各项费用，包括以下内容（图 9-8）。

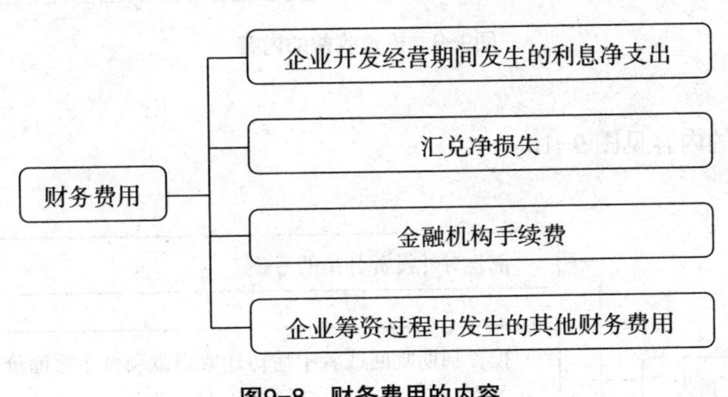

图9-8　财务费用的内容

7. 资产减值损失

资产减值损失是指房地产开发企业根据规定计提各项资产减值准备所形成的损失，资产减值准备具体包括坏账准备、存货跌价准备、长期股权投资减值准备、持有至到期投资减值准备、固定资产减值准备、在建工程减值准备、工程物资减值准备、无形资产减值准备、商誉减值准备、可供出售金融资产减值准备、未担保余值减值准备等。

8. 公允价值变动损益

公允价值变动损益是指房地产开发企业交易性金融资产、交易性金融负债，以及采用公允价值模式计量的投资性房地产业务中公允价值变动形成的应计入当期损益的利得和损失、指定为以公允价值计量且其变动计入当期损益的金融资产或金融负债公允价值变动形成的应计入当期损益的利得或损失。

9. 投资净收益

投资净收益是房地产开发企业对外进行股权投资、债权投资所获得的净收益。它的计算可用以下公式表示：

投资净收益＝投资收益－投资损失

投资收益的内容见图9-9。

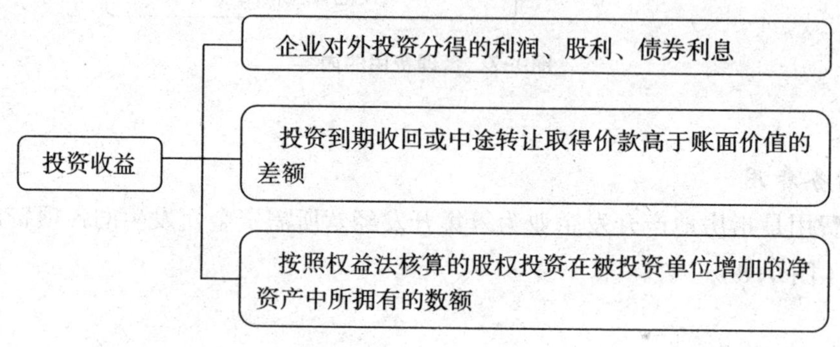

图9-9 投资收益的内容

投资损失的内容见图9-10。

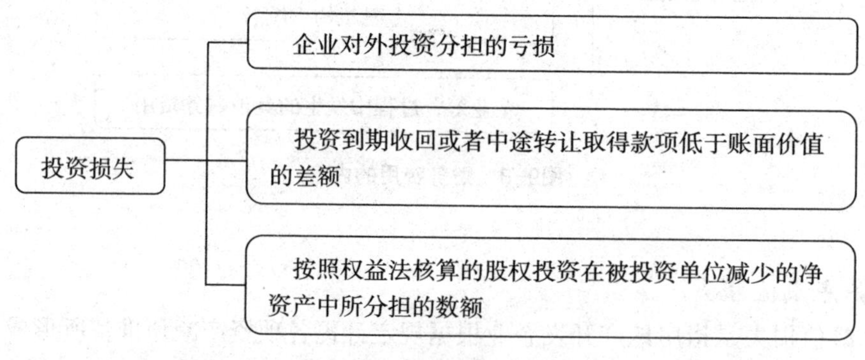

图9-10 投资损失的内容

（二）利润总额

营业利润加上营业外收入减去营业外支出等于利润总额，营业外收支是指与房地产开发企业开发经营没有直接关系的收入和支出，包括房地产开发企业的营业外收入和营业外支出。

1. 营业外收入

营业外收入是相对营业收入而言的，是指房地产开发企业发生的与日常经营活动无直接关系的各项净收入。虽然它与企业开发经营及其他业务活动没有直接关系，但却是与企业整体经营有联系的收入，所以也应成为企业利润总额的组成部分。房地产企业营业外收入的内容见图 9-11。

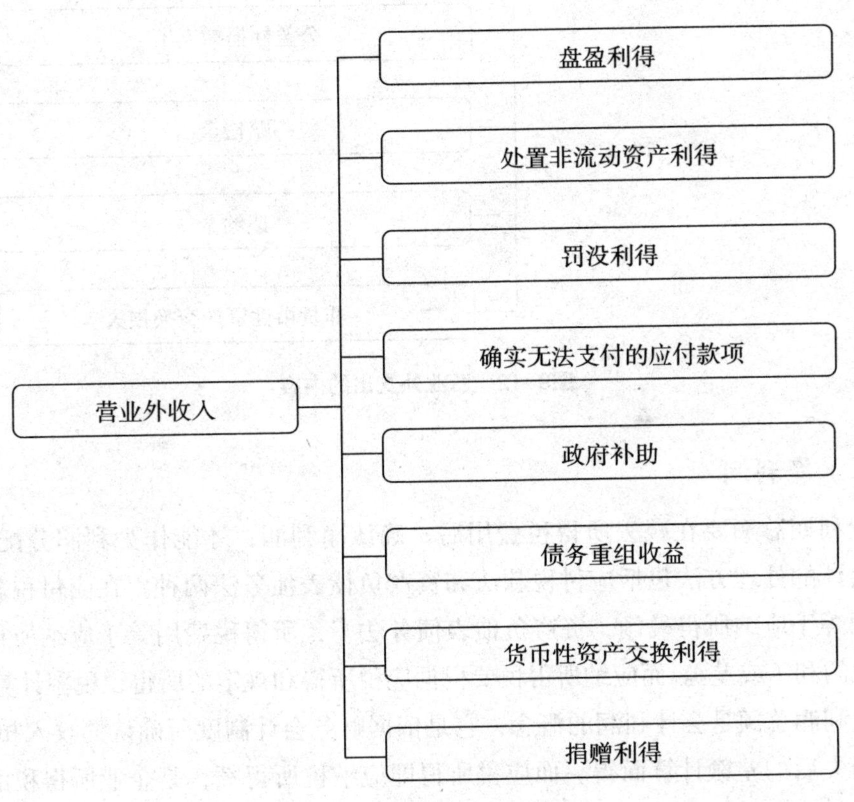

图9-11　营业外收入的内容

2. 营业外支出

营业外支出是相对营业成本、费用而言的。是指房地产开发企业发生的与日常经营活动无直接关系的各项净支出。虽然与企业开发经营及其他业务活动没有直接关系，但却是与企业整体经营有联系的支出，所以也应成为企业利润总额的扣除部分。房地产企业营业外支出的内容见图 9-12。

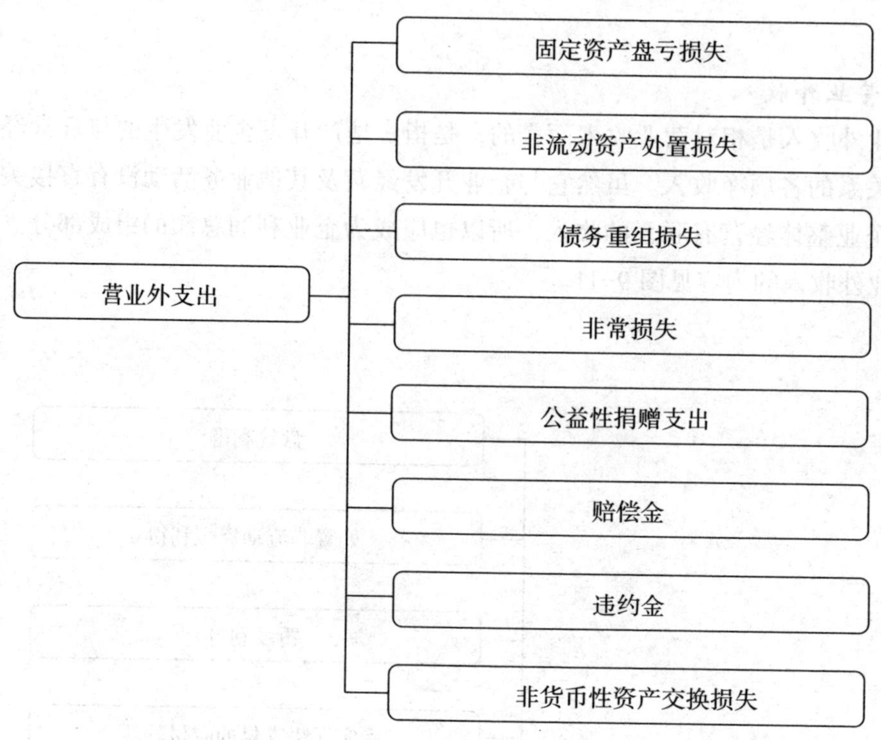

图9-12　营业外支出的内容

（三）净利润

企业利润总额要在减去所得税费用后，确认净利润，才能作为利润分配的依据。所得税会计的处理方法包括应付税款法和资产负债表债务法两种。在应付税款法下所得税费用等于应纳所得税额。资产负债表债务法下，所得税费用等于应纳所得税和递延所得税的和（或差）。而应纳所得税要根据应税所得和规定的所得税税率计算。

企业利润总额是会计利润的概念，它是依据财务会计制度所确认的收入扣除成本、费用、损失后的差额计算而得。而应税所得即应纳税所得额，是企业所得税的计税依据，按照企业所得税法的规定，为企业每一个纳税年度的收入总额，减除不征税收入、免税收入、各项扣除以及允许弥补的以前年度亏损后的余额。

税法与财务会计制度规定由于其目的不同，应税所得与会计利润也不相一致。税法是依据"公平税负、促进竞争"的原则来确定应税所得，其目的在于保证国家机构正常运转所需的财政收入。会计利润是依据权责发生制、配比原则等来确定利润总额，其目的在于公允、客观地反映企业的财务状况和经营成果。基于税法与财务、会计制度规定的目的的不同，应税所得与会计利润两者之间产生了差异。会计利润只有按照下列方法进行调整，才能算得应税所得：

应税所得＝会计利润＋纳税调增项目－纳税调减项目－弥补以前年度的亏损

1. 会计利润

会计利润是指依据财务、会计制度规定计算的企业利润总额。

2. 纳税调增项目

纳税调增项目是指纳税人会计处理与税收规定不一致，需要进行纳税调整增加的项目，包括按财务、会计制度可以列入成本、费用和损失的支出，而按税法规定不准列作或不准全额列作可扣除的费用的项目，以及房地产企业预售等特定业务，这些项目在计算应税所得时必须作适当调整，增加应税所得。目前，这些项目主要有以下方面，见图9-13。

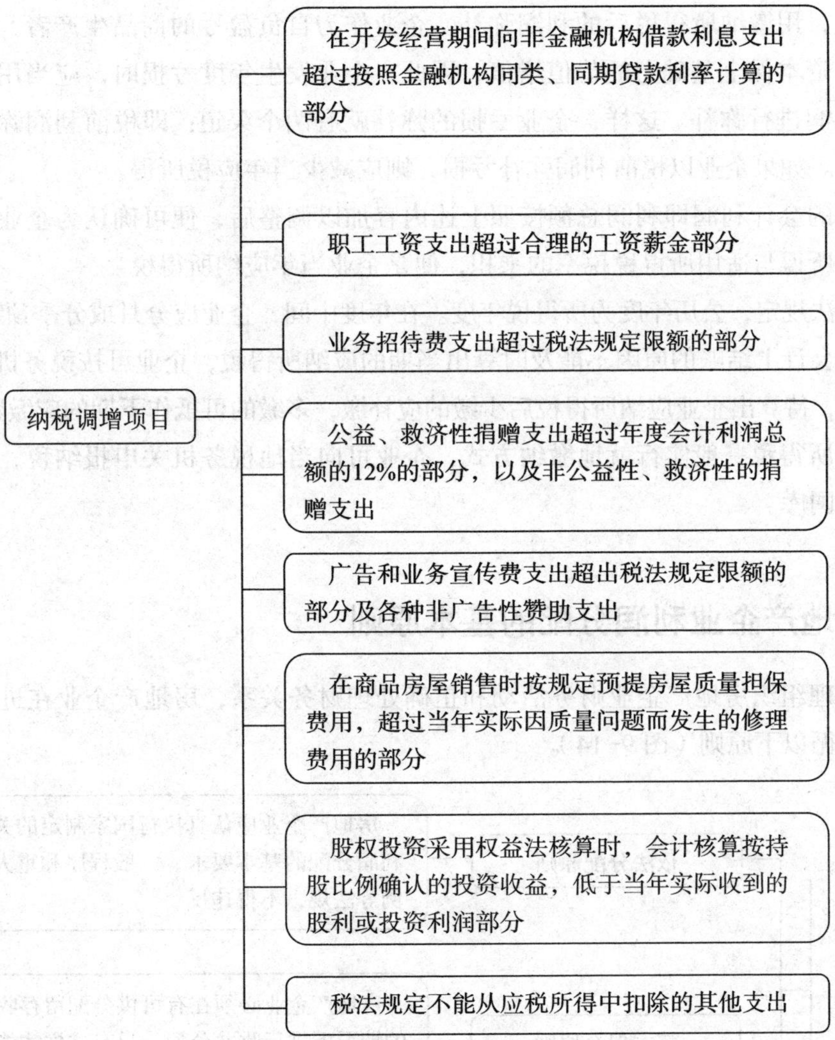

纳税调增项目
- 在开发经营期间向非金融机构借款利息支出超过按照金融机构同类、同期贷款利率计算的部分
- 职工工资支出超过合理的工资薪金部分
- 业务招待费支出超过税法规定限额的部分
- 公益、救济性捐赠支出超过年度会计利润总额的12%的部分，以及非公益性、救济性的捐赠支出
- 广告和业务宣传费支出超出税法规定限额的部分及各种非广告性赞助支出
- 在商品房屋销售时按规定预提房屋质量担保费用，超过当年实际因质量问题而发生的修理费用的部分
- 股权投资采用权益法核算时，会计核算按持股比例确认的投资收益，低于当年实际收到的股利或投资利润部分
- 税法规定不能从应税所得中扣除的其他支出

图9-13 纳税调增项目的内容

房地产开发企业销售未完工产品取得的收入，应先按预计计税毛利率分季（或月）计算出预计毛利额，计入当期应纳税所得额。

3. 纳税调减项目

纳税调减项目是指纳税人会计处理与税收规定不一致，需要进行纳税调整减少的项目，主要包括按税法规定的税收优惠项目和准予免税的项目，如国债持有期间的利息收入、符合条件的股息红利等权益性投资收益等。

4. 弥补以前年度亏损

根据税法和财务制度的有关规定，企业发生的年度亏损，可以用下一年度的利润弥补，下一年度不足以弥补的，可以在5年内用税前的利润延续弥补，延续5年未弥补的亏损，用缴纳所得税后的利润弥补。企业作为自负盈亏的商品生产者，其盈利必须是原有资本保全基础上的价值增值，因此，企业发生年度亏损时，应当用以后年度获得的利润进行弥补。这样，企业亏损的弥补就有两个渠道：即税前利润弥补和税后利润弥补。如果企业以税前利润弥补亏损，则应减少当年应税所得。

企业的会计利润即利润总额按照上述内容加以调整后，便可确认为企业的应税所得。应税所得与适用所得税税率的乘积，便是企业当年应纳所得税。

按税法规定，公历年度为所得税年度。在年度中间，企业应分月或分季预缴所得税。如果因为会计上结账的原因不能及时算出当期的应纳所得税，企业可按税务机关确定的金额预缴，待算出企业应纳所得税后少缴的应补缴，多缴的可抵作下期的应缴数。

企业所得税一般实行就地缴纳方式，企业可向当地税务机关申报纳税，并将税款缴入当地国库。

二、房地产企业利润分配的基本原则

为合理组织房地产企业财务活动和正确处理财务关系，房地产企业在进行利润分配时应遵循以下原则（图 9-14）。

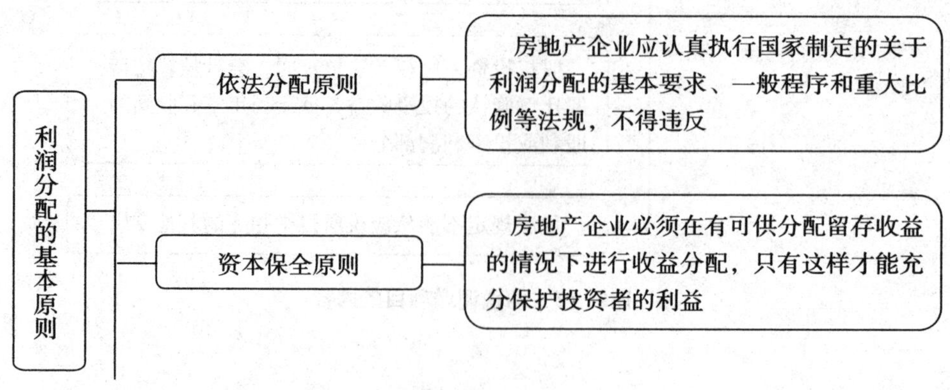

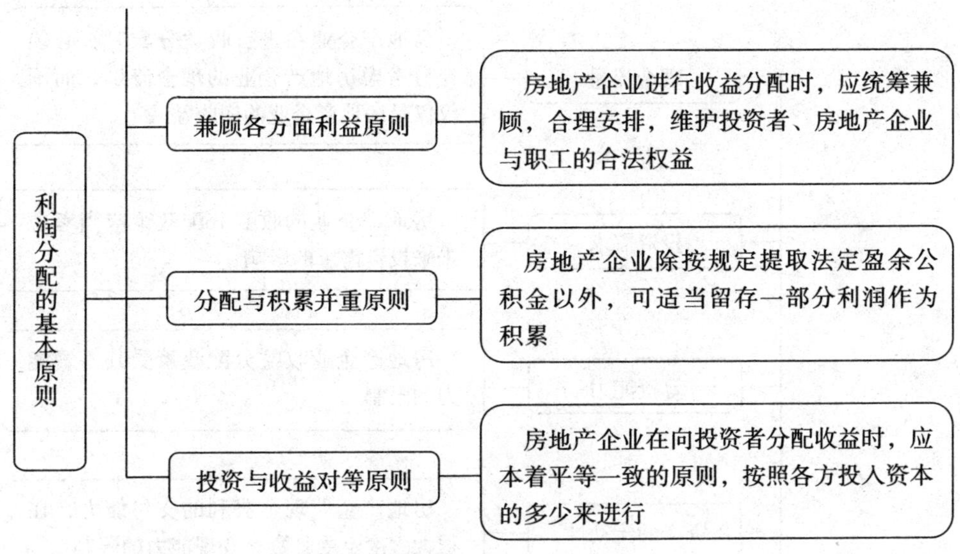

图9-14　利润分配的基本原则

三、确定利润分配政策时应考虑的因素

（一）法律因素

为了保护债权人和股东的利益，国家有关法规如《公司法》对企业收益分配予以一定的硬性限制，这些限制主要体现为以下几个方面（图 9-15）。

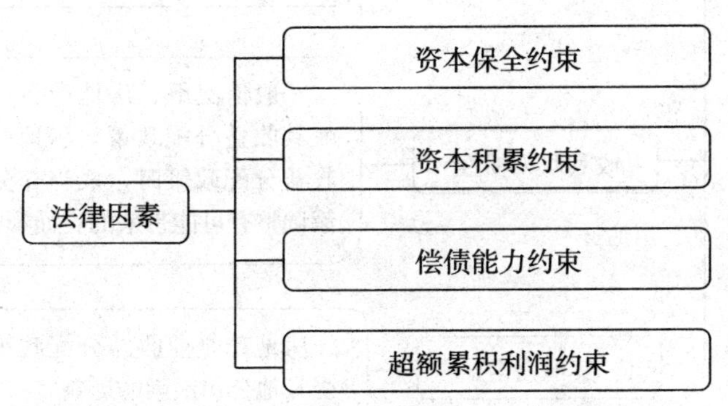

图9-15　利润分配应考虑的法律因素

（二）公司因素

公司出于长期发展和短期经营的考虑，需要考虑以下因素，来确定收益分配政策（图 9-16）。

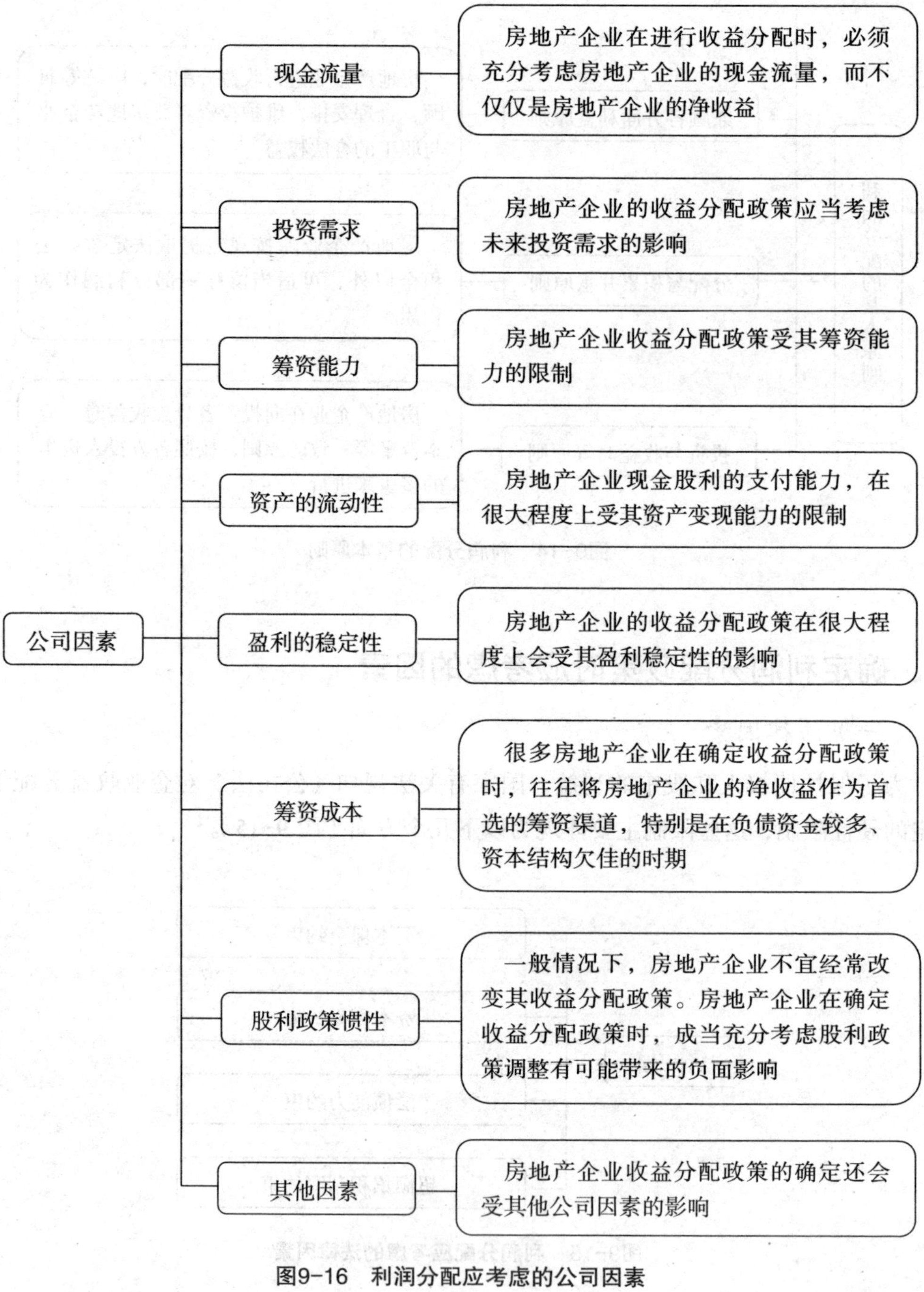

图9-16　利润分配应考虑的公司因素

（三）股东因素

股东在收入、控制权、税负、投资机会等方面的考虑也会对房地产企业的收益分

配政策产生影响，见图 9-17。

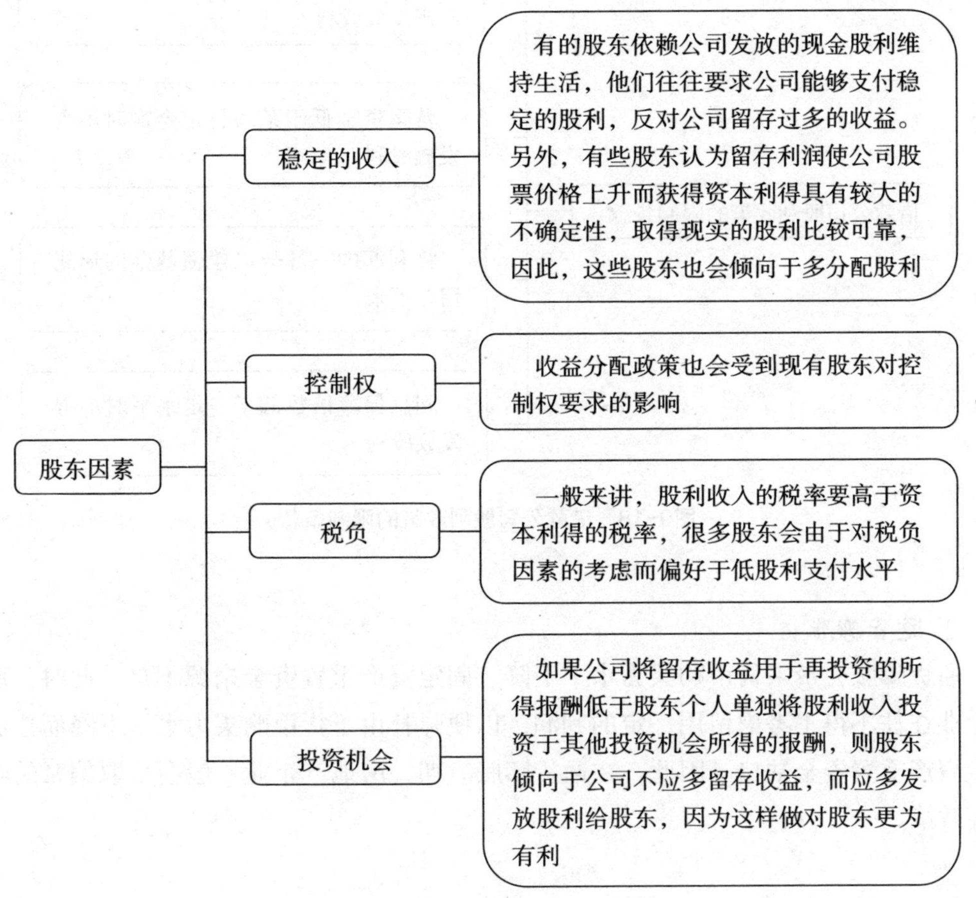

图9-17　利润分配应考虑的股东因素

（四）债务契约与通货膨胀

1. 债务契约

一般来说，股利支付水平越高，留存收益越少，公司的破产风险加大，就越有可能损害债权人的利益。因此，为了保证自己的利益不受损害，债权人通常都会在公司借款合同、债券契约以及租赁合约中加入关于借款公司股利政策的条款，以限制公司股利的发放。这些限制条款经常包括以下几个方面（图 9-18）。

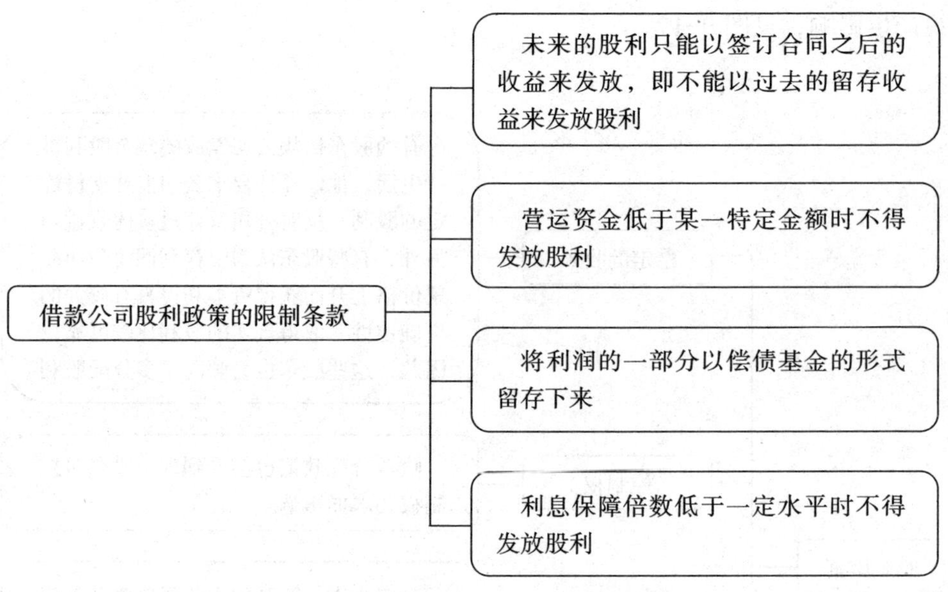

图9-18 借款公司股利政策的限制条款

2. 通货膨胀

通货膨胀会带来货币购买力水平下降、固定资产重置资金来源不足，此时，房地产企业往往不得不考虑留用一定的利润，以便弥补由于货币购买力水平下降而造成的固定资产重置资金缺口。因此，在通货膨胀时期，房地产企业一般会采取偏紧的收益分配政策。

第二节 房地产企业利润最大化目标管理

企业的最终目标是实现企业利润最大化。目标利润是企业事前确定、要在一定时期内努力完成的利润。它可以是企业所要完成的全部利润，也可以是某一开发项目所要完成的利润。目标利润管理是一种科学的管理方法。它是通过制定目标利润，并把这一指标进行分解，落实到责任单位或个人，并配合有关激励制度，调动职工增加经营收入、降低成本费用的积极性，从而达到增加利润的目的。

一、目标利润的制定

（一）目标利润的制定程序

目标利润制定的过程，就是在企业现有营销状况和财务状况的基础上，根据未来市场有效需求和企业开发经营规模，对企业财务状况和经营成果进行全面规划和决策的过程。从制定程序来看，大致包括以下三个步骤（图 9-19）。

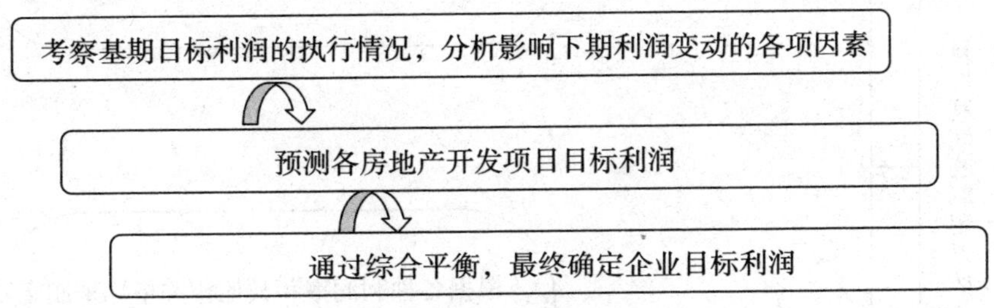

图9-19　目标利润的制定程序

（二）目标利润的制定方法

制定目标利润的方法见图 9-20。

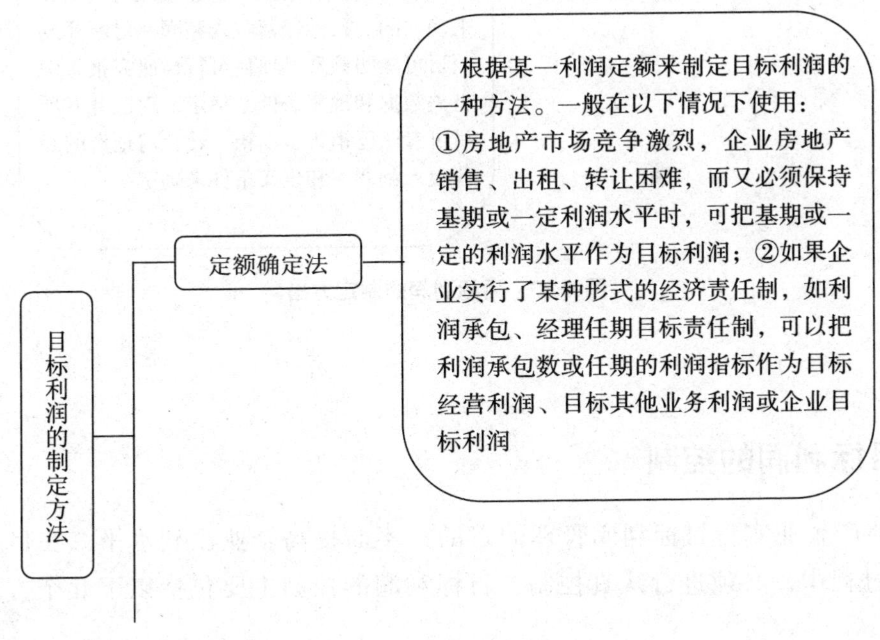

图9-20

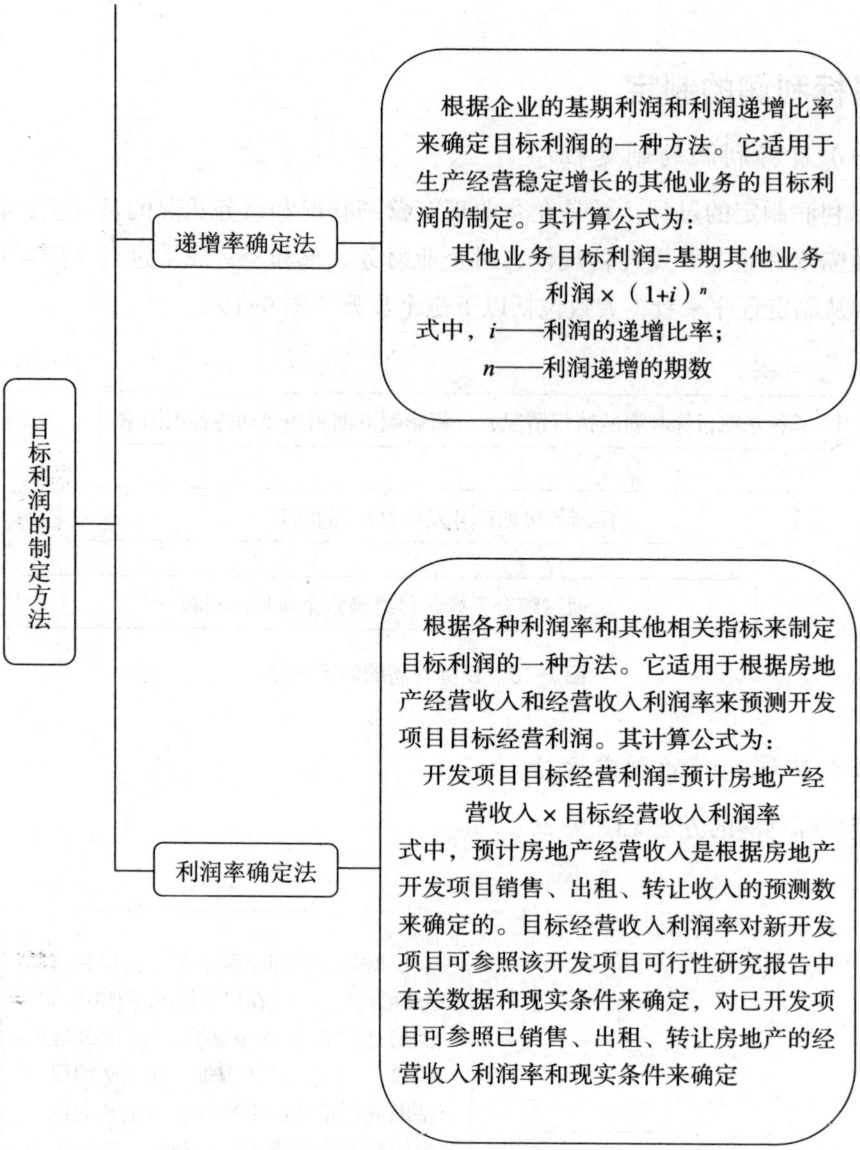

目标利润的制定方法

递增率确定法

根据企业的基期利润和利润递增比率来确定目标利润的一种方法。它适用于生产经营稳定增长的其他业务的目标利润的制定。其计算公式为：

其他业务目标利润=基期其他业务利润×（$1+i$）^{n}

式中，i——利润的递增比率；

n——利润递增的期数

利润率确定法

根据各种利润率和其他相关指标来制定目标利润的一种方法。它适用于根据房地产经营收入和经营收入利润率来预测开发项目目标经营利润。其计算公式为：

开发项目目标经营利润=预计房地产经营收入×目标经营收入利润率

式中，预计房地产经营收入是根据房地产开发项目销售、出租、转让收入的预测数来确定的。目标经营收入利润率对新开发项目可参照该开发项目可行性研究报告中有关数据和现实条件来确定，对已开发项目可参照已销售、出租、转让房地产的经营收入利润率和现实条件来确定

图9-20 目标利润的制定方法

二、目标利润的控制

房地产企业实行目标利润管理的目的是不断提高企业盈利水平。在目标利润的执行过程中，必须进行认真控制。目标利润的控制主要包括以下几个方面（图9-21）。

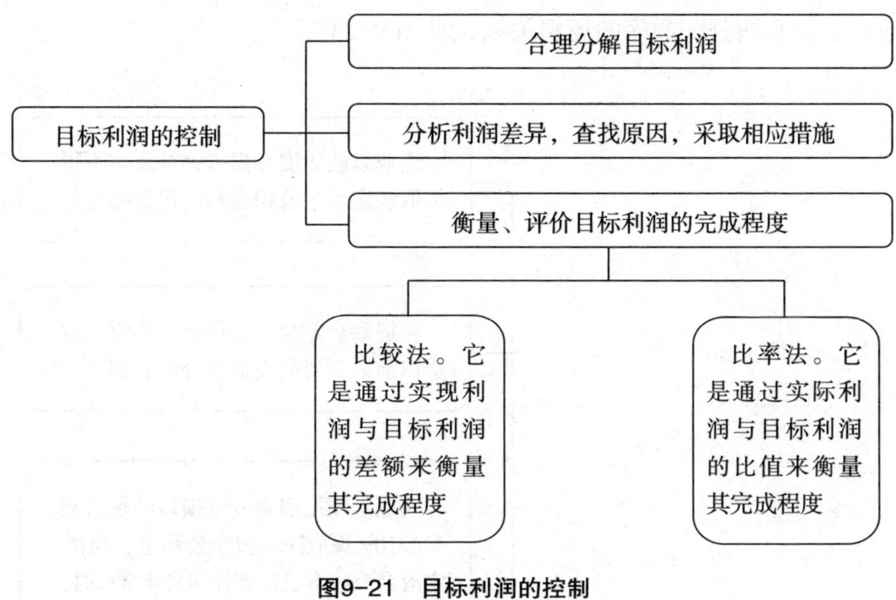

图9-21　目标利润的控制

第三节　房地产企业利润分配管理

利润分配是对企业净利润进行的分配，是税后利润的分配。企业利润分配涉及投资者、经营者等各方面的利益关系，涉及企业长远利益与近期利益、整体利益与局部利益等关系的正确处理与协调。因此，利润分配管理是企业正确处理财务关系，并使财务管理得以顺利开展的关键。

房地产企业实现的净利润，一般应按如下顺序进行分配，见图 9-22。

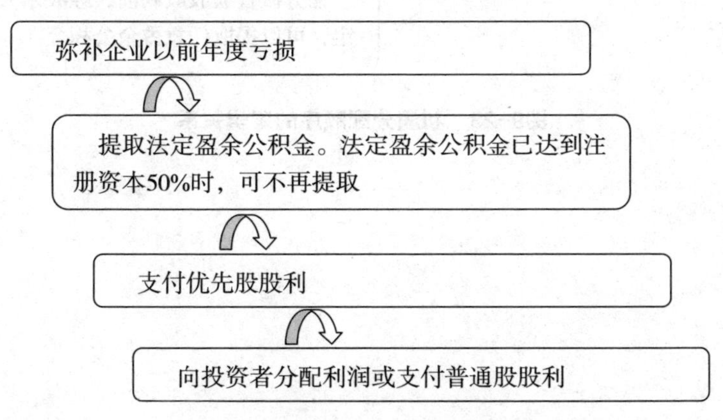

图9-22　税后利润的分配顺序

房地产企业利润分配顺序的逻辑关系，见图 9-23。

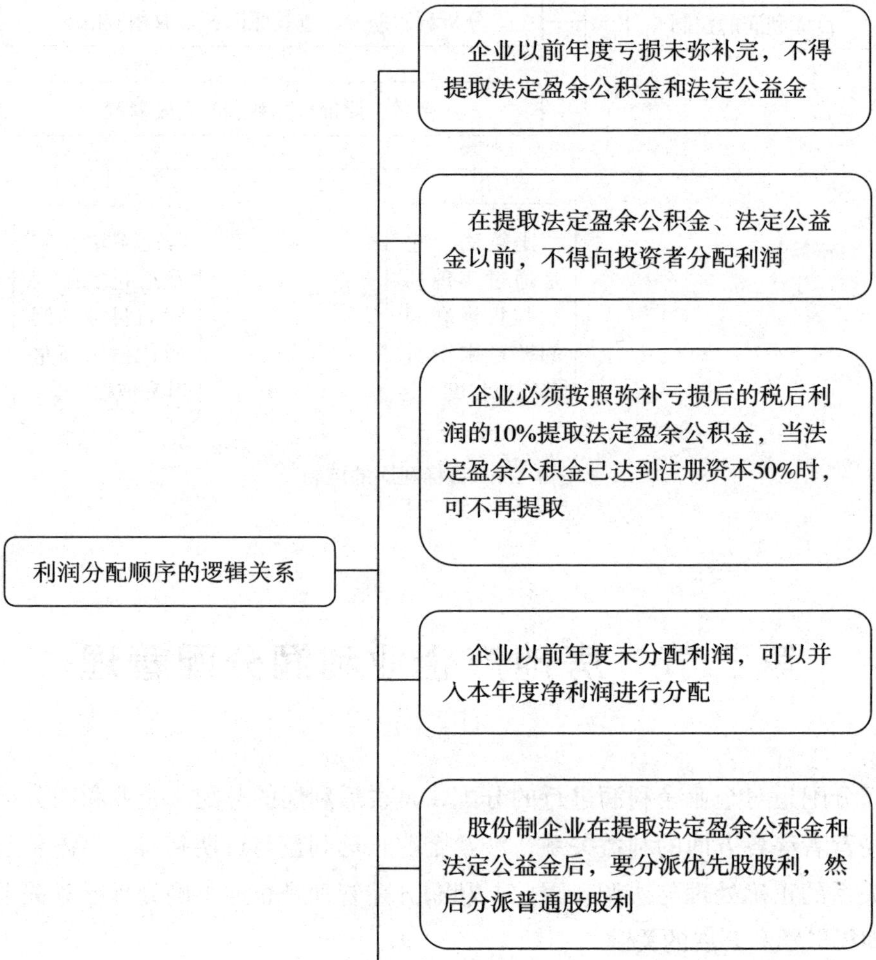

利润分配顺序的逻辑关系

企业以前年度亏损未弥补完，不得提取法定盈余公积金和法定公益金

在提取法定盈余公积金、法定公益金以前，不得向投资者分配利润

企业必须按照弥补亏损后的税后利润的10%提取法定盈余公积金，当法定盈余公积金已达到注册资本50%时，可不再提取

企业以前年度未分配利润，可以并入本年度净利润进行分配

股份制企业在提取法定盈余公积金和法定公益金后，要分派优先股股利，然后分派普通股股利

在分派普通股股利前，经股东大会决定，可以提取任意盈余公积金

图9-23　利润分配顺序的逻辑关系

第十章　房地产企业财务预算

本章导读

房地产企业财务预算是指企业在预测和决策的基础上，围绕战略规划，对预算年度内企业各类经济资源和经营行为合理预计、测算并进行财务控制和监督的活动。因为房地产企业在日益激烈的市场环境中，要取得不断发展和经济利益，既要受到开发经营规模和宏观经济环境的影响，又要受到企业内部开发、营销等经营环节的协调和各职能部门配合程度的制约。通过财务预算的管理，能够做到全面地综合协调企业各单位、各部门的经济活动，能够做到统一服从于企业的总体财务目标。所以在企业财务通则中，规定企业应当建立财务预算管理制度，以现金流为核心，按照实现企业价值最大化等财务目标的要求，对资金筹集、资产营运、成本控制、收益分配等财务活动实行全面预算管理。

第一节　房地产企业财务预算概述

一、财务预算的作用

财务预算的作用见图10-1。

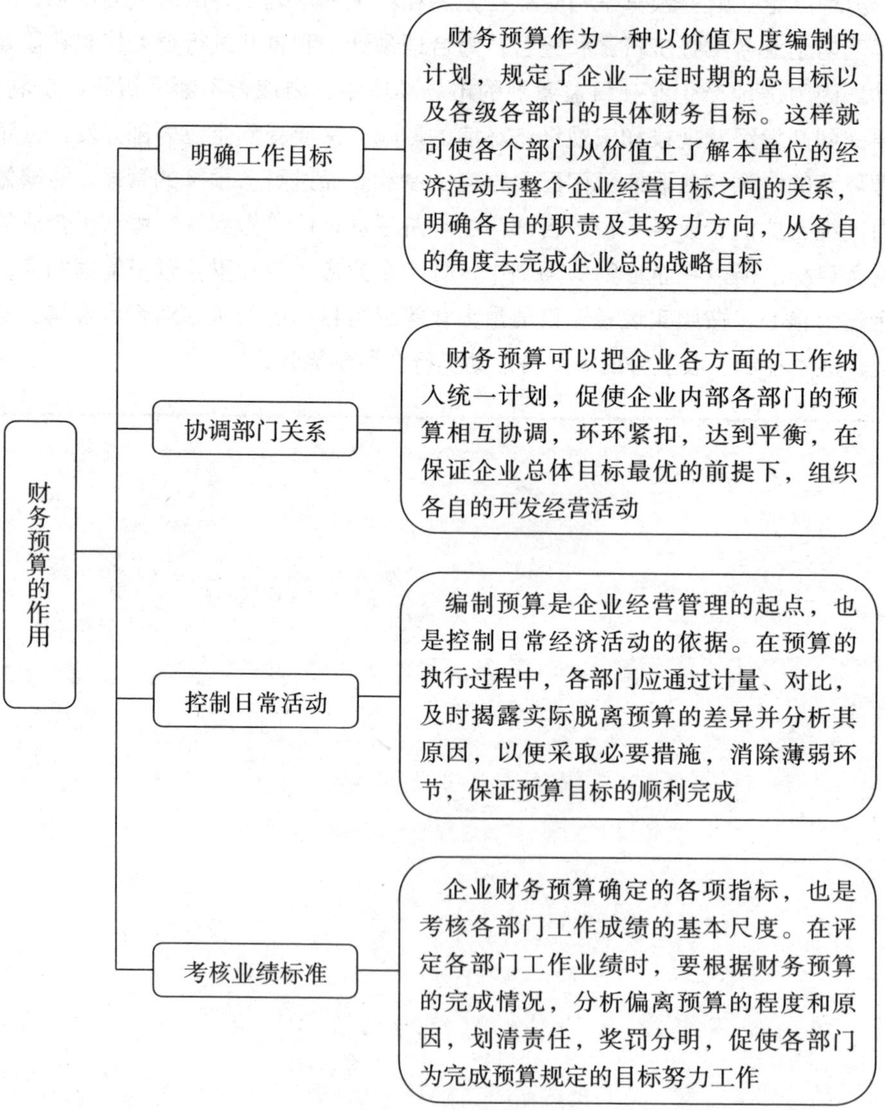

财务预算的作用

- 明确工作目标：财务预算作为一种以价值尺度编制的计划，规定了企业一定时期的总目标以及各级各部门的具体财务目标。这样就可使各个部门从价值上了解本单位的经济活动与整个企业经营目标之间的关系，明确各自的职责及其努力方向，从各自的角度去完成企业总的战略目标
- 协调部门关系：财务预算可以把企业各方面的工作纳入统一计划，促使企业内部各部门的预算相互协调，环环紧扣，达到平衡，在保证企业总体目标最优的前提下，组织各自的开发经营活动
- 控制日常活动：编制预算是企业经营管理的起点，也是控制日常经济活动的依据。在预算的执行过程中，各部门应通过计量、对比，及时揭露实际脱离预算的差异并分析其原因，以便采取必要措施，消除薄弱环节，保证预算目标的顺利完成
- 考核业绩标准：企业财务预算确定的各项指标，也是考核各部门工作成绩的基本尺度。在评定各部门工作业绩时，要根据财务预算的完成情况，分析偏离预算的程度和原因，划清责任，奖罚分明，促使各部门为完成预算规定的目标努力工作

图10-1　财务预算的作用

二、财务预算的组成

房地产企业由于产品具有固定性和多样性的特点以及财务管理的要求，一般应编制企业现金预算和财务预算。

（一）现金预算

房地产企业由于产品具有固定性和多样性的特点，需要流动资金较多，如果资金管理不好，遇到金融风暴，就会告贷无门，只好清盘。因此，开发企业的资金流量，必须遵循在数量上和时间上保持平衡规律的要求，设置企业现金预算，对预算期内开发经营活动的现金收入和现金支出加以测算。

在编制企业现金预算时，由于现金收入、现金支出是按发生时间顺序测算的，所以必须采用现收现付制的方法。所谓现收现付制，是指在测算预算期内项目营业收入、营业成本费用等开发经营活动的现金收入、现金支出时，以款项实际收付为计算标准来确定本期的收入和付出的方法。凡在本期实际收到款项的收入和付出款项的费用，不论其是否属于本期应收应付，均将它作为本期的收入和成本费用处理。

（二）财务预算

房地产企业要优化财务管理，除了设置企业现金预算保证资金周转通畅外，还须根据企业理财目标的要求，设置企业财务预算，对预算期各开发项目的营业收入、营业成本、管理费用、税金、净利润等加以预测、汇总和控制，确保财务管理目标的实现。

由于财务预算中营业收入、营业成本、管理费用、税金、净利润等指标是按会计中应收应付制的方法核算的，所以编制企业财务预算时，也应采用应收应付制的方法加以测算。所谓应收应付制，是指在测算营业收入、营业成本、管理费用等时，均以应收应付为计算标准来确定当期的收益和费用，不论当期款项是否收到或付出，均作为当期的收益和费用处理，反之，凡不是本期实际发生、不应属于本期的收益和费用，即使其款项已经收到或支付，也不应作为本期的收益或费用处理。

第二节　房地产企业财务预算管理

房地产企业应当建立财务预算管理制度，组织开展内部财务预算编制、执行、监督和考核工作，完善财务预算工作体系，推进实施全面预算管理。

企业应当在规定的时间内按照国家财务会计制度规定和财务监督工作有关要求，以统一的编制口径、报表格式和编报规范，报送年度财务预算报告。

企业负责人、总会计师（或分管财务负责人）应当对企业财务预算编制、报告、执行和监督工作负责；企业总会计师（或分管财务负责人）、财务管理部门负责人对财务预算编制的合规性、合理性及完整性负责。

一、工作组织

（一）企业预算委员会

房地产企业应当按照加强财务监督和完善内部控制机制的要求，成立预算委员会或设立财务预算领导小组行使预算委员会职责。在设立董事会的企业中，预算委员会（财务预算领导小组）成员应当有熟悉企业财务会计业务并具备相应组织能力的董事参加。企业预算委员会（财务预算领导小组）应当履行的主要职责见图 10-2。

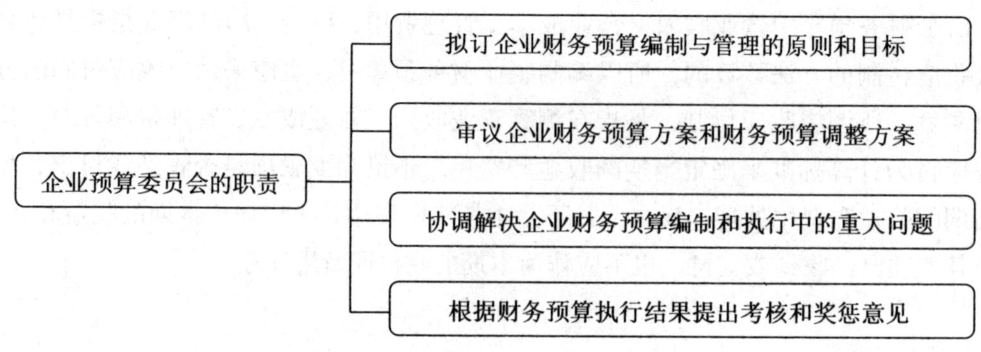

图10-2　企业预算委员会的职责

（二）财务预算管理机构

房地产企业财务预算管理机构在企业预算委员会（财务预算领导小组）领导下，依据国家有关规定和有关工作要求，负责组织企业财务预算编制、报告、执行和日常监控工作，具体应当履行的主要职责见图 10-3。

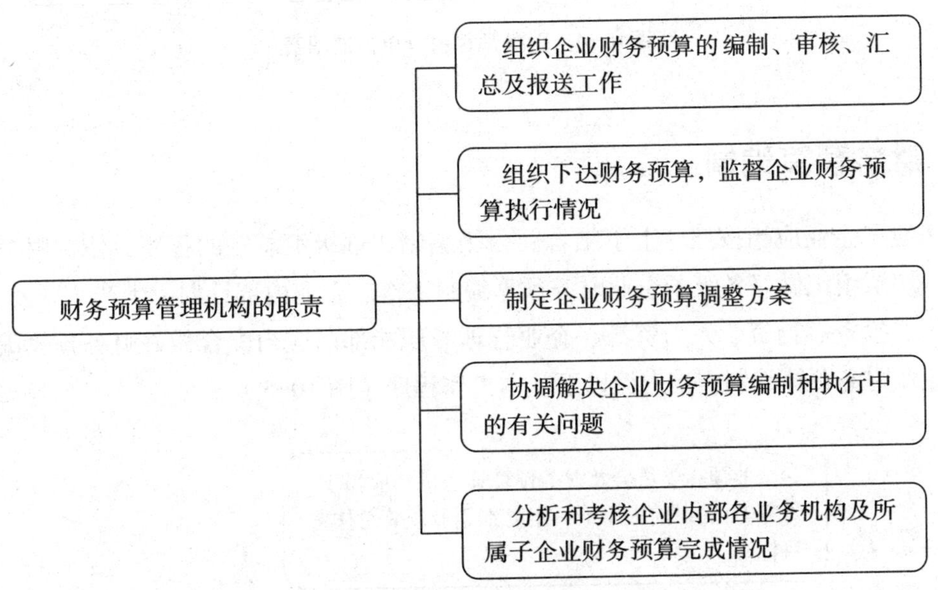

图10-3　财务预算管理机构的职责

（三）财务预算执行单位

房地产企业内部各业务机构和所属子企业为财务预算执行单位。企业财务预算执行单位应当在企业预算管理机构的统一指导下，组织开展本部门或者本企业财务预算编制工作，严格执行经核准的财务预算方案。企业财务预算执行单位应当履行的主要职责见图 10-4。

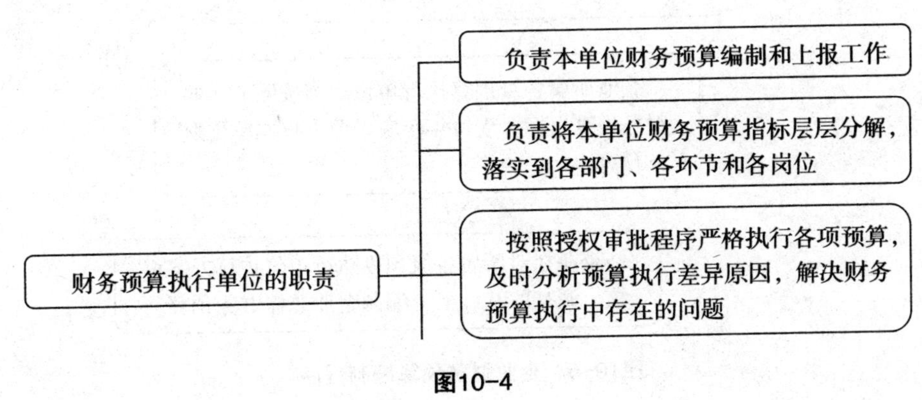

图10-4

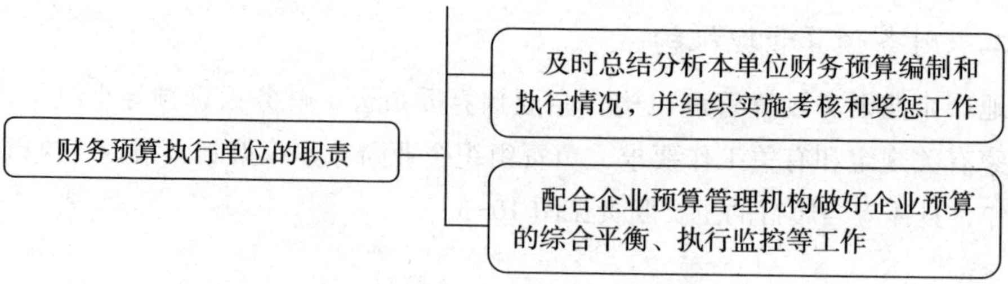

财务预算执行单位的职责

及时总结分析本单位财务预算编制和执行情况，并组织实施考核和奖惩工作

配合企业预算管理机构做好企业预算的综合平衡、执行监控等工作

图10-4 财务预算执行单位的职责

二、财务预算编制

房地产企业应当按照“上下结合、分级编制、逐级汇总”的程序，依据财务管理关系，层层组织做好各级子企业财务预算编制工作。企业内部计划、生产（开发）、市场营销、投资、物资、人力资源、企业管理等职能部门应当配合做好财务预算编制工作。企业财务预算编制应当遵循以下基本工作程序（图 10-5）。

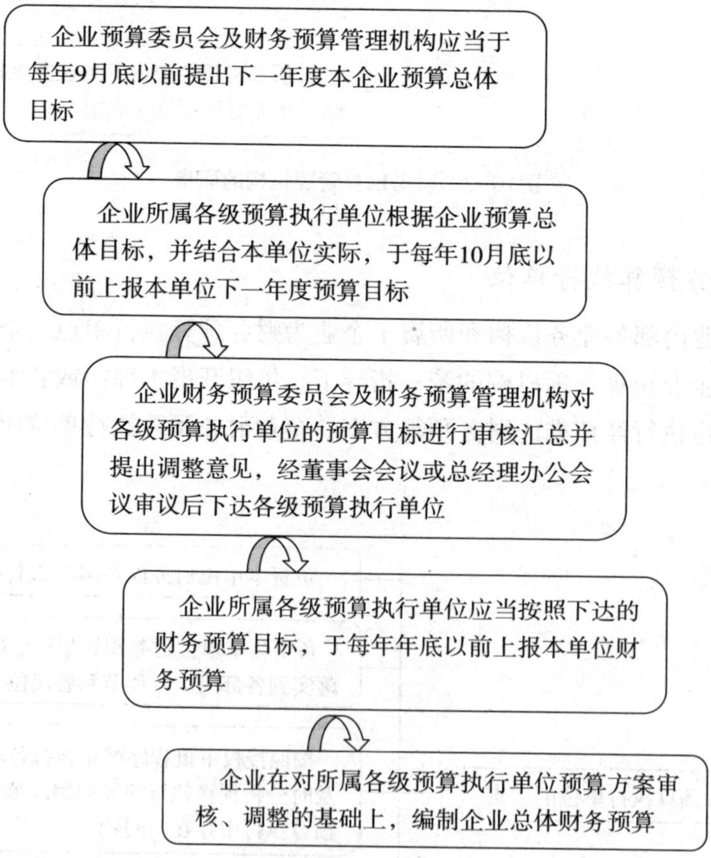

企业预算委员会及财务预算管理机构应当于每年9月底以前提出下一年度本企业预算总体目标

企业所属各级预算执行单位根据企业预算总体目标，并结合本单位实际，于每年10月底以前上报本单位下一年度预算目标

企业财务预算委员会及财务预算管理机构对各级预算执行单位的预算目标进行审核汇总并提出调整意见，经董事会会议或总经理办公会议审议后下达各级预算执行单位

企业所属各级预算执行单位应当按照下达的财务预算目标，于每年年底以前上报本单位财务预算

企业在对所属各级预算执行单位预算方案审核、调整的基础上，编制企业总体财务预算

图10-5 企业财务预算编制程序

三、财务预算报告

财务预算报告是指反映企业预算年度内企业资本运营、经营效益、现金流量及重要财务事项等预测情况的文件。

（一）年度财务预算报告的构成

房地产企业应当在组织开展内部各级子企业财务预算编制管理的基础上，按照统一印发的报表格式、编制要求，编制上报年度财务预算报告。企业年度财务预算报告由以下部分构成，见图 10-6。

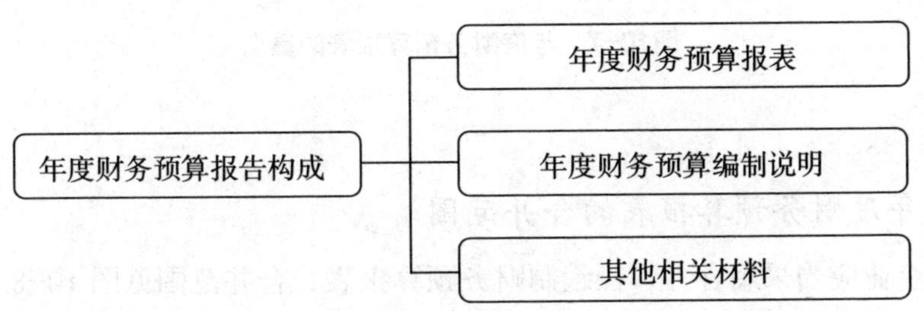

图10-6　企业年度财务预算报告构成

（二）年度财务预算报表的重点

房地产企业年度财务预算报表重点反映以下内容（图 10-7）。

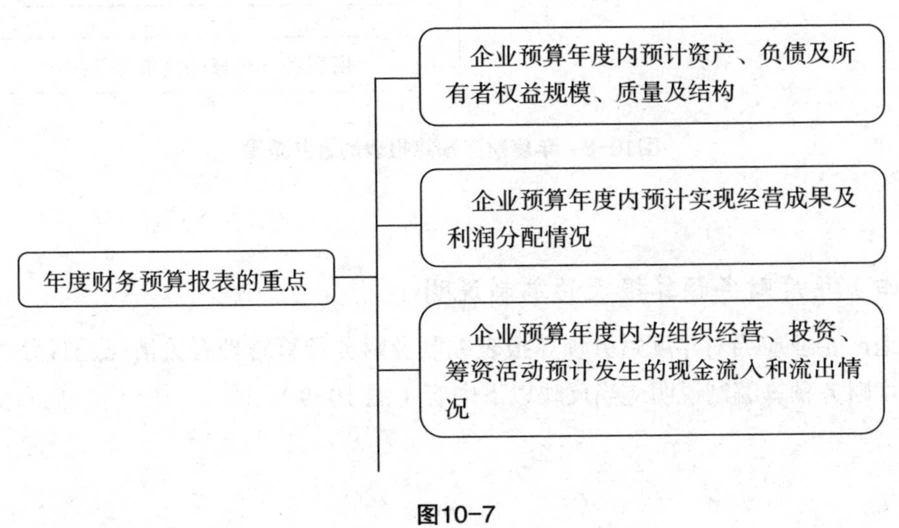

图10-7

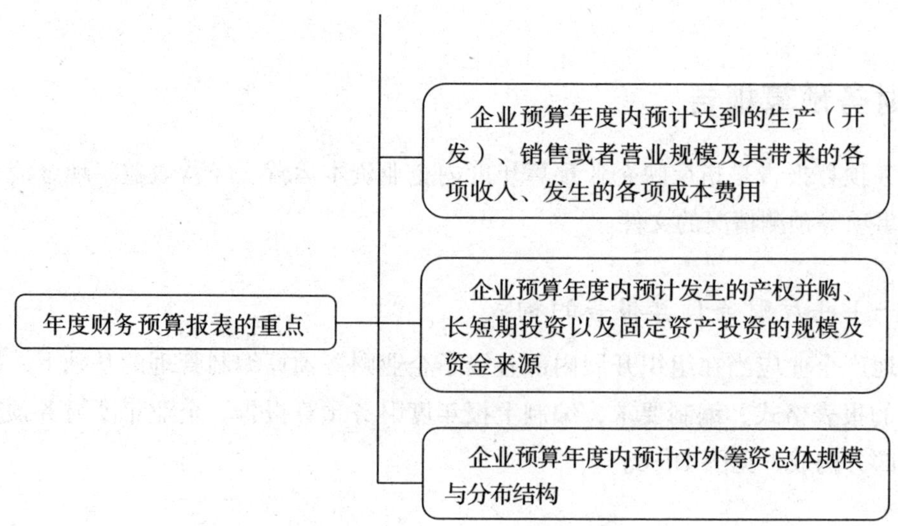

图10-7 年度财务预算报表的重点

（三）年度财务预算报表的合并范围

房地产企业应当采用合并口径编制财务预算报表，合并范围见图 10-8。

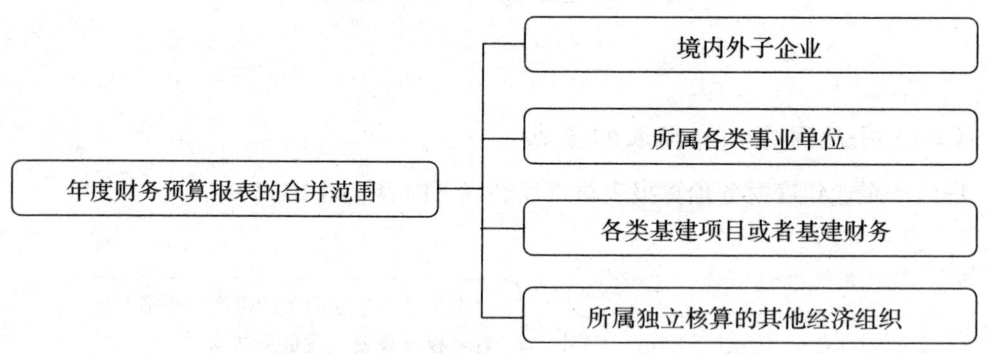

图10-8 年度财务预算报表的合并范围

（四）年度财务预算报表的编制说明

房地产企业应当对年度财务预算报表编制及财务预算管理有关情况进行分析说明。企业年度财务预算编制说明应当反映以下内容（图 10-9）。

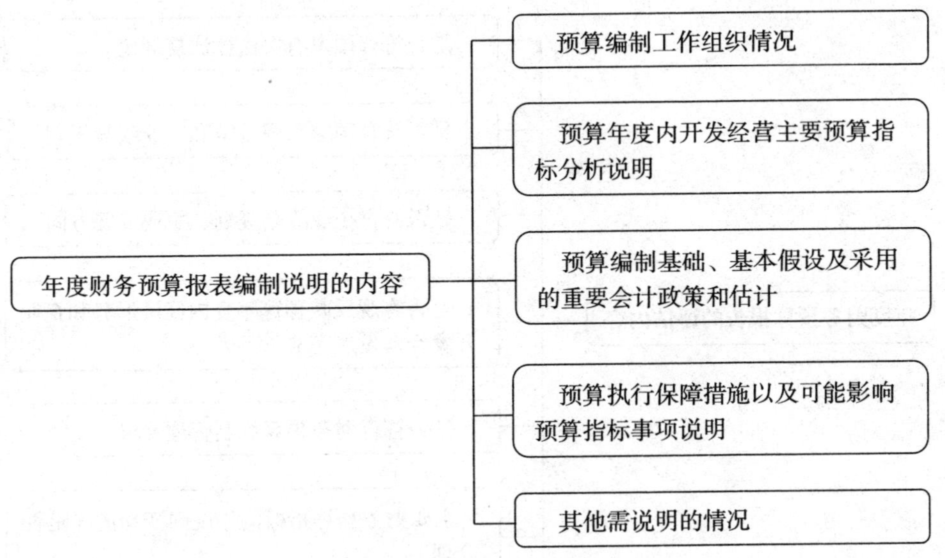

图10-9　年度财务预算报表编制说明的内容

（五）年度财务预算报告的报送

房地产企业应当按照下列程序，以正式文函向预算主管部门报送财务预算报告，见图 10-10。

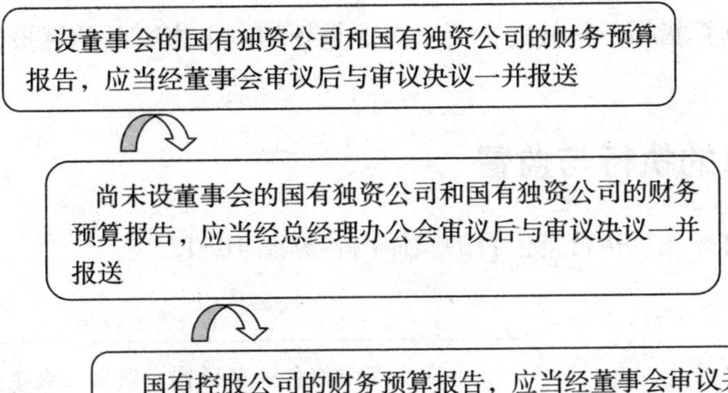

图10-10　年度财务预算报告的报送程序

（六）年度财务预算报告的评估

依据财务预算编制管理要求，建立企业财务预算报告质量评估制度，评估内容见图 10-11。

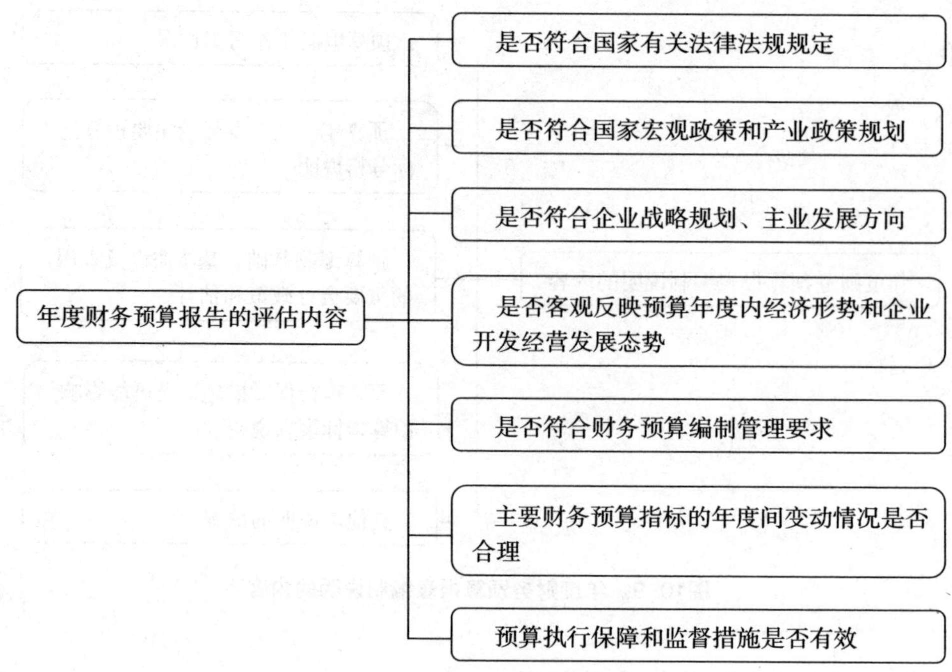

图10-11 年度财务预算报告的评估内容

预算主管部门根据质量评估结果，在规定时间内对房地产企业财务预算报告提出审核意见并反馈给企业。对于存在质量问题的，要求企业及时整改，其中对于严重脱离实际、各相关预算指标不衔接的，要求企业重新编制上报财务预算报告。

四、财务预算的执行与监督

房地产企业财务预算执行与监督的具体内容见图 10-12。

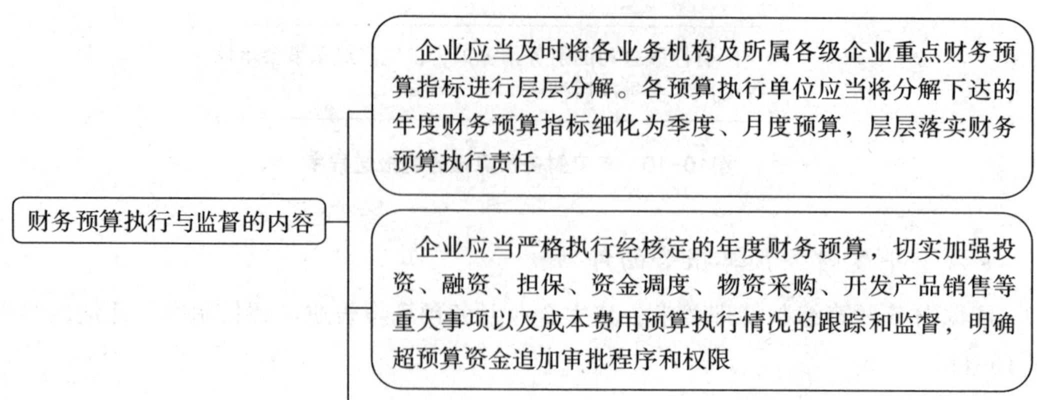

图10-12　财务预算执行与监督的内容

第十一章　房地产企业财务分析

本章导读

房地产企业财务分析以房地产企业财务报告及其他相关资料为主要依据，对房地产企业的财务状况和经营成果进行评价和剖析，反映房地产企业在运营过程中的利弊得失和发展趋势，从而为改进房地产企业财务管理工作和优化经济决策提供重要的财务信息。

通过对房地产企业财务报表等核算资料进行分析，可以了解企业的短期偿债能力、长期偿债能力、营运能力、获利能力、财务结构的合理性等，从而判断企业财务实力的大小及企业的经营机制是否健全。

第一节　房地产企业财务分析概述

一、财务分析的意义

财务分析对房地产企业具有重要的现实意义，见图 11-1。

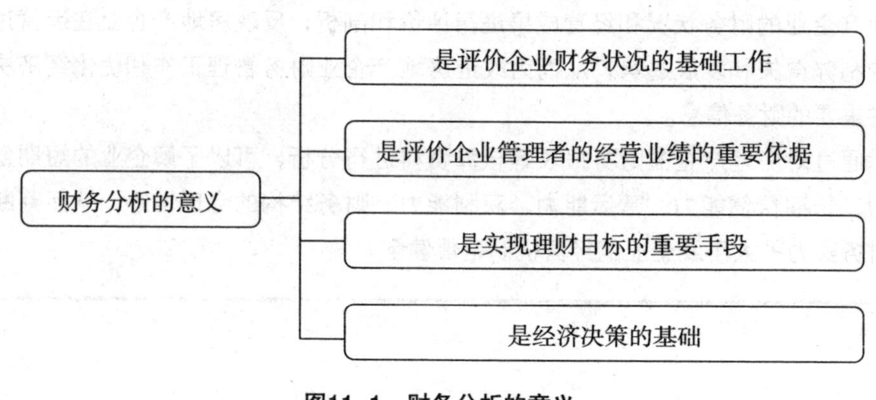

图11-1　财务分析的意义

二、财务分析的内容

房地产企业财务分析信息的需求者主要包括房地产企业所有者、房地产企业债权人、房地产企业经营决策者和政府等。不同主体出于不同的利益考虑，对企业财务分析各有不同的侧重点，报表使用人要从中选择自己需要的信息，对企业的经营管理状况进行分析、评价。

（一）企业所有者财务分析的内容

房地产企业所有者或股东作为投资者，在财务分析时必然高度关心企业的盈利能力及其资本的保值和增值，对投资的回报有强烈的要求。但对拥有控制权的投资者和一般投资者，他们的分析内容也不完全相同，见图 11-2。

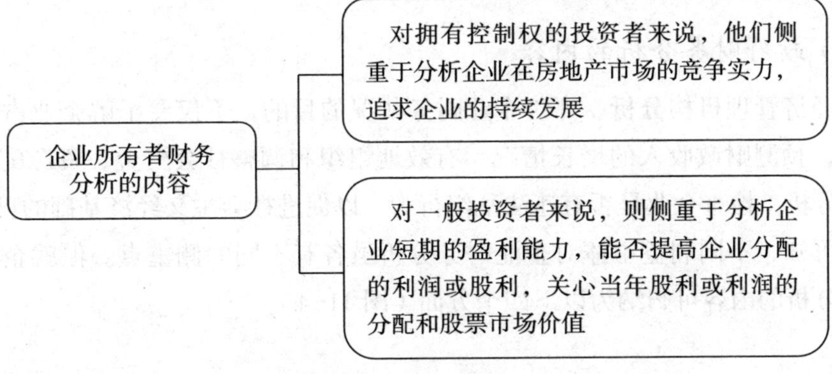

图11-2　企业所有者财务分析的内容

（二）企业债权人财务分析的内容

债权人投入的资金具有利息固定、支付优先、但不分享企业剩余收益的特点。这决定了债权人在财务分析时，必然先关注其贷款的安全性。但对短期债权人和长期债权人来说，他们对财务分析的要求也不相同，见图 11-3。

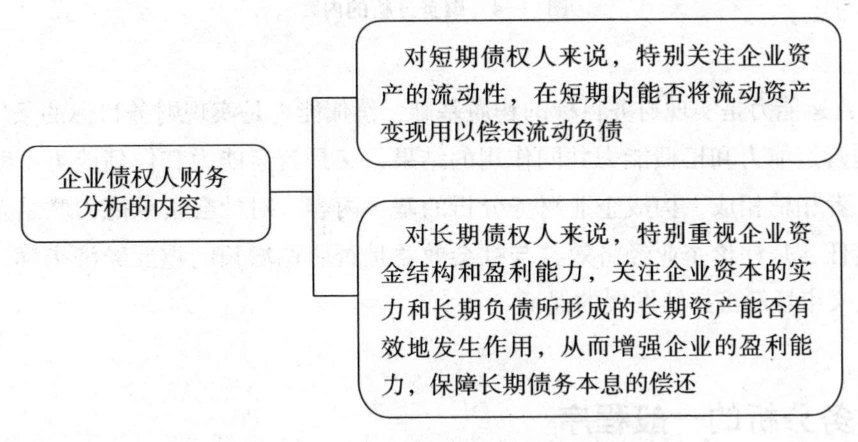

图11-3　企业债权人财务分析的内容

（三）企业经营决策者财务分析的内容

房地产企业经营决策者作为自主经营、自负盈亏的独立法人，其开发经营理财的基本动机，是追求企业价值最大化，因而必然对企业开发经营理财的各个方面，包括营运能力、盈利能力、偿债能力及对社会贡献能力的全部状况予以详尽的分析和评价，以便及时发现问题，采取对策，规划和调整市场定位目标，消除影响企业经济效益增长的不利因素，进一步挖掘潜力，优化投资组合，为经济效益的增长奠定基础。

（四）政府财务分析的内容

政府经济管理机构分析、评价企业财务状况的目的，不仅要了解企业占用资金的使用效率，预测财政收入的增长情况，有效地组织和调整社会资金、资源配置；还要借助财务分析，检查企业是否有违法乱纪行为，以促进社会主义经济基础的巩固。

从上可知，不同利益主体对企业财务分析虽各有不同的侧重点。但就企业总体来说，财务分析的内容可归纳为以下四个方面（图 11–4）。

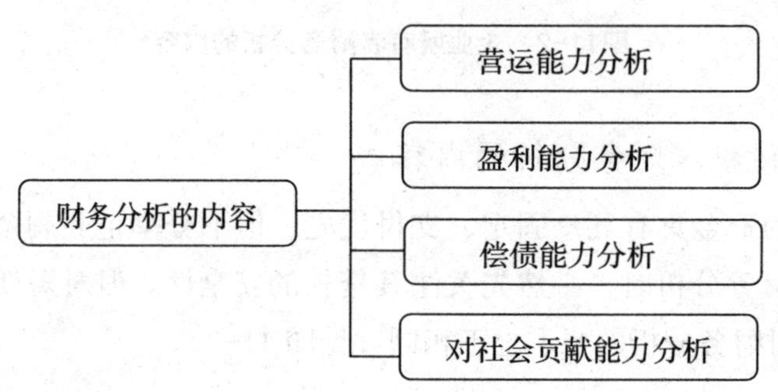

图11–4　财务分析的内容

其中营运能力是实现财务目标的物质基础，偿债能力是实现财务目标的条件，盈利能力既是营运能力和偿债能力共同作用的结果，又是营运能力和偿债能力不断增强的保证。三者相辅相成，构成企业财务分析的基本内容。对社会贡献能力联结企业目标与社会责任，是评价企业经济效益与社会效益是否协调增长的重要经济指标，也是促进社会主义市场经济持续发展的保证。

三、财务分析的一般程序

房地产企业财务分析的一般程序见图 11–5。

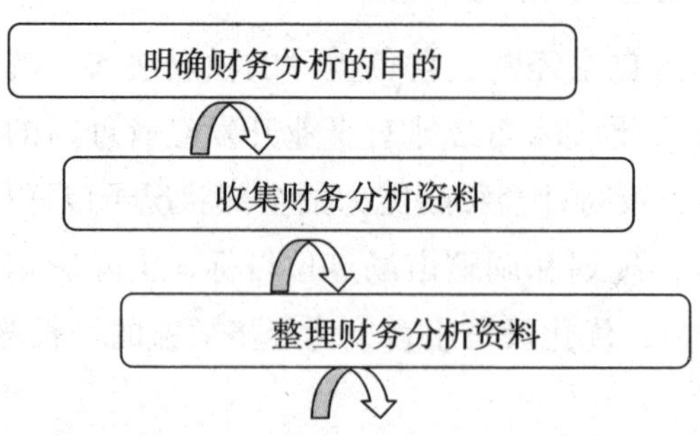

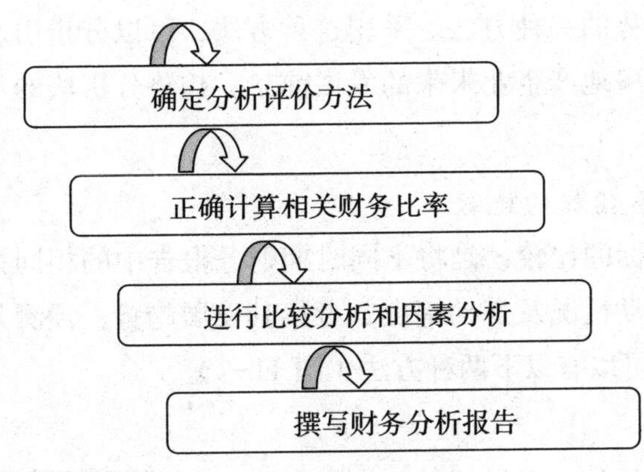

图11-5 财务分析的一般程序

四、财务分析的局限性

尽管财务分析在企业经营管理和经济决策方面有十分重要的作用，但由于财务分析存在着一定的局限性，导致财务分析的结果往往并不是很准确。财务分析的局限性主要体现在以下几个方面（图 11-6）。

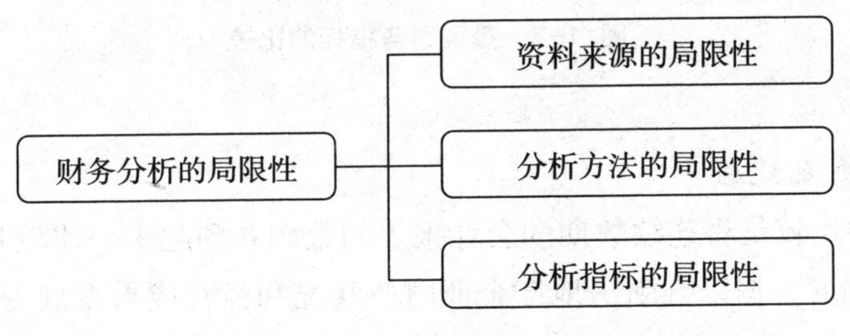

图11-6 财务分析的局限性

五、财务分析的方法

房地产企业开展财务分析，需要运用一定的方法。财务分析的方法主要包括趋势分析法、比率分析法和因素分析法。

（一）趋势分析法

趋势分析法又称水平分析法或比较分析法，是通过对比两期或连续数期财务报告中相同指标，确定其增减变动的方向、数额和幅度，来说明房地产企业财务状况或经营成果的变动趋势的一种方法。采用这种方法，可以分析引起变化的主要原因、变动的性质，并预测房地产企业未来的发展前景。趋势分析法的具体运用主要有以下三种方式。

1. 重要财务指标的比较

重要财务指标的比较，是将不同时期财务报告中的相同指标或比率进行比较，直接观察其增减变动情况及变动幅度，考察其发展趋势，预测其发展前景。对不同时期财务指标的比较可以有以下两种方法（图 11-7）。

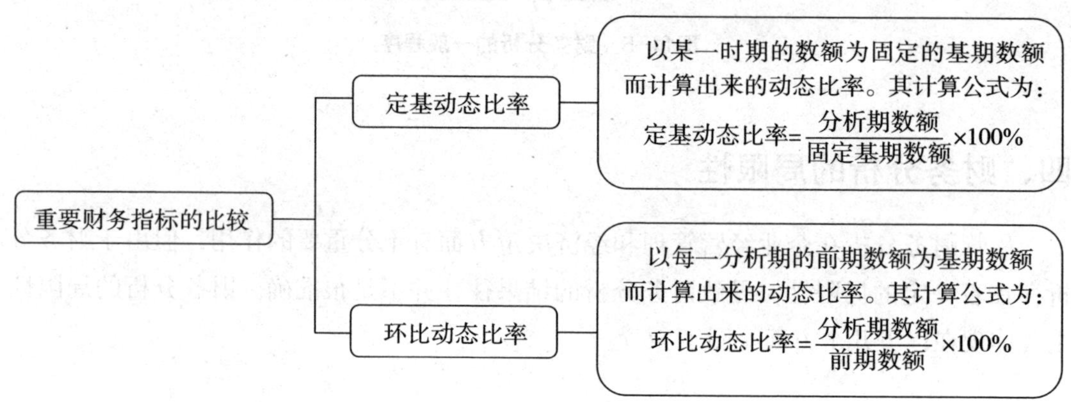

图11-7 重要财务指标的比较

2. 会计报表的比较

会计报表的比较是将连续数期的会计报表的金额并列起来，比较其相同指标的增减变动金额和幅度，据以判断房地产企业财务状况和经营成果发展变化的一种方法。会计报表的比较内容见图 11-8。比较时，既要计算出表中有关项目增减变动的绝对额，又要计算出其增减变动的百分比。

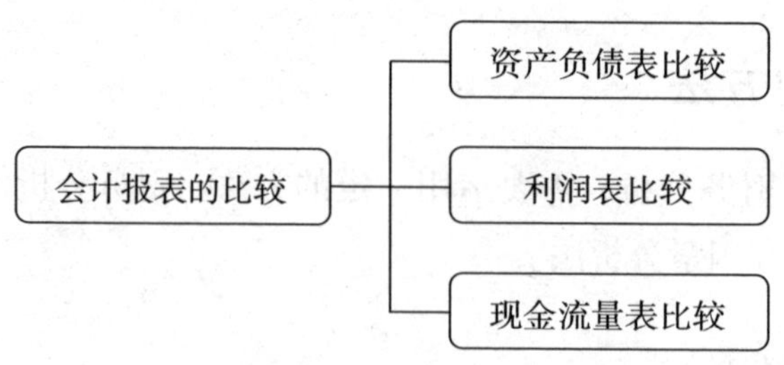

图11-8 会计报表的比较

3. 会计报表项目构成的比较

它是以会计报表中的某个总体指标作为100%，再计算出其各组成指标占该总体指标的百分比，从而来比较各个项目百分比的增减变动，以此来判断有关财务活动的变化趋势。这种方法比前述两种方法更能准确地分析房地产企业财务活动的发展趋势。它既可用于同一房地产企业不同时期财务状况的纵向比较，又可用于不同企业之间的横向比较。同时，这种方法还能消除不同时期（不同企业）之间业务规模差异的影响，有利于分析房地产企业的耗费水平和盈利水平。

在采用趋势分析法时，必须注意以下问题（图11-9）。

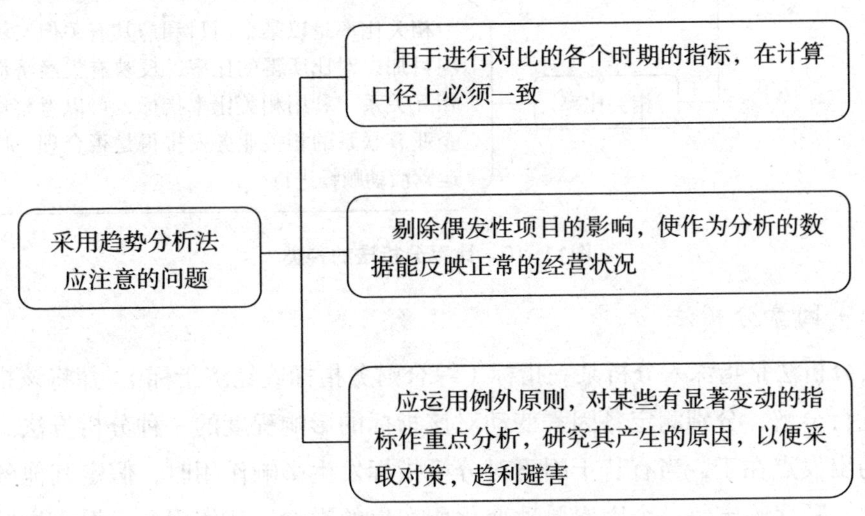

图11-9　采用趋势分析法应注意的问题

（二）比率分析法

比率分析法是用同一时期内的有关数据相互比较，得出它们的比率，以说明财务报告所列各有关项目的相互关系，并来判断企业财务和经营状况的好坏。其优点是计算简便，计算结果容易判断，而且可以使某些指标在不同规模的企业之间进行比较，甚至也能在一定程度上超越行业间的差别进行比较。但采用这一方法时，对比率指标的使用应该注意对比口径一致和对比项目的相关性。比率的形式有很多种，按照它们在分析中所起的作用不同，可分为构成比率、效率比率和相关比率，具体见图11-10。

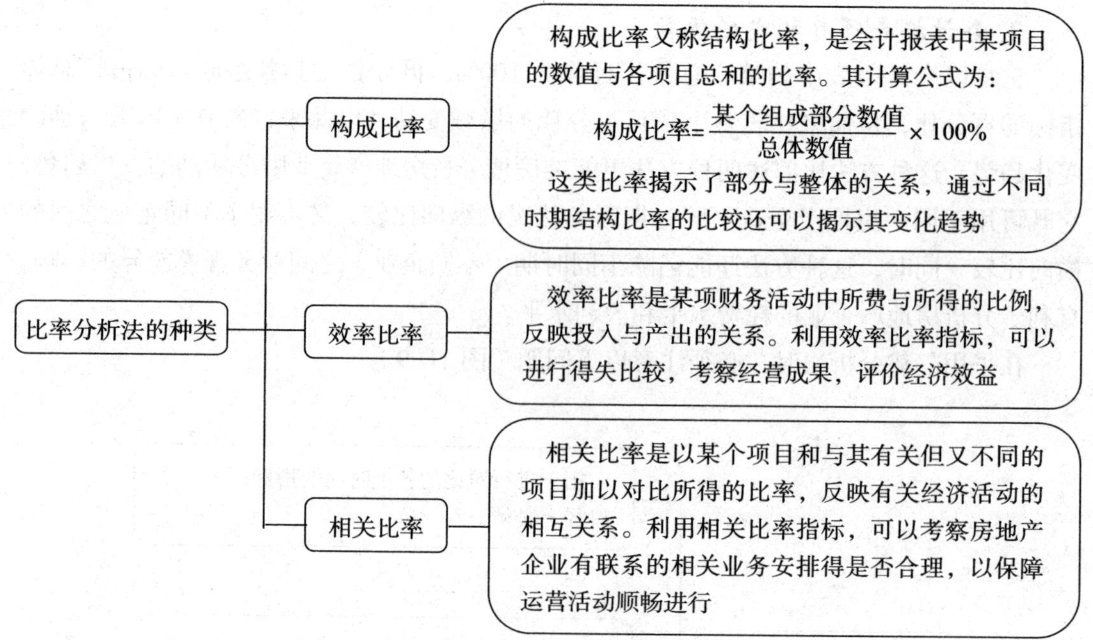

图11-10　比率分析法的种类

（三）因素分析法

因素分析法是指深入分析某一指标（综合财务指标或经济指标），并将该指标按构成因素进行分解，分别测定各因素变动对该指标的影响程度的一种分析方法。采用这种方法的出发点在于，当有若干因素对分析指标发生影响作用时，假定其他各个因素都无变化，顺序确定每一个因素单独变化所产生的影响。其作用在于揭示指标差异的成因，以便更深入、全面地理解和认识企业的财务状况和经营成果。因素分析法主要有连环替代法和差额分析法，见图 11-11。

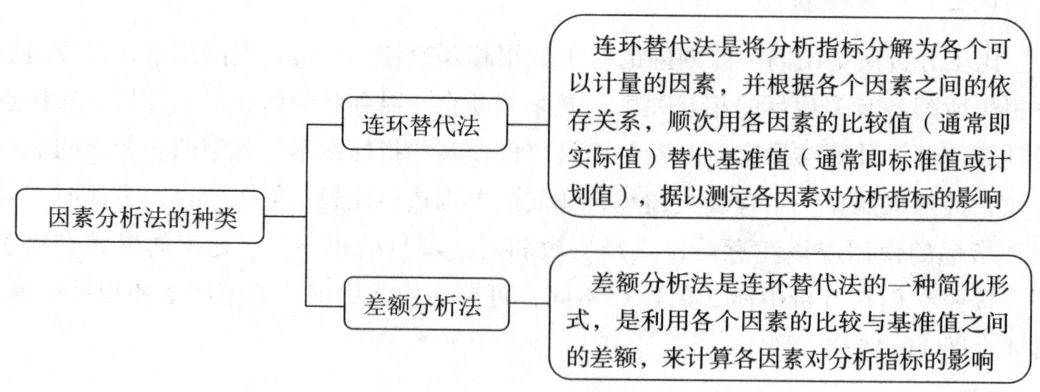

图11-11　因素分析法的种类

虽然，因素分析法既可以全面分析各因素对某一经济指标的影响，又可以单独分析某个因素对某一经济指标的影响，在财务分析中应用颇为广泛，但在应用这一方法时必须注意以下问题（图 11-12）。

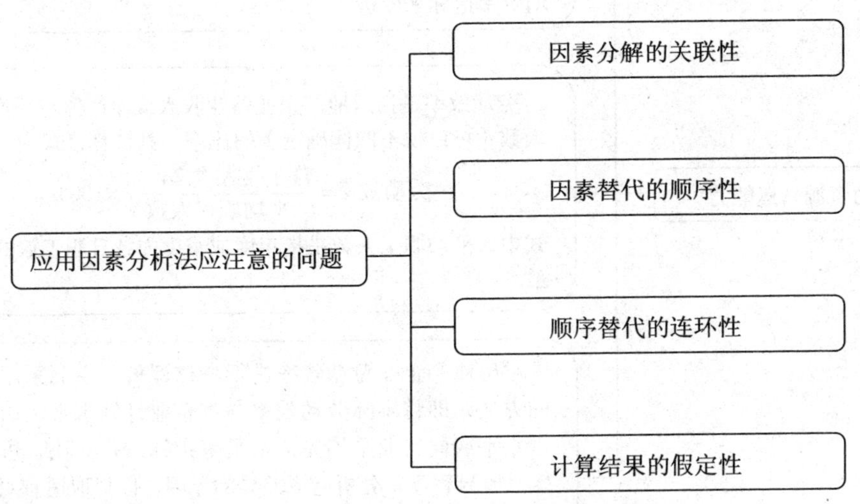

图11-12　应用因素分析法应注意的问题

第二节　房地产企业营运能力分析

房地产企业营运能力是指房地产企业基于外部市场环境的约束，通过内部人力资源和生产资料的配置组合来衡量企业组织、管理和营运特定资产的能力和效率，一般用周转速度来衡量。营运能力的分析包括人力资源营运能力分析和生产资料营运能力分析。

一、人力资源营运能力分析

人力资源营运能力分析的相关内容见图 11-13。

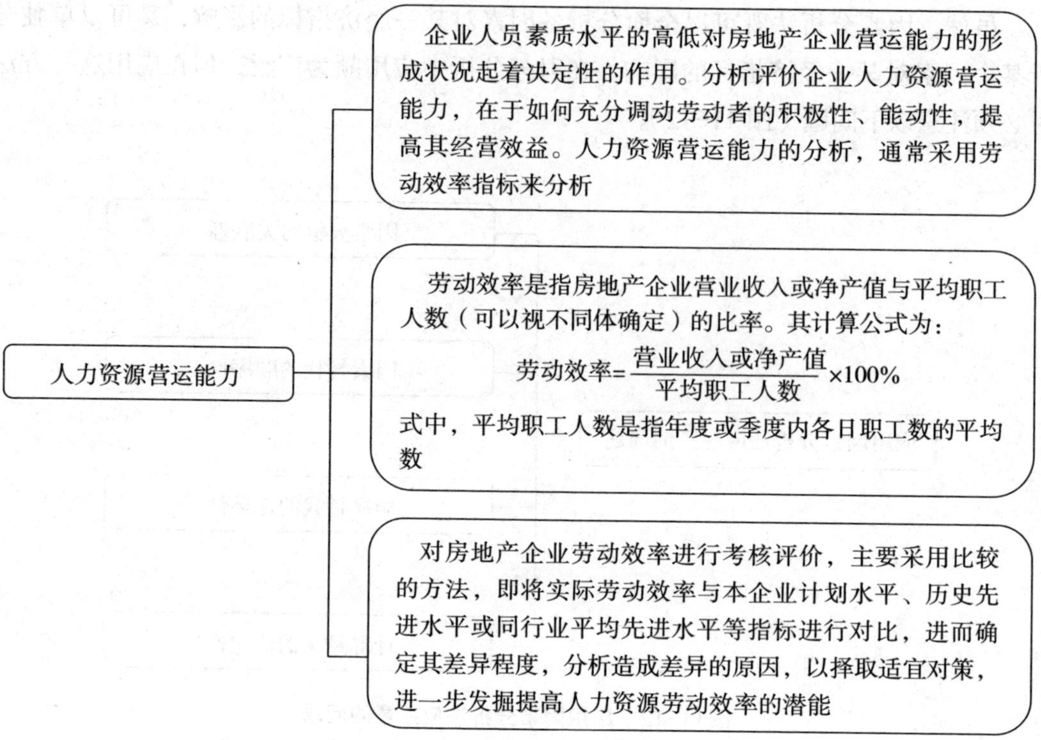

人力资源营运能力

企业人员素质水平的高低对房地产企业营运能力的形成状况起着决定性的作用。分析评价企业人力资源营运能力，在于如何充分调动劳动者的积极性、能动性，提高其经营效益。人力资源营运能力的分析，通常采用劳动效率指标来分析

劳动效率是指房地产企业营业收入或净产值与平均职工人数（可以视不同体确定）的比率。其计算公式为：

$$劳动效率=\frac{营业收入或净产值}{平均职工人数}\times100\%$$

式中，平均职工人数是指年度或季度内各日职工数的平均数

对房地产企业劳动效率进行考核评价，主要采用比较的方法，即将实际劳动效率与本企业计划水平、历史先进水平或同行业平均先进水平等指标进行对比，进而确定其差异程度，分析造成差异的原因，以择取适宜对策，进一步发掘提高人力资源劳动效率的潜能

图11-13　人力资源营运能力分析

二、生产资料营运能力分析

房地产企业拥有或控制的生产资料表现为各项资产占用。因此，生产资料的运营能力实际上就是房地产企业的总资产及其各个组成要素的运营能力。资产是资金运用的具体化，加快资产运转速度，能减少资产结存量，加快资产回收，企业的经营状况也就会更加安全稳定。在企业的资产中，固定资产回收时间较长，一般用折旧率的高低来衡量其周转速度。因此，考察资产的周转期，一般主要考察流动资产，通过流动资产的周转速度来反映企业经营活动量大小和经营效率，即企业的营运能力。

资产营运能力的强弱关键取决于资产的周转速度。一般来说，周转速度越快，表明资产的使用效率越高，则资产的营运能力越强；反之，营运能力就越差。周转率即企业的周转额与平均余额的比率，它反映企业资金在一定时期的周转次数。局转次数越多，周转速度越快，表明营运能力越强。这一指标的反指标是周转天数，它是周转率的倒数与计算期天数的乘积，反映资产周转一次所需要的天数。周转天数越少，表明周转速度越快，营运能力越强。其计算公式为：

$$周转率（周转次数）=\frac{周转额}{资产平均余额}$$

$$周转期（周转次数）=\frac{计算期天数}{周转次数}=资产平均余额\times\frac{计算期天数}{周转额}$$

具体地说，生产资料运营能力分析可以从以下几个方面进行：流动资产周转情况分析、固定资产周转情况分析以及总资产周转情况分析等。

（一）流动资产周转情况分析

反映流动资产周转情况的指标主要有应收账款周转率、存货周转率和流动资产周转率。

1. 应收账款周转率

应收账款周转率分析见图 11-14。

应收账款周转率

- 应收账款周转率是房地产企业一定时期内营业收入（或销售收入）与平均应收账款余额的比率，是反映应收账款周转速度的指标

- 应收账款周转率的计算公式为：

$$应收账款周转率（周转次数）=\frac{营业收入}{平均应收账款余额}\times100\%$$

$$平均应收账款余额=\frac{应收账款余额年初数+应收账款余额年末数}{2}$$

$$应收账款周转期（周转天数）=\frac{平均应收账款余额\times360}{营业收入}$$

- 应收账款周转率反映了房地产企业应收账款变现速度的快慢及管理效率的高低，周转率高表明：①收账迅速，账龄较短；②资产流动性强，短期偿债能力强；③可以减少收账费用和坏账损失，从而相对增加房地产企业流动资产的投资收益。同时借助应收账款周转期与房地产企业信用期限的比较，还可以评价购买单位的信用程度，以及房地产企业原订的信用条件是否适当

图11-14　应收账款周转率分析

【例 11-1】某房地产企业 2014 年度实现主营业务收入 7000 万元，年初应收账款余额为 300 万元，年末应收账款余额为 400 万元，计算其应收账款周转率是多少。

解：$应收账款周转率=\frac{7000}{（300+400）\div 2}=20$

$$应收账款周转天数=\frac{360}{20}=18（天）$$

2. 存货周转率

存货周转率分析见图 11-15。

存货周转率

- 存货周转率是房地产企业一定时期营业成本（或销售成本）与平均存货余额的比率，是反映房地产企业存货流动性的一个指标，也是衡量房地产企业开发经营各环节中存货运营效率的一个综合性指标

- $$存货周转率（周转次数）=\frac{营业成本}{平均存货余额}\times 100\%$$
  $$平均存货余额=\frac{存货余额年初数+存货余额年末数}{2}$$
  $$存货周转期（周转天数）=\frac{平均存货余额\times 360}{营业成本}$$

- 存货周转速度的快慢，不仅反映出房地产企业采购、储存、生产（开发）、销售各环节管理工作状况的好坏，而且对房地产企业的偿债能力及获利能力产生决定性的影响。一般来讲，存货周转率越高越好，存货周转率越高，表明其变现的速度越快，周转额越大，资产占用水平越低。因此，通过存货周转率分析，有利于找出存货管理存在的问题，尽可能降低资金占用水平，提高企业资金利润率

图11-15　存货周转率分析

【例 11-2】某房地产企业 2014 年度主营业务成本为 5000 万元，年初存货余额为 1500 万元，年末存货余额为 1300 万元，计算其存货的周转率和周转天数是多少。

$$解：存货周转率=\frac{5000}{（1500+1300）\div 2}=3.57$$

$$存货周转天数=\frac{360}{3.57}=101（天）$$

3. 流动资产周转率

流动资产周转率的分析见图 11-16。

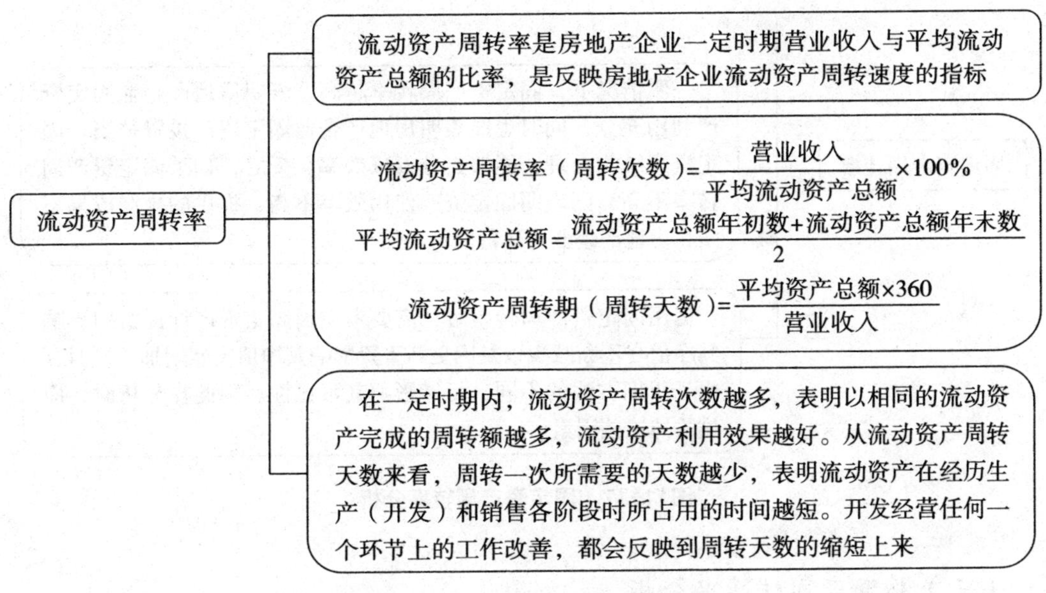

图11-16 流动资产周转率分析

【例 11-3】某房地产企业 2014 年度实现主营业务收入 30000 万元，流动资产年初数为 4300 万元，流动资产年末数为 4900 万元，计算其流动资产周转率和流动资产周转天数是多少。

$$解：流动资产周转率=\frac{30000}{(4300+4900)\div 2}=6.52$$

$$流动资产周转天数=\frac{360}{6.52}=55（天）$$

（二）固定资产周转情况分析

反映固定资产周转情况的主要指标是固定资产周转率，具体见图 11-17。

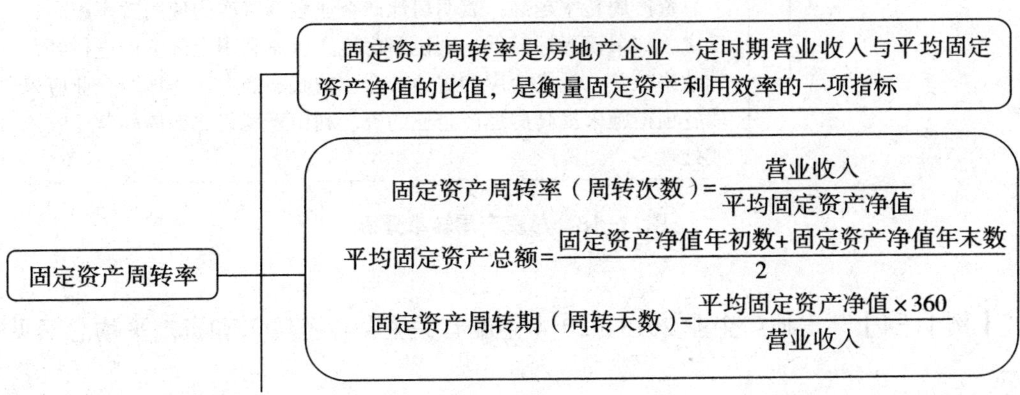

图11-17

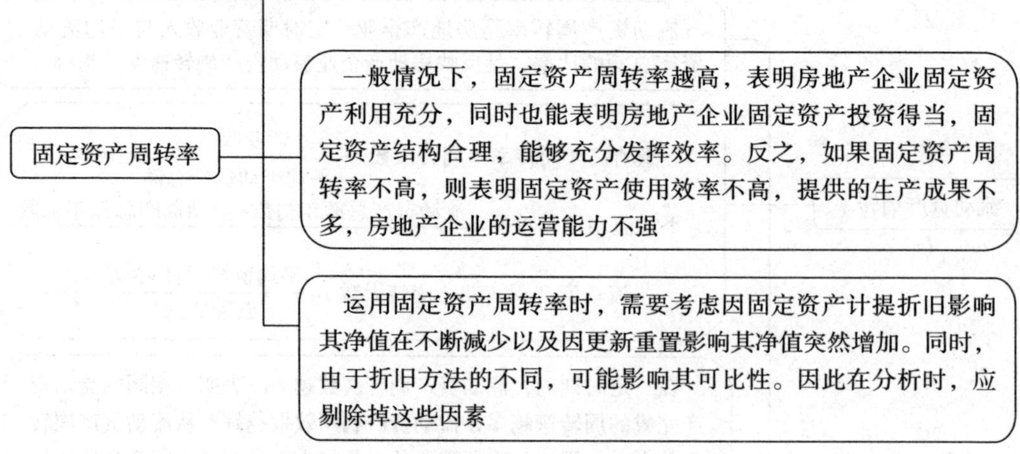

图11-17　固定资产周转率分析

（三）总资产周转情况分析

反映总资产周转情况的主要指标是总资产周转率，具体见图 11-18。

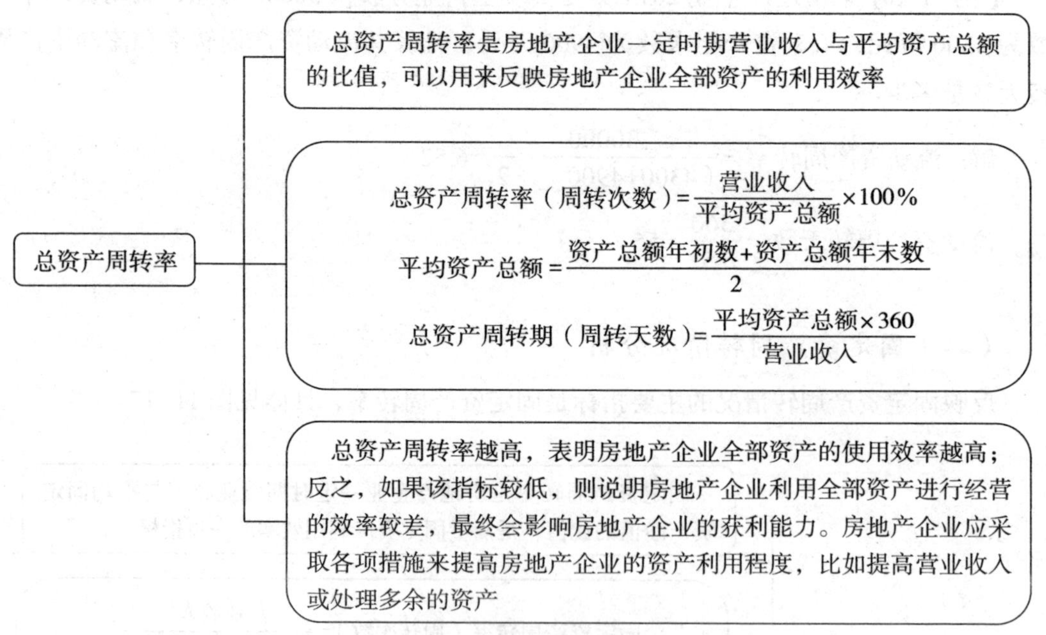

图11-18　总资产周转率分析

【例 11-4】某房地产企业 2013、2014 年度有关主营业务收入和资产平均总额见表 11-1。

表 11-1　2013—2014 年有关数据

项目	2013 年	2014 年	差异
主营业务收入	4327	5328	+1001
资产平均总额	4125	4370	+245

计算 2013 年、2014 年度的总资产周转率是多少。

解: 2013 年总资产周转率 $=\frac{4327}{4125}=1.05$

2014 年总资产周转率 $=\frac{5328}{4370}=1.22$

通过分析可知，该企业 2014 年度总资产周转率较 2013 年度加速了 0.17 次（1.22 次 −1.05 次 =0.17 次），说明企业资产总体营运能力有所提高。

第三节　房地产企业盈利能力分析

对增值的不断追求是房地产企业资金运动的动力源泉与直接目的。获利能力就是房地产企业资金增值的能力，它通常体现为房地产企业收益数额的大小与水平的高低。由于房地产企业会计的六大要素有机统一于房地产企业资金运动过程，并通过开发、筹资、投资活动取得收入，补偿成本费用，从而实现利润目标。因此，可以按照会计基本要素设置营业利润率、成本费用利润率、盈余现金保障倍数、总资产报酬率、净资产收益率和资本收益率等六项指标，借以评价房地产企业各要素的获利能力及资本保值增值情况。此外，上市公司经常使用的获利能力指标还有每股收益、每股股利、市盈率和每股净资产等。

一、营业利润率

营业利润率分析见图 11-19。

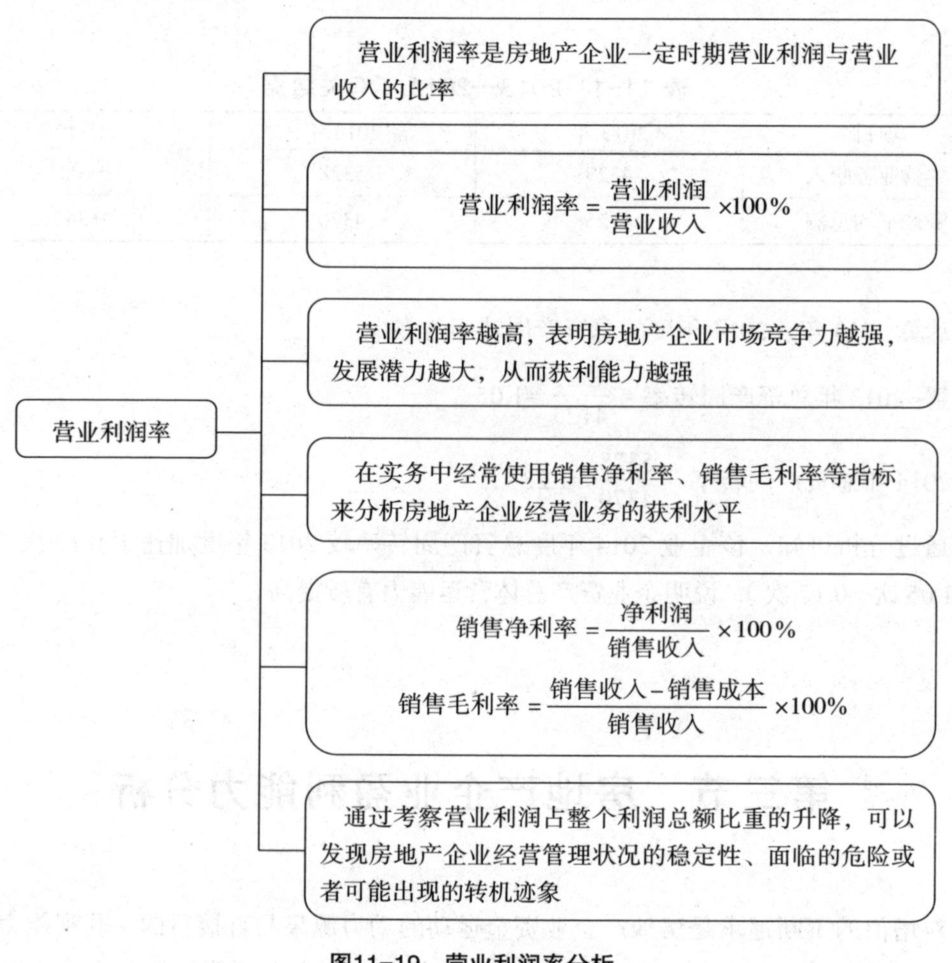

图11-19　营业利润率分析

【例 11-5】某房地产企业 2014 年度的主营业务利润为 1000 万元，营业收入为 6800 万元，而该行业平均主营业务收入利润率为 12%，计算该房地产企业 2014 年度的营业利润率是多少?

解：营业利润率 $= \frac{1000}{6800} \times 100\% = 14.7\%$

因本行业平均主营业务收入利润率为 12%，则该企业比行业平均主营业务利润率高出 2.7%，说明该企业在工程投标中可降价 2.7%，仍能获得该行业的平均主营业务利润。这说明该企业在房地产市场工程标价竞争上有较强的竞争能力。

二、成本费用利润率

成本费用利润率分析见图 11-20。

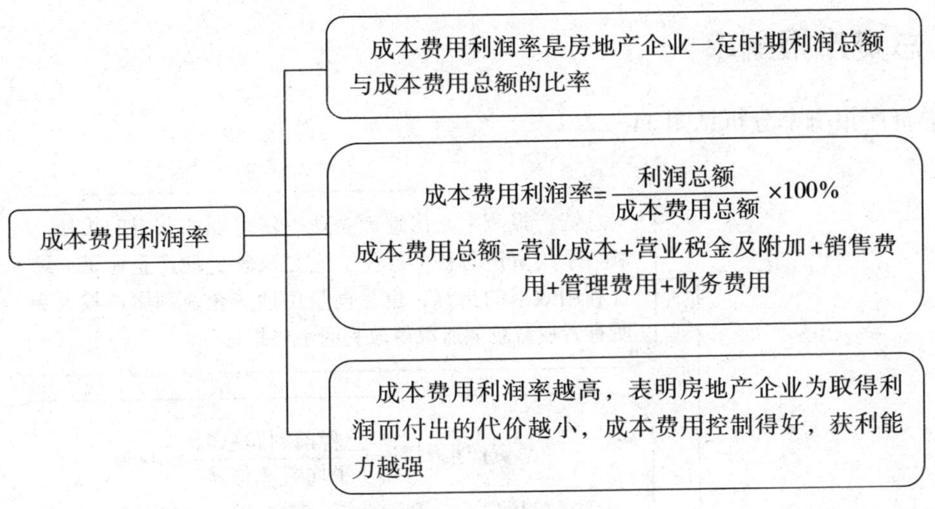

图11-20　成本费用利润率分析

三、盈余现金保障倍数

盈余现金保障倍数分析见图 11-21。

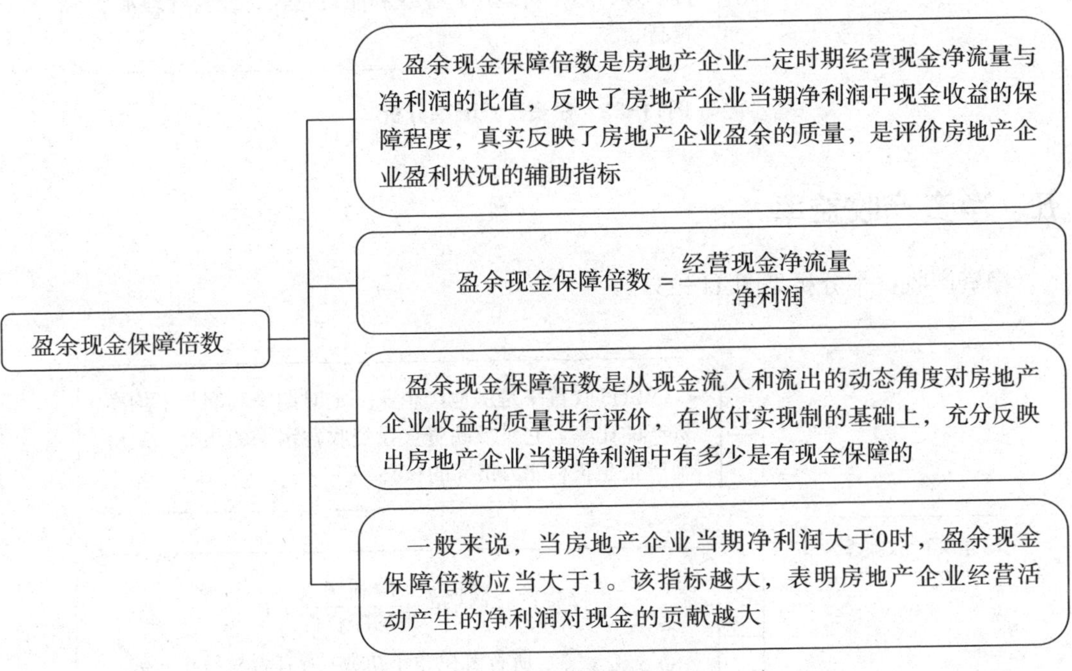

图11-21　盈余现金保障倍数分析

四、总资产报酬率

总资产报酬率分析见图 11-22。

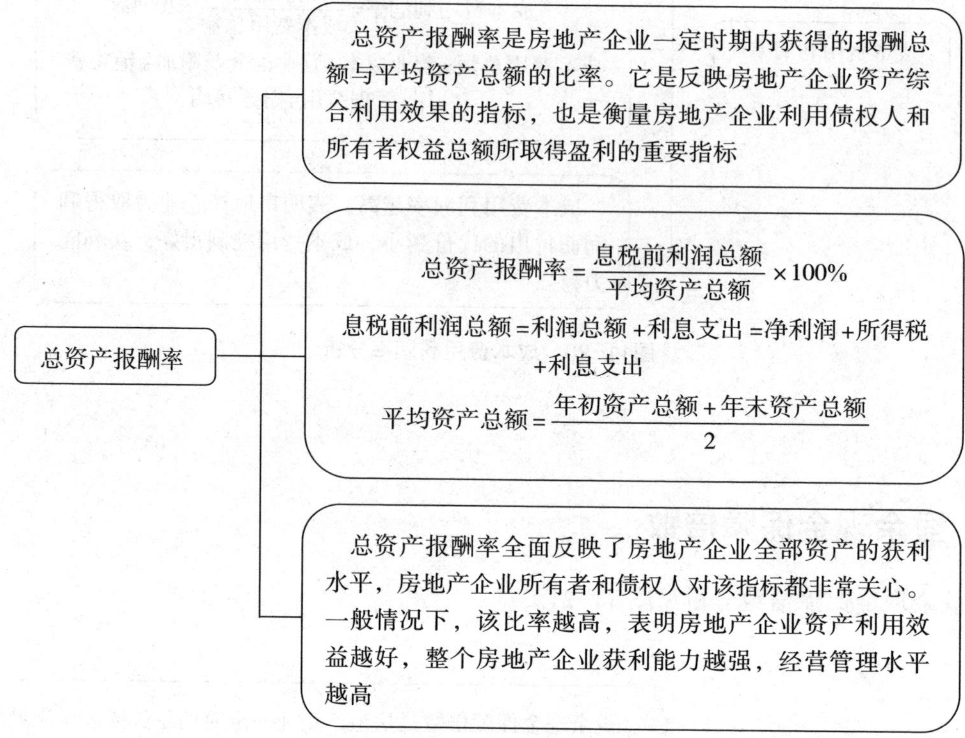

图11-22　总资产报酬率分析

五、净资产收益率

净资产收益率分析见图 11-23。

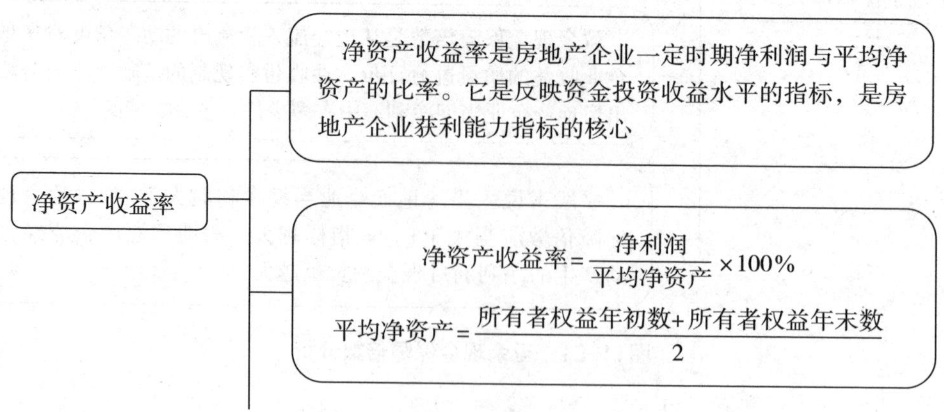

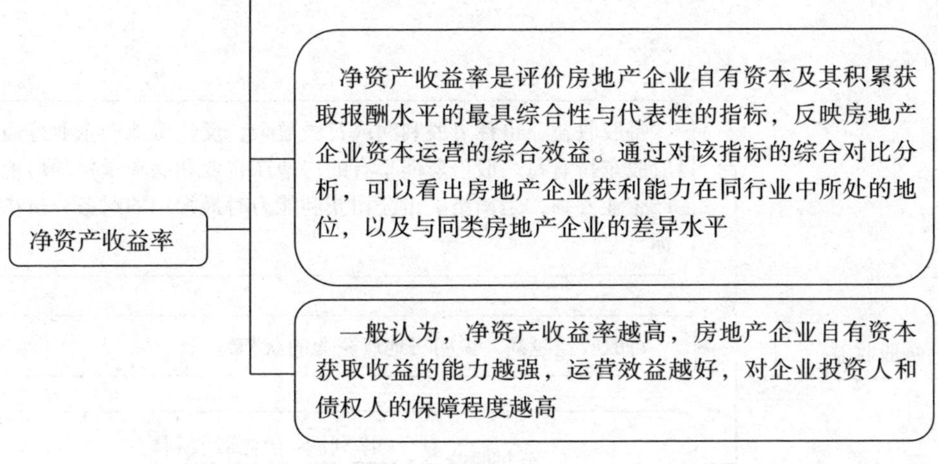

图11-23　净资产收益率分析

六、资本收益率

资本收益率分析见图 11-24。

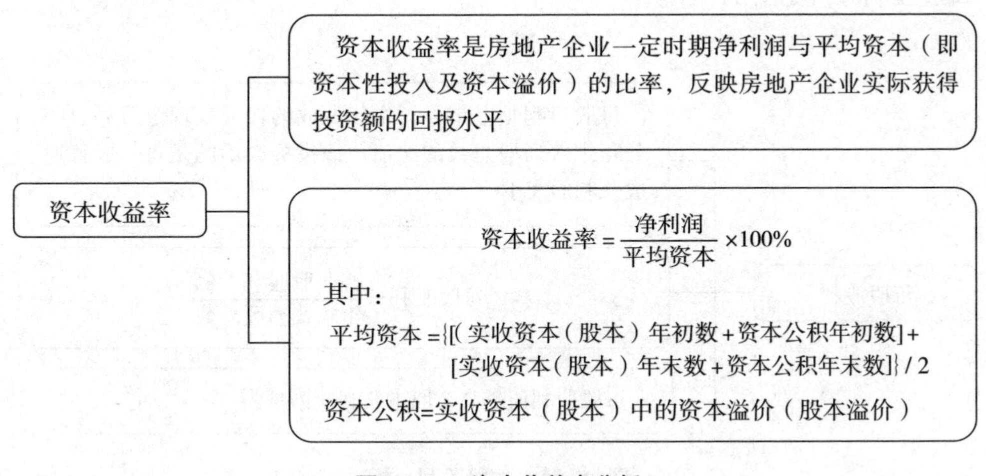

图11-24　资本收益率分析

七、每股收益

每股收益是分析上市公司获利能力的一个综合性较强的财务指标，具体分析见图

11–25。

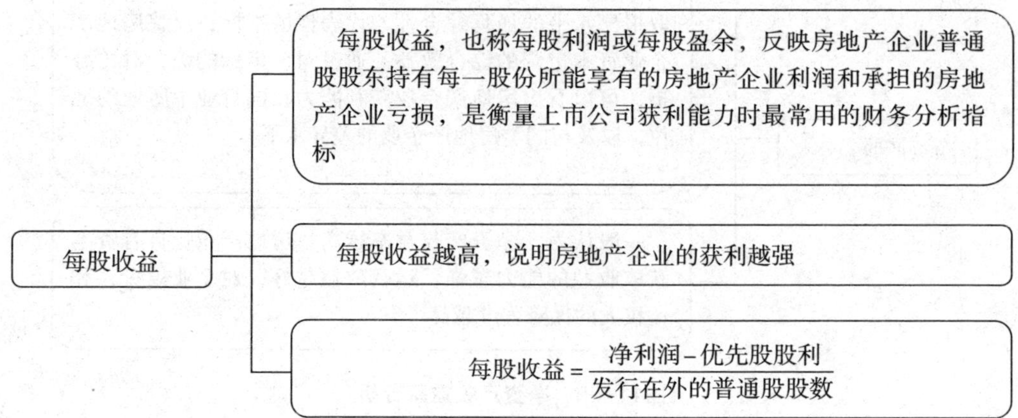

图11-25　每股收益分析

八、每股股利

每股股利分析见图 11–26。

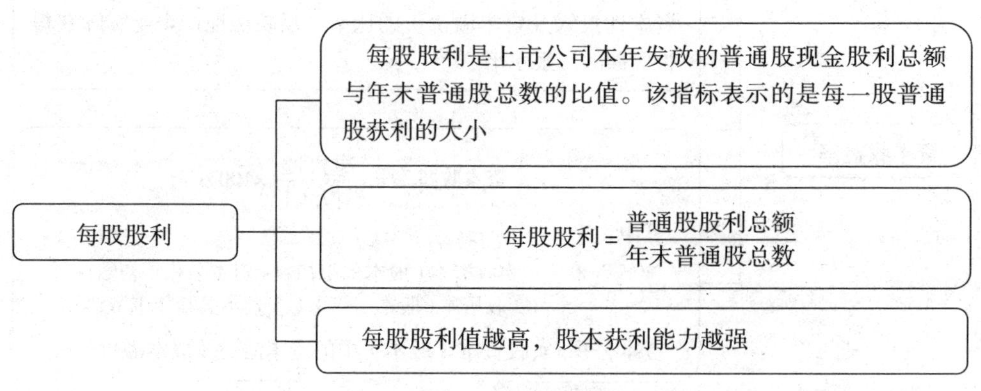

图11-26　每股股利分析

九、市盈率

市盈率分析见图 11–27。

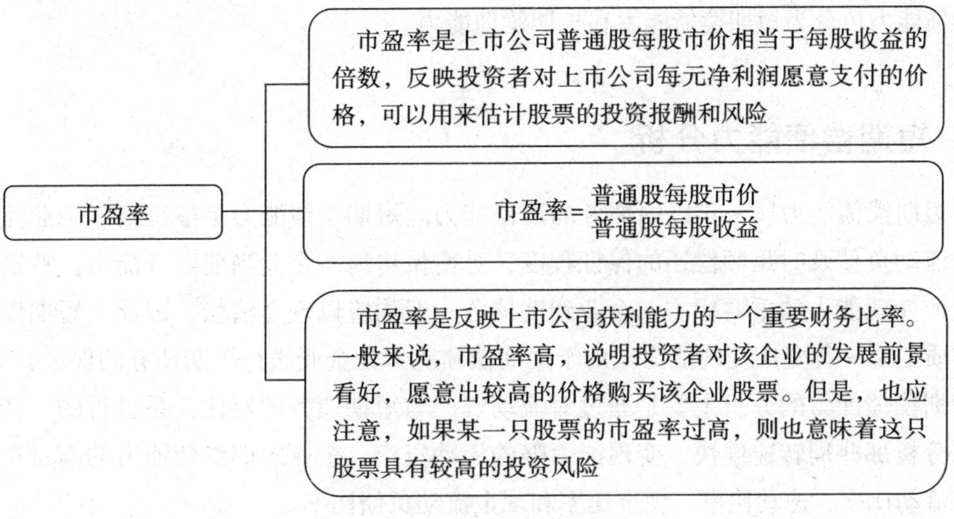

图11-27　市盈率分析

十、每股净资产

每股净资产分析见图 11-28。

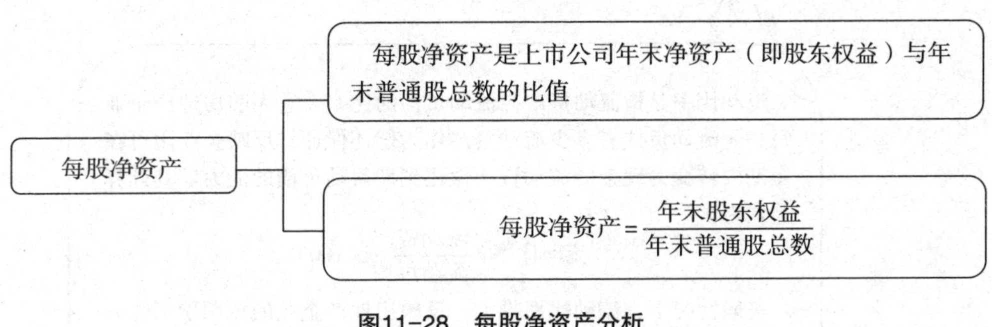

图11-28　每股净资产分析

第四节　房地产企业偿债能力分析

房地产企业偿债能力是指房地产企业偿还到期债务（包括本息）的能力。债权人十分关心企业的偿债能力，往往把偿债能力的高低视为企业信用状况好坏的标志。企业偿债能力可分为短期偿债能力和长期偿债能力。

一、短期偿债能力分析

短期偿债能力属一年以内债务的清偿能力。短期偿债能力是指房地产企业流动资产对流动负债及时足额偿还的保证程度，是衡量房地产企业当前财务能力，特别是流动资产变现能力的重要标志。企业到期债务一般均应以现金清偿，因此，短期偿债能力本质上是一种资产变现能力。由于短期偿债能力是企业履行短期债务的保证，因此，对短期偿债能力的分析主要是通过对流动资产与短期债务的对比关系进行的，特别应着重分析那些周转速度快、变现能力强的流动资产。企业短期偿债能力的衡量指标主要有流动比率、速动比率、现金比率和现金流动负债比率。

（一）流动比率

1. 流动比率的计算公式

流动比率的计算公式见图 11-29。

流动比率的计算公式

流动比率是指流动资产与流动负债的比率。它表明房地产企业每一元流动负债有多少流动资产作为偿还保证，反映企业用可在短期内转变为现金的流动资产偿还到期流动负债的能力。其计算公式为：

$$流动比率=\frac{流动资产}{流动负债}\times 100\%$$

一般情况下，流动比率越大，反映房地产企业的短期偿债能力越强，债权人的权益越有保证。但是流动比率也不可以过高，过高则表明企业流动资产占用较多，会影响资金的使用效率和企业的筹资成本，进而影响获利能力。国际上通常认为200%的比率比较恰当。它表明企业财务状况稳定可靠，有足够的财力偿还短期债务

图11-29　流动比率的计算公式

2. 运用流动比率应注意的问题

运用流动比率时，必须注意以下几个问题（图 11-30）。

运用流动比率应注意的问题

- 虽然流动比率越高，房地产企业偿还短期债务的流动资产保证程度越强，但这并不等于说房地产企业已有足够的现金或存款用来偿债
- 从短期债权人的角度看，自然希望流动比率越高越好，但房地产企业应尽可能将流动比率维持在不使货币资金闲置的水平
- 流动比率是否合理，不同的企业以及同一房地产企业不同时期的评价标准是不同的，因此，不应用统一的标准来评价各企业流动比率合理与否
- 在分析流动比率时应当剔除一些虚假因素的影响

图11-30　运用流动比率应注意的问题

（二）速动比率

速动比率的分析具体见图 11-31。

速动比率

- 速动比率是房地产企业速动资产与流动负债的比率，反映企业对日常经营债务支付能力的迅速性
- 速动资产是指流动资产减去变现能力较差且不稳定的存货、预付账款、一年内到期的非流动资产和其他流动资产等之后的余额
- 由于剔除了存货等变现能力较弱且不稳定的资产，因此，速动比率较之流动比率更能够准确、可靠地评价房地产企业的流动性及其偿还短期负债的能力
- 速动比率的计算公式为：

$$速动比率=\frac{速动资产}{流动负债}\times 100\%$$

速动资产=货币资金+交易性金融资产+应收账款+应收票据
=流动资产-存货-预付账款-一年内到期的非流动资产-其他流动资产

图11-31

速动比率

一般情况下，速动比率越高，表明房地产企业偿还流动负债的能力越强。国际上通常认为，速动比率等于100%时较为适当。如果速动比率小于100%，必使房地产企业面临很大的偿债风险；如果速动比率大于100%，尽管债务偿还的安全性很高，却会因房地产企业现金及应收账款资金占用过多而大大增加房地产企业的机会成本

图11-31 速动比率分析

（三）现金比率

现金比率分析见图 11-32。

现金比率

现金比率是企业一定时期的现金同流动负债的比率，它可以从现金角度来反映企业当期偿付短期债务的能力

其计算公式为：

$$现金比率=\frac{现金}{流动负债}\times 100\%$$

现金比率反映了企业的即刻变现能力，它比速动比率所反映的即时支付能力更迅速。不过，这个比率太高，也不一定是好现象，可能是企业不善于利用现金资源，未及时把现金投入经营以获取更多的利润所造成的。所以，现金比率一般只要求保持在20%左右

现金比率只把货币资金、短期有价证券和1年内到期的长期投资与流动负债对比，在评价企业变现能力中，这个比率重要程度不大。这是因为，在大多数情况下，不可能要求企业只用货币资金和有价证券来偿付流动负债，企业也没有必要保持这些流动资产的数额。一般来说，只有在企业财务发生困难时，才能用现金比率衡量企业最坏情况下的短期偿债能力。所以，现金比率只是速动比率指标的辅助

图11-32 现金比率分析

（四）现金流动负债比率

现金流动负债比率分析见图 11-33。

现金流动负债比率

现金流动负债比率是房地产企业一定时期的经营现金净流量同流动负债的比率，它可以从现金流量角度来反映房地产企业当期偿付短期负债的能力

其计算公式为：

$$现金流动负债比率=\frac{年经营现金净流量}{年末流动负债}\times 100\%$$

其中，年经营现金净流量指一定时期内，房地产企业经营活动所产生的现金及现金等价物流入量与流出量的差额

现金流动负债比率从现金流入和流出的动态角度对房地产企业的实际偿债能力进行考察

由于有利润的年份不一定有足够的现金（含现金等价物）来偿还债务，所以利用以收付实现制为基础计量的现金流动负债比率指标，能充分体现房地产企业经营活动所产生的现金净流量可以在多大程度上保证当期流动负债的偿还，直观地反映出房地产企业偿还流动负债的实际能力

用该指标评价房地产企业偿债能力更加谨慎。该指标越大，表明房地产企业经营活动产生的现金净流量越多，越能保障房地产企业按期偿还到期债务，但也并不是越大越好，该指标过大则表明房地产企业流动资金利用不充分，获利能力不强

图11-33　现金流动负债比率分析

二、长期偿债能力分析

长期偿债能力，指房地产企业偿还长期负债的能力。包括两个方面：一是财务本金的偿还，二是债务利息的支付。房地产企业长期偿债能力的衡量指标主要有资产负债率、产权比率、或有负债比率、已获利息倍数和带息负债比率等。

（一）资产负债率

资产负债率分析见图 11-34。

资产负债率

- 资产负债率又称负债比率，是指房地产企业负债总额对资产总额的比率。它表明房地产企业资产总额中债权人提供资金所占的比重，以及房地产企业资产对债权人权益的保障程度
- 计算公式：

$$资产负债率=\frac{负债总额}{资产总额}\times 100\%$$

- 对于债权人来说，希望资产负债率越低越好。资产负债率越低，房地产企业资产偿债越有保证，贷款的风险就越小
- 对于房地产企业所有者来说，如果该指标较大，说明利用较少的自有资本投资形成了较多的开发经营用资产，不仅扩大了开发经营规模，而且在经营状况良好的情况下，还可以利用财务杠杆的原理，得到较多的投资利润，如果该指标过小则表明房地产企业对财务杠杆利用不够。但资产负债率过大，则表明房地产企业的债务负担重，房地产企业资金实力不强，不仅对债权人不利，而且有濒临倒闭的危险
- 房地产企业的经营决策者应当将偿债能力指标（风险）与获利能力指标（收益）结合起来分析，予以平衡考虑。保守的观点认为资产负债率不应高于50%，而国际上通常认为资产负债等于60%时较为适当

图11-34　资产负债率分析

（二）产权比率

产权比率分析见图 11-35。

产权比率

产权比率又称资本负债率，是指负债总额与所有者权益的比率。产权比率是房地产企业财务结构稳健与否的重要标志，它反映房地产企业所有者权益对债权人权益的保障程度

产权比率的计算公式为：

$$产权比率=\frac{负债总额}{所有者权益总额}\times 100\%$$

一般情况下，产权比率越低，表明房地产企业的长期偿债能力越强，债权人权益的保障程度越高，承担的风险越小，但房地产企业不能充分地发挥负债的财务杠杆效应。所以，房地产企业在评价产权比率适度与否时，应从提高获利能力与增强偿债能力两个方面综合进行，即在保障债务偿还安全的前提下，应尽可能提高产权比率

产权比率与资产负债率对评价企业偿债能力的作用基本相同。主要区别是：资产负债率侧重于分析债务偿还安全性的物质保障程度，产权比率则侧重于揭示所有者对偿债风险的承受能力

图11-35 产权比率分析

（三）或有负债比率

或有负债比率分析见图 11-36。

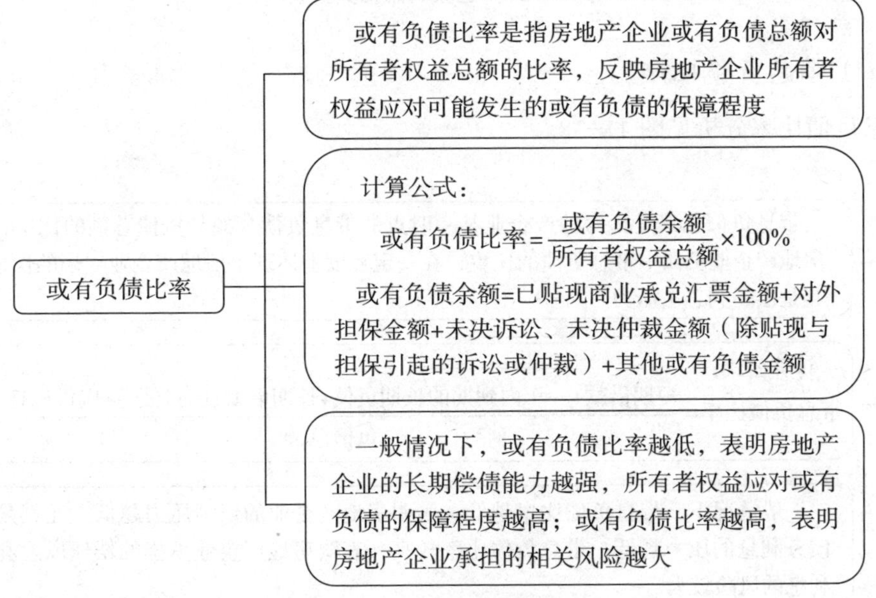

图11-36 或有负债比率分析

（四）已获利息倍数

已获利息倍数分析见图 11-37。

已获利息倍数

已获利息倍数是指房地产企业一定时期息税前利润与利息支出的比率，反映了获利能力对债务偿付的保证程度。其中，息税前利润总额指利润总额与利息支出的合计数，利息支出指实际支出的借款利息、债券利息等

计算公式：

$$已获利息倍数=\frac{息税前利润总额}{利息支出}$$

息税前利润总额=利润总额+利息支出=净利润+所得税+利息支出

已获利息倍数不仅反映了房地产企业获利能力的大小，而且反映了获利能力对偿还到期债务的保证程度，它既是企业举债经营的前提依据，也是衡量企业长期偿债能力大小的重要标志

已获利息倍数越大，说明企业承担利息的能力越强。如果已获利息倍数小于1，则表明企业获利能力无法承担举债经营的利息支出。国际上通常认为，该指标为3时较为适当

图11-37　已获利息倍数分析

（五）带息负债比率

带息负债比率分析见图 11-38。

带息负债比率

带息负债比率是指房地产企业某一时点的带息负债金额与负债总额的比率，反映房地产企业负债中带息负债的比重，在一定程度上体现了房地产企业未来的偿债（尤其是偿还利息）压力

计算公式：

$$带息负债比率=\frac{短期借款+一年内到期的长期负债+长期借款+应付债券+应付利息}{负债总额}\times100\%$$

一般情况下，带息负债比率越低，表明房地产企业的偿债压力越低，尤其是偿还债务利息的压力越低；带息负债比率较高，表明房地产企业承担的偿债风险和偿还利息的风险较大

图11-38　带息负债比率分析

第五节 房地产企业发展能力分析

房地产企业发展能力是房地产企业在生存的基础上，扩大规模、壮大实力的潜在能力。分析房地产企业发展能力的指标主要有：营业收入增长率、营业利润增长率、资本保值增值率、资本积累率、总资产增长率、技术投入比率、营业收入三年平均增长率和资本三年平均增长率。

一、营业收入增长率

营业收入增长率分析见图 11-39。

营业收入增长率

营业收入增长率是房地产企业本年营业收入增长额与上年营业收入总额的比率，是反映房地产企业营业收入的增减变动情况，评价房地产企业成长状况和发展能力的重要指标

$$营业收入增长率=\frac{本年营业收入增长额}{上年营业收入总额}\times100\%$$

本年营业收入增长额 =本年营业收入总额 -上年营业收入总额

$$销售（营业）增长率=\frac{本年销售收入增长额}{上年销售收入总额}\times100\%$$

该指标若大于零，表示房地产企业本年的营业收入有所增长，指标值越高，表明增长速度越快，房地产企业前景看好；若该指标小于零，则说明房地产企业份额萎缩。该指标在实际操作时，应结合房地产企业历年营业收入水平、市场占有情况、行业未来发展以及其他潜在因素综合考虑，或者结合房地产企业前三年的营业收入增长率做出趋势性分析判断

图11-39 营业收入增长率分析

二、营业利润增长率

营业利润增长率分析见图 11-40。

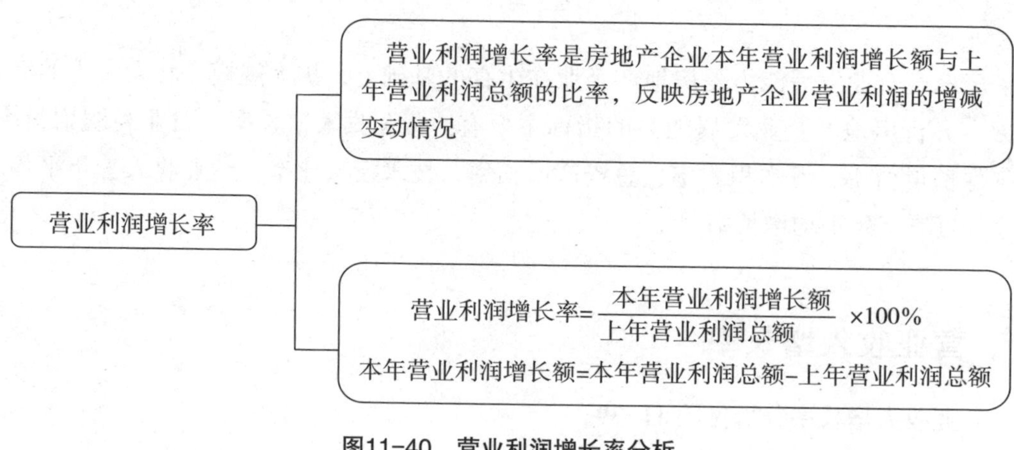

图11-40　营业利润增长率分析

三、资本保值增值率

资本保值增值率分析见图 11-41。

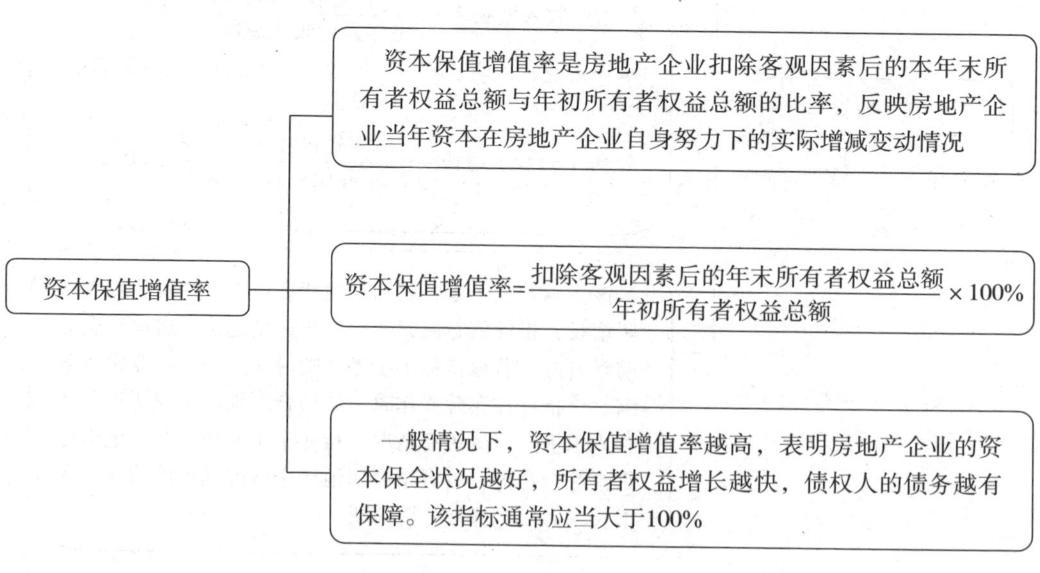

图11-41　资本保值增值率分析

四、资本积累率

资本积累率分析见图 11-42。

资本积累率

- 资本积累率是房地产企业本年所有者权益增长额与同年初所有权益的比率。它反映房地产企业当年资本的积累能力，是评价房地产企业发展潜力的重要指标

- $$资本积累率=\frac{年末所有者权益-年初所有者权益}{年初所有者权益}\times 100\%$$

  本年所有者权益增长额 =所有者权益年末数-所有者权益年初数

- 资本积累率是房地产企业当年所有者权益总的增长率，反映了房地产企业所有者权益的当年变动水平，体现了房地产企业资本积累情况，是房地产企业发展强盛的标志，也是房地产企业扩大再生产的源泉，展示了房地产企业的发展潜力，还反映了投资者投入房地产企业的资本的保全性和增长性

- 该指标若大于0，表明房地产企业资本得到积累，应对风险、持续发展的能力越大；该指标若小于0，则表明房地产企业资本受到侵蚀，所有者利益受到损害，应予以充分重视

图11-42 资本积累率分析

五、总资产增长率

总资产增长率分析见图 11-43。

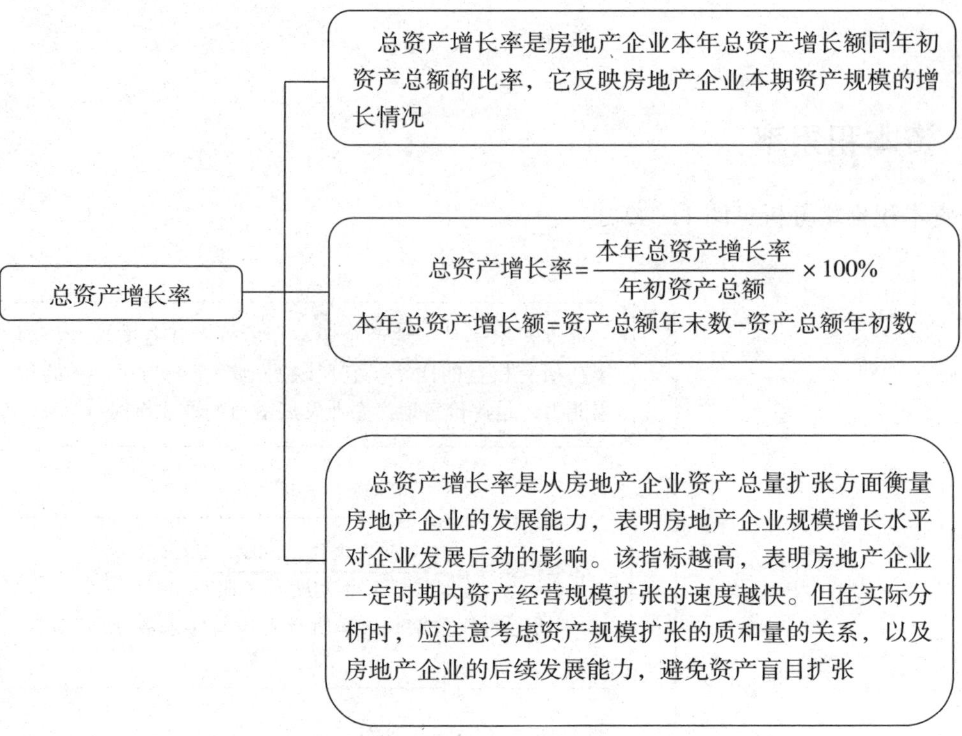

图11-43 总资产增长率分析

六、技术投入比率

技术投入比率分析见图 11-44。

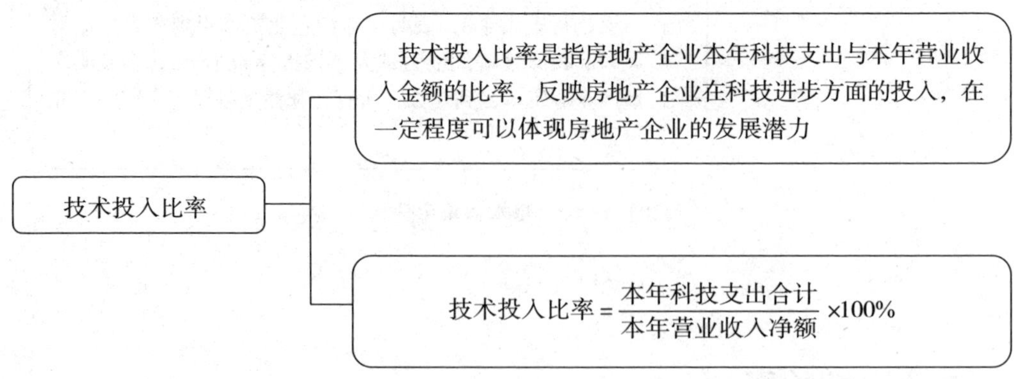

图11-44 技术投入比率分析

七、营业收入三年平均增长率

营业收入三年平均增长率分析见图 11-45。

营业收入三年平均增长率

- 营业收入三年平均增长率表明房地产企业营业收入连续三年的增长情况，体现房地产企业的持续发展态势和市场扩张能力
- $$营业收入三年平均增长率=(\sqrt[3]{\frac{本年营业收入总额}{三年前营业收入总额}}-1)\times 100\%$$
  $$营业收入三年平均增长率=(\sqrt[3]{\frac{本年销售收入总额}{三年前销售收入总额}}-1)\times 100\%$$
- 三年前营业收入总额是指房地产企业三年前的营业收入总额数。数据取值于三年前利润及利润分配表
- 营业收入是房地产企业积累和发展的基础，该指标越高，表明房地产企业积累的基础越牢固，可持续发展能力越强，发展的潜力越大
- 利用营业（销售）收入三年平均增长率指标，能够反映企业的经营业务增长趋势和稳定程度，体现企业的连续发展状况和发展能力，避免因少数年份业务波动而对企业发展潜力做出错误判断
- 该指标越高，表明房地产企业经营业务持续增长势头越好，市场扩张能力越强

图11-45　营业收入三年平均增长率分析

八、资本三年平均增长率

资本三年平均增长率分析见图 11-46。

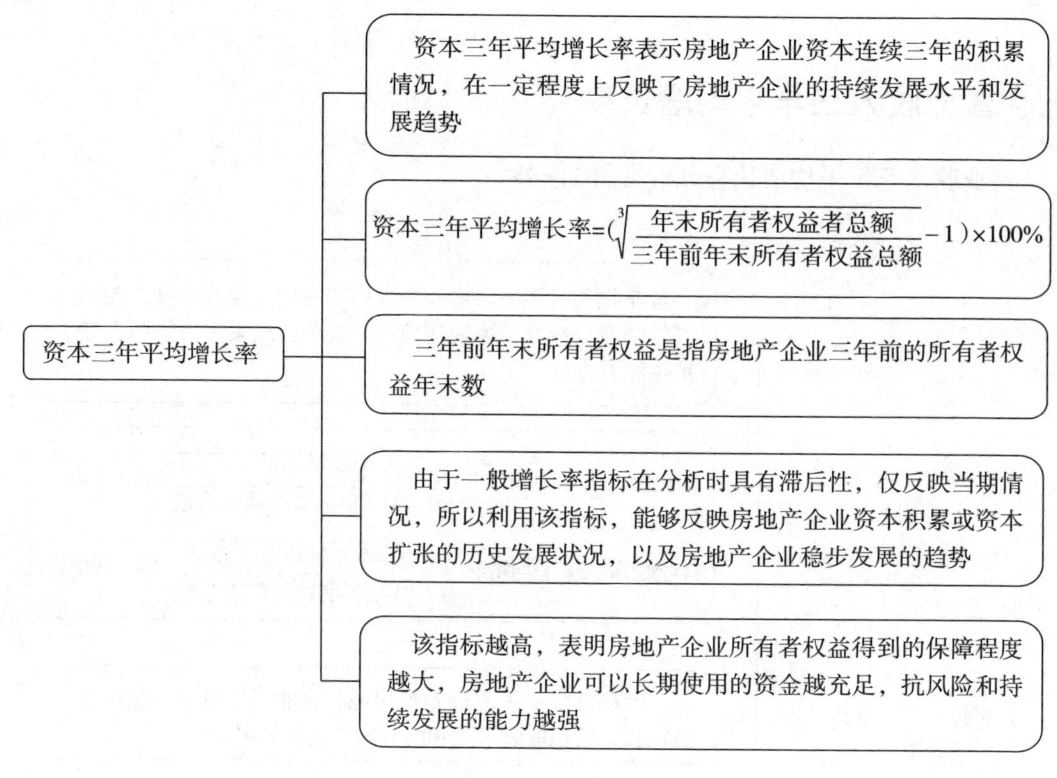

图11-46　资本三年平均增长率分析

第六节　房地产企业财务综合分析

一、财务综合分析的含义及特点

（一）财务综合分析的含义

房地产企业财务综合分析的最终目的在于全方位地了解房地产企业经营理财的状况，并借以对房地产企业经济效益的优劣做出系统的、合理的评价。单独分析任何一项财务指标，都难以全面评价房地产企业的财务状况和经营成果，要想对房地产企业财务状况和经营成果有一个总的评价，就必须进行相互关联的分析，采用适当的标准进行综合性评价。所谓综合指标分析，就是将运营能力、偿债能力、获利能力和发展能力指标等诸方面纳入一个有机的整体之中，全面地对房地产企业经营状况、财务状况进行揭示与披露，从而对房地产企业经济效益的优劣做出准确的评价与判断。

（二）财务综合分析的特点

综合指标分析的特点体现在其财务指标体系的要求上。一个健全有效的综合财务指标体系必须具备三个特点，具体见图 11-47。

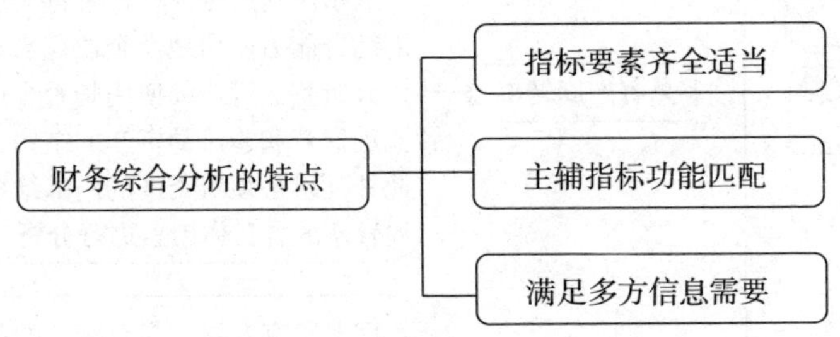

图11-47　财务综合分析的特点

二、财务综合分析的方法

（一）杜邦财务分析体系

杜邦财务分析体系是利用各财务指标间的内在联系，对房地产企业经营理财及其经济效益进行综合分析评价的一种方法，因其最初由美国杜邦公司创立并成功运用而得名。该体系以净资产收益率为核心，将其分解为若干财务指标，通过分析各分解指标的变动对净资产收益率的影响来揭示企业获利能力及其变动原因。杜邦分析图中，包括以下几种主要的指标关系（图 11-48）。

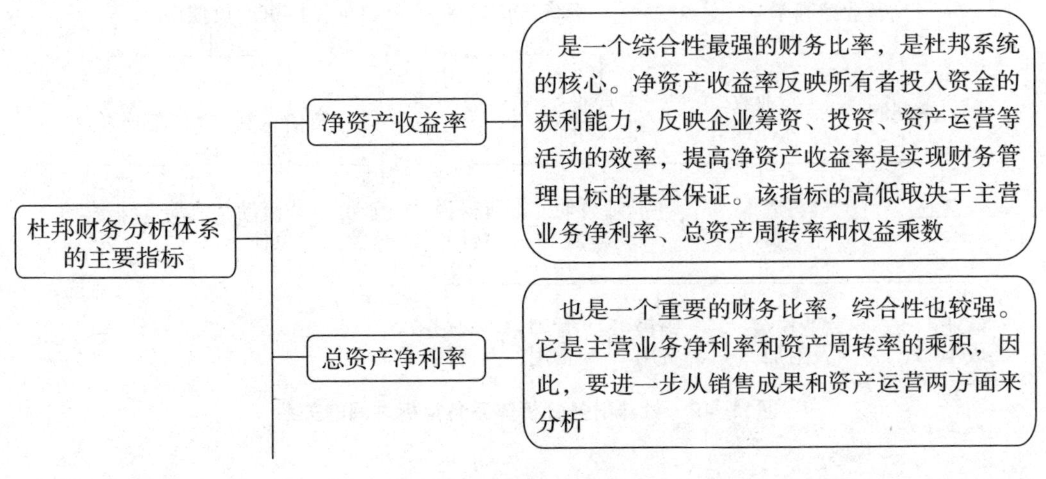

图11-48

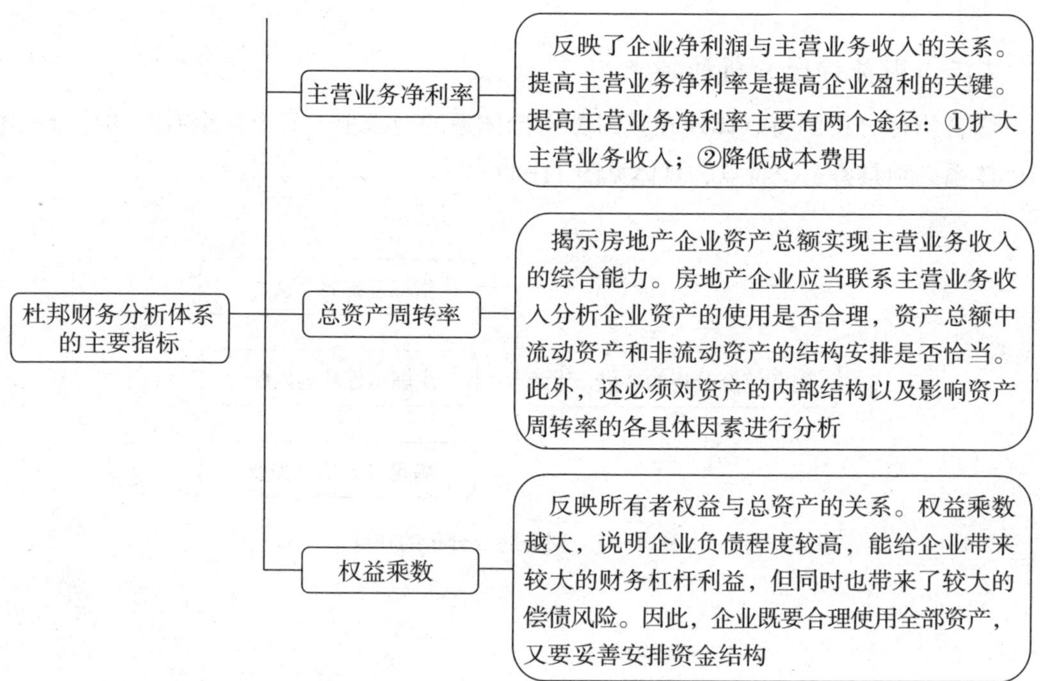

图11-48　杜邦财务分析体系的主要指标

杜邦财务分析体系各指标之间的关系可用图 11-49 来表示。

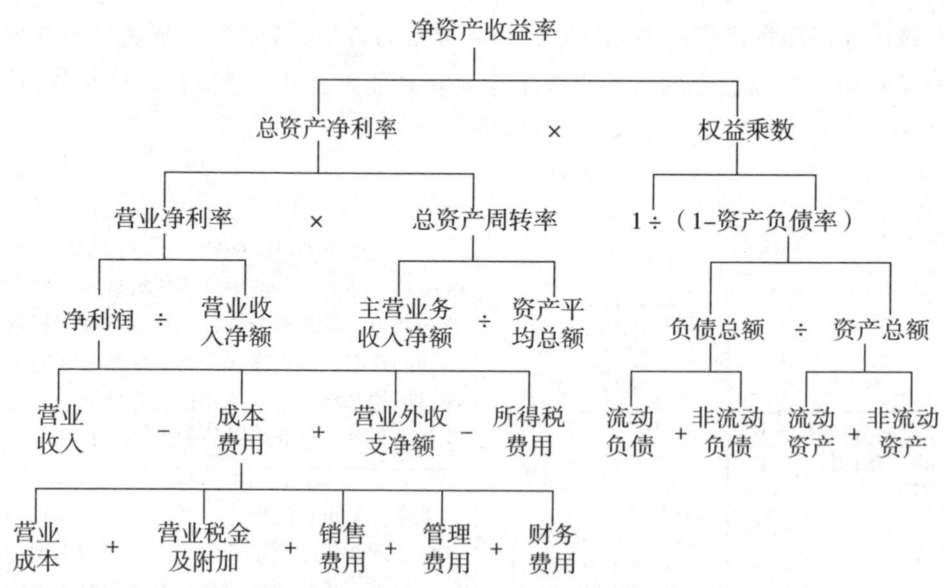

图11-49　杜邦财务分析体系各指标之间的关系

（二）沃尔比重评分法

20 世纪初，亚历山大 · 沃尔在其《信用晴雨表研究》和《财务报表比率分析》中提出了信用能力指数的概念，将流动比率、产权比率、固定资产周转率、存货周转率、应收账款周转率、固定资产周转率、自有资金周转率等七项财务比率用线性关系结合起来，并分别给定各自分数的比重，然后确定标准比率，并与实际比率相比较，评出每项指标的得分，然后求出总评分，从而对企业的信用水平做出评价。该方法称为沃尔比重分析法，其基本步骤见图 11-50。

选择评价指标并分配指标权重

确定各项评价指标的标准值。财务指标的标准值一般可以行业平均数、企业历史先进数、国家有关标准或者国家公认数为基准来确定

对各项评价指标计分并计算综合分数，其计算公式为：

各项评价指标得分=各项指标的权重×（指标的实际值÷标准值）

综合分数=Σ各项评价指标的得分

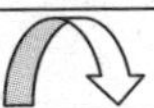

形成评价结果。在最终评价时，如果综合得分大于100，说明企业的财务状况比较好；反之，则说明企业财务状况比同行业平均水平或者本企业历史先进水平差

图11-50　沃尔比重分析法的基本步骤

参考文献

[1] 冯浩．房地产开发企业会计（第二版）[M]．北京：高等教育出版社，2014.

[2] 孙宝良，尹佳杰，杨家敏．房地产企业财务管控全方案 [M]．北京：化学工业出版社，2014.

[3] 余源鹏．房地产开发企业财务管理与成本控制管理实务 [M]．北京：机械工业出版社，2011.

[4] 陈智刚．房地产企业财务管理 8 堂必修课 [M]．北京：中国纺织出版社，2010.

[5] 段远鸿，吴晶．不懂财务就当不好房地产企业经理 [M]．北京：企业管理出版社，2009.

[6] 陈斯雯．建筑施工、房地产企业实用管理大全：财务会计、合理避税、管理制度与表格 [M]．北京：企业管理出版社，2007.

[7] 蔡昌．房地产企业税收筹划八个实战方案暨房地产税务风险揭秘 [M]．北京：中国市场出版社，2014.

[8] 蔡昌．房地产企业全程会计核算与税务处理 [M]．北京：中国市场出版社，2014.